社会心理学

孟维杰◇主　编

黑龍江大學出版社
HEILONGJIANG UNIVERSITY PRESS

图书在版编目(CIP)数据

社会心理学 / 孟维杰主编. -- 哈尔滨 : 黑龙江大学出版社, 2014.9

ISBN 978-7-81129-798-0

Ⅰ. ①社… Ⅱ. ①孟… Ⅲ. ①社会心理学-研究 Ⅳ. ①C912.6

中国版本图书馆 CIP 数据核字(2014)第 203377 号

社会心理学
SHEHUI XINLIXUE
孟维杰 主编

责任编辑 张怀宇 曹焕焕
出版发行 黑龙江大学出版社
地　　址 哈尔滨市南岗区学府路 74 号
印　　刷 哈尔滨市石桥印务有限公司
开　　本 787×1092 1/16
印　　张 23.25
字　　数 464 千
版　　次 2014 年 9 月第 1 版
印　　次 2014 年 9 月第 1 次印刷
书　　号 ISBN 978-7-81129-798-0
定　　价 45.00 元

前 言

随着社会的发展,社会心理学的知识与理念已经日渐走进社会生活的各个角落,在社会生活诸多领域或隐或显地发挥着作用。人是社会性动物,也是群居性动物。社会心理学之父 G. W. 奥尔波特曾经为社会心理学下了一个迄今为止堪称经典的定义:社会心理学是科学地研究人的思想、情感和行为怎样受到真实的、想象的和隐含的他人存在的影响的学科。从该定义可以看出,个体的心理与行为总是与他人的存在息息相关。他人的存在对个体的影响已经延伸到了从心理到行为的方方面面。因此,社会心理学就是研究个体与他人之间、他人与他人之间、个体与群体之间、群体与群体之间如何相互影响和互动的一门学科。

很显然,我们会通过社会心理学的知识和技术来更加清晰地探索周围的世界。社会心理学与现实生活中个体的实际生活联系紧密,可以说,在心理学领域中,社会心理学是与人的现实生活联系最为广泛的学科。美国心理学家凯利曾经提出过"每一个人在生活中都是心理学家"的命题,这就意味着每个人在现实生活中都是以心理学家的身份在分析、理解与探索着发生在个体身边的各种事件。尽管这样的分析、理解与探索和真正的心理学家的分析、理解与探索还有着一定的区别,但事实上,我们都是以心理学家的视野与触角在探知周围世界的,并依据周围环境的变化调整自身的行为状态,以便更好地适应社会的发展。其实,我们个体是在无意中应用社会心理学的知识与理念来解读周围世界的。比如,孩子考试成绩好坏的归因;人际关系的建立与维护;孩子逆反心理的调试;如何避免他人在场对自己行为的消极影响;理性地网络购物,避免盲目跟风;等等。

学习社会心理学能让我们更加清醒地认识自己。古希腊特尔斐神庙上镌刻着一句至理名言:"人,认识你自己。"据说经过几千年的演变和传承,这句话已经成为了西方心理学发展的源头。人类正是通过几千年来对自身的不断追问与摸索,成就了今天心理学的宏大的知识体系,而且,人类对自身的探索也没有停止过。人类最难以捉摸的不是你的对手有多强大,也不是周围的社会环境有多么高深莫测,更非是自然环境有多么恶劣,相反,人类最大的敌人其实就是自己。社会心理学的知识体系为人们正确地了解自己、认识自己、解读自己提供了更多的参考。人,正是通过不断地认识自己,进而去认识社会和他人。在与社会和他人的不断互动中,可以做到既不妄自尊大,也不妄自菲薄,理性、客观、平和地看待自己,悦纳自己，接受自己，既要发扬自己的长处，也要避免自己的短处，得意时不忘形，失意时不气馁，更好地适应社会，承担起作为合格社会公民的责任。

因此，社会心理学是一门应用越来越广泛的交叉学科，它在社会生活领域中也发挥着越来越大的作用。2006 年，我在吉林大学获得博士学位以后，就一直从事社会心理学的教学和研究工作，至今已 8 个年头。8 年来，我深刻地意识到社会心理学这一学科对个体自身、对社会生活、对他人的存在方式有着巨大的影响和作用，以及该学科作为心理学学科体系的重要基础作用。随着我国心理学事业的不断发展，社会心理学领域更是取得了长足的进展，其突出表现就是该领域的学术专著、规划教材和译著如雨后春笋般涌现，且均出自名家之手，这反映了该学科的良好发展态势以及该学科在心理学学科体系中的基础地位与重要性。如果不能系统地掌握社会心理学知识体系或无法跟踪学科的前沿发展态势，就很难从事与心理学相关的教学和科研工作。但是，我一直有感于我使用过的社会心理学各种版本的教材中始终存在些许遗憾之处。中外社会心理学的版本有几十种之多，要么是洋洋万言的大部头巨著，在教学中，需要根据教学之需进行删减；要么是国外引进的恢宏之作，其内容风格及编撰方式也需要进行本土化处理；要么是简之又简的功利化痕迹过于明显的教材，或者只为某专业领域编撰的教材，这些版本的教材在实际使用过程中总会遇到一些这样或那样的问题。因此，收集、整理与总结多年来的教学经验和国内外学科前沿资料，以一种新的框架、新的体系和新的思路来编撰一部较为全面反映国内外社会心理学领域动态发展趋势与思想前沿的教材，就成为我一直以来的一个想法。通过编撰教材，一方面，可以集中展现自己多年来对社会心理学的深入思考和经验总结；另一方面，也表达了我自身作为一名心理学工作者，想要推动社会心理学学科发展的良好夙愿。我认为一部比较实用的社会心理学教材既要考虑到社会心理学的经典内容和基本的知识体系，也要关注国内外社会心理学领域的新进展、新内容和新突破，力争全面反映本学科与时代发展相契合的特色。一本好的教材不但能让教师在教学过程中使用起来得心应手，驾驭起来难度小，而且还能使学生在学习中容易掌握，更为重要的是，要顾及学生未来考研和考取心理咨询师的需要，把心理咨询师的考试内容与考研内容有机、合理地编排进去。基于上述考虑，我决定联合黑龙江省各高校从事社会心理学教学和研究工作的教师，共同编撰一部能够达到上述目的的社会心理学教材。幸运的是，我的想法得到了黑龙江大学教育学院前院长张少杰先生的大力支持。在他的关注和支持下，该教材被列入黑龙江大学“十二五”规划教材建设项目。2013 年初，我开始构思教材的整体框架和编撰提纲，经过多次修订与商讨，最终在 5 月份得以确定。经过广泛联系和沟通，在黑龙江省内确定了黑龙江大学、哈尔滨师范大学、佳木斯大学、齐齐哈尔大学、牡丹江医学院、牡丹江师范学院等 6 所高校作为本部教材的编撰单位，共邀请了 7 名教师参与教材的编写工作。这些教师多年来始终在高校从事社会心理学教学和科研工作，积累了丰富的教学经验，他们不仅全力支持社会心理学教材的编撰工作，而且就教材的编撰及教材体例安排等，也提出了颇有见地的心得和颇多的建设性建议，使该教材的内容体系更趋于合理化、科学化和专业化。经过5个多月的辛苦劳动，至2013年11月末，社会心理学教材的初稿完成。黑龙江大学教育学院教材审定委员会对书稿进行了审定，并提出了部分修改意见，各位教师重新进行教材修订工作，至2014年3月末，教材修订稿完成。经过本人最终审校统稿，至2014年5月，教材编撰工作顺利完成。从当初萌生编撰教材的想法到终稿完成，共1年多时间。

本部教材的问世，无疑是我省社会心理学教师团队在社会心理学领域长期探索和研究的产物。没有他们的精诚团结与甘于奉献，这部教材是不可能在短时期内完成的。每一章每一节都凝聚了本人与合作者对社会心理学长期以来的不断思索和共同智慧。教材主编由本人担任，副主编为杨广柱和谢希静。本书共分为十二章，各章节具体作者分工如下：绪论、第四章由齐齐哈尔大学田宪华讲师编撰；第一章、第二章由牡丹江师范学院侯东辉副教授编撰；第三章、第六章由佳木斯大学杨广柱副教授编撰；第五章、第十一章由哈尔滨师范大学解希静副教授编撰；第七章由黑龙江大学谢念湘副教授编撰；第八章、第九章由牡丹江医学院李春梅讲师编撰；第十章由哈尔滨师范大学徐瑜姣讲师编撰；教材提纲与体例编排由本人负责，最后由本人负责统稿，并完成最后的定稿工作。书稿终成，在此向各位参与教材编撰工作并付出辛勤劳动的教师致以谢意！

感谢黑龙江大学将此书列为规划教材，感谢黑龙江大学教育学院这一平台，感谢教育学院前院长张少杰先生对本书的大力支持，感谢社会心理学领域的各位专家、学者，没有对你们学术资料的引用，也无法体现本教材的前沿性与专业性！感谢黑龙江大学出版社社长赵军生先生与责任编辑曹焕焕女士，感谢你们为本书的顺利出版提供了便利条件。

由于时间仓促和编者水平有限，本教材难免有不够如意和不够完善的地方，恳请各位专家学者批评指正，以便再版时更正。另外，本书引用了国内外很多的研究成果，有的予以标注，有的则有疏漏，恳请各位专家海涵。我深知，社会心理学学科发展始终与社会同步，作为一名心理学工作者，探索与追问的脚步也始终在路上！

孟维杰

2014.6.1 于黑龙江大学芳洲园

目 录

绪　论

两个玩具娃娃，一个棕色的，一个白色的，这两个娃娃除了肤色不同之外其他任何方面都是一模一样的。研究者把画有这些娃娃的图片与这两个娃娃一起呈现给16名6—9岁的儿童，并按顺序询问他们以下问题："指给我看你最喜欢的或者你最想玩的那个娃娃"；"指给我看那个漂亮的娃娃"；"指给我看那个看上去不好的娃娃"等。结果表明，在这16名儿童中，有11名选择棕色的娃娃作为看上去"不好"的娃娃，有10名选择了白色的娃娃作为他们偏爱的或最喜欢的娃娃。

1920年，在印度的一个名为米德纳波尔的小城，人们见到一种"神秘的生物"出没于附近的森林中，一到晚上，就有两个用四肢走路的"像人的怪物"尾随在大狼后面。后来人们打死了大狼，在狼窝里发现了这两个"怪物"，原来是两个裸体的女孩！大的七八岁，小的约两岁。这两个小女孩被送到米德纳波尔的孤儿院中抚养，小城里的人还给她们取了名字，大的叫卡玛拉，小的叫阿玛拉。第二年阿玛拉死了，而卡玛拉一直活到1929年，这就是曾经轰动一时的"狼孩"的故事。

苏联心理学家曾做过这样一个实验：研究者向参加实验的两组大学生出示同一张照片，但在出示照片前，对第一组学生说，这个人是一个十恶不赦的罪犯；对第二组学生却说，这个人是一位知识渊博的科学家。然后，他让两组学生各自用词汇描述所见照片上这个人的相貌。第一组学生的描述为：仇恨、绝望……；第二组学生的描述为：深邃、坚强……。同样一个人，只是先前得到的提示不同，人们却在描述时用了差别如此之大的词语。

在一个视觉感知的心理实验中，7名被试依次坐在桌前，每人面前呈现两张纸，其中一张纸上印着一条线段，被试需要在另一张印有几条线段的纸上找出与刚才那张纸上长度相同的线段。每个人都很快发现了答案，因为这个任务非常简单，正常人是很容易做出正确判断的。大家按照座位顺序依次回答问题，全体被试成员前两次的意见一致，全部选择了同一条线段，认为它与标准线段一样长。但第三次实验，坐在倒数第二个位置上的一个被试却背离了别人的判断，他挑选了自己认为正确的线段，并对别人的判断感到惊讶。第四次实验，前5位被试又是迅速而坚定地说出了答案，第六位被试开始迷惑了，考虑再三之后他说出了与前5位相同的答案。事实上他不知道，其他6个人是跟实验者串通好了的假被试，故意给出错误答案。

人是社会性动物。任何时候，人的心态与行为，都必定要受到其他人的存在、群体和整个社会的影响。错综复杂的社会生活，成就了形形色色的社会现象。社会心理现象作为众多社会现象"大家庭"中的一员，也是十分复杂的。科学地找到这些问题的答案，正是社会心理学研究的一部分内容。从以上几个例证中可以看出，社会心理学研究的课题与我们的日常生活息息相关。

社会心理学到底是怎样的一门学科？这是学习和研究社会心理学所要面临的第一个也是最基本的问题。本章我们将与大家一起走近社会心理学这一领域，告诉大家社会心理学领域有哪些特点、哪些内容，以及社会心理学的研究方法。

第一节　社会心理学概述

什么是社会心理学？社会心理学主要研究什么问题？这蕴含着该学科的研究对象和学科性质的问题。任何一个学科，其存在的前提便是首先确立自己的研究对象。学科的研究对象以及与之相关的学科性质、任务等，共同规定了一个学科的整体面貌和内容。科学地界定一个学科是一件非常困难的事情。一个学科在其发展过程中有着不同的知识积累路线，由于同学科发生关联的方式和看问题的视角不同，不同的学者也会产生不同的观点。无论国内国外，研究者都从不同的认知和经验出发，各自对社会心理学进行了定义。界定社会心理学的定义，并非轻而易举之事。对此，美国社会心理学家阿伦森曾指出，社会心理学的定义之多，几乎同社会心理学家的人数一样多。① 而社会中的每个人，其实又都是一个通俗的社会心理学家。

一、学习社会心理学的意义

在我国心理学研究领域中，尽管多数人承认心理学是介乎自然科学和社会科学之间的科学，但在实践中，人们一直比较重视研究人的心理活动的神经生理基础。当然，心理学的发展绝不可能脱离对生理基础的研究，同时也不应脱离对社会基础的研究。在探讨社会心理学的定义之前，我们先要明确学习社会心理学的意义。侯玉波教授认为，学习社会心理学有利于个体认识自己、认识他人、认识社会、认识生活的价值。②

（一）有利于认识自己

作为自我，我们成为社交世界的活跃动因，不仅可以阐释现实还能预测未来，并经常改变我们的行为以期与预期的现实取得一致。在现代心理学的学科框架中，自我一直是心理学研究的热点课题之一。社会心理学一直关注着文化心理学对自我潜移默化的影响。社会心理学的核心内容之一是对自我的研究，人们能够从此研究中更好地认识自我。

学习社会心理学能够使人们对自己有一个更加清楚的认识。我们能够对自己的思想和行为进行反思，进而界定社会现实，预期未来，并按照预期的现实改变我们的行为。例如：假如一个父亲由于长期忙于工作而忽略了妻子和孩子，可能会导致家庭不睦且个人情绪低落。如果这位父亲能够认识到这一点，他很有可能有意识地改变自己的行为，以避免将来出现他所能感知到的大量令人不快的后果。这种分析我们自己、我们的环境以及预期现实的能力

---

① 参见[美]E. 阿伦森：《社会性动物》（第九版），邢占军译，华东师范大学出版社 2007 年版，第 4 页。

② 参见侯玉波：《社会心理学》（第二版），北京大学出版社 2007 年版，第 2—4 页。

使得我们能够主动地创造和再创造我们自己以及我们的社会。现今,由于种种原因,尽管人们常常会反省自己的所作所为,但对自己的认识却远逊于对他人或者事件的认识。例如,一位父亲对自己孩子的优缺点的了解远超过对自身优缺点的了解,如果人们能够清醒地认识自我,则会避免冲动行为的出现。现实社会中,人们心里的痛苦主要是因为人们高估和夸大了自身的能力,从而使一些不切实际的要求无法得到满足。

(二)有利于认识他人

生活中,人们时时刻刻在和不同的人打交道,尽管不同的人的行为差异很大,但不是没有规律可循。人们对他人的认知可以从两方面入手:一是从对方的人格特点出发,知道对方是一个什么样的人;二是从情境出发,知道对方在什么样的情境之下会有什么样的表现。社会心理学非常注重从第二个方面去认识他人,主流的社会心理学家曾经把这一规律看作是社会心理学的第一公理:在人和情境之间,外部情境对个体行为的影响大于内在个人特点对个体行为的影响。

在认识他人的过程中,人们通常会利用人格特质的思路形成对他人的印象。学习社会心理学能使我们了解人格特质是如何形成一个人的有意义的图像的。阿希的研究显示,并不是所有的人格特质都有相同的作用,有些人格特质对形成总体印象的作用更大,它们的作用超过了其他一些人格特质的作用,阿希将这些占支配地位的特质称为核心特质。他在实验中告诉被试,他们将听到有关某个人的许多人格特质,他们的任务就是根据所听到的这些信息形成一个关于这个人的总体印象。其中一部分被试听到的特质词语如下:聪明的、灵巧的、勤奋的、热情的、坚定的、务实的、谨慎的;而另一部分被试,除了将“热情的”替换为“冷淡的”外,听到的其他的人格特质词语与其他被试完全一致。实验结果显示,与那些听到“冷淡的”词语的人对这个假定的人的评价相比,那些听到“热情的”词语的人对这个假定的人的总体评价明显更为“慷慨”、“幽默”、“友善”和“受欢迎”。与替换两个核心特质所产生的巨大效应不同的是,当阿希将人们评定的一系列词语中的“有教养”替换为“粗鲁”时,最终形成的总体印象的差别却很小。如果你认为这是在假设情境下出现的结果,在真实的生活环境中并非如此,那么下面这个实验能够证明阿希的观点是正确的。哈罗德·凯利设计了一个精细的实验:当大学生到达心理学课堂时,受到了一个助教的欢迎,这个助教告诉他们这天会有一个客座教师来。这个助教引导一部分学生相信一会儿来的是一个热情的老师,而引导另外一部分学生相信一会儿来的是一个冷淡的老师。客座教师来了之后,主持全班进行了一个长达 20 分钟的讨论。实验结果显示,那些预先被告知教师“热情”的信息的学生给予这位客座教师的评价比那些被告知教师“冷淡”的信息的学生要高,并且前者更为积极地参与了班级讨论。因此,“热情”和“冷淡”的描述不仅塑造了学生对这个客座教师的印象,而且还影响了他们随后对待他的行为。

除了从人格特质去理解一个人,人们还需要考虑情境因素以及别人对他们的影响。通常人们在看待某个事件时,除了会将他人理解为单独的个体外,也常常会自然地推测为什么事件会是看到的那个样子。也就是说,人们会利用社会信息去推论行为或事件产生的原因。如果人们能够充分理解和预测别人的行为,相对于无法了解别人的意图和脾性来说,人们可能将这个世界看成是一致的和可控制的。因此,人们更有信心预测他人将来的行为。如果人们对他人将来会如何行动的预测越准确,那么人们在社会生活中追求成功的可能性就更高。从以上内容可以看出,社会心理学能够使人们更好地去认识他人。

(三)有利于认识社会

每个人都生活在社会中,社会的形态常常决定着个人的行为选择。个人的价值观和许多态度经常是由所追随或认同的团体决定的。参照团体就是这样的一个团体,是个体投身其中并利用它的标准来判断自己和周围环境的团体。参照团体的一个重要特点是人们对它有着情感上的依恋,愿意跟随它的领导,即使实质上并非是该团体的成员。参照团体可以很大、范围很广,比如一个完整的国家或宗教;它也可以很小,比如某人的家庭和朋友。

西奥多·纽科姆的研究表明,参照团体的改变能够影响大学生的社会政治态度。这些学生的社会政治态度在刚入学时是保守主义,在毕业的时候转变为自由主义。无论是在校就读的 4 年时间里,还是在离校 25 年以上的时间里,这种影响都存在着。纽科姆的研究开始于 1934 年,当时伯明顿女子学院刚刚成立,而他恰恰是那里的一名年轻教师。在该学院就读的绝大多数学生来自上层社会和政治态度保守的新英格兰家庭,而纽科姆和其他绝大多数年轻教师看待社会问题的视角却是非常自由的。因此,进入大学的第一年,学生们就要从一种社会环境转变为新的环境,因为大学里的多数教师拥有与保守家庭相反的社会观点。纽科姆在 1943 年对大学一年级学生的社会政治态度进行了测试,之后他每年追踪测试,直到她们毕业。他发现表明每经过一个学期,学生们的社会政治态度就变得更加自由一些,但并不是所有学生的态度都经历了这种转变。相反,许多学生在大学期间始终保持着她们保守的政治观点。纽科姆认为,这两类学生的差异在于后者的参照团体没有发生转变。她们和父母一起度假,周末经常回家,因此没有融入伯明顿的文化中。而前者态度的转变是由于学生离开了她们保守的家庭参照团体,到了学校之后她们被整合到一个全新的、更加自由的参照团体中。

参照团体的改变不仅能够影响个体的态度转变,而且即使当人们离开该团体之后,该团体仍发挥着作用。纽科姆随后又进行了长达 25 年的追踪研究。在这些学生 40 岁和 50 岁的时候,她们的社会经济地位处于总人口的前 1%。纽科姆发现,那些没有受过伯明顿教育的女性,即使与伯明顿女性相比拥有同等的财富、年龄、信仰和地域,但伯明顿女性的政治态度和行为也要更为自由些。另外,伯明顿女性在选择配偶和朋友方面也部分地受到她们自由政治偏好的影响。①

除此之外,社会心理学还研究了社会力量对个人行为造成的影响。例如从众、服从权威等行为。通过学习社会心理学,人们能够理解自己所处社会的特性,以及在这样的社会中个人可能的反应,从而有助于个人更好地适应社会,获得幸福感。

---

① 参见[美]斯蒂芬·弗兰佐:《社会心理学》(第三版),葛鉴桥等译,上海人民出版社 2010 年版,第 177 页。

(四)有利于认识生活的价值

什么是生活的意义？这是一个富有争议的话题。对现在的人而言,生活的意义不在于声名显赫或者富有,而在于在以下四个方面占有优势:一是有自主感,自己的事情不是由他人决定的,而是能够自己决定;二是有能力,能够有足够的实力完成自己决定的或者他人交给的任务;三是有良好的人际关系,在生活中和他人建立起密切的联系,而不是孤军奋战;四是有高自尊水平,能够对自己有清醒的认识和积极的评价。① 而这几个方面都是社会心理学主要研究的内容。

二、社会心理学的界定

(一)国内外社会心理学者的观点

1. 国外社会心理学者的观点

西方社会心理学研究者普遍认可的定义是美国著名社会心理学家奥尔波特对社会心理学内涵作出的阐释:社会心理学是了解和解释个人的心理、情感与行为是怎样受他人存在影响的,这种影响包括潜在的、隐含的、想象的和实际存在的。② 此概念中不仅提及了他人实际的存在对个体的影响,还考虑到了影响个人行为的动机、需要和自我意识等心理机制对个体的制约作用,这就将社会相互作用的范围拓展到了个体的全部生活中,也就意味着即使没有他人的实际影响,个人对他人及社会角色的认知、对人际关系的认识,也会持续地影响其心理与行为。以奥尔波特为代表的社会心理学定义,是目前美国乃至国际社会心理学界影响最大、最广、最持久的经典式理解。

著名社会心理学家弗里德曼从行为主义的思路出发,认为社会心理学是系统地研究社会行为的科学,包括一切人际相互作用领域及各种社会影响。其研究范围既涉及人们如何认识他人,如何对他人的行为做出反应,又涉及他人如何对个体的行为做出反应,以及个体怎样受所处社会环境的影响等。③ 格根明确提出,社会心理学是系统地研究人与人的相互作用及其心理基础的科学。

苏联也有许多学者为社会心理学的学科建设做出了贡献。A. B. 彼得罗夫斯基和 B. B. 施巴林斯基在专著《集体的社会心理学》中将社会心理学定义为“心理科学的一个部分,它研究各种无组织的(彼此无关个体的偶然集合、人群等)和有组织的(其最高发展水平是集体)人类共同体里人们交往、相互作用和相互关系过程中产生的心理现象”④。

安德列耶娃在其所著的《社会心理学》中提出,“可以把社会心理学的特点相对地表述

---

① 参见侯玉波:《社会心理学》(第二版),北京大学出版社 2007 年版,第 4—5 页。

② 参见汪青:《对西方一些社会心理学定义的初步分析》,《外国心理学》,1985 年第 2 期。

③ 参见俞国良:《社会心理学》,北京师范大学出版社 2006 年版,第 3 页。

④ [苏] A. B. 彼得罗夫斯基,B. B. 施巴林斯基:《集体的社会心理学》,卢盛中等译,人民教育出版社 1989 年版,第 1 页。

为:研究受所参加社会团体制约的人们的行为活动的规律,以及这些团体本身的心理特征”[①],这种对社会心理学的认识,强调的是团体对人的行为的影响。

可见,以苏美为代表的国外社会心理学家,虽然给社会心理学下的定义不尽相同,但其一致性倾向却越来越明显,即强调社会心理学的核心是人际相互作用和社会影响及其原因。

2. 我国社会心理学者的观点

我国社会心理学的研究是从 20 世纪 20 年代译介西方社会心理学著作开始的。近一个世纪以来,许多学者对社会心理学进行了广泛研究,并对社会心理学的定义进行了界说。我国社会心理学者在一些文章中也阐述了自己对社会心理学定义的看法。

1982 年,吴江霖从马克思主义的观点出发,认为社会心理学是“研究个体或若干有组织的个体在特定社会条件下心理活动(内潜的和外现的)的变化发展的科学”[②]。显然,这个定义把社会心理学研究集中于个体,尽管也提到了若干个体,但这并不等于群体。这个观点和他对心理学框架的看法有关。

1985 年,汪青对如何定义社会心理学提出了自己的看法。他认为,社会心理学的定义应当包括 4 个要点:第一,社会心理学应以社会心理活动为研究对象,而不仅是个体行为或社会行为。第二,这种社会心理学既包括个体的社会心理活动,也包括群体的社会心理现象。第三,应该在人与人之间的关系、人们的相互作用之中来进行社会心理活动和社会心理现象的研究。因为前者是社会心理活动的源泉,社会心理活动也表现在各种社会关系的相互作用中。社会存在决定社会意识,离开前者就无法理解后者,但是社会心理学不能以这种社会存在、社会关系本身作为研究对象。第四,作为一门科学,社会心理学应该研究社会心理活动和社会心理现象的发生、发展及变化的规律,并将其运用到实际活动中去,解决各种有关的问题,而不能仅仅是对现象的描述。根据这种分析,汪青提出了社会心理学的定义:“社会心理学是研究在人们的社会相互作用中,个体和群体社会心理活动发生、发展与变化规律的科学。”[③]

时蓉华认为社会心理学“是从社会与个体相互作用的观点出发,研究特定社会生活条件下个体心理活动发生发展及其变化的规律的学科”[④]。中国人民大学教授沙莲香认为,社会心理是人类文明中的一种精神存在,指在一定社会生活状况下形成的、互有影响的多数人所共有的心理现象。[⑤] 以上两个定义都是以发展的眼光来理解社会环境对个体心理的影响的。

金盛华等人认为社会心理学是“研究社会相互作用背景中人的社会行为及其心理根据的科学”[⑥]。此定义中,不仅涉及了内部的心理活动,也提及了外在的行为表现。从以上的

① [苏]安德列耶娃:《社会心理学》,南开大学社会学系译,南开大学出版社 1984 年版,第 7 页。

② 吴江霖:《马克思主义社会心理学的展望——庆贺中国社会心理学研究会的成立》,《广州师院学报(社会科学版)》,1982 年第 3—4 期。

③ 汪青:《对西方一些社会心理学定义的初步分析》,《外国心理学》,1985 年第 2 期。

④ 时蓉华:《社会心理学》,上海人民出版社 1986 年版,第 1 页。

⑤ 参见沙莲香:《社会心理学》,中国人民大学出版社 1992 年版,第 4 页。

⑥ 金盛华:《社会心理学》,高等教育出版社 2005 年版,第 5 页。

陈述中可以发现，许多社会心理学工作者将社会心理学视为一门学科，或者一门科学，它主要研究的是社会情境中的人的心理与行为规律。

显然，对社会心理学的理解不同，对其所下的定义也会有所差异。要真正科学地认识社会心理学，必须首先了解对其进行定义的依据。

（二）定义社会心理学的依据与背景

一般而言，对一个学科的科学定义，需要考虑以下几个方面的问题：

首先，一门学科的定义，必须能正确描述该学科在整个科学体系中的位置，体现该学科的独特性和存在价值，并能勾画出该学科的基本框架，最终促进该学科的研究，加强人们对该学科的认识。一门学科的定义，应与该学科已经积累的知识本体和所讨论的问题有逻辑的对应，必须能够促进该学科的进一步发展、研究和在现实生活中的应用，以及提高该学科在人们心目中的地位。①

其次，学科的界定是相对的。对一门学科的界定是具有相对性和时代特征的。学科的对象范围会随着学科自身及有关学科的发展而变化。任何学科的定义，都与时代和社会的发展、科学技术的进步有关，也与研究者、定义者的认知和经验以及所处的社会文化环境有关。学科的对象范围，会随着该学科领域中已经积累起来的知识和丰富的研究成果而不断发展，也会随着学科所讨论的问题的拓展，及其他相关学科研究的深入而发生改变。例如，社会心理学在形成初期，没有人注意到人的社会行为与物理环境之间的关系，但到 20 世纪 70、80 年代，几乎所有社会心理学家都认为，忽视这一问题是错误的。

最后，学科定义的真正意义，不在于为本学科确定决然的界限，而在于勾画出学科中心和轮廓。社会心理学作为一个以人类社会高度关注的社会心理现象为研究对象且与其他学科紧密联系的学科，既有具备自身特点的研究中心，又必然会涉及其他学科也关注的研究领域。

因此，定义社会心理学的依据，不仅在于这门学科的核心和框架是否得到了恰当的勾画，还在于这门学科的性质和地位是否得到了简洁的阐述，但这并不是为本学科确定了一个绝对的界限。

（三）本书的社会心理学定义

综合上述各类定义及依据，我们认为，俞国良教授对社会心理学的阐释是最全面的，他认为社会心理学是一门系统的研究处于特定社会文化情境中个体、群体和社会的相互作用，并预测其心理活动发生、发展和变化规律的一门学科。②

社会心理学的目标是科学地描述、解释、预测和控制人的社会行为。为了实现这一目的，社会心理学家应使用科学的方法系统地对人类的社会心理和社会行为进行研究，试图寻找导致各种社会行为的先决条件。此外，不能只关心社会行为本身，同时更需要研究作为人的社会行为预测源的个人社会心理、人与人之间的相互作用及社会影响。这样，个人的社会

① 参见俞国良：《社会心理学》，北京师范大学出版社 2006 年版，第 5 页。
② 参见俞国良：《社会心理学》，北京师范大学出版社 2006 年版，第 6 页。

心理与行为、人际相互作用和社会影响，就成为了社会心理学的三个主要构成部分。

二、社会心理学的学科性质

学科性质决定该学科的发展方向。社会心理学的学科性质，可以从不同的角度进行诠释。较普遍的观点认为，社会心理学是心理学的分支学科，也仍然有少数学者认为社会心理学是社会学的分支学科。目前，社会心理学家一致认为，社会心理学是一门边缘学科，与其母体学科——心理学、社会学等有着千丝万缕的联系。作为一门独立学科的社会心理学，不仅从母体学科中吸收了大量营养，而且还从其他学科中不断汲取养分，从而促进自身的成长与发展。

（一）社会心理学的特点

社会心理学这一研究领域，具有怎样的特点呢？

第一，社会心理学具有科学性。毋庸置疑，心理学是介于自然科学与社会科学之间的科学，而社会心理学是介于心理学、社会学和文化人类学等学科之间的一门边缘学科，这是由社会心理学的研究对象和研究范围本身的特点决定的。社会心理学虽然从心理学、社会学等母体学科中吸收了不少有益的东西，并在此基础上逐步形成了独立的体系，且今后的社会心理学发展还将不断从中吸取养料，但它既不是某一学科的附属品，也不是上述学科的简单拼凑和“大杂烩”。现代社会心理学已经从心理学、社会学两门学科的孕育中脱胎出来，形成了一门具有心理学和社会学等学科所不具备的特征和理论的、具有独特理论观点与体系的独立的新学科。尤为重要的是，社会心理学家为提出证实和证伪某种理论的假设，无论是在心理学取向上还是在社会学取向上，都各自使用了本学科的技术特长，进行了大量的实验室实验、问卷调查和访谈研究，以及广泛的社会调查，并建立了具有社会心理学特色的理论体系和学术观点。因此，社会心理学是具有科学性的。

第二，社会心理学具有人文性。社会心理学是关于人的，是研究社会情境中的人性的，而人性是主观的，也就是说社会心理学的研究对象也是主观的。人性意味着一个真实的人，社会心理学者自己也是一个人，是一个有思想、有价值观、有个性、有责任感的社会中的人。社会心理学者研究的课题应该是对人的发展有重要作用的课题，其研究方法也应该是对人没有伤害的。因此，在社会心理学领域中要体现出人文价值，要关注人性、关注社会，更多地参与社会生活。

第三，社会心理学具有社会文化性。这是一个重要的特点。社会心理学中的人，是在历史和文化脉络中的，而不是孤立的，社会心理学中的人更具有关系性。社会是一个复杂的网络系统，我们需要在社会网络中来认识人和理解人。当前，越来越多的研究者意识到，社会文化因素在社会心理学研究中具有重要意义，它对我们的社会行为起着重要的作用，因此文化背景是我们真正理解人的社会行为所必不可少的环节。

第四，社会心理学具有包容性。包容，意味着不排斥。社会心理学研究的主题是开放的，研究的方法也是开放的。无论科学的社会心理学还是人文的社会心理学，都属于社会心理学的领域；不管是社会学取向的社会心理学，还是心理学取向的社会心理学，也都属于社会心理学的领域。包容性,说明社会心理学领域是综合的、多元的,是与其他领域相交叉的。

第五,社会心理学具有应用性。正如上文所说,社会心理学是一个实践的领域,这就需要社会心理学者应该或者说必须将自己所接触的和确信的理论、观点、知识及方法进行应用。社会心理学研究的最终目的还是应用,是促进社会的和谐进步,促进个体的幸福发展。正如,态度研究长久以来一直是美国社会心理学最重要的领域,其原因是美国社会发展中出现了种族问题,态度研究便是用来解决这一问题的。当然,强调应用性的同时,决不能忽视社会心理学的理论研究。

(二)社会心理学与心理学、社会学、文化人类学的关系

自 1908 年至今,社会心理学便存在着两种研究取向:一种是心理学取向的社会心理学(Psychological Social Psychology,PSP),着重研究社会情境中的个体心理;另一种是社会学取向的社会心理学(Sociological Social Psychology,SSP),着重研究群体心理。除了这两种取向外,20 世纪 80 年代后,又出现了跨文化取向的社会心理学(Cross-cultural Social Psychology,CCSP),被称为比较文化取向和文化人类学取向的社会心理学,着重研究文化对个体心理与行为的影响。

1. 与心理学的关系

印第安纳大学的美国心理学家诺曼·特里普利特被公认进行了第一个社会心理学的实验研究,该研究探讨了他人在场时个体的作业绩效会受到怎样的影响。尽管人们都相信特里普利特进行了第一个社会心理学实验研究,但是他并没有使社会心理学作为心理学一个独特的分支领域得到学界的承认。在很多社会心理学家看来,社会心理学作为一门独立的学科出现是在 1908 年,这一年英国心理学家威廉·麦独孤和美国社会学家爱德华·罗斯分别独立出版了社会心理学教科书(详见本书《社会心理学的历史与理论》一章中相关内容)。与当代心理学取向的社会心理学观点一致,麦独孤认为在这个新的学科当中,个体是最主要的分析单元,而罗斯的观点与当代社会学取向的社会心理学观点一样,强调研究团体。

1924 年奥尔波特又将实验法引入社会心理学领域,社会心理学跟随着心理学的主流方向,积极努力地确立自己在心理学领域内的独立位置。心理学取向的社会心理学关注的核心是个体,以及个体对社会刺激做出的相应反应。从研究内容上讲,现代社会心理学大多集中在社会行为、态度、认知、社会化方面;从研究方法上来看,现代社会心理学更多地采用实证主义范式所提倡的研究技术,如实验法、测量法等;从理论解释上来说,现代社会心理学努力寻找一种普适性的社会心理学理论模式,试图超越文化历史背景,强调在研究个体心理和行为的基础上加入社会或者他人的影响。尽管心理学取向的社会心理学也研究团体动力,但其倾向于在个体层次上对这些过程进行解释。

2. 与社会学的关系

在社会心理学的发展过程中,社会学对社会心理学的影响不容忽视。社会学以社会环境、社会互动、群体影响、人际关系、社会态度、社会结构等独特的视角为社会心理学的研究提供了开阔的视野。另外,社会学取向的社会心理学有其自己的理论,如早期著名社会学家孔德、迪尔克姆、罗斯等人对社会行为的研究就为社会心理学的发展提供了丰富而深厚的思

想源泉。其后的米德、戈夫曼、霍曼斯、布劳等著名的社会学家提出了符号互动理论、社会角色理论、社会交换理论等。从研究内容上看,社会学取向的社会心理学不太重视个体差异以及即时刺激对行为影响的重要性。相反,它关注的是较大的团体或社会变量,例如人们的社会地位、人们的社会角色以及文化准则。在研究方法上,由于社会学所涉及的问题经常是难以用实验进行研究的社会问题,因而社会调查法在社会学方法中具有特殊地位。由于方法学上的特殊性,社会学研究中也包含较多的描述及相关性研究,而较少对因果关系进行揭示。

表 0-1　心理学取向的社会心理学和社会学取向的社会心理学之间的差异

心理学取向的社会心理学	社会学取向的社会心理学
关注的核心是个体	关注的核心是团体或社会
研究者试图通过分析心理状态的即时刺激以及人格特质来理解社会行为	研究者试图通过分析社会变量,例如社会地位、社会角色以及文化准则来理解社会行为
研究方法主要是实验法,其次是相关研究以及观察研究	研究方法主要是观察研究和相关研究,其次是实验法

3. 与文化人类学的关系

除了社会学和心理学之外,文化人类学也是社会心理学的合法理论来源,它为社会心理学提供了新的研究视角。作为社会心理学诞生的一种学科来源,文化人类学特别是社会文化与人类行为的互动研究,对社会心理学的形成与发展做出了重要的历史性贡献。

文化人类学是研究人类文化的一门学科,文化人类学家试图开拓另外一条解释人类社会心理现象的文化途径,从社会学的角度研究人类的生活状况、家庭结构、习惯、行为以及伦理、宗教信仰、价值观念、艺术等的起源、演进和传播。

在文化人类学家看来,当我们从不同的层面入手,将诸如文化、生物等因素与人类行为和心理联系在一起进行研究时,就已经将研究的范围扩展到了社会心理学的领域之内。从研究内容上讲,文化人类学取向的社会心理学着重研究文化作为一种因素对人类行为的影响和调节作用。例如,文化人类学所探究的是文化因素在一个民族的人格与社会行为中的作用,以及人格与社会行为对文化的能动作用,对于更好地理解民族心理、民族性格的形成与发展大有裨益,特别是从文化因素入手探究人的社会化问题,将会使人耳目一新。从研究技术上讲,文化人类学取向的社会心理学比较重视定性分析,如人种学现场技术、在自然情境中对行为的系统观察、比较文化的调查和访谈、在各种文化中进行测验和估价、投射技术、比较文化研究上的实验、口头和书面材料的翻译与内容分析、人类关系趋于档案的描述和使用等。除了其独特的研究技术外,文化人类学家也提出了自己的理论,如文化决定论(Cultural Determinism),其主要内容是:人们的社会行为和特征决定于他们所受的文化影响。后来他们把文化决定论改为文化相对论(Cultural Relativism),其含义是不同的文化对于人们的行为及其特征所起的影响和作用不同。

当然,不同取向的社会心理学研究,并不是截然割裂的。从目前的发展态势看,上述各种取向的社会心理学研究逐渐趋于整合。现在大部分的社会心理学既不是纯心理学的，也不是纯社会学、文化人类学的。

总之，社会心理学是在心理学、社会学等母体学科的“怀抱”中成长起来的一门具有边缘性质的独立学科，同时兼具自然科学与社会科学的性质。在社会心理学形成与发展的过程中，文化人类学、人格心理学、社会生物学和普通心理学等学科的研究思路、研究成果及理论构建等，对社会心理学的发展起到了积极的作用。只有从多学科视野来认识和理解社会心理学的学科性质，才能获得对人类社会心理与社会行为的全面解释。

三、社会心理学的任务

社会心理学是一门朝气蓬勃的学科。尽管它的历史发展进程短暂，但它在现代社会发展中发挥着越来越重要的作用。作为一门理论学科，社会心理学需要探讨在特定的社会文化环境下个体的人格特征、社会心理和社会行为发生、发展与变化的规律；作为一门实践性很强的应用学科，社会心理学需要用理论和方法去分析、解决现实生活中的一系列实际问题。

（一）社会心理学的理论任务

社会心理学是一门理论性很强的学科，既有来自心理学、社会学等母体学科的影响，也有其本身提出的一系列有别于其他学科的理论与观点，逐步建构了社会心理学的理论体系。社会心理学需要研究在特定的社会生活条件下，个体心理活动发生、发展及其变化的规律。社会情境与社会文化是怎样对个体心理产生作用的？个体又是如何反作用于这种影响的，即宏观的社会结构、组织和群体是怎样通过微观的个人环境，从而对个体的心理与行为施加影响的？个体又是通过什么过程和机制把这种影响内化为个人特质的？只有深入揭示在社会环境中“个体—人际—群体”间的相互作用和规律，才能建立起科学的社会心理学理论体系。

社会心理学需要着重理解社会行为和思想的根本原因。他人的行动和特征会给个体带来什么影响？排队购物时的插队、恋爱双方的冲突，都可能影响个体的行为和思想，甚至交往者的外形和长相也会使个体产生不同的行为反应。自我和他人的印象是如何形成的？不同的交往对象为什么会出现不同的交往效果？其中个体的认知、评价和情境因素发挥了什么作用？有效的沟通又需要什么条件？朋友约会迟到，会使对方感到不快，但不同的解释又会由认知失调转向认知平衡，这取决于个体的认知建构(Construals)。社会行为的背景因素，如物理世界的温度、气候和噪声，精神世界的价值观、社会规范和文化认同感等，对社会行为是如何发挥作用的？有无中介变量？其内部心理机制是什么？这些问题都需要社会心理学理论给予一个恰当的解释。

概言之，社会心理学的理论任务在于，必须根据现实生活建构一系列理论，这些理论能够很好地描述、解释、预测和控制个体的社会行为。它主要包含以下四个方面的内容：

第一，以社会现实生活为基础，采用科学的研究方法，客观、准确地描述和概括各种社会心理现象；

第二,形成科学的概念、理论体系和研究工具、手段、方法,用来分析各种社会心理和社会行为,并能够解释其原因;

第三,揭示个体过程、人际过程和群体过程在不同社会情境下,个体心理活动的发生、发展和变化的规律,并预测这些社会心理和社会行为的发展变化;

第四,在科学预测的基础上,采取一定的措施来调节和控制社会行为发展变化的速度、方向,使之符合社会现实生活的需要,并尽可能地促进社会的进步与发展。

(二)社会心理学的实践任务

从社会心理学形成与发展的历史进程中考察,社会心理学的产生不仅导源于现实生活的需要,而且在日后的发展中还将直接从这种需要中获得动力。20 世纪 20 年代工业生产的实际需要导致了"霍桑实验"的出现,该实验验证了工人的士气和工作积极性与生产效率之间有着密切的关系;20 世纪 30 年代,经济和社会的萧条、动荡导致了社会舆论、流言与谣言、种族关系和价值冲突的研究的产生;20 世纪 40 年代,专制、信仰、偏见、态度与态度改变、民族性格和领导方式成为研究的重点;20 世纪 50 年代,社会和经济平稳发展,使社会心理学把研究的触角延伸到了社会生活和经济生活的各个角落;20 世纪 60 年代,环境、拥挤、心理健康、种族歧视等被摆到了社会心理学的重要议事日程上。所有这一切既成就了社会心理学的繁荣发展,也使它在社会现实生活中扮演着越来越重要的角色。

今天,社会生活的各个领域比以往任何时候更需要社会心理学。

工业企业需要社会心理学。帮助优化企业的组织结构,提高管理者的管理水平;减少企业人际冲突,防止出现生产事故;提高劳动生产效率;充分调动企业员工的工作积极性,有效地开发与利用人力资源。

学校教育需要社会心理学。帮助教师处理好师生关系,减少师生冲突;指导学生在同辈群体中建立良好的人际关系;建构良好的亲子关系;建构良好的课堂教育氛围,以提高教育教学质量。

医疗卫生企业需要社会心理学。帮助医务人员更好地预防心理疾病;优化治疗方案;建立良好的医患关系;提高身心健康水平,特别是全社会的心理健康水平。

商业营销需要社会心理学。帮助营销人员进行有效的市场预测、广告宣传和产品营销;了解市场动向和消费者的需求,更好地了解社会大众的购买力;为消费者提供优质服务,创立名牌产品及市场信誉。

政府机关需要社会心理学。帮助决策者顺应民意,科学决策;提高政府机关的工作效率,建立政府机关的权威;有效发挥政府职能,建立良好的干群关系;正确利用宣传舆论工具,使上情下达和下情上达的渠道通畅。特别是军队、外交、情报、宣传、司法和公安等部门,更需要社会心理学家担任咨询工作,并进行调查研究和决策指导。

从国际视野看,不仅欧美和日本等发达国家重视社会心理学,而且绝大多数的发展中国家也都把社会心理学作为直接或间接的"生产力"。社会心理学在这些国家的政治、经济、军事、法律、新闻、文化、教育、管理、司法、医疗、宣传、卫生和宗教等诸多领域正发挥着越来越重要的作用,社会心理学的社会功能也越来越显著地得到实现。

但是,我们也应看到,社会心理学的应用研究中有两个问题仍值得关注。

一是在运用社会心理学的理论与方法来解决实际的问题时,应该利用多学科之间的协作与交流。社会现实问题非常复杂,常常受经济、政治、文化、思想、心理以及其他众多因素的制约,而社会心理学仅仅是考察这些因素中的心理因素。如果将社会中的若干重大实际问题简单归结为社会心理原因,并渴望用社会心理学的理论和方法来予以解决,这是不恰当的,也是不可取的。例如,青少年犯罪问题,需要由社会学来探讨社会组织、社会结构、社会形态对青少年犯罪的影响,比较社区中不同层次、不同教育背景和不同家庭背景青少年的犯罪率;由法学来研究青少年犯罪的类型、性质和严重程度;由文化人类学来分析文化与环境因素对青少年犯罪的影响;由教育学来研究青少年犯罪教育与转化的途径和方法;而社会心理学着重研究青少年从事犯罪行为的原因和内部心理机制。

因此,对于社会中重大问题的解决,社会心理学要联合政治学、管理学、伦理学、经济学、社会学和教育学等学科协同作战。其中,社会心理学要利用本学科的理论与方法,着重研究该问题的心理方面,开展实证研究与定量分析,获得第一手资料,在此基础上得出定性结论,为解决这个问题提供社会心理依据,并作为制定解决方案时的科学依据之一。

二是社会心理学的应用研究要适合国情,注重社会效益。在运用社会心理学的理论内容来解决社会生活中的一些具体问题时,还必须从中国的国情出发,从现实生活的可能性出发,即社会心理学的本土化或中国化(Movement of Indigenous Research on Social Psychology)。社会心理学应以中国国情为背景,并加入中国社会所特有的心理、思想、文化因素,从而确立属于我们自己的特有的理论框架、概念和研究方法。这里包括三层含义:一是对西方社会心理学知识体系的反省和批判;二是中国社会心理学知识体系的建立;三是解决中国社会特有的社会心理问题。西方社会心理学的研究结论与研究经验固然可以被借鉴和吸取,但不能盲目搬用,代替自己的研究。不加辨别地直接引用西方社会心理学的研究结论指导现实生活,从理论上说是错误的,运用于实践更是有害的。因此,从我国的国情出发,结合现实生活开展社会心理学的应用研究,是迫切而艰巨的任务。一方面,社会心理学的应用是有局限性的。面对解决诸如民族问题、农民工子女入学问题、下岗职工问题、农村留守儿童问题等重大社会问题时,应该承认,社会心理学在其中发挥的作用是有限的,研究结果是背景性的,更多的是为决策者提供信息,而不是直接解决问题。另一方面,对于社会心理学研究成果的衡量,不能仅着眼于经济效益,而更应该重视社会效益。社会心理学在解决实际问题的过程中,会使个体的心理素质有所提高,社会化进程有所提速;人际关系更和谐,团结与合作成为主流;群体的内聚力增强,领导水平和领导威信更上一层楼。我们相信,个体、人际和群体的和谐发展,其间释放出来的能量是无法用具体数字来计算的。

四、社会心理学的研究范畴

任何学科都有独特的研究范畴,这是由研究对象决定的。社会心理学的研究范畴,是随着人们对社会心理认识的深入而逐步明晰并不断发展、完善的。社会心理学的研究范畴因学者的知识背景、研究范式、接触问题视角的不同而有所不同。用发展的眼光看,你会发现,社会心理学的研究范畴有时被缩小,有时被扩大。一般来说,社会心理学的研究可分为四个层面,即个体层面、人际层面、群体层面和社会层面。

个体层面的研究内容及与个体有关的心理和行为研究,是最微观的一个层面。主要包括个体的社会化、自我概念、毕生发展和人生规划、社会认知、社会动机、社会情感、社会态度、个体的信仰和价值观、社会学习、社会认同、异常与偏差的社会心理与行为等。例如,有研究从社会价值取向角度对决策进行研究,认为个体在相依情境中对自己的收益和他人的收益分配存在特定的偏好,具有较大的个体差异。

人际层面的研究内容涵盖了人与人相互作用的所有领域,即人际关系。主要包括人际关系的概念、成分、分类、发展阶段、人际吸引和友谊、人际交往、竞争与合作、侵犯与助人、爱情和婚姻、言语交流和非言语交流等。例如,社会心理学对人际互动的研究显示,互动中的个体人际特质以两个基本维度(亲和维度和控制维度)为核心,这两个维度体现出人际关系互动中的两个重要信息:地位和爱。人际特质包含六个因子,分别是人际冷漠性、人际亲和性、人际开放性、人际退缩性、社会支配性和社会服从性。此六个因子以水平轴亲和维度和垂直轴控制维度为核心,形成了一个不规则的六边环形,并以规定序列排列成环形空间。①

群体层面的研究内容是三人以及三人以上人群的群体行为。主要涉及社会群体心理成分、群体心理氛围、群体规范和压力、群体冲突与战争、民族与阶级心理、社区心理、职业群体心理、舆论与谣言、群众运动等。例如,社会心理学对我国国民心理健康的研究主要包括独生子女的心理健康问题、学生群体的心理健康问题、特殊群体的心理健康问题、职业群体的心理健康问题以及网民群体的心理健康问题。

社会层面的研究内容最宏观,它是社会发展的内容,主要包括社会变革(革命)心理、现代化心理、国际化与全球化、社会生活质量、人口与流动、环境社会心理、贫困社会心理、腐败心理、科技发展的社会心理、其他社会心理问题等。例如,有研究者从社会心理学角度探讨人和社会的互动对社会的和谐与可持续发展的推动作用②,张大均教授在社会变革的大背景下深入分析青少年心理发展变化的特点、影响因素和规律③,这都是宏观的社会变革中的社会心理研究。

当然,这四个方面并不是截然独立的,而是相互关联的。一个人、两个人、一群人和整个社会都是紧密联系的,是相互交织在一起的,我们只是在不同的水平、不同的层面上来确定我们所关注的重点。

---

① 参见赵菊,佐斌:《人际关系互动中人际特质的环形模型探索》,《心理学探新》,2013 年第 1 期。

② 参见王芳,刘力,许燕,等:《社会心理学:探索人与社会的互动推动社会的和谐与可持续发展》,《中国科学院院刊》,2011 年第 6 期。

③ 参见张大均,吴明霞:《社会变革时期青少年心理问题及对策研究的理性思考》,《西南师范大学学报(人文社会科学版)》,2004 年第 2 期。

第二节 社会心理学研究的方法

无论是物理学、生物学，还是社会心理学，科学方法是发现事物之间存在规律性联系、满足人类对知识的理解和渴望的最佳途径。社会心理学家通过科学研究揭示了人类的社会心理现象的本质，将科学知识运用于社会实践的各个方面，既有利于个体的健康和发展，也有利于社会进步，促进人类发展。

一、社会心理学研究的方法学路径

社会心理学研究的方法学路径有三种类型：现象描述、相关研究和因果联系。

（一）现象描述

为了理解行为，能够预测、控制和解释行为，科学研究的第一步就是客观精确地描述一定的社会心理现象或行为。要对一种复杂社会心理现象进行研究，首先必须了解这一现象的本质特征及其与其他现象的区别。现象描述是典型的回答“是什么”和“怎么样”等问题的研究。例如，我们要研究人们的生活满意度或对物价的心理承受力，就要回答“什么是生活满意度、什么是物价上涨的心理承受力”，然后再回答“目前人们的生活满意度和对物价的心理承受力如何”的问题。

在描述现象的过程中，如何为研究对象下一个能被广泛接受的操作定义（Operational Definition）至关重要。通常，我们要研究的现象称为研究变量，如生活满意度或对物价的心理承受力。研究变量通常是一个概念，无法进行直接的测量，故也称为潜变量。潜变量必须转变为实际上可直接观测的变量，才可能进行衡量。为潜变量或研究变量设定一个指标系统，对其进行定量或定性的衡量或评价，这就是设定一个（研究）变量的操作定义，而选定的指标系统就成了观测变量。通过选定这些观测变量并解释各个观测变量的意义和测量的操作方法，就可以获得试图研究的变量的操作定义。

例如，我们要研究人们的“生活满意度”，“生活满意度”就是我们的研究变量或潜变量。生活满意度的意义需要我们来定义。当我们决定用对工作，对日常生活的衣、食、住、行条件及对周围一般环境的满意度来衡量“生活满意度”，并确定所选定的几个方面的满意度高则认为“生活满意度”高，反之则低的时候，人们在这几个方面的满意水平及其同一般生活满意度的关系，就构成了“生活满意度”的操作定义。而对工作，对日常生活的衣、食、住、行条件及对周围一般环境的满意水平，就成了我们观测“生活满意度”的操作途径。

如果给变量设定的操作定义仍然不够具体，则可以为每一个还不能直接进行测量和操作的变量的更低一个层次的变量设定操作定义，依此类推，直到可以具体使用某个具体定量指标来指示一个变量为止。相对于上一级的变量，次一级可以操作的变量就是观测变量。而对于可以直接进行操作的变量而言，上一级的变量就是需要用次一级的变量来定义的潜变量或研究变量。

（二）相关研究

相关研究（Correlational Research）是指考察两个或更多变量（即现象）的相互关系，即一个事件改变的同时，另一个事件也存在改变的倾向。能够验证研究变量之间关系的资料不管是来自于调查法还是其他的数据收集程序，相关研究的作用都是可以预测的。这种方法可以让研究者根据一个变量的值来预测另一个变量的变化，这是一种基于描述的科学研究方法，因此，相关研究法从理论上说是无法确定因果关系的。相关研究提供了变量之间关系的方向和强度的信息。两个变量之间关系的方向和强度在统计学上被称为相关系数（常用 r 表示）。相关系数的取值范围是从 -1.00 到 +1.00。

在一项考察儿童收看暴力电视镜头的情况和他们攻击性行为之间的关系的研究中，如果相关研究系数越接近 -1.00，说明儿童看的暴力电视镜头越多，其表现出的攻击性行为越少。如果相关系数越接近 +1.00，那说明儿童看的暴力电视镜头越多，其表现出的攻击性行为也越多。如果相关系数为 0，或者接近 0，则说明两个变量之间不存在线性关系。零相关可能是下面两种情况中的一种：一是儿童收看的暴力电视镜头和他们的攻击性行为之间没有关系；二是儿童收看的暴力电视镜头和他们的攻击性行为之间存在非线性关系（也可能是曲线关系）。

相关研究法的优点在于：(1)可以显示变量间的共变关系，从而使研究者注意到各种现象之间可能存在的因果关系。(2)它是收集某个问题领域内大量资料的一种有效方法，而且适用于自然情境。(3)可以同时收集大量资料，花较短的时间和较少的人力、物力发现大量资料间的联系，对许多现象做出预测。例如，人们可能会收集到 30 种有关人格变化的资料，以及 20 种关于不同行为的测量，然后，可以看看哪种人格因素和哪种行为之间有联系。(4)相关技术有时还能帮助人们去研究那些不适于使用其他方法的问题。相关研究对许多无法运用实验研究的领域有独特的作用。例如，要研究拥挤对人的心理与行为的影响，就难以使用实验方法，但我们可以对城市人口的变化和人们实际生活居住密度所产生的效应进行广泛的研究，由此得到相应的资料。

相关研究法的明显缺点在于：(1)相关研究的结果往往取决于其选用的相关研究法的前提条件是否得到了满足。例如，动机水平与任务绩效之间呈倒 U 形曲线关系，因此，用相关研究法可能得到一个极低的相关系数，但这不能真实地反映两者的紧密联系。(2)相关研究法无法确定相互关联的因素之间的因果关系。有时两者的相关还可能是由第三个变量引起的，相关研究法难以进行这些检验。例如，我们知道两个事件是正向相关，我们只能说当一个因素发生变化时，另一个也可能发生变化。两个变量之间出现相关，可以有三种情况：①第一个变量的变化导致第二个变量的变化；②第二个变量的变化导致第一个变量的变化；③一个没有指明的第三个变量同时引起了两个变量的变化。

针对以上缺点，研究者可以采用以下两种方法加以改进：(1)将相关研究建立在观察研究的基础上。通过观察法大致描绘出研究者所关心的变量散点图，这样能够大致看出散点图形态是否符合相关研究的假设，从而选用合适的相关研究法。(2)利用交叉 - 滞后法（Cross-lagged Method）来逼近因果关系解释。交叉 - 滞后法的一般策略是，分别在两个不同的时间测量两个变量,计算它们之间的相关系数并进行分析。例如,在前面探讨的儿童收看暴力电视镜头的情况和他们攻击性行为关系的研究中,可以在10年以后重新设法联系到当时的被试,收集两个时期变量的数据,即该组被试在儿童时期收看暴力电视镜头的情况和他们当下年龄(如16岁)所表现出的攻击性行为,计算二者之间的相关系数。交叉-滞后法非常耗费时间,但这种方法在确定许多领域的因果关系方面还是取得了某些进展。尽管交叉-滞后法能够有效逼近因果关系解释,但这一方法还是要在首先假设两个变量之间存在因果关系的情况下,进一步断定因果关系的方向;如果两个变量之间其实没有因果关系,比如,它们同时受第三个变量(第三个变量可能是父母对待暴力的信念)的影响,那么,交叉-滞后法所确定的影响方向也是没有任何实际意义的。

(三)因果联系

相关研究不能确定为什么两个变量之间有关,社会心理学家采用实验法来考察变量之间的因果关系。实验法是研究者通过人为地、系统地操作情境,导致某些行为发生变化,并对之进行观察、记录和解释的科学方法。在实验研究中,研究者通过对被试控制其中一个变量的不同水平(如高、中、低)来观察这种控制对另一个变量产生的影响。研究者试图控制的变量是自变量,研究者控制自变量是认为其可能是造成其他变量发生变化的原因。而由研究者测量并因自变量的不同水平而引起变化的变量是因变量,也就是研究者认为可能是结果的变量。社会心理学领域的大部分资料,都是由因果联系来证实研究的结果的。

二、社会心理学的研究过程

社会心理学的研究可采用不同的研究方法,但就其一般研究过程来说,则是基本相似的。符合科学研究要求的整个研究过程包含了以下几个基本步骤。

(一)提出一个研究问题

研究问题不可能无中生有。在选择一个研究问题时,研究者可以从以下四个方面考虑:

1. 选择与社会需要有关的问题

社会心理学研究的重要目的之一就是解决社会实践和现实生活中的问题,因此,根据社会需求,应该选择当前社会实践中迫切需要解决的一些问题作为研究对象。通常,来自社会实践和现实生活中的问题大多属于应用性研究,其研究结果具有较大的应用价值,能为社会实践和现实生活服务。

2. 选择有利于理论发展的问题

社会心理学研究的另一个目的是通过科学研究揭示社会活动的客观规律,建立相关理论。因此,研究者可以从他人的研究中获得启发,将值得探讨的理论问题作为研究问题。在进行这方面的选题时,我们可以从下面几个方面入手。首先,可以根据不同理论观点之争提出问题。在社会心理学领域中,同一心理现象、过程常会存在着分歧,两种不同的观点能引起研究者的兴趣,促使他们去进行大量的研究。其次,可以通过对现有理论、观点进行质疑的方式提出研究问题。最后,还可以通过证实自己或他人的某一理论或观点而提出问题。

通过对尚未证实但应当能观察到的特殊现象做出推论、预测，也就是从理论中演绎出要研究的问题，不断丰富和完善理论。

3. 通过查阅文献提出问题

查阅和评价已有研究文献是提出问题最重要、最常用的方法之一。在查阅文献的过程中，应注意已有研究文献中忽略的一些问题，也就是现有链条中的空白点，还要注意发现研究结果中相互矛盾的地方。例如，隔代抚养对个体发展的影响，有的研究认为隔代抚养有利于个体的发展，而有的研究则认为隔代抚养可能会阻碍个体的发展。在查阅文献时，发现上述问题则需多加留意和分析。最后还要注意已有研究在方法学上存在的问题。例如，测量工具是否有不完善的地方，自变量和因变量的选取是否存在问题等。

4. 在研究过程中提出问题

随着科学研究的不断深入，研究者常常会发现与当时研究的问题有关的许多新问题，有时会由于某个偶然的机会出乎意料地发现与所研究问题无关的现象。例如，霍森效应，研究者的本意是想考察工作条件、社会因素和生产效益之间的关系，不管研究者如何控制实验条件，生产效益都在上升，出现了工作条件、社会因素与生产效益无关的现象。但是想要从研究过程中发现有价值的研究问题，则需要研究者具有敏锐的洞察力以及高度的判断力。

除了以上几种方法之外，研究者还可以根据研究技术的新进展选择研究问题。以前由于研究技术手段的限制，许多问题没有办法进行深入的研究。随着新技术、新方法的出现，可以重新探讨以往研究过的问题，这常常会得出许多新的结果，甚至否定以前的结论，导致新的理论的建立。还可以在学科交叉的空白区选择研究问题，例如，教育社会心理学、社会认知神经科学等。

（二）查阅文献

一旦研究问题被选定，研究者必须检索相关的科学文献，确定这个问题是否有人研究过或相关问题已经研究到什么程度。文献的种类有很多，主要包括经典的书籍、学术期刊、报纸以及学位论文与学术会议文献等。查阅文献的第一步是检索文献，在这个过程中要选择具有时效性、新颖性和代表性的文献。先查最近的研究文献，后查过去的文献，还应注意收集代表各种各样观点、得出不同结论，甚至是得出相互矛盾结论的研究文献。不但要收集与自己研究问题、领域有直接关系的资料，而且还应注意跨学科、跨领域地收集相关资料。

查阅了大量文献之后，需要对这些文献进行分析、筛选、归类，对有关文献进行进一步梳理。依据有关科学理论知识，分析判断文献资料中提出的解释是否合理，立论是否正确，设计是否科学恰当，推论是否严谨，是否包含新的观点、新的方法、新的结论、新的应用领域，是否适用于社会的需要和各种具体条件，对研究发展的历史线索、条件和影响因素进行归纳、整理和分析。

（三）选择合理的研究方法

社会心理学家主要使用三种研究方法，即观察法、相关法和实验法。其中观察法用于对行为进行描述，而相关法和实验法则用于解释变量之间的关系。三种方法中被心理学取向的社会心理学家应用得最多的是实验法，观察法更多地被社会学取向的社会心理学家所采用，相关法在两个领域中被采用的程度相当。前面已较详细地阐释过，在此不再赘述。

（四）收集研究数据

在确定了研究问题和研究方法之后，接下来就是收集数据。数据有两种基本类型：质性数据和量化数据。质性数据是指不以数字形式呈现的数据，例如，科学家收集的关于两个人之间谈话的叙述报告。相比较而言，量化数据就是以数字形式呈现的数据，例如，评定谈话者的身体吸引力程度，可以用 1 表示非常没有吸引力，而用 5 表示非常有吸引力。

数据收集，除了数据的分类外，还要讲到数据收集的三种基本技术：(1) 自我报告；(2) 直接观察；(3) 文献资料。自我报告的数据收集技术允许研究者测量被试的主观状态，比如个体的情绪、情感和态度。然而自我报告的数据收集的缺点在于数据依赖于被试能精确地描述这些内部状态，很多时候被试往往不愿意或不能做到这一点。由于自我报告的数据收集拥有这样的缺点，很多研究者宁愿选择直接观察个体的行为，记录行为的数量特性和随时间变化的方向。这种技术被广泛应用于观察法和实验法中。研究者有时选择从现存的记录、文献中收集信息。这三种收集数据的技术不总是相互排斥的。

（五）分析数据

当数据收集完成后，接下来的工作就是进行数据分析，这个步骤通常要求研究者具有广泛的数据统计知识，并能使用相关统计软件包。两种最基本的统计方法是描述统计和推论统计。描述统计仅仅是简要说明和描述一个研究中参加研究的特殊样本的行为和心理表征。推论统计则不仅仅是描述，而是对样本所代表的总体进行行为和心理特征的推论。当一个研究发现参加研究的被试出现某种差异时，推论统计就被用来估计研究样本来自的总体存在同样差异的可能性。当发生概率小于5%时，社会心理学家一般就确定总体也存在同样的差异，5%被称为统计的显著性，相应的推论统计程序被称为统计的显著性检验。因为社会心理学研究的一个主要目标是把研究结果概化到更广泛的群体中，所以推论统计相对而言是更有价值的统计方法。

（六）撰写研究报告

一项社会心理学研究完成之后，就要撰写研究报告或研究论文了。研究者报告自己的研究成果是整个研究过程中的最后一个步骤，同样也是非常重要的一个步骤。撰写研究报告能够展示研究的新成果，可以促进研究者间的交流和合作，还有利于对研究的评价。①

三、社会心理学的定量研究设计

任何科学研究，都需要事先进行研究设计。这里，我们从定性与定量两方面介绍社会心理学的研究设计及研究过程。定性与定量研究虽然有所不同，但是定性与定量研究相结合才是科学研究的重要法则。

---

① 参见董奇：《心理与教育研究方法》（修订版），北京师范大学出版社 2004 年版，第 418—419 页。

定量研究是一种对事物可以量化的部分进行测量和分析,通过分析变量之间的数量关系,揭示事物之间的内在联系规律,以检验研究者有关理论假设的研究方法。定量研究有一套比较完整的模式,包括抽样方法(如随机抽样、分层抽样、系统抽样、整群抽样)、资料收集方法(如问卷法、实验法)、数据统计方法(如描述性统计、推断性统计和结构方程模型)等。采用定量研究进行研究设计时,应着重解决的问题是研究变量的控制与操作、研究误差的来源与控制以及合理使用统计分析方法。

(一)研究变量的控制与操作

变量是指在数量上或质量上可变的事物的属性。在社会心理学的定量研究中,变量分为5类:自变量、因变量、无关变量、中介变量与干涉变量。

1. 自变量与因变量

自变量在实验中是由研究者操纵控制的,是对被试的反应产生影响的变量,社会心理学领域中的自变量一般是造成社会行为或心理表现的原因。实验中通常以实验条件为自变量。因变量是个体行为变化的结果,在实验中它是在自变量的影响下发生变化的变量,一般我们感兴趣的各种社会行为与心理表现都是因变量,如态度、自尊心、社交倾向、恐惧感或安全感等。

2. 无关变量、中介变量与干涉变量

无关变量是指可能对因变量也具有影响,但我们在某一特定研究中并不关心的变量。例如,专业知识对于努力和绩效之间的关系来说就是一个无关变量。在进行实验研究时,必须对无关变量加以控制,这样才能单纯而方便地考察自变量对因变量的影响。

在研究中,有时研究者觉得除了自变量对因变量有直接影响之外,可能还有其他因素使自变量对因变量产生间接的影响,这个因素就是中介变量。例如,激励(自变量)能够引起学习成绩(因变量)的变化。可是,研究者发现有一种学习动机能够解释学习成绩变化的原因,并且,研究者发现激励增强了学习动机,从而提高了学习成绩,因此,在这里学习动机就是一个中介变量。总之,中介变量是与有机体有关的不可观察的过程或状态,用以帮助解释自变量与因变量之间的关系,也常作为假设的构思,从可观察到的测定中做出推论。当一个变量的系统变化可能改变自变量与因变量之间的关系时,这个变量就称为干涉变量。

3. 操作

实验的操作是指变化自变量的状况,因而也称为自变量的操作。对自变量的操作进行研究,首先要给自变量确定一个操作定义。在心理学上,根据测定变量的程序来下定义就叫操作定义。比如,对疲劳进行研究,就首先要为疲劳确定一个操作定义。如果要把测量某种体力劳动的时间量作为疲劳的指标,就可以把疲劳定义为从事某种体力劳动的时间量。其次,这种操作通常在自变量为物理条件时能够得到实现,如我们可以系统地变化房间内的温度和噪音,以此来考察温度、噪音等环境条件对人的行为与情绪的影响。

自变量操作的基本原则,一是要使自变量的几种情况之间有足够大的差异,使得它们能对因变量造成性质不同的影响,以免出现天花板效应或地板效应;二是要尽可能地保持每一种实验条件对每个被试起同等的作用,这样被试群体才有整体的意义,使所获得的资料可以进行统计学的分析。

在因变量方面,有两个方面的因素直接影响着操作自变量的目标的实现。其一,因变量必须有一个与其实质内涵相一致的操作定义,使不同的自变量状况在因变量上所造成的效应得到反映;其二,每个被试身上发生的作为因变量状况指标的行为或心理变化,必须有同等被观察、被记录的机会。这样才能保证最后的实证资料真实地反映自变量操作对于因变量的作用,从而客观地揭示自变量与因变量之间的实质联系。

(二)研究误差的来源与控制

1. 被试的选取与随机分配

社会心理学是与人们的日常生活联系最紧密的学科之一,在研究过程中很容易掺杂无关变量或额外变量。因此,在定量研究中,为了保证样本具有代表性,研究者通常采用随机分配的方法,控制无关变量,使社会心理学的研究更加严谨、科学。随机分配指每一位被试被安排到各种实验条件下的机会是完全相同的。这种安排的目的,是将各种没有得到控制的无关变量均衡或随机地分配到各种实验条件下,使得这些变量所造成的效应被平衡掉。另外,定量研究还经常选取处于上下两端的被试进行比较,例如,将自尊水平高的人和自尊水平低的人进行比较,将学习不良者和学习优秀者进行比较等。这种设计通常没有问题,但当进行前测—后测设计时,会出现一种回归现象,即前测得分低的被试在分组后所测得的成绩有所上升,这种情况对于结果的解释会有干扰。

社会心理学实验旨在确定一个单一变量对人们心理或行为的影响。因此,研究首先需要控制诸多干涉变量可能造成的对因变量的影响,这一目的是通过随机分配来实现的。

实际的社会心理学实验研究,通常都有实验组与对照组两类被试的划分。实验组是实验条件变化或进行自变量操作的被试组。对照组是实验条件不变的被试组。选择两个分组的被试时,必须保证被试都来自一个性质相同的总体(如同是一类大学生或工人),同时还必须保证每一位被试被安排到实验组或对照组的机会相等。只有这样,实验的结果或因变量的变化才能用自变量的操作来解释。

2. 工具的有效性

定量研究设计中工具的选择是一个非常重要的问题,在定量研究中必须保证测量工具的可靠性与有效性。例如,使用的物理仪器必须精密,使用的调查问卷必须有满足心理测量学要求的信度和效度等。

3. 实验的效度

在定量研究中,实验研究是一种主要的方法。在社会心理学研究中,常有一些无关因素与实验变量相混淆而影响实验的结果,这样就会影响实验的内部效度和外部效度。时间、成熟、分组的随机化、被试的流失、仪器的使用等是影响内部效度的因素;而影响外部效度的因素有重复实验处理、实验的额外效果(例如,霍桑效应、期望效应)等。

(三)合理使用统计分析方法

定量研究离不开数据资料,在设计中无论是对无关变量的控制,还是对测量工具和测量过程的控制，其目的都在于得到合理的、真实的数据，而一项好的研究除了要保证数据的真实合理外，还要正确地使用统计分析方法。当进行相关研究的时候，可以采用相关分析法、回归分析法等；当进行实验研究的时候，多采用方差分析法等。

四、社会心理学的定性研究设计

定性研究一般以研究者本人为研究工具，通常在自然情境下，采用多种资料收集方法，对社会心理现象进行研究，从而归纳出被研究对象自身的特点，并以此为基础建立假设和理论。

（一）定性研究的基本特点

定性研究是针对定量研究而言的实证主义方法论，在很多方面与定量研究存在着根本区别，特别是对研究者与被研究者的关系、心理与行为的因果关系等方面都有不同的认识。

1. 定性研究强调从当事人的角度，了解当事人对社会现实的看法。研究者只有了解被研究者的个别经验与亲身感受，才能对现实世界进行描述，并将其概念和语词作为分析的单位。

2. 定性研究重视把事件置于其发生的情境中做整体、全面的了解。即不仅要了解该事件本身，而且要了解事件发生和变化时的社会文化背景，以及该事件与其他事件之间的关系。

3. 定性研究者认为社会是动态的、互相关联的。定性研究是一个不断演化的过程，是对变化着的现实的持续探究。

4. 定性研究者重视以第一手资料为依据建立理论，这一研究过程是探索式、发现式的。研究设计往往是在研究过程中逐渐形成的，而不是事先就设定好的。

5. 定性研究对研究方法采取开放的策略。定性研究报告中的方法、过程、结果常常一同呈现。

（二）定性研究的基本过程

定性研究强调在自然状态下进行，一般对研究情境并不进行操纵或控制，因而研究过程显得比较灵活。归纳起来主要包括以下几个步骤，但这些步骤并不严格按照某种顺序进行，有时下一步完成后又回到上一步，环绕式、螺旋式地进行。

1. 研究课题的选择

社会心理学定性研究的课题，一般来源于一定的社会现象和现实社会生活。这些社会现象就是研究者希望集中了解的人、事件、行为、过程和意义的总和。在这些研究现象中，研究者需要界定研究的具体问题。定性研究的问题应该是学术界或实践界尚存疑问、研究者确实希望继续探讨的“有意义的问题”。所谓“有意义的问题”起码有两重含义：一是研究者对该问题确实不了解，希望通过此项研究获得一个答案；二是该问题所涉及的地点、时间、人物和事件在现实生活中确实存在,对被研究者来说具有实际意义,是他们真正关心的问题。①

2. 研究场所的选择

定性研究的场所不是在实验室里,而是在日常生活的自然情境中。即定性研究要求研究者在现场观察、访问、收集资料,研究者对情境一般不做控制或干预。对研究对象的选择也不是通过随机抽样,而是根据研究的具体问题事先确定标准,凡是符合标准的都可以作为研究对象。

3. 资料收集

社会心理学定性研究需要收集的资料很广泛,需要研究者采取观察、访谈、文献资料的分析和口述资料的收集等多种方法。定性研究一般采取的是参与观察或半参与观察的方法,观察者与被试在一起生活、学习和工作,在这一过程中,观察被试的言谈举止和处事方法。定性研究中的访谈往往采用非结构式的深度访谈,主要有面对面访谈、电话访谈和群体焦点访谈等访谈模式。定性研究中的访谈要求访谈者掌握被试对研究问题的理解、思维方式等内容,并给被试充分的时间和空间进行思考和作答。文献资料的分析和口述资料的收集也是定性研究中经常使用的方法。

在收集资料时应注意研究对象参与的动机,配合使用录音、录像等手段,选择合适的访谈地点和场合。不管是以何种方法收集资料,都必须进行记录。

4. 资料的整理、分析

定性研究中各种文字资料、数字资料可能很多,再加上录音、录像资料,系统地整理、分析是一项相当烦琐和艰巨的工作,目前多数情况下是借助计算机来完成的。研究者已开发出"质化分析软件包"(简称"QTSP"),它在提高分析效率的同时,方便了研究者进行科学研究。

5. 成果表达

定性研究成果是以研究报告的形式呈现的,在撰写研究报告时首先要考虑读者对象、叙述风格、叙述人称、书写角度、研究者的位置(与被研究者、研究问题的关系)等。

6. 研究结果的评估

在研究设计阶段,需要考虑对定性研究的质量进行检验的问题,包括结果的真实可靠性、代表性以及有关的伦理道德问题。在研究设计时就考虑这些问题,能够使研究更加严谨,得到的结果更加真实、可靠。

五、社会心理学的具体研究方法

社会心理学以人为研究对象,是不同于纯自然科学以物为研究对象的研究,因此在了解社会心理学研究方法时要考虑其特殊性,在解释结果时要增强或然性解释。社会心理学研究中经常使用的具体研究方法是观察法、调查法、实验法和档案法。

---

① 参见陈向明:《质的研究方法与社会科学研究》,教育科学出版社 2000 年版,第 78 页。

(一)观察法

观察法是为达到某种目的而通过一定的组织方式进行直接而系统的观察,由此收集人类社会行为的资料,进而分析和判断变量关系的方法。有时在一个研究中同时包含定性和定量的描述。观察法是较为传统的心理学研究方法,常常伴随着细致而准确的测量,如运用录音、录像、摄像头监控等方法。

由于研究目的的不同,观察法也可分为不同的种类。社会心理学家使用的观察法通常有两种类型:一种是非参与性观察,另一种是参与性观察,这两种观察均伴随着细致且准确的测量。

1. 非参与性观察

非参与性观察,也叫直接观察。在这种观察中,研究者置身于要观察的事件之外,不参与任何事件,只记录所观察到的行为。例如,研究群体行为时,可以观察并注意群体中每个人的谈话,看他们怎样谈话,怎样相互注视或接触等。在这类研究中,观察者通常要尽可能地保持不引人注目,因为他们的在场不能影响研究所要观察的行为。这时,研究者只需记录被试的自然行为,而不需要任何询问和测量。

然而,观察者必须清楚,我们不能把每一件事情都记录下来,因为在一个相互作用的群体中,个人所表现出的行为数量几乎是无限的。因此,在观察之前,研究者必须进行观察设计,建立一个记录行为的等级量表。通过观察设计,第一,要确定什么动作应该记录下来;第二,记录所使用的语言要尽可能明确而客观。比如,观察儿童的群体行为时,研究者记下"某些儿童表现出友好动作",这是不明确的,应该记下诸如"谁对别人微笑"、"谁把玩具送给别人玩"、"谁搀扶别人站起来"等。

2. 参与性观察

参与性观察是另一种观察研究的方法,是指研究者作为被观察者群体中的一员,在与群体其他成员共同活动时,对群体及其成员的行为进行观察。参与性观察与非参与性观察相比,研究者的位置不同、角色不同,因而收集到的资料在性质上也有区别。由于研究者参与到了被观察群体之中,因而可以以被观察者的眼光看待周围的事物,能更好地理解现场所发生的事情。例如,几个社会心理学家混入了一个声称和外太空生物有联系的团体。该团体的一位领袖声称已接收到外星人的信息,预测在某个特定的日期会发生一场灾难性的洪水,洪水会从北极圈延伸到墨西哥湾。鉴于该团体成员对不信者的态度,观察者不得不虚构一些奇异的故事来进入该团体。这个方法很奏效,甚至有一个研究者被团体成员认为是向大家发布信息的外星人。

观察法具备四个优点:(1)研究者有机会看到行为的真实面目,通过完整的行为背景来充分理解行为;(2)观察法有直接接触事实的优势,研究者有机会收集到第一手资料,可以系统地记录事件的发生;(3)研究者有机会记录到在实验室控制下不可能发生的不寻常事件;(4)研究者有机会观察到那些在实验室中由于危险、伤害和伦理原因不可能产生的行为。

但是,观察法同样有许多限制。第一,对某些行为难以施加观察,因为它们很少发生。第二,观察是针对某一特定情境或特定群体展开的,因而难以推广到其他情境或群体中。第三,虽然在条件许可的情况下,研究者可能用有限干预的方法控制观察情境中某些事件的发生,如在现场使用假被试作为情境,但大多数情况下,观察是被动发生的,因而可能不能获得预想的结果,或被突发的因素牵制。第四,观察法需要研究者具有系统的训练背景和研究经验。一个缺乏经验的观察者常常会发生观察程序偏离和观察数据不能得到系统、客观登记的情况。第五,观察者在场会显著地影响被观察者的行为,从而污染数据,特别是对于参与性观察研究来说。第六,观察法与其他方法相比,研究者会面对更多的伦理问题,包括侵犯他人隐私。

(二)调查法

调查法是运用各种数据或事实收集方法,对所关心的现象进行研究的一类方法的总称。调查法主要包括问卷法、测验法和访谈法三种。问卷法是通过书面形式,以严格设计的心理测量项目或问题,向研究对象收集研究资料和数据的一种方法。问卷可以分为结构式问卷和无结构式问卷。测验法与问卷法相同,但所使用的研究工具一般为标准化的心理测验。访谈法则是通过面对面、通信或者电话采访的方式,获得有关被试的心理倾向或反馈相关信息。社会心理学经常运用调查法研究人们的社会态度、社会知觉,研究群体的兴趣、需要、人际关系等。例如,运用社交测量法研究群体内的人际关系,实际上就是采用了调查法。调查法的优点是能够进行大范围、大样本的研究,使研究者能够及时对自己感兴趣的问题进行广泛的研究。此外,经济、省时、易于进行也是调查法的优势。这种方法的不足在于研究缺乏控制,容易产生社会赞许性效应,调查法的准确性很大一部分依赖于被试的真实反应。

为了更加系统地了解调查法,我们分别对问卷法、测验法和访谈法三个部分进行详细的介绍。

1. 问卷法

所谓问卷法就是利用被试对书面问卷所做出的回答来了解他们的社会行为或心理状况及特点的方法。能够迅速了解人们特定时期的社会心态和对某种特定社会事件的反应的民意测验,就是典型的问卷法。问卷法有结构化问卷和非结构化问卷之分。多数问卷法中所设计的调查问题既不考虑问题的内在联系性,又不兼顾不同问题向一个高一层次概念的汇聚。这些问卷通常能体现被试在单一问题上的反应结果,但不能得出整体的概念。

结构化问卷的设计与测验法的概念相融合,在问卷中使用可以汇聚到上位概念的结构化问题设计。这种问卷调查的结果可以汇聚成为更高层次的概念,因此也更有价值。但其对研究者的专业准备和对问题的背景研究的要求会更高。

问卷法的优点是统一作答,效率较高,可用于对团体进行大规模调查,结果处理高度数量化、规范化,被试容易反应,对研究人员的要求也相对较低,花费的资源也较少。并且,多数问卷都不要求作答者暴露真实身份,因而更能反映被试的真实观点或想法。

问卷法的缺点是不够灵活,让人感到不能充分说明自己的态度,有的项目使人无法回答因而漏答,导致试卷作废。问卷法对人的文化水平有一定的要求,文化水平低的人在理解表述上可能存在问题。另外,问卷回收、组织作答等环节容易出现一些现场难以控制的问题,有时结果中会混进任意作答的资料,使研究的精确性受到损害。因此,社会心理学家主张,问卷调查使用的工具应当有足够的可靠性(通常,调查中可能发生的问题在预调查试验中可以被发现,从而有助于在实施正式调查时加以避免),研究者对被试面对调查时的反应应当有清楚的预测。

2. 测验法

测验法与问卷法相同,只是使用的研究工具一般为标准化的心理测验。常用的社会心理测验有最大成绩测验和典型反应测验两种。前者测量人们的最大作业成绩,评定人们的能力;后者测量人们在特定情境中的典型行为或感受,如个性、兴趣、焦虑、情绪等。

运用心理测验进行社会心理测量有较高的专业要求,测量过程需要有严格的程序,并且要防止误用和滥用。此外,心理测验还存在文化适用性问题,要注意不同文化环境下心理测验结果的解释。测验要与基本理论假设相一致。

经常见诸报纸杂志的一些"测验",其实更多的是游戏性项目,许多量表没有经过科学检验,因此在信度和效度等技术性特征上并没有可靠的依据,结果解释也不能被理解为是科学的。遇到这些测验时,需要将其与真正科学的心理测验区别开来。

3. 访谈法

访谈法是通过面对面、通信或电话采访的方式,了解被试的心理倾向或反应的方法。访谈法是心理学,特别是社会心理学广泛运用的研究方法。在目前的社会心理学研究报告和硕士、博士论文中,绝大多数研究者都涉及了访谈法的运用。研究者往往以访谈法作为研究入手的方法,用以了解人们对一种概念的理解,或对一种事物的态度、看法、感受和意见。访谈并非一般意义的谈天、交谈,它是针对特定的科学目的的,有一整套设计和编制原则。一个设计良好的访谈计划,是通过系统的过程发展起来的。比如,美国国家心理健康研究所某个研究雇佣态度的研究计划,经过一年的研讨和反复实验与实践,最终确定了一个含有23个问题的访谈提纲。在全部23个问题的设计中,从第13个问题开始,访谈才真正进入问题聚焦的部分,而前面的12个问题都属于导入性的和外围的问题。概括起来,访谈法可分为以下几种类型:

(1)无结构访谈。它是一种非正式的、自由提问和自由作答的访谈形式。这种访谈通常用于进行问题探讨和概念探索。访谈实际上也不是全然没有结构的,而是没有事先的结构,结构是在访谈过程中形成的。

(2)结构化访谈。它是一种正式的、事先决定了问题项目和反应可能性的访谈形式。这种访谈通常对访谈的目标和需要获得的信息有清晰的概念,并且对访谈过程有完整的了解。

(3)半结构化访谈。半结构化访谈又可分两种情况:一种要求被试自由地回答预定问题或用讨论的方式回答;另一种按照有结构的方式回答无结构的问题。

访谈法的优点是灵活,可以及时了解和澄清不明确的信息,随时进行改变和调整。其适用范围广泛,可对各种问题和各种对象进行访谈,并且没有文化水平的限制。而且,访谈法可以在收集相关资料的同时了解被访问者的动机、个性和对特定问题的情绪反应。访谈可以通过建立与被访问者的融洽关系,使被访问者坦率直言,从而使结果更可靠。

访谈法的缺点也是明显的。首先,访谈结果的汇聚、编码和处理分析过程非常复杂,需要研究者有良好的系统训练和专业素养，访谈资料的许多分析方法（如 NVivo 文本分析软件）尚不够普及。其次，访谈者自己的价值观、信念和偏向，有可能会影响被访问者的反应。最后，访谈法要花费较多时间和精力，并且难于大面积收集数据，其所需要的被访问者的合作也更为深入，由此可能带来研究合作方面的困难。

（三）实验法

1. 实验室实验

社会心理学的大部分研究都是在实验室中进行的。

实验法是通过系统操作一个或多个变量（自变量），以确定其变化是否对其他一个或多个变量（因变量）造成影响的研究方法。实验室实验是直接以实验室环境作为实验情境进行实验研究的方法。由于社会心理学研究必须考虑研究情境与实际社会情境的可比性，社会心理学实验很少直接使用原有实验室背景作为条件，一般是尽可能地改装实验室，使之接近实际生活。因此，社会心理学实验很多都属于模拟实验。

实验室实验较容易控制变量，但却脱离了真实的社会生活，人们对其结果一般持谨慎态度。而且，有一些社会心理现象，如观众的情绪感染、人际关系中的亲密现象等很难在实验室中进行。

2. 现场实验

现场实验，又叫自然实验，是社会心理学最适用的研究方法之一。现场实验是指在真实的生活情境中进行的有控制的实验。有些社会心理学家将现场研究与现场实验两种方法统称为现场研究，并强调这是社会心理学研究中的首要方法。这说明现场研究与现场实验在社会心理学中具有特殊地位。现场实验要在现实的环境中和现实的人打交道，它避免了在实验室很不真实的环境中通过被试获取研究结果。因此，现场实验要把猜测降到最低限度，这样被试的反应会更加自然，而且更少受猜测引起的各种倾向性的影响。

现场实验与通常的实验室实验是相似的，但它是在自然情境下进行的实验，被试经常不知道他们正在参与某项实验。由于现场实验是在自然情境下进行的，通常实验不会引起被试的怀疑和猜测，因此他们的反应要比实验室实验更加真实。现场实验可以从比实验室实验范围更大的人群中收集资料和信息，这样能够增加研究结果的概括性。现场实验的另一个优点是，有时可以涉及相当多的变量和情形，而这些在实验室里是得不到的。比如，研究电视暴力节目与儿童攻击性行为之间的关系，可以让两组儿童中的一组观看有暴力镜头的电视节目，另一组观看生活娱乐节目，然后，观察儿童在游戏过程中表现出的攻击性行为。这里，看电视、做游戏都是在现实生活的环境中进行的。

现场实验的缺点主要是缺乏对实验情境的控制。一般的现场实验中，很难把被试随机安排到实验条件中，以保证对因变量进行准确的测量。大量偶然发生的事情和条件都会出现在现场实验中，这经常会使研究者感兴趣的变量作用变得模糊不清。另外，现场实验中对自变量的操作也较为困难，我们很难说拍肩膀推销与不拍肩膀推销的差异仅仅是拍肩膀。

3. 模拟实验

模拟实验是指在实验室中建造模拟实际社会生活的环境和条件，在其中进行有控制的实验。美国著名的社会心理学家津巴多等人在20世纪70年代初做的模拟监狱实验就是经典的社会心理学模拟实验之一。在助人行为或亲社会行为的研究中，现在也经常采用这种方式，比如，请参与实验者扮演病人或摔伤的人等，看过路的行人是否给予帮助，在什么情况下予以帮助等。当然，必须指出的是，模拟实验也具有与实验室实验和现场实验相类似的优缺点。

(四)档案法

档案法是档案分析法的简称。它是根据一定的目的，收集各种现存的已发表的和虽未发表但是通过系统方法记载(如论文、地方志)的知识载体，通过对文献的研究形成对事实的科学认知的方法，借以揭示特定的社会行为及心理现象与某些社会条件之间的依存关系。这是一种更偏于社会学的方法，社会学家比社会心理学研究者更经常使用这种方法。但由于这一方法以及由其揭示的资料的独特价值，社会心理学也经常使用这种方法。

档案法涉及的资料主要包括个人作品、档案记录、报刊文章、电视报道、统计资料等。一切与某种现象有关的资料，都可能引起研究者的兴趣。由于这种方法的基本出发点是从既有的资料积累中进行研究，因此对研究某些有连续性的社会心理现象，如犯罪与离婚等，有着特殊的作用。

档案法研究的结果经常发人深省。例如，库钦斯基在1973年运用档案法研究了色情文学与犯罪之间的关系。他从档案资料中发现，丹麦1965年取消色情文学禁令后，性犯罪和一般犯罪率非但没有上升，反而明显下降了。开禁后性犯罪率从原来的十万分之八十五下降到十万分之五十；一般犯罪率由十万分之二百二十下降到十万分之八十七。研究者分析，一方面，色情文学的开禁，为人们提供了一种替代性满足的途径。性驱力的积累减少，攻击性的性犯罪率也就下降了。另一方面，性驱力作为机体紧张状态的背景，会直接增加人们的攻击性。性驱力及时得到释放，攻击性降低，因而一般犯罪率也出现明显的下降。

档案法的优点是被研究者无须做出反应，没有实验效应问题，也没有其他涉及人与人相互作用的问题。并且，这种方法可以追溯社会发展的历程并对此进行系统研究，也可进行跨文化比较。

但是，档案法的不足也是很明显的。首先它是相关性的研究，难于做出因果判断。比如，库钦斯基的研究，将犯罪率的下降归因于色情文学的开禁，无论将研究推论建立得多么完善，都会让人想到这是一件冒险的事。因为影响犯罪的因素还有很多，另一些因素的作用可能更大，而档案法研究在这一点上无能为力。其次，获得完整的、客观的档案资料本身也是个问题。因为档案材料本身常常含有编制者个人偏见的成分，甚至完全是捏造的。因此，档案法研究要求研究者有高度的理论素养和分析材料的能力。

第三节　社会心理学研究的原则

社会心理学的方法论原则是从科学研究的哲学方法论和普通方法论中总结出来的。遵守这些原则,是保证研究获得的结论具有科学性,同时又具有积极社会意义的重要前提。社会心理学研究的基本原则,归纳起来主要有客观性原则、分析与综合的原则、系统性原则、伦理性原则几方面。①

一、客观性原则

客观性原则是任何科学及其研究都必须遵守的原则,要求社会心理学研究以客观事实为依据进行假设、推论和获得结论。一切心理活动都是由内、外刺激所引起,通过一系列生理和心理变化来实现,并在个体的各种实践活动中表现出来的。研究人的社会心理,就要从这些可以观察得到的现象中去探求。社会心理学研究的一个很大的风险,就是它所涉及的问题很多都是人们日常生活中的问题。由于每个人都具有使自己的行为获得定向的需要,其往往会在日常生活中根据经验和感受,对所研究的现象形成思维定式或某种先定概念。这些倾向常常会形成一种偏见,直接影响人们对事物的理解和对因果关系的解释。例如,有遗传决定论先定概念的人,在研究中可能竭力寻找同卵双生子在个性特征上存在共同点的证据,以此来支持自己"自以为正确"的假设,却对大量同卵双生子个性特征不同的证据视而不见。科学社会心理学的研究路线,不应当先有倾向性观念,然后收集事实材料证明这些观念的正确性,而是应当先依据客观事实提出一定的假设,然后运用可以避免偏见的方法,收集事实材料,验证假设的正确性,并在此基础上得出结论。

二、分析与综合的原则

分析是把复杂的事物分解为相对简单的部分;综合则是将事物的各个部分联合成一个统一体,它是一个普遍的方法论原则。在社会心理学研究中贯彻分析与综合的原则,主要有两方面含义:其一,社会心理与社会行为虽然是极其复杂的综合现象,人们仍然可以通过分析,将其分解为各个方面加以专门考察和研究。其二,在研究某一社会心理或现象与现实条件的依存关系时,人们可以先分析考察某一条件或行为动力系统中的某一环节所起的作用,然后将各个方面联合成一个有机整体,将分析性研究结果综合为整体的结论。显然,没有分析的认识,就不能实现综合的理解;没有综合的过程,分析的结论也是不全面的。

三、系统性原则

科学研究的基本假定之一是任何事物之间都是相互联系的,任何事物都不是孤立的,而是处在一个有组织的系统之中的。事物之间的内在联系可能表现为一定的因果关系。社会

① 参见董奇:《心理与教育研究方法》(修订版),北京师范大学出版社2004年版,第12—14页。

现象同样也处在一个有机的系统中,其产生和变化都是有一定的原因的。系统性原则要求研究者不仅要将研究对象放在有组织的系统中进行考察,而且要运用系统的方法,从系统的不同层次、不同侧面来分析研究对象与各系统、要素之间的关系。

四、伦理性原则

伦理性原则是社会心理学研究中需要特别予以强调的。由于社会心理学直接以人为研究对象,并且在研究时经常需要隐藏真实的研究目的,因此,社会心理学研究如何避免给被试带来伤害,就成了不可回避的问题。从伦理道德的角度来看,用欺骗的手段诱导被试参加社会心理学研究,而他们自己又不知道自己的哪些方面正在被研究,这本身就是一个不道德的事情。而且,有些实验的确可能对参与者造成不利的影响,如实验损伤了被试的自尊心等。因此,社会心理学研究必须坚持伦理原则,保护被试的身心健康。

怎样在社会心理学研究中坚持伦理性原则呢?绝大多数社会心理学者都赞同社会心理学研究在道德上必须做到以下几点:第一,自愿参加原则。即在进行研究之前,研究者应征得被试的同意。目前,美国心理学会坚持要求研究成果发表时出示被试同意被研究的文件。通常情况下,研究者有义务使被试在被研究前尽可能多地了解研究的情况。第二,接近真实生活的原则。即研究情境应尽可能地靠近被试的日常生活,使其成为自然环境,从而避免研究对被试造成不利的影响。第三,有利于研究设计的原则。这一原则有三个方面的含义。其一,研究具有重要性且设计完善。任何实验或研究的冒险,只有在有足够证据证明研究的结果对人类具有意义,且研究设计已经最大限度地考虑到了被研究者利益的前提下,才能考虑付诸实施。其二,研究要尽可能地减少欺骗措施的运用。其三,研究要尽可能地减少对被研究者的不利影响。第四,事后解说(Debrief)原则。在某些实验中,实验者为了检验特定的实验效应,常常需要采用隐瞒真实研究目的的措施,此时研究者就必须在实验完成后向被试清楚地说明实验的真实情况和目的,以及为何采取隐瞒的研究处理方法,并说明研究对于被试可能产生的影响。第五,自由终止原则。这一原则实际是自愿参加原则的延伸。当被试对研究出现不良反应、意识到研究对自己不利或对研究不再有兴趣时,被试应有随时退出研究的权利。在任何情况下,被试都不应在被迫的条件下参加研究。第六,充足补救原则。如果研究出现了像监狱模拟实验那样对被试不利的影响,那么研究者必须本着维护被试个人权利和彻底消除不良影响的原则,及时终止研究,并对受影响的被试做出充分的心理补救,直到他们恢复到研究前的状态为止。

专栏0-1[①]

调节变量与中介变量的比较

调节变量和中介变量在心理统计中是非常重要的两个概念,都与回归分析有关。相对

① 本书所引专栏部分有改动,下同不注。

于研究者关注的自变量和因变量而言，调节变量和中介变量都是第三者，经常被人混淆。

调节变量的定义是，如果变量 Y 与变量 X 的关系是变量 M 的函数，则称 M 为调节变量。就是说，Y 与 X 的关系受到第三个变量 M 的影响，根据上述关系构建的模型如图1所示。调节变量既可以是分类变量（如性别、种族、学校类型等），也可以是连续变量（如年龄、受教育年限、刺激次数等），它影响因变量与自变量之间关系的方向（正或负）和强弱。例如学生的学习成绩和教学方法之间的关系，往往受到学生个性的影响：一种教学方法对某类学生很有效，对另一类学生却无效，因此学生个性是调节变量。

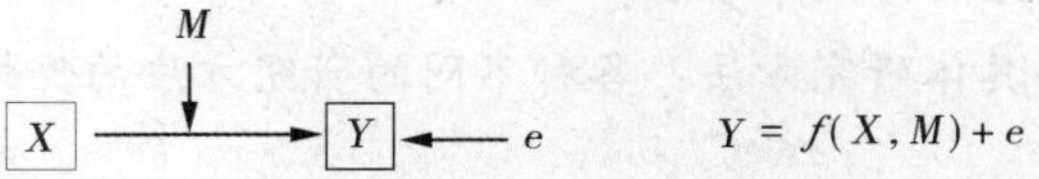

图1　调节变量示意图

中介变量则是指当考虑自变量 X 对因变量 Y 的影响时，如果 X 通过影响变量 M 来影响 Y，则称 M 为中介变量（模型如图2）。例如，在探讨工作环境与工作满意度关系的研究中，若"工作环境"影响"工作感觉"（如挑战性），进而影响"工作满意度"，其中"工作感觉"则为中介变量。

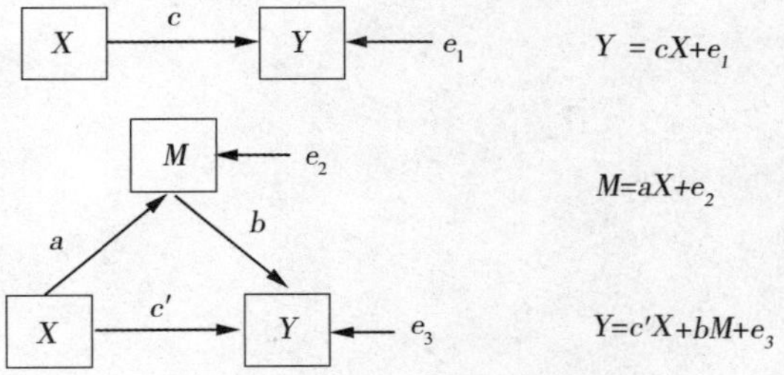

图2　中介变量示意图

中介变量应与自变量或因变量的相关显著，而理想的调节变量与自变量和因变量的相关都不大。有的变量，如性别、年龄等，由于不受自变量的影响，在研究中不需要被作为中介变量，但许多时候都可以考虑为调节变量。对于给定的自变量和因变量，有的变量做调节变量和中介变量都是合适的，从理论上都可以做出合理的解释。例如，研究小学生某种行为（如欺负行为）对同伴关系的影响，老师对该学生的喜欢程度（简称喜欢程度）既可以作为调节变量，也可以作为中介变量。如果认为喜欢程度与欺负行为关系不大，更多的是受其他变量的影响，如学习成绩等，这时可以将喜欢程度作为调节变量进行分析，看它是否影响同伴关系与欺负行为之间的关系。如果认为欺负行为影响喜欢程度，后者又影响了同伴关系，则可以将喜欢程度作为中介变量进行分析，看它的中介效应是否显著。

资料来源:温忠麟,侯杰泰,张雷,等.调节效应与中介效应的比较和应用[J].心理学报,2005,37(2):268-273。

思考题:

1. 社会心理学的定义是什么?
2. 心理学取向的社会心理学与社会学取向的社会心理学有什么区别和联系?
3. 社会心理学的研究范围是什么?
4. 社会心理学研究要经历哪几个步骤?
5. 社会心理学有哪些具体研究方法? 各种不同的研究方法的优缺点是什么?

第一章　社会心理学的历史与理论

人与人之间、个人与群体之间、群体与群体之间时时刻刻发生着各种各样的相互作用，也产生了形式多样的社会心理现象，如情绪与动机、认知与态度、合作与竞争、利他和侵犯等等。这些社会心理现象产生的原因和其所带来的后果是千百年来哲学家们一直在思考的问题。随着时间的推移、自然科学和社会科学的发展，许多心理学家和社会学家通过经验事实与实验研究一直在对这些问题进行着分析。

要想真正了解一门学科的知识体系、更有效地掌握某一学科的知识，有必要先从了解这一学科的思想渊源、发展过程入手。社会心理学作为一门独立学科至今一百年左右的时间，但它的思想渊源却可以追溯到古希腊先哲及中国春秋战国时代的思想家那里。社会心理学在发展过程中，始终受到来自不同研究取向和研究视角的各种理论的推动，这些理论以社会学习理论、社会认知理论、精神分析理论和符号互动理论为主，它们共同构建起了社会心理学学科的理论根基。了解社会心理学的历史与理论，对于学习与研究社会心理学来说十分重要。只有比较系统地掌握了社会心理学的发展历程，才能更好地把握社会心理学的现在，才有利于开展今后的研究，促使社会心理学健康发展。

第一节　社会心理学的形成

社会心理学是从社会学和心理学两门学科中分化出来的新兴学科，诞生至今只有百年左右。论述一门学科的历史发展，首先需要确定该学科的创始之年。有人认为，社会心理学的创始之年应该是诺曼·特里普利特对竞争现象进行全新研究的 1897 年，这是社会心理学领域的首次实验；也有人认为，应该以美国社会学家爱德华·罗斯和英国心理学家威廉·麦独孤分别出版了《社会心理学》及《社会心理学导论》的 1908 年作为创始之年，这是社会心理学以学科名义正式出现的标志；还有人认为，应以美国社会心理学家奥尔波特的专著《社会心理学》出版的 1924 年作为社会心理学的创始之年，因为只有实验方法的介入才能被认为是科学社会心理学的开始。虽然这个问题对于社会心理学来说是众说纷纭、没有定论的，但是学者们都同意社会心理学的思想一直可以追溯到古希腊先哲以及中国春秋战国时代的思想家那里。我们认为作为一种学术思想或理论观点的社会心理学的存在，要比作为一门具体学科的社会心理学的出现在时间上早得多。①

对于社会心理学发展历史的划分也存在很多争议。美国当代社会心理学家 E. P. 霍兰

① 参见乐国安：《社会心理学理论》，兰州大学出版社 1997 年版，第 12—16 页。

德将社会心理学的发展历史分为“社会哲学”、“社会经验论”、“社会分析学”三个阶段。① 美国学者威廉·S. 萨哈金将社会心理学的历史概括为“欲图创立完整而博大体系”的阶段、“强调方法论的意义，其特点是专门化和诸家学派的竞争”的阶段、“兴趣集中于学科的范围、方法论以及研究、理论和应用三者结合”的阶段。② 本节采用将社会心理学的发展历史划分为三个时期的观点：社会心理学的孕育时期、社会心理学的形成时期和社会心理学的确立时期。③

一、社会心理学的孕育时期

古希腊到 19 世纪上半叶是社会心理学诞生之前的思想积累和准备阶段，即霍兰德所说的社会哲学阶段。此阶段的特点是以主观思辨和推论的方式来阐述人们的社会心理与社会行为。此阶段的时间跨度较长，并且“社会心理学思想同一般的心理学思想的见解紧密相连，因而很难把‘纯’社会心理学观点划分出来”④，但这一时期思想理论的系统化和条理化直接为后来的社会心理学的各个理论流派的形成提供了基础。作为人类了解自身及社会生活的一种尝试，无论在东方还是西方，人们对社会心理现象的关注和兴趣都由来已久，主要是作为一种理论形式存在着。

1. 西方古代的社会心理学思想

在西方，从古希腊时期到中世纪以后的思辨哲学，社会心理学思想主要是关于人性观的思考。

一种以古希腊苏格拉底和柏拉图的观点为代表。他们在人的生理学本质，即在人的生物生存的基础上去解释“社会心理学”。他们认为，人虽然不能完全摆脱生物性遗传因素的支配，但却可以深受社会环境和教育作用的影响，还主张人性是由社会决定的。苏格拉底说：“如果善不是由于本性就是善的，岂不是由于教育而成为善的吗？”⑤此观点在柏拉图的《理想国》中也有所体现。柏拉图认为人的灵魂可以分为理性、意志和情欲三个方面，其中理性为最高，意志和情欲是在理性的支配下活动的。理性表现为智慧，意志表现为勇敢，情欲则是低下的，应予以节制。这些观点后来被 18 世纪德国的康德、歌德和法国的卢梭继承并进一步发展。他们相信人有潜在的善行，有缺陷的社会使人们趋向邪恶，所以应当首先改变社会才能改变人。卢梭探究人类不平等的起源，试图找到改变社会、改变人性的方法，他在《爱弥儿》中提出“回到自然”的口号，主张顺应儿童的本性，让儿童的身心自由发展。卢梭的观点对新行为主义学家斯金纳产生了很大的影响。

另一种以亚里士多德的观点为代表。亚里士多德认为社会源于人的本性，而人的本性

① 参见 Hollander, E. P.: *Principles and Methods of Social Psychology*, New York: Oxford, 1976, pp:32-34.

② 参见[美]威廉·S. 萨哈金：《社会心理学的历史与体系》，周晓虹等译，贵州人民出版社 1991 年版，第 3 页。

③ 参见乐国安：《社会心理学》，广东高等教育出版社 2006 年版，第 31 页。

④ [苏]安德列耶娃：《社会心理学》，南开大学社会学系译，南开大学出版社 1984 年版，第 24 页。

⑤ 北京大学哲学系外国哲学史教研室：《古希腊罗马哲学》，三联书店 1957 年版，第 166 页。

由生物或本能的力量所决定、支配。人出生后,本性不可能有很大的改变,人是“社会性动物”,因此想通过建立理想国来改变人的本性的主张是无法实现的。他的观点后来被16世纪意大利的马基雅弗利、17世纪英国的霍布斯和18世纪的边沁所发展。他们认为人生来就是邪恶的、伪善的、忘恩负义和对别人充满敌意的,因此,必须施以法律强制引导人们文明行事,只有这样才能使社会存在下去。在他们看来,人的这种本性无法从根本上改变,社会(统治者)所能做的只是认清它之后以一定的手段加以操纵和控制。亚里士多德的思想对后来的社会心理学产生了很大的影响,他的许多著述为当代心理学开辟了很多具体的研究领域,如关于态度、劝说和对人类侵犯行为的研究。

在当代社会心理学理论中依然可以看到这两种关于“人性”基本理论观点的影响。“社会心理学大多数问题,它们作为问题,产生于古代哲学体系……通过哲学知识发展的整个阶段可以看到,在哲学知识内部建立了社会心理学的主要思想。”①

2. 中国古代的社会心理学思想

甚至早于西方,中国古代的思想家就开始关注和研究社会心理现象了。宏观理论方面有关于人性探讨的“人贵论”和“性习论”;中层理论方面涉及对社会交往、社会认知和群体心理等方面的探讨;微观理论方面有关于人格心理学思想、心理治疗理论等的思考。

(1)宏观理论方面

“人贵论”在中国古代社会心理学思想中是最为独特的一种,它突出强调了人在世界上的重要地位和巨大作用,从根本上把人和动物区分开来,从方法论思想上“把人放在研究对象的基点和核心位置上,避免各种还原论的倾向”②。“人贵论”认为,人在世界万物中是价值最可贵、作用最伟大的。老子、荀子、董仲舒、王允、刘禹锡和朱熹等人都表达过这类观点。

“性习论”是中国古代社会心理学思想中探讨个体社会化的理论。它主要探讨人性的形成、发展、变化中遗传与环境之间的关系。孔子、荀子、墨子、王允、王廷相等人都阐述过“性习论”的思想,即当一种“习”形成的时候,一种“性”也随之一起形成。其实质是人的心理发展先天因素与社会环境作用之间的关系问题。孔子提出“性相近,习相远”、“习与性成”理论的最大贡献在于他确认了人身上有两种“性”:一种是人的自然本性,是由生长而来的生成的性,即生性;另一种是人的获得本性,是人出生以后由学习而来的习得的性,即习性。人的生性只有很少几种,习性却有很多种,其发展可能是无限的。

关于人性,孟子和荀子提出了两种对立的见解:“性善论”和“性恶论”,两种观点分别阐述了人的社会性和自然性。

社会化的理论主要有“渐染说”和“童心失说”。“渐染说”认为人性的善恶、人的社会化是个体在社会环境中接受不同的教育影响“渐染”而成的。“童心失说”则认为,个体的成长过程就是人不断失去童心的过程。

关于个性化的理论,主要有“阴阳五行”差异说与“习与性成”差异说。前者是根据人体

① [苏]安德列耶娃:《社会心理学》,南开大学社会学系译,南开大学出版社1984年版,第24页。

② 俞国良:《社会心理学》,北京师范大学出版社2011年版,第41页。

阴阳之气禀赋的不同来解释人的心理与行为差异的个性化理论，强调先天因素在个性化中的作用。后者指出个体习性上的不同，造成了他们心理与行为的差异，强调了社会环境和教育在社会化中的决定作用。

(2)中层理论方面

在社会交往的择友、交友原则上，孔子主张广交朋友；孟子提出了交友应与人为善，吸取对方的优点，一同做好事的原则。在处理人际关系的方法上，孔子提出了“己所不欲勿施于人”的换位思考观点；孟子主张“以德服人”。在社会认知方面，孟子认为可以通过直接观察的方法和间接推测的方法认识他人。

关于群体心理，中国古代思想家提出了“民心”的概念。如管仲提出的“同人心”的思想，即指群体成员社会心理的一致性或群体内部人际关系的协调性，该思想非常重视同心同德对于保证群体活动成功的重要意义。孟子指出想要群体成员同心，就应以群体规范或行为准则的公理和公义来维系群体成员间的关系，群体中的不同角色应有自己的角色规范。

(3)微观理论方面

根据杨春晓的总结，中国古代人格心理学思想“主要有三大方面：即人格形成思想、人格分类思想、人格鉴定思想”①。

人格形成思想主要有：染积说、差异说、阶段说。“染积说”指人格是在各种因素的熏陶和个人不断接受、积累外界信息的过程中逐渐积累形成的。“差异说”中的“差异”不仅指人格发展在性质上的差异，也指由发展速度的快慢不同而造成的早晚差异。“阶段说”指人格的循序渐进、不断积累的形成过程，也指人格形成过程中体现出来的阶段性。这三个理论从不同角度揭示了人格形成的规律。

关于人格分类思想，孔子从德行、智能和气禀三个方面对人格进行了分类，提出了自己的人格类型说：从德行方面将人分为“君子”和“小人”；从人的气禀方面将人分为狂、狷和中行三种；从智能角度将人分为上智、下愚和中人。《黄帝内经》中就阴阳、五行搭配划分出了二十五种复合型人格。此外，刘劭、刘向、诸葛亮、司马光等人也对人格类型有所论述。

我国古代思想家在如何鉴定人格方面有很多的方法，如孔子的“听观法”，庄子的“九征法”，鬼谷子的“揣情术”，荀子的“试观知人法”，韩非子的“知人术”，《吕氏春秋》中的“八观六验法”，王允的“以言观心法”，刘劭的“八观”、“五视”知人法，诸葛亮的“知人七法”，魏徵的“六观法”，李翱的“相人之术”等。如果用现代心理学研究方法去审视古代的人格鉴定方法，则主要有谈话法、调查法、观察法、情境法、活动产品分析法。

关于心理治疗理论，中国古代医学典籍上很早就有从病患心理着手，通过调整病患的心理达到治疗目的的思想。比如：改变认知的开导劝慰法、抑情顺理疗法；改变行为的习见习闻法、厌恶疗法、课业疗法、心理转移法、消愁怡悦法、气功引导法；改变情志的以情胜情法、相反情志疗法。中国古代心理治疗方法设计简单、精巧，疗效迅捷，注重治疗的个体差异，也

① 杨春晓：《中国古代人格心理学思想》，《心理学动态》，1997年第3期。

注重治疗的整体性,具有明显的古代中国本土特色。①

总的看来,西方和中国早期的许多思想家都对社会心理学的基本问题,如人的本性、人与社会生活的关系等有了一定程度的涉及,但是这一时期的弱点在于只是用思辨和推测的方法对问题进行探讨,没有用实验的方法来证明自己的假设。

二、社会心理学的形成时期

19 世纪下半叶到 20 世纪初,工业文明的进步带来了资本主义世界相对稳定的发展,许多学科取得了巨大发展。美国社会心理学家 T. 希布塔尼指出,社会心理学之所以成为一门独立学科,在某种程度上是由于已有学科(主要是社会学和心理学)无法解决其本身的若干问题,急需分出新的学科来解决这些问题。心理学家开始从社会学的视角关注个人会受到他人存在的影响,社会学家也开始用心理学的思维去研究个体和群体之间的互动。社会心理学这门学科正是心理学和社会学两大学科彼此接近的直接结果,因此自其形成之日就呈现出两种不同的研究取向。G. 塔尔德、古斯塔夫·黎朋、罗斯等人是社会学角度的代表,主要研究人类直接相互作用对行为的调节过程,注重模仿、暗示、同情等概念;麦独孤是心理学角度的代表,他以本能为中心建立起自己的社会心理学理论体系。

在整个社会经验论阶段,发生了一系列被视为社会心理学形成标志的重大事件,其中包括:1859 年德国人 M. 拉扎勒斯和 H. 斯坦塔尔创办了《民族心理学和语言学杂志》,并发表了《民族心理学序言》,从哲学、人类学和史学的取向研究民族群体的语言、风俗、习惯。这标志着民族心理学的诞生,社会心理学从此进入了社会经验论阶段。德国学者 A. 舍夫勒首先在现代意义上使用了"社会心理学"一词,他在《社会躯体的结构及其生活》一书中,对社会生活中的心理状况或民族意识的一般现象进行了论述。A. W. 斯莫尔和 G. W. 文森特在美国首先使用了"社会心理学"一词,并将"社会心理学"列为《社会研究导论》一书的重要章节。诺曼·特里普利特在《美国心理学杂志》上首次发表了一份关于社会促进实验研究的实验报告。1897 年,美国人詹姆斯·鲍德温发表了《心理发展的社会和伦理解释》,提出了"个人是社会的一部分,是社会的结果"的观点。因此,1897 年被认为是美国社会心理学的诞生之年。1898 年,法国人塔尔德写出了《社会心理学研究》一书,用模仿的概念来解释社会行为。1908 年,英国心理学家威廉·麦独孤和美国社会学家爱德华·罗斯分别从不同学科角度同时出版了《社会心理学导论》和《社会心理学》两本著作,这标志着社会心理学成为一门独立学科,这也是社会心理学研究者在社会经验论阶段取得的最高成就。

基于另一种分类标准,乐国安指出,在社会心理学的形成时期主要表现出四种主要的理论形态:德国的民族心理学理论、法国的群众心理学理论、英国的本能心理学理论和美国的社会心理学理论。②

---

① 参见钟斌:《论中国古代心理治疗方法》,《心理科学》,2004 年第 1 期。

② 参见乐国安:《社会心理学理论》,兰州大学出版社 1997 年版,第 12—16 页。

(一)德国的民族心理学理论

民族心理学是社会心理学理论的最初形态之一,为创设现代社会心理学提供了充分的理由。代表人物有拉扎勒斯、斯坦塔尔和冯特。

拉扎勒斯、斯坦塔尔的民族心理学属于人类学范畴的社会心理学,他们认为民族是必要而重要的群体,民族心理学是研究民族精神生活成因和规律的科学。民族心理学的主要研究目的是探究这两种民族现象发展的过程中,存在着什么样的心理学基本原理,这两种民族现象是如何相互影响,共同促进民族心理学发展的。民族心理学的任务就是通过对艺术、宗教、语言、神话、风俗习惯等的研究,从心理方面认识民族精神的本质,揭示民族精神活动的规律。他们创办了《民族心理学和语言学杂志》,并在《民族心理学序言》一文中提出了社会心理学的任务:从心理方面认识民族心理的本质,揭示民族精神活动的规律。

冯特的民族心理学思想受到了黑格尔进化论思想和拉扎勒斯、斯坦塔尔思想的影响。其社会心理学思想集中体现在《关于人和动物的讲义》和《民族心理学》中。冯特按照他从实验心理学中所找到的方向逐渐开始了他对社会心理学问题的探讨。他主要关注社会群体的高级心理产物,认为民族心理学的研究领域涉及的是人类共通的精神产品,因此,社会心理学的研究对象应是语言、风俗和神话这样的社会产物。冯特在民族心理学研究领域中对更高级的心理过程和心理现象进行了研究,以实验心理学作为基础并使之取得了发展,成为对个体心理学的有益补充和对研究领域的延伸,如将语言作为研究对象的方法一直沿用到现今的社会心理学研究之中。但冯特的观点也受到了一些批评,如他认为民族心理学应以个体心理学或普通心理学为条件,这种观点被指将社会心理学降格到了附属于个体心理学的地位。

(二)法国的群众心理学理论

法国的群众心理学是其早期社会学的直接产物,代表人物有塔尔德、迪尔克姆和古斯塔夫·黎朋。

塔尔德在其著作《模仿律》中提出的"暗示-模仿"原理可以用来解释一切社会现象,如风俗、时尚和犯罪的产生。他认为模仿法则是社会过程的心理社会机制,将模仿看作是最简化的个人活动,将模仿或催眠看作是社会互动的关键,它是一种对群体影响下的个体行为做出的动态解释。

迪尔克姆与塔尔德正好相反,他强调社会群体或集体因素。他在《社会学方法的准则》中用"集体表象"概念来指称法律、道德规范、习俗、宗教信仰以及舆论和时尚等社会潮流,并将其视为集体意识的具体形态或基础,以此来进一步阐释其社会整合的功能。他认为集体意识是个人意识的体现和结果,弥漫于整个社会空间,它"是社会的精神象征,有着自己的特性、生存环境和发展方式"①。

古斯塔夫·黎朋的《群众心理学》被认为是法国社会心理学思想中有关群体意识理论发

① [法]R.阿隆:《社会学主要思潮》,葛智强等译,华夏出版社2000年版,第216页。

展的顶峰。他的着眼点是作为集群行为最基本的形式之一的群众,他对群众的行为进行研究是为了对个体行为做出解释。他认为群众具有作为单个个人所没有的特征,群众具有神经质的感染因素,使得个体在其中表现出去个性化。群众相互间的暗示与感染使得感情作用大于理智作用,使人失去个人责任感,最终导致对情欲和行为缺乏控制。

(三)英国的本能心理学理论

本能论的创始人是英国心理学家威廉·麦独孤,他以具有达尔文进化论色彩的本能心理学理论对人类的社会行为进行了解释,体现了浓厚的个人主义色彩。麦独孤把个体行为的动力归结为人的本能。他的《社会心理学导论》标志着心理学取向的社会心理学的形成,在书中他列举了诸如求食、拒绝、求新、逃避、斗争、性和生殖、母爱、合群、支配、服从、创造、建设等12种本能,并认为这些本能是个体行为的原因,进而表现为各种社会生活和社会现象。

(四)美国的社会心理学理论

在这一阶段,美国社会学家爱德华·罗斯的社会心理学研究最具代表性。他的思想受到了法国社会学家的思想、观点的影响,并对社会现实问题进行了敏锐的观察和缜密的思考,之后他提出了自己的社会心理学理论。他在1908年出版的《社会心理学》中将社会心理学定义为:研究人们的相互作用对其行为的影响。他的这本书继承了迪尔克姆的社会学传统,主要研究群众心理、时尚、习惯、舆论等集体行为及有关社会控制的问题,此书成为社会学取向的社会心理学形成的标志性著作。同时,他继承并发展了塔尔德的"模仿-暗示"理论,认为暗示与模仿是同一事物的两个方面,并互为因果。一切社会现象都可以用模仿、仿效来解释,模仿是人类行为形成的基本方式,遍布于整个社会之中。他甚至还把"模仿-暗示"理论扩展到了解释时髦、习惯和舆论等社会现象中。他的思想还受到了黎朋的影响,研究了暗示的很多后果,包括时尚、狂热、遵奉、风俗习惯等。他认为群体和个人的支配性是相互的,群体决定个人,个人也决定群体。

专栏1-1

威廉·麦独孤(William McDougall,1871—1938,又译为麦克杜格尔),西方社会心理学创始人之一,策动心理学流派的主要代表人物,社会心理学先驱。1908年,麦独孤的《社会心理学导论》的出版被人们视为心理学取向的社会心理学形成的标志。

麦独孤自小家境殷实,15岁进入曼彻斯特大学学习生理学,1890年进入剑桥大学学习医学,1894年在剑桥大学获学士学位,后获医学博士学位。在学习医学期间,他受到了威廉·詹姆斯的《心理学原理》的启发,对心理学产生了浓厚的兴趣。后师从缪勒(G. E. Muller)学习实验心理学研究方法。1900 年,他主持新建了伦敦大学的心理学实验室。1904 年后任剑桥大学哲学讲师及牛津大学心理学讲师。1914—1918 年间,曾任军医,从事军人精神病治疗工作。1920 年应哈佛大学詹姆斯的邀请担任哈佛大学心理学教授。

麦独孤最早提出了心理学的行为科学属性。1905 年,麦独孤提出心理学是一门研究行为的实证科学,并建立了以本能为基础的行为学说。他认为人类的社会行为是由一些与生俱来的天性和本能决定的,本能是人类一切思想和行为的源泉。本能论社会心理学从提出之初就成为众多心理学家批判的对象。但这并不能抵消麦独孤对社会心理学的重要贡献,本能论从"本能"概念出发,对诸多社会行为进行解释,促进了社会心理学的繁荣与发展。许多心理学家,如桑戴克(E. L. Thomdike)、杜威(J. Dewey)、皮亚杰(J. Piaget)等都受到其思想的很大影响。

麦独孤的社会心理学思想受苏格兰官能心理学传统思想的影响很大。在学生时代,麦独孤是达尔文进化论的拥护者,并做了大量的实地考察研究,为后来提出策动心理学奠定了实践基础。麦独孤的哲学思想继承了斯图尔特(D. Stewart)的苏格兰哲学传统和沃德(J. Ward)、斯托特(G. F. Stout)的意向心理学思想、认同机能心理学思想观点,主张本能心理学(Instinctive Psychology)和策动心理学(Hormic Psychology)。

麦独孤在心理学领域涉足颇广,他的研究涵盖了生理心理学、实验心理学、普通心理学和变态心理学等领域,他在社会心理学领域做出的贡献尤为卓越。在他看来,行为产生于身心交互作用,属于一种心 - 物过程,需从知、情、意三方面对此进行充分的描述。麦独孤认为策动和维持行为的根本动力是本能,一切行为都在努力实现一定的目的。麦独孤提到的"本能"是指在长期进化过程中由自然选择所提供的一种遗传的心 - 物倾向,这种倾向决定个体去感知和注意一定的对象,体验一定的情绪,从而产生一定的动作,或者至少体验到产生这种动作的冲动。但麦独孤所指的行为和华生的主张并不相同。华生所指的是只限于可观察的外显行为,而麦独孤则将内在心理活动也包括在行为之内。麦独孤提出了较为重要的 12 种本能,包括生存、饥饿、逃避、好奇、好斗、合群、获取和自我表现等。这些本能是个体所有行为的基础。为了实现特定的目的,人的所有行为都出于这些本能。这也就是研究者将麦独孤的心理学理论体系称为目的心理学或策动心理学的原因。

麦独孤的策动心理学一经提出,在当时便引起了广泛的重视和争论,并于 20 世纪 20 年代在美国掀起了一场反本能论的运动。1938 年,麦独孤放弃了"本能"这一概念,改用"行为倾向"这一新词,并提出了人有 18 种行为倾向。虽然后期麦独孤连"行为倾向"的概念都放弃了,但是在社会心理学领域出现了很多与本能密切相关的概念。

麦独孤的心理学理论强调行为的倾向性和动机作用,他的思想影响了诸如华生(J. B. Watson)、斯金纳(B. F. Skinner)、托尔曼(E. C. Tolman)、马斯洛(A. H. Maslow)、罗杰斯(C. R. Rogers)等一大批心理学家。

麦独孤一生写有大量著作,《生理心理学入门》(1905)、《社会心理学导论》(1908)、《身与心》(1911)、《心理学大纲》(1923)、《变态心理学纲要》(1926)、《人的能量》(1932)、《精神分析和社会心理学》(1936)和《生命之谜》(1938)等。这些著作为后世留下了一笔宝贵的遗产,直到今天仍不失其借鉴价值。

资料来源:俞国良.社会心理学经典导读[M].北京:北京师范大学出版社,2008:31-34。

三、社会心理学的确立时期

20世纪20年代以前,社会心理学作为一门独立的学科,虽未完全摆脱浓厚的思辨和抽象的性质,但也有特定的研究领域。随着各种实证手段的应用,社会心理学开始表现出从描述转向实证、从定性研究转向定量研究、从理论转向应用、从普遍论转向特殊论、从大群体分析转向小群体研究、从欧洲传统向美国传统转变的鲜明特点,自此社会心理学进入了空前的发展阶段。社会心理学这种朝向美国传统的改变趋势,使它表现出极端的实用倾向,指向实际的社会需要。社会心理学从一开始就形成了两种不同的研究取向:一种是看重社会情境中的个人的心理学取向,另一种是看重团体生活的社会学取向。同时,文化人类学家也从自身学科角度出发研究社会心理现象,推动了社会心理学的发展。

(一)心理学取向的社会心理学的进展

1.奥尔波特

第一次世界大战后,美国的奥尔波特和德国的莫德积极推广实验社会心理学,他们把社会心理学作为一门实验科学,使实验社会心理学成为社会心理学研究的主流。1924年,奥尔波特出版了第三本社会心理学教科书,将实验方法引入社会心理学中,证明了实验的方法能够为理解人类的社会心理和社会行为提供重要手段,引导社会心理学从实验研究走向现场研究。这本教科书被认为是实验社会心理学诞生的标志,对社会心理学研究的发展产生了深远影响。奥尔波特通过一系列的实验研究,提出了社会促进效应、从众行为的J曲线假说,同时对社会态度、群体影响和习俗行为等进行了独创性研究,从此社会心理学进入了确立阶段——由"社会经验论"阶段进入了"社会分析论"阶段。

2.其他

莫德于1920年在德国莱比锡发表了自己在1913年进行的群体实验研究报告。实验涉及测定耐痛阈、辨别声音的能力、注意的稳定性、计算能力等多项内容。研究结果发现,随着被试人数的增多,实验成绩出现了明显的差异。精神分析文化学派的阿德勒、霍妮等人从社会文化角度对社会心理学领域的问题进行了思考,丰富了社会心理学研究的视角。他们提出要重视社会环境对人类心理的影响,其中文化因素尤为重要,文化在很大程度上决定了一个人的人格。勒温创立了"群体动力学"(Group Dynamic)理论,该理论强调整体比部分重要。勒温用"心理动力场"(Paychodyn-amics Field)的概念解释人的行为,该理论开拓了心理学家重视个体研究的传统观念,将研究重点转移到影响个人的"群体气氛"、"群体互动"和"社会环境"等方面。

（二）社会学取向的社会心理学的进展

以乔治·米德为代表的美国社会学家所从事的理论研究，在一定程度上弥补了心理学取向的实验社会心理学的不足。米德把社会学家的宏观研究缩小到微观研究，把社会看成是两个人或两个人以上的社会互动，此思想成为了“符号互动论”的理论基础。米德强调群体或社会中的个体交互作用的社会过程，认为社会与个人通过符号互动相互影响、制约。他提出社会是先于个人存在的，应根据社会群体的活动对个人行为进行解释，自我是人际互动或交往的产物。米德的论述为现代社会心理学的社会学取向理论的发展铺平了道路。萨宾的“社会角色”理论、海曼的“参照群体”理论、戈夫曼的“社会戏剧”理论、勒默特的“社会标签”理论都与米德的思想有着密切联系。

社会学取向的社会心理学家在具体研究方面也取得了一些重要成就，如罗伯特·林德和沃纳有关社区心理和社会流动的调查；1935 年，乔治·盖洛普运用分层抽样法进行的民意测验调查推进了民意测验在美国的迅速发展；20 世纪 20 年代，由心理学家梅奥设计开展的“霍桑实验”堪称社会心理学关于人际关系研究的经典实验。这些研究标志着社会心理学更加侧重社会现实的研究取向。

（三）文化人类学与社会心理学

20 世纪 20 年代前后，文化人类学家采用跨文化现场研究的方法对人格与社会的许多问题开展了大量的研究工作，这对社会心理学造成了很大的冲击，同时也带来了新的研究思路。英国学者马林诺夫斯基重视文化因素对民族心理所起的作用，为此他对新几内亚居民的心理进行了现场调查，并由此写出了经典著作《西太平洋上的航海者》。玛格丽特·米德提出的文化决定论强调了文化对人格的决定作用，她还开展了一系列证伪实验，有力地批判了“泛性论”的观点，沉重地打击了当时流行的生物决定论。米德的观点对社会心理学产生了深远的影响。文化与文化人类学家通过比较分析不同文化背景下人们的心理特征，揭示了一定文化因素与某种社会心理现象之间的内在联系。这有助于社会心理学家在一定程度上纠正早期将西方人的行为视为人类一般行为模式的倾向。文化人类学家重视文化在人格（民族性格）与社会行为模式中的重要作用。文化人类学家的挑战，使许多学者从他们的研究中吸取了不少有益的东西，为社会心理学研究提供了新的视角，做出了巨大贡献。

专栏 1-2

奥尔波特(F. H. Allport)是美国著名的社会心理学家，作为最早涉足社会心理学研究的心理学家之一，他在哈佛求学期间(1916—1919)就开始了一系列实验研究，并在此基础上提出了对社会心理学影响很大的社会促进概念。1919 年，奥尔波特在哈佛大学获得哲学博士学位，随后任教于北卡罗来纳大学和锡拉丘兹大学。曾担任美国《变态与社会心理学杂志》和《社会心理学杂志》的编辑。1957 年退休。1978 年 10 月 15 日在美国纽约州的锡拉丘兹去世，享年 88 岁。

奥尔波特曾先后获得美国心理学会颁发的“杰出科学贡献奖”和美国心理学基金会金质奖章。1924 年，他出版了有巨大影响的代表作《社会心理学》，该书被称为继麦独孤的《社会心理学导论》和罗斯的《社会心理学》之后，又一里程碑式的著作，这本书标志着社会心理学科学性质一次质的飞跃，同时该书也奠定了他“实验社会心理学之父”的地位。1955 年，奥尔波特又出版了另一本代表作《知觉的理论和结构的概念》。奥尔波特对社会心理学学科的贡献还体现在，他把“社会变量”引入实验室并引起了人们的重视。他以实验研究为基础，讨论了诸如群体实验、人格评价、在诸多领域应用心理学等课题。

奥尔波特的社会心理学研究带有明显的个体主义色彩。他认为社会心理学作为心理学的一部分，研究的应该是个体的社会行为和社会意识。他在《社会心理学》中指出，社会心理学是一门研究个体行为的科学，这种行为只限于那些能够刺激其他个体或其本身是对他人行为的一种反应的行为。同时它也是一门描述个体意识的科学，这种意识也只限于对社会对象和社会反应的意识。简言之，社会心理学是关于个体的社会行为和社会意识的研究。这一研究取向在他日后对态度的研究和开展的小群体实验研究问题上得到了体现。他认为根本不存在能够脱离组成群体的个体心理而存在的群体心理。

“社会促进”现象是奥尔波特开展的第一个社会心理学实验室研究。受特里普利特关于他人在场、竞争对个人行为影响的实验以及莫德的群体对个体行为影响的实验启发，奥尔波特进行了一系列探讨“社会促进”和“社会抑制”的实验研究。奥尔波特在哈佛大学心理学实验室开展了一系列社会促进实验，考察他人在场对个体活动效率的影响。实验结果证实了他的假设：置身于群体中的个体与独处的个体是不同的。他把这种由于他人存在而促进个体活动效率的现象定义为“社会促进”，把由于他人存在而引起的个体活动效率降低的现象定义为“社会抑制”。奥尔波特将这些实验结果总结后写入了他的著作《社会心理学》中。他的这一研究引起了 20 世纪 20、30 年代和 20 世纪 60 年代以后两次研究高潮。奥尔波特还进行了关于语言获得机制的研究，他是最早运用巴甫洛夫的经典性条件反射原理解释个体语言获得机制的心理学家。他强调个体学习语言的主要方式也是经典条件反射式的学习。

奥尔波特的社会心理学研究体现出了行为主义和实验主义色彩。自 1934 年起，他开始在实际社会生活环境中开展实验研究。奥尔波特和学生研究人们对各种社会规范的遵从问题，提出了著名的“J曲线假说”，即在规则从完全相符到完全不相符的系列上，个案的分析曲线呈倒置的大写字母“J”，也就是说，行为与规则完全相符的人占大多数。此研究揭示了在社会化过程中，由于教育的普及和人与人相互交往的作用，人们把社会的“参照框架”即社会规范作为自己的行为准则，这使该社会中不同地位、角色的人具有某种共同的行为倾向。这项研究是社会心理学研究方法上的一次大胆尝试，同时开启了另一个全新的研究领域。奥尔波特还运用实验的方法对流言、态度和偏见等社会现象进行了研究。

虽然奥尔波特的理论和方法还存在一定的缺陷，但这些都不能磨灭他对现代社会心理学发展所做出的贡献。他在前人的成果上创立的社会心理学实验研究的方法和所取得的研究结果，在社会心理学发展史上具有划时代的意义。他所确立的实验社会心理学取向影响了社会心理学研究数十年，并为社会心理学从实验室研究走向现场研究开辟了道路。

资料来源：戴斌荣. F. H. 奥尔波特社会心理学思想评介[J]. 盐城师范学院学报(人文社会科学版)，2008(3)：78－81。

第二节　社会心理学的现状和趋势

社会心理学的扩展时期始于第二次世界大战结束，这是世界范围内社会心理学新格局的出现时期，这一时期最重要的特征是社会心理学在很多国家和地区都得到了不同程度的普及与发展，尤其是社会心理学本土化运动正在改变着以西方为中心的格局。以美国为代表的西方社会心理学在经历了深刻危机之后正调整为原来的发展策略；欧洲社会心理学虽难以摆脱美国社会心理学的影响，但以2001年出版的《社会心理学手册》为标志，欧洲社会心理学已经成为国际社会心理学界中重要的一支；其他地区，如亚洲的日本、南美洲和非洲的社会心理学也有了一定的发展；苏联、东欧对社会心理学进行了重新建设，并在一个时期内成为了一支重要的力量；中国的社会心理学也在迅速崛起。

一、西方社会心理学的现状和趋势

(一)美国社会心理学的繁荣与危机

美国社会心理学在二战中直接服务于战争，因此该学科得到了繁荣发展。战争的爆发以及在战争中出现的社会心理问题，使得人们开始认识到理解人类行为的重要性，人们开始努力寻求人类某些行为的答案，如希特勒是如何篡权的、人类怎样才能避免战争等。心理学家也开始对一些具体的社会问题进行研究，如怎样才能鼓舞军队的士气，怎样才能说服人们吃动物的内脏。心理学取向的社会心理学研究的主要课题包括信仰、偏见、说服、宣传、态度改变、大众传播等。其中较为经典的研究是霍夫兰在二战中进行的沟通与说服和态度改变的研究。社会学取向的社会心理学家拉扎斯菲尔德对1940年战时美国总统选举进行了调查，之后出版了《人民的选择》一书，书中提出了“二级传播理论”。塞缪尔·斯托夫等人对美军人员的素质和心理状况进行了大规模的调查研究,在其著作《美国士兵》中提出了“相对剥夺”的概念,丰富了由 H. 海曼提出的“参照群体理论”。文化人类学取向的社会心理学家开始了对现代社会国民性格的比较研究。M. 米德的《枕戈待旦:一个人类学家眼中的美国人》和 R. 本尼迪克特的《菊与刀》对美国的战争动员及对日政策的制定都产生了直接的影响。

美国社会心理学在这一时期空前发展,研究的课题领域也非常广泛,几乎涉及人类社会行为的各个方面,基本奠定了现代社会心理学的知识体系。在美国,许多大学也都开设了社会心理学课程。20 世纪 60 年代,美国从事社会心理学工作的专业人员达 5000 多人,占全世界社会心理学从业者的 90% 以上。1968 年,由林泽·阿伦森主编的《社会心理学手册》共 5 卷 250 万字。这些都体现了当时美国社会心理学的繁荣发展。社会心理学的理论建设在此期间也有所成就,理论流派层出不穷:在心理学取向的社会心理学中,除了早期的精神分析理论、群体动力学理论外,还形成了社会学习理论和社会认知理论。在社会学取向的社会心理学领域,形成了社会交换理论[①]、参照群体理论和社会角色理论。20 世纪 70 年代在美国哈佛大学产生了社会生物学理论。20 世纪 80 年代美国的研究者更为关注个体及其功能化过程。

美国社会心理学主要是心理学取向的,其特点表现为:以实证主义和实用主义哲学为基础,重视实验室实验的研究方法,忽视了在自然条件下对人的社会行为的研究;重视研究人们的行为形式而不重视研究人们的行为本质。美国社会心理学 90% 以上的研究成果是通过实验室研究得出的,多数被试是大学生,这点受到了国内外学者的批评。批评者认为,仅使用实验室实验的研究方法,把社会心理学的任务限制在很窄的范围内,企图获得科学的结论是行不通的。美国社会心理学在中等效力范围内提出了一些理论,如挫折 - 攻击理论、认知失调理论、归因理论等,其不重视对普遍理论的研究,否定“大”理论。20 世纪 60、70 年代以来,美国社会心理学界出现了一批学者专门探讨社会心理学理论问题,如阿希提出的从众理论、费斯廷格研究的认知失调理论、沙赫特研究的亲和动机理论、拉坦内研究的社会效应理论等,他们开始将建立理论作为社会心理学最重要的任务。

美国社会心理学处于世界领先地位,这有助于研究者了解社会生活中一系列重要的社会现象,为实际应用提供条件,它的一些研究方法与技术有助于直接应用于社会生活中。美国社会心理学的各个分支对它们的具体领域都有实际的应用价值。研究涉及社会生活中出现的各种社会心理问题,这些研究中比较经典的有个人态度调查、社会影响 - 社会说服、社会沟通、权威人格、群体动力学等。

美国社会在 20 世纪 60、70 年代经历了战后最为严重的危机,黑人运动、妇女运动、反越战运动和青年运动此起彼伏,整个社会处于激烈的动荡之中。人们对社会心理学抱有很高的期望,希望它能够有助于解决这些社会危机,但是精通实验室研究的社会心理学家在解决这些问题时表现欠佳,失去了人们的信任,同时也暴露出了以美国为代表的整个现代社会心

① 参见 Homans, George Caspar: *Social behavior: its elementary forms*, New York: Harcourt, 1974.

理学的不成熟性。这便是整个学科经历的第一次危机，这次危机也引发了有关现代社会心理学的大辩论。美国社会心理学者在欧洲同行的帮助下，开始对现代社会心理学的危机表现、危机性质和产生原因进行了探讨并提出了一些观点，他们认为社会心理学的发展应该走向全面，应将社会心理学从现有的实证主义中解放出来；对“后现代”时期的发展趋向做出了预测；探讨修正和扩大了社会心理学的研究内容和方法。学者们围绕在美国社会心理学中体现得最为充分的实证主义、实验主义和个体主义展开了激烈的批判。

20 世纪 80 年代末，社会心理学家思考如何发展社会心理学才能摆脱这场危机，提出了“后现代社会心理学”的理论观点。后现代社会心理学者认识到针对周围世界的论述只是在特定社会常规中运作的结果，要具备对自己及自己所处的文化进行强烈反思的意识，要将“方法”视为一种误导他人去认可自己、将自己的想法合理化的工具，而非“神圣的追求”。他们对实证研究是获得真理的必然途径的信念产生了怀疑。①

虽然关于社会心理学的后现代设想未得到普遍呼应，但大多数社会心理学家达成了共识。他们意识到了改造社会心理学现有知识体系的必要性和紧迫性，他们从各种可能的角度，提出了社会心理学在 20 世纪 90 年代后的发展趋势：社会心理学将会呈现出本土化和世界化统一、实证主义与人文主义并存、各种研究取向相综合的趋势。②

（二）欧洲社会心理学的“美国殖民化阶段”和理智复兴

1933 年后的欧洲，随着纳粹的兴起和欧洲动乱，一大批天才学者和专家被迫移民美国。欧洲社会心理学的重心由此转移到了美国。欧洲的社会心理学是在美国社会心理学的影响下发展起来的。

1945—1966 年是欧洲社会心理学的“美国殖民化阶段”，少数学者进行的社会心理学研究和教学各自为战、缺乏学术交流。在冷战的背景下，美国开始资助包括社会心理学在内的欧洲社会科学和行为科学研究。1963 年欧洲实验社会心理学会的成立和 1966 年欧洲实验心理学会的创立，标志着欧洲社会心理学学科开始实现制度化。此时的欧洲社会心理学研究是由美国的观念主宰的，多数欧洲心理学家是在美国接受的教育和培训。欧洲社会心理学家充分认识到美国社会心理学对他们的影响之深，他们力图从这一影响中摆脱出来，于是提出了建立欧洲社会心理学的主张。1971 年，由欧洲实验社会心理学会正式创办了学术期刊《欧洲社会心理学杂志》，开始编写《欧洲社会心理学专著丛书》，使其成为具有欧洲特色的社会心理学主要载体。之后陆续出版的一系列学术权威著作，重新塑造了欧洲社会心理学的世界学术权威，成为了欧洲社会心理学理智复兴的主要标志。欧洲社会心理学家主张重新考虑社会心理学的理论和方法论的基本问题，力图表现出不同于美国的研究风格与倾向，他们对社会的变化问题更感兴趣，反对美国以实验为主的社会心理学。欧洲社会心理学在对美国主流社会心理学研究定向的批评和反省过程中，开始逐步建构自己独特的研究方

① 参见乐国安：《社会心理学理论与体系》，北京师范大学出版社 2011 年版，第 577 页。

② 参见周晓虹：《现代社会心理学的危机与后现代社会心理学的兴起》，《江苏社会科学》，1994 年第 4 期。

法和技术,如修辞学和语句分析的方法。1971 年至 1980 年间,欧洲社会心理学研究开始关注社会影响和群际关系,开创了群体创新理论。与美国研究者不同,他们重视社会行为发生的社会背景,追求理论和元理论的建构,关注群体创新和社会变迁以及少数人的影响力,致力群际过程和群体过程现象的研究,如偏见、歧视、刻板印象、群体成员资格和群体凝聚力,并且提出了社会认同论。20 世纪 80 年代后的欧洲社会心理学研究更加关注认知和行为的社会、文化决定因素,更加关注在群体基础上研究群际关系、社会认同和社会影响。20 世纪 90 年代以后,欧洲社会心理学独特的社会关怀,如社会认同论、群体创新论等社会心理学理论,已经融入美国当代社会心理学研究之中,社会表征论也开始对美国社会心理学产生重要影响。美国社会心理学的社会认知研究范式被欧洲社会心理学采纳,成为其主导研究范式之一。①

欧洲社会心理学以解决社会问题为目标,更注重社会行为与社会联系。同时,欧洲社会心理学者重视理论研究,认为应在研究社会问题的过程中建立自己的理论。但此时的欧洲社会心理学还只是美国社会心理学的翻版,正如豪斯顿所指出的,欧洲的社会心理学研究受美国的影响太深,上述特征不能很明显地引起人们的注意。

(三)社会认知神经科学对社会心理学学科的影响

Ochsner 和 Lieberman 于 1991 年提出了"社会认知神经科学"(Social Cognitive Neuroscience)的概念。② 社会认知神经科学是社会心理学与认知神经科学相结合的产物,该学科实质上是在社会心理学的基础上增加了神经机制,强调脑机制在社会心理与行为中的重要性。社会认知神经科学极大地丰富和发展了社会心理学的理论、观点和研究方法,对社会心理学的贡献主要集中在三个方面:他人、自我、自我和他人的相互作用。③

社会认知神经科学家米勒和凯勒在 2000 年提出,社会心理学家和认知神经科学家提出的问题是相互补充而非相互排斥的。社会心理学家可以借用神经科学的技术和研究成果验证与消除理论间的分歧;认知神经科学家也可通过操纵社会性刺激达到研究个体高级心理现象信息加工过程及脑机能的目的。如借助社会认知神经科学的技术和思路有助于揭示相似的两个心理过程的不同内部神经机制,也有助于寻找表面存在很大差异的两个心理过程是否依赖于相同的加工机制。④ 但社会认知神经科学并不是简单地应用认知神经科学技术去研究复杂的社会心理现象,而是强调对社会心理现象进行更深层次的分析,以期在更高的

---

① 参见俞国良:《社会心理学》,北京师范大学出版社 2006 年版,第 57 页。

② 参见 Ochsner, Kevin N., Lieberman, Matthew D.: *The Emergence of Social Cognitive Neuroscience*, *American Psychologist*, 2001, 56(9), pp: 717-734.

③ 参见俞国良,刘聪慧:《独立或整合:社会认知神经科学对社会心理学的影响与挑战》,《中国人民大学学报》,2009 年第 3 期。

④ 参见俞国良,刘聪慧:《独立或整合:社会认知神经科学对社会心理学的影响与挑战》,《中国人民大学学报》,2009 年第 3 期。

层次上整合社会心理学与认知神经科学的知识领域。[①] 虽然社会认知神经科学由于方法等方面的限制不可能解决所有的社会心理学问题，但从社会认知神经科学的角度研究社会心理现象是社会心理学未来发展的一个思路。

二、日本和苏联社会心理学的现状与趋势

（一）日本社会心理学的现状和趋势

二战后，日本成为亚洲地区社会心理学发展最快和最有特色的国家。其理论是从美国直接移植过来的，同样存在心理学和社会学两种研究取向。日本社会心理学家南博第一个系统地开设了社会心理学课程，并于1957年出版了《社会心理学》一书，该书介绍了作为精神动力的社会心理学在日本掀起了学习与研究社会心理学的热潮。1951年，研究社会学出身的清水几太郎出版了具有社会学取向的著作《社会心理学》，从社会学的角度分析了社会心理现象的基本特点。

日本社会心理学的发展速度极快，且重视社会心理学人才建设。1960年10月，日本建立了社会心理学会，创办了学会会刊《社会心理学年报》。日本社会心理学家以学会为中心建立研究体系，开展学术活动，举办各种类型的社会心理学讲座，取得了丰硕的成果。他们具有强烈的批判吸收和建立自己的社会心理学理论体系的意识。20世纪50年代，日本的社会心理学家尝试在批判美国行为科学的基础上建立日本的行为科学，因批判得并不彻底，日本社会心理学仍背负着两大课题：一是建立反映日本人社会行为法则的社会心理学；二是两个取向的社会心理学的统一。20世纪60年代后期，日本社会心理学家先后探讨了“群众交往的社会心理学问题”、“战争与和平的社会心理学问题”、“社会不安宁的社会心理学问题”、“现代人际关系的社会心理学问题”，还深入了解了苏联社会心理学学术动态。20世纪70年代以后，他们开始把视线集中到“冲突与纠纷问题”和在信息化、城市化、国际化三大变化过程中如何适应的问题上。日本的社会心理学研究立足于日本社会，结合日本每个时期的社会特点和社会问题进行多方面的应用研究，为自身社会与经济的发展提供了有效的咨询和服务。同时，也开展了大量日本学者称之为日本人论的研究和国民性的研究。

（二）苏联社会心理学的现状和趋势

社会心理学在苏维埃俄国时期曾有过一定的发展，如B. M. 别赫捷列夫建立了集体反射学，用以研究群众心理现象。他使用多种研究方法进行研究，如观察法、实验法、问卷法以及处理材料的各种方法。他的努力为苏联社会心理学开辟了道路，但他的理论带有机械论和生物学化的倾向。20世纪20年代，学者阿尔捷莫夫批判了别赫捷列夫的集体反射学和其他错误，拟创立马克思主义社会心理学的途径及研究方法，并提出了自己的观点，他认为个体实验心理学和集体社会心理学是统一的。列伊斯涅尔主张社会心理学应是研究阶级、群众、阶层、种族、民族的社会组织行为，还提出了强调社会历史人为环境、象征文化意义的新

---

① 参见张锋，沈模卫，徐梅：《社会认知神经科学：取向、研究与未来方向》，《西北师大学报（社会科学版）》，2004年第3期。

见解。

20世纪30、40年代，苏联社会心理学的研究基本处于停滞状态。20世纪50年代末，学术界开始了是否应该进行社会心理学研究的大讨论，讨论结果一致认为，开展社会心理学研究是具有重大理论和实践意义的，是社会领域和实际部门的迫切需要。从20世纪60年代起，苏联社会心理学有了迅速的发展。1962年，圣彼得堡国立大学建立了苏联第一个社会心理学实验室，随后相继在全国建立了许多研究中心，研究广泛的社会心理学问题。1968年，圣彼得堡国立大学成立了苏联第一个社会心理学教学研究室。社会心理学形成和划分为一门独立学科的过程基本完成。学者们开始探讨马克思主义经典作家的社会心理学观点，认为列宁奠定了社会心理科学的方法论基础，丰富了具体学科内容。20世纪70年代末，学者们开始深入探讨个性、小群体和集体问题以及共同体问题的方向发展，社会心理学家开始在社会规划、社会管理、工业生产、日常生活、家庭、群众性宣传工具、军事、体育和医学领域开辟出社会心理学研究领域。20世纪80年代初，苏联社会心理学家继续探讨大型群体社会心理学，例如民族心理学、职业心理学、政治心理学等，同时更重视对小群体、基层组织和劳动集体的社会心理问题的研究。随着苏联的解体，俄罗斯的许多社会心理学家相继投入到对新的社会现实问题的研究之中，如申罗对于选举、民意等政治心理学问题进行了研究，并且吸引了不少青年社会心理学工作者。“俄罗斯的许多高校都开设了社会心理学课程，社会心理学研究的各种问题也引起了广大群众的兴趣。随着人民政治生活的民主化，社会心理学日益成为一门热点学科。”①

三、中国社会心理学的形成与发展趋势

（一）中国社会心理学的形成与发展

中国社会心理学作为一门学科是从20世纪20年代开始的。我国社会心理学的发展可大致分为三个阶段：初步发展阶段（1949年以前），停滞和空白阶段（1949—1980年），新的起步和发展阶段（1980年左右至今）。

1. 初步发展阶段

这一阶段以介绍西方社会心理学为主，出版了一批译著，如黎朋的《群众心理学》、麦独孤的《社会心理学导论》、奥尔波特的《社会心理学》等。我国最早进行社会心理学研究的是张耀翔。1924年，陆志韦出版了中国第一本社会心理学专著《社会心理学新论》。1929年，孙本文在国立中央大学教授社会心理学课程。20世纪30年代，我国引进的社会心理学著作异常丰富，主要引进了由赵演翻译的奥尔波特的《社会心理学》、高觉敷翻译的黎朋的《群众心理学》。这一时期我国社会心理学工作者的创作也十分丰富，主要有潘菽的《社会的心理基础》、陈雪屏的《谣言的心理》、潘光旦的《性心理学》等。社会心理学的实验研究也开始起步，如1922年张耀翔首次进行的选举民意调查，中国青年情绪研究，迷信、商人心理学研究等。1942年，社会学家费孝通和心理学家周先庚对社会心理学本土化研究进行了有益尝试。

① 冯钢，王小章：《社会心理学教程新编》，浙江教育出版社2004年版，第52页。

20 世纪 40、50 年代，吴江霖、林传鼎、曾性初等分别对习俗的 J 曲线分布、中国人的表情模式、奖惩的相对效果律进行了系统的研究。

2. 停滞和空白阶段

新中国成立后，由于学术界盲目学习苏联，致使社会心理学同很多学科一样受到了不公正的批判，虽然苏联在 20 世纪 50 年代末 60 年代初就开始对社会心理学进行了重新认识和评价，但中国社会心理学界在研究上的停滞期和空白期持续了 30 年之久。

3. 新的起步和发展阶段

20 世纪 80 年代以后，中国社会心理学开始进入重建与复兴阶段。1982 年 4 月成立了中国社会心理学研究会，后改名为中国社会心理学会（Chinese Association of Social Psychology）。该学会在社会心理学领域开展了人际关系、群体心理、民族心理和商业心理等多方面的研究，出版了许多专著、教科书，教学能力和科研水平不断发展。20 世纪 80 年代后期，中国大陆学者在海内外心理学本土化研究的启发下开始关注建立中国特色社会心理学体系的问题，并对中国化研究的方法、路径、研究对象进行了具体探讨。

20 世纪 90 年代，我国的社会心理学发展更加迅速，成果丰硕。专著、教科书、研究报告和研究、教学机构数量颇丰，研究队伍不断扩大，研究领域也向社会现实生活的方方面面扩展，研究课题集中在价值观、激励、社会观念、群体心理、人格、需要、人际关系和中国民族性等方面。具体研究课题包括中国民众的价值取向研究，民众对重要社会事件的态度，传播媒介、读者、听众、观众情况的调查，家庭问题研究，教育社会心理学问题研究，司法社会心理问题研究及民俗社会心理问题研究，人力资源管理领域的社会心理学问题研究等。研究趋势之一是社会认知、社会态度和社会观念、宏观环境、社会地位及社会生活对社会心理的影响，社会压力导致的社会心理问题及调节方法等。

（二）中国香港地区及中国台湾地区的社会心理学的发展

20 世纪 60 年代中期，中国台湾地区学者的文化觉醒是以杨国枢为代表的中国人性格研究的学术活动的开展，他们采用实证方法研究中国人的性格特点。20 世纪 80 年代，以杨国枢为代表的中国台湾学者和以杨中芳为代表的中国香港学者掀起了社会心理学本土化运动（Movement of Indigenous Research on Social Psychology），强调将中国社会文化特征与民族性融入社会心理学之中，建立中国人自己的理论框架、概念和术语，尤其是中国特有的人文主义和集体主义取向。20 世纪 90 年代，杨国枢开始研究中国人的性格特点及其变迁，反复验证了国外的研究结论，提出了代表中国人心理与行为的概念和理论，在研究中国特定的孝、人情、面子和中国人的心理与价值观等问题上取得了令人瞩目的成就。杨国枢从 20 世纪 90 年代初开始主编《本土心理学研究》，他们的努力，促进了华人本土心理学研究的发展，并且在这一时期开办研究班，培养了一批中国青年社会心理学工作者，如今他们已经成为中国社会心理学研究队伍的重要力量。

（三）中国社会心理学发展的基本趋势

中国社会心理学在理论上发展的基本趋势主要集中在社会心理学理论体系建立、社会心理学基本理论探讨、人际交往理论和社会性发展理论的探讨上,在实践上的发展趋势主要体现在社会心理学在政治、经济、文化、教育、新闻和法律等领域的具体应用。中国社会心理学要紧密联系中国社会实际,遵循中国的传统文化和历史背景,既研究群体的社会心理现象,也要研究个体问题;既要重视实验、实证研究,也要重视经验描述,把基础研究和应用研究结合起来,把新学科、新方法、新理论和传统思想结合起来,这是中国社会心理学发展的必然趋势。

第三节　社会心理学理论

理论是对经验的概括、概念的凝集和研究的总结,也是理解问题的视角。掌握了一种理论就是找到了一种看待世界的方法,社会心理学的各个理论是各学派对于社会心理实质和社会行为原因的解释。社会心理学的理论对于理解复杂的社会心理和行为有着极其重要的作用:掌握基本理论可以使人们对许多具体研究结果有更深层次的理解,可以对后续研究或行动起定向或参考的作用,可以促进理论的更新和发展。

一百多年来,社会心理学尚未有统一的理论,仅有许多适用范围较窄的"中层理论"及由它们派生出来的"小型理论"。这些理论有两个来源:心理学家的研究和社会学家、文化人类学家的研究。本章主要介绍这两个取向的社会心理学经典理论,同时也简要介绍新近发展起来的一些社会心理学理论,如社会文化理论、进化社会心理学理论和决策理论等。由于许多理论自身具有局限性,只重视某个因素,适用范围较窄,因此,社会心理学家在思考和研究具体问题时往往采用一种或几种理论。我们在学习这些理论时,也应客观地以科学的态度来看待这些理论,取其精华去其糟粕。

一、行为主义学派的社会心理学理论

行为主义学派的理论,早期包括巴甫洛夫的条件反射原理,华生的行为主义学习理论,桑戴克的刺激-反应理论,斯金纳的操作性行为主义,托尔曼的认知学习理论,多拉德和米勒的早期社会学习理论。早期理论在解释人的复杂社会心理现象的深度、广度方面存在局限。后期班杜拉的社会学习理论和霍曼斯的社会交换理论,扩大了该学派理论对人的社会心理现象的解释范围和深度,使其受到了更多重视。

(一)行为主义学派理论的核心概念

行为主义学派理论的核心概念与个体学习行为产生的机制有关,其中包括三个核心概念,即联结(Association)、强化(Reinforcement)和模仿(Imitation)。这三个概念同时也是学习行为的三个机制,为人们正确理解社会行为提供了独特的视角和方法。

1. 联结

条件反射学说提出的联结理论认为,学习即形成"刺激-反应"(S-R)联结的过程,人善于学习的原因主要在于人类具备形成大量的联结的能力。这一理论强调各种联结的作用,情境与行为的联结,行为与行为的联结,知觉间的联结,甚至情绪也可由联结而形成。在社

会心理学中，人们常用联结的观点来解释社会态度、人际吸引、社会规范等现象。

2. 强化

强化是行为主义学派理论中的一个核心概念，斯金纳是对强化问题做较为全面研究的第一人。他的强化理论指出，强化是使人的行为发生变化的根本原因，对行为的控制可以通过强化来实现。根据强化物的性质，可以把强化分为正强化和负强化；根据人类行为受强化影响的程度，可把强化分为一级强化和二级强化；根据行为发生与强化物出现间隔的时间，可以把强化分为即时强化和延缓强化；根据强化物是否直接作用于学习者，可以把强化分为直接强化、替代强化与自我强化。与强化紧密相关的概念还有刺激与反应、驱力、泛化、分化、消退等。

3. 模仿

米勒和多拉德在《社会学习和模仿》中提到，模仿可以通过延伸刺激－反应关系与强化的概念来理解。人类许多社会行为都是通过模仿而习得的，这一理论尤其适用于解释儿童习得社会行为。模仿在纪律维持和社会规范遵从方面的作用重大。人在幼儿期就会仿效大人的言语、动作，某行为若受到奖赏就会保持下来并扩大仿效领域，表现出泛化的特性。在社会心理学中，模仿常被用来解释态度的形成与改变、挫折、侵犯、助人等亲社会行为。

（二）社会学习理论

社会学习理论（Social Learning Theory）是在行为主义刺激－反应学习原理基础上发展起来的，强调环境和教育因素在人们学习过程中的作用。20 世纪 40 年代，奥尔波特把这一原理用于社会心理学领域，认为社会行为是由社会刺激引起的，社会刺激指言语、手势、表情以及个体的某些反应。这一理论在 20 世纪 60 年代经班杜拉和沃尔特斯等人提出并发展起来。班杜拉通过一系列实验，对儿童社会学习问题进行了研究，提出观察学习、自我效能、自我调节、交互决定论等概念，进而形成了社会学习理论，1977 年出版了总结性著作《社会学习理论》。

1. 观察学习理论

观察学习理论是社会学习理论的基本概念。班杜拉认为通过观察榜样的行为能达到和直接经验习得行为同样的效果，强化作用也可通过榜样的替代反应和替代强化发生。观察学习（替代学习），即通过观察榜样的行为（对观察学习者来说是新行为），获得关于示范行为的表象，并引导学习者做出与之相对应的行为的过程。观察学习不同于模仿，是一种较为复杂的学习过程，强调观察他人的行为及后果，在学习的过程中不一定包含模仿，不要求必须有强化，也不一定产生外显行为，但特别强调认知的作用。观察学习由相互联系的四个子过程组成：注意过程、保持过程、动作复现过程和动机过程。

2. 三元交互决定理论

班杜拉在对行为的因果决定模式的分析中引入了认知因素，提出了“三元交互决定理论”。该理论强调行为、认知和环境三方面要素在社会学习过程中的交互作用。三个因素同等重要，在大多数情况下三者密切相连、互为因果，这是三元交互决定理论的核心所在。

3. 自我调节理论

班杜拉的自我调节概念是在自我强化概念的基础上提出的,强调个体的主观能动作用和理性认知能力。该理论认为个体在认知和情感的作用下能合理地控制并调节自己的行为。班杜拉认为自我调节是个人自我强化的过程,是个体通过将自己对行为的计划和预期与行为的现实成果加以对比与评价,然后用自己能控制的奖赏来调节自己的行为的过程。自我调节由自我观察、自我判断和自我反应三个过程组成,经由这三个过程,个体可以完成内在因素对行为的调节。自我调节理论的形成是班杜拉社会学习理论发展的最重要的转折点,标志着社会学习理论进入了崭新的发展阶段。

4. 自我效能理论

班杜拉提出了自我效能理论,用以解释在特定情境下动机产生的原因。班杜拉把自我效能定义为人们关于自己是否有能力控制影响其生活环境事件的信念。他指出,被知觉到的效能预期决定着人们遇到应激情况时的行为选择、努力大小、坚韧程度、思维方式、行为效率和归因方式。班杜拉总结大量研究后概括了四类影响自我效能形成与变化的因素:直接性经验、替代性经验、言语劝说和包括心理状态、情绪、性格、环境、外界支持等在内的其他因素。

班杜拉的社会学习理论是在行为主义学习理论基础上发展起来的,突破了旧的理论框架,把行为主义、认知心理学和人本主义观点加以融合,结合认知心理学信息加工思路和行为主义强化的观点阐述学习的过程和机制,同时还引入了社会因素。他所建立的社会学习理论开创了心理学新的研究领域。但该理论也被批评仅借用认知概念,并未真正揭示导致认知活动结果的原因及过程,三元交互决定理论也带有二元论色彩。

(三)社会交换理论

社会交换理论(Social Exchange Theory)是20世纪60年代兴起的一种社会学取向的社会心理学理论。由于该理论强调人类行为中的心理因素,因此也被看作是一种行为主义的社会心理学理论。它是利用斯金纳的个体主义心理学思想、文化人类学的交换思想和经济学概念来解释人类社会行为的理论。该理论主张人类的行为受交换活动支配,社会生活的各个层面都体现了这种交换关系,人们在社会交换中所结成的社会关系也是一种交换关系。该理论由霍曼斯创立,主要代表人物有布劳、埃默森等。

1. 霍曼斯的社会交换理论

现代社会交换理论家霍曼斯运用概念联结的方法将古典经济学和行为心理学的基本命题融为一体,构成了他的社会交换理论的基本命题,认为交往本质上是“收益”与“代价”的“社会交换”。

霍曼斯在社会交换理论中提出了六个理论命题:第一是成功命题:个体得到的奖赏越多,就越愉快,并倾向增加有关行为或活动;第二是刺激命题:当前活动与过去得到奖赏的活动越相似,人就越容易由于收益期待而发生这种活动;第三是价值命题:一种活动收益越大,人就越多做出这种活动;第四是剥夺-满足命题:如果一种活动得到的奖赏越多,往后同样奖赏引起相同行为的单位价值就越小;第五是攻击-赞同命题:一种活动若不能得到预期的奖赏,就会引起愤怒,此时侵犯对人就有了奖赏的意义;第六是理性命题:人更倾向选择价值小但成功率大的行为,而不去选择价值大而成功率低的行为。以上这六个命题相互联系、相互制约,共同用来解释人际交往的机制。

霍曼斯的社会交换理论是社会心理学中关于人际交往问题的一个重要理论,有效地运用了经济学、社会学、行为心理学的概念和原理来研究人际交往,揭示了人际交往的最终目的是为了双方获得各自最大的利益。该理论充分论述了人际交往中交换的作用和机制,为研究解释人类的普遍交往行为提供了成功的理论范式;充分重视了人的需要、认知和情感在人际交往中的地位及作用;强调了人际交往中人的主动性作用,指明人们在交往中既有理性的权衡得失,也有非理性的情感唤起。该理论试图以研究人际交往为出发点,来探讨整个人类社会的存在机制。"这种将人际交往的个体间的微观互动过程研究与整个社会的体系、结构、功能的研究结合起来研究的路线,为人际交往心理学的研究开辟了新的道路。"①

霍曼斯的理论也存在问题,如他忽视社会环境对人际交往的影响,片面强调人际交往中人的自私性、自我中心性,认为人的交往如同动物为了满足个体最大利益一样,具有明显的遗传决定论色彩。他的理论把人际交往中,利他、尊重、服从、爱、赞扬、关怀等无条件地看作金钱似的物质交换物。该理论无法解释人们是如何在物质交换物与非物质交换物之间实现公平计算的。社会交换理论忽视了对中介心理过程的探讨,也缺乏系统的实验证据,其理论的视角倾向于将人的行为看成是被简单实惠所驱动的,但由此引出的人际相倚作用理论、对策与决策研究等,引起了当代社会心理学家的极大兴趣。

2. 布劳的社会交换理论

社会交换理论的另一代表人物是布劳。他在《社会生活中的交换与权力》一书中主要论述了基本交换过程中社会结构的产生,这点同霍曼斯通过基本的心理过程解释社会行为的理论取向有明显的不同。布劳认为,社会交换是特定类型的交往,其直接根源是人的心理过程,与他人结成交换关系是出于对所得利益的计算,这个获得利益的希望同经济冲动是同一类型的东西。所有行为都是受利己主义驱使的,最终目的都是为了获得利益。参与交往的双方都期待着他人的回报,一旦他人停止了所期待的报酬,这一交换关系就会终止。

布劳认为社会交换始于"社会吸引",当行动者互相发现对方拥有自己所需的社会资源,而又确信对方愿意提供这种资源时,他们之间就产生了相互吸引。相互吸引是进行交换的前提条件。交换双方想要建立稳定的交换关系,必须要从外部吸引过渡到内部吸引,即才智、声望、地位等内在品质的吸引力。社会交换是一种建立在相互信任基础上的自愿性活动,影响社会交换的最基本的社会规范是互惠和公平。

布劳认为,群体中出现权力分化的最终根源是交换各方所拥有的资源不平衡,拥有相对丰富社会资源或稀有资源的人占据较高的交换地位,他们能满足多数人的需要,因此能从多数人那里获得回报。交换者们经过反复的交往、互动将这种不平衡以权力等级结构的形式固定下来。且权力结构一经确立,就会进一步对交往产生影响。布劳将这种影响概括为整

① 佟丽君:《论霍曼斯的人际交往理论》,《求是学刊》, 1997 年第 1 期。

合与冲突两种倾向。[①]

二、认知主义学派的社会心理学理论

社会认知理论(Social Cognition Theory)来源于格式塔心理学,从认知心理学角度来解释人类的行为。与学习理论不同,该理论关注的重点是人们的认知过程,强调人的内部心理积极性和主动性,认为人的行为依赖其知觉社会情境的方式,即一个人的行为,取决于他对当前情境做出怎样的认知和解释,而不在于过去的联想、强化或榜样。

美国心理学家布鲁纳等首先提出了"社会认知"概念,强调知觉过程受社会因素的制约。20 世纪 50 年代起,社会认知取向的研究者对社会知觉、社会印象、社会判断等整个社会认知过程进行了研究,提出了具有代表性和意义深远的理论,如归因理论、认知平衡理论、从众理论、合作与竞争理论、社会认知的一致性理论、人际知觉理论等。随后研究者们认识到社会认知分外显和内隐两个方面。内隐社会认知的发现,拓宽了社会认知的研究领域,引起了社会认知研究者的广泛关注。20 世纪 90 年代开始,内隐社会认知成为研究领域中的热点。

(一)社会认知的一致性理论

社会认知的一致性理论又称平衡理论,认为个体的行动永远向能够最大限度地保持或恢复自身认知系统协调一致的方向前进,这种假设同样适用于群体认知和沟通系统。海德、纽科姆、费斯廷格等人的学说都是在这一理论假设的指引下产生发展的。

1. 海德的认知结构平衡理论

海德较早便开始研究社会认知,他在《人际关系心理学》一书中首次提出"认知一致性"的概念,在此基础上提出认知结构平衡理论。他假设了一种由 P、O、X 三者组成的认知情境,其中 P 是认知主体,O 是 P 的认知对象,X 是与 P、O 都有特定关系的事物、现象、观点或人。P、O、X 三者通过单元关系和情感关系发生联系。当单元关系和情感关系和谐一致时,认知主体的认知系统处于平衡状态,即认知一致;当单元关系和情感关系不能和谐一致时,认知主体的认知系统处于不平衡状态,即认知不一致。当个体处于不平衡状态时,会产生一种恢复平衡的心理驱力。如果不可能转向平衡,个体心理就会处于紧张状态,导致单元关系、情感关系以及认知结构的重组,因此认知平衡结构是一种动力结构。

2. 纽科姆的沟通活动理论

纽科姆将海德"认知结构平衡理论"中的这种"均衡"推演到了群体的认知和沟通系统中。他指出,除了心理驱力、不平衡或趋向平衡的压力之外,信息对个体态度改变起重要影响,因此特别强调沟通在人际关系中的作用。纽科姆认为当两个个体彼此主动感知并与第三者建立某种关系时,就会产生对第三者指向的趋同意向,这种趋同意向会随着人际沟通的发展而加强。因此,如果两个人或群体成员对某一客体的指向产生差别,就会引起个体的不协调感,进而导致沟通频率的变化。纽科姆还提出了"邻近关系学说"。他指出,人际交往过

---

① 参见吕萍:《霍曼斯与布劳的社会交换理论比较》,《沈阳师范学院学报(社会科学版)》,1996 年第 3 期。

程中，当其他条件都相同时，人们总是最容易同那些与自己密切接触的人形成良好的关系。他试图用“人际交往的报偿性”来解释报酬可以充当强化物增加人与人之间的沟通，促进他们之间的相互吸引这一问题。人们从与自己互动较多的人那里获得更多报酬，因而更容易与他们产生人际吸引。这种报酬性在信息交换过程中体现得更多。①

3. 费斯廷格的认知失调理论

费斯廷格在《认知失调理论》一书中提出了著名的“认知失调理论（Cognitive Dissonance Theory）”，这是20世纪50年代社会心理学研究中最重要的成就。认知失调理论认为，心理上的不适、不协调会推动人们努力去减少不协调而达到协调一致；并且当不协调出现时，除设法减少它以外，人们还可以能动地避开那些能使不协调加剧的情境与信息因素。个体的认知系统中同时存在的诸多认知要素之间可以是不相关的、不协调的或协调的。不协调的程度由造成不协调的要素的重要性决定，即此要素对个体的意义、重要性越大，由此引发的不协调程度就越大。各要素之间的关系协调与否完全是由个体的心理意义决定的，即决定于个体的心理逻辑（Psycho-logic）。费斯廷格认为可以通过三种办法减轻认知失调，即改变行为的认知要素、改变环境的认知要素、引入新的认知要素。

（二）归因理论

海德在《人际关系心理学》一书中正式谈到了归因现象和归因理论，但当时该思想并未引起太多关注。20世纪60年代，琼斯和戴维斯的《从行动到倾向性——人的知觉中的归因过程》和凯利的《社会心理学中的归因理论》发表后，归因研究的重要性和必要性才引起学界的重视，并形成了各有特点的理论。其中比较有影响的归因理论包括：海德的朴素心理学、琼斯和戴维斯的一致性推断理论、凯利的三维归因理论和维纳的成就归因模型。虽然这几种归因理论并不能圆满地解释人们复杂的归因现象，适用性也具有局限性，但在社会心理学领域得到了大量实证研究的支持，因而被大家所接受。

（三）信息加工的认知心理学

传统的社会心理学对发生社会心理和社会行为时人的心理过程关注不够。信息加工的认知心理学诞生后，一些社会心理学家也尝试着用计算机信息加工的术语和原则阐释个人的社会心理与社会行为的心理过程。② 在这种研究取向下，社会心理学研究在自我、态度改变和刻板印象等问题上取得了一定的成果。如在自我研究方面，对“自我概念”提出新的定义，即自我概念是个体有关自我的一系列认知结构。个体在社会经验中总是用这些认知结构去认识并解释与自我有关的种种刺激。马库斯等人提出的“自我图式（Self-schemata）”理论的成就最大，对以后的自致性偏差研究和偏见研究等产生直接影响。③

麦克盖尔运用信息加工观点研究态度改变。他认为说服过程其实是一个沟通过程，它

① 参见乐国安：《社会心理学》，广东高等教育出版社2006年版，第65—66页。

② 参见乐国安：《评现代认知心理学》，《中国社会科学》，1990年第5期。

③ 参见郭本禹，修巧艳：《马库斯的自我社会认知论》，《西南大学学报（人文社会科学版）》，2007年第1期。

一般包括六个相继的行为步骤,行为步骤不是彼此孤立的,它们是一个联系紧密的链条。

三、精神分析学派的社会心理学理论

(一)精神分析理论

精神分析理论(Psychoanalytic Theory)是由奥地利精神病医生弗洛伊德创立,并在其追随者阿德勒和荣格等的推动下而形成的。

1. 弗洛伊德的精神分析理论

"西方所有的社会心理学家实际上都把弗洛伊德学说当作自己观点的理论根源"[①],尤其是他关于"本能"、"超我"、"人格发展"和"群体心理学"等方面的论述,对社会心理学发展影响深远。

(1)本能

早期精神分析理论认为,人的一切行为动机都和本能有关。本能与社会利益存在冲突,它在社会压力的作用下得到制约和升华之前是以自我为中心的。本能欲望必须去适应、服从现实原则。在弗洛伊德早期的著作中,本能被区分为"自我本能"和"性本能",人依赖这两种本能完成个体生存和种族延续的过程。他在晚期的著作里重新划分了本能的种类:由于自我本能和性本能都指向生命的生长和增进,因此它们合称"生的本能";与之相对的是"死的本能",即个体存在的某种侵略、破坏或自我毁灭的本能。当死的本能指向外部时,表现为破坏、损害、征服等侵犯倾向;当这种侵犯受到挫折时,就表现为一种向内的自我谴责、自我惩罚及自杀等自毁倾向。生的本能驱使人们为满足生活而努力、从事产生创造性活动,而死的本能则以向外侵害、向内自残或自杀而告终。弗洛伊德从"本能"的范畴出发,改变了人们对自身行为的固有解释,给人类行为的最初动因找到了新的解释。他认为,决定人的行为的最根本的动力是原始本能。弗洛伊德的本能论也是他的社会心理动机论。[②]

(2)人格结构和人格发展

弗洛伊德提出的人格结构理论认为,人格是由本我(Id)、自我(Ego)和超我(Superego)三部分组成的。本我由无意识的、最原始的先天本能和基本欲望构成,"力比多"在人格结构中与本我联为一体。它们不断发出冲动,要求得到满足。本我活动遵循"快乐原则",但它们只能通过自我找到实现的途径。自我是意识的重要部分,位于本我与外部世界之间,它遵循"现实原则"。自我依照现实允许的尺度控制和压抑本我的冲动,是我们能意识到的真实存在。自我可以部分整合本我和超我间的冲突,可以伴随着道德知识的获得而发展,并在个体的成长过程中得以显现。随着个体的成长会出现超我,超我是"道德化了的自我",它的活动遵循"道德原则"。超我综合了"良心"和"自我理想"。自我理想是习俗要求与社会规范教育的产物,用来确定道德行为的标准;良心则负责对违反道德标准的行为进行内心惩罚。超我是社会及其文化的产物,超我与本我、自我的结合使得个体由生物存在而成为社会化的

---

① 安德列耶娃:《西方现代社会心理学》,人民教育出版社 1987 年版,第 134 页。

② 参见车文博:《弗洛伊德主义原著选辑》(上),辽宁人民出版社 1998 年版,第 243 页。

人。超我概念的提出，部分地纠正了弗洛伊德在其本能理论中强烈的生物决定论倾向。"超我"充分体现出了弗洛伊德理论的社会性。超我使得个体与社会密不可分地联系在一起，使人对不轨行为产生内疚感，进而维护和推进了文化与文明的发展；超我的自我理想标准使人产生一种自然的、谦卑的家庭感，这是所有宗教信仰的根本因素。弗洛伊德认为人的社会情感也是以超我为基础通过认同而形成的。超我的概念也是弗洛伊德社会化理论的关键概念，超我是一种促使个体与社会和文化保持一致的心理机制，是个体社会化的重要标志。儿童的超我常常是父母超我的一种折射，儿童通过对父母的模仿逐渐习得其父母所处的文化。弗洛伊德认为如果本我、自我和超我三者的平衡受到破坏，就会产生压抑现象，出现变态人格或失常行为。童年期三者平衡与失衡的经验对于人格的正常发展极为重要。

弗洛伊德关于人格发展具体阶段的理论是建立在他性发展理论基础之上的。他认为，人格发展的动力是"力比多"，在不同的年龄阶段，力比多所集中表现的区域是不同的，这种区域可被称为"性满足区"。个体正是按顺序在这些区域寻求快乐的满足、实现人格的发展的。

(3)群体心理学思想

弗洛伊德将以"俄狄浦斯情结"为核心而产生的家庭动力关系作为理论基础，构建了他独特的集体心理学(社会心理学)思想。他认为集体的原型就是一个父亲和他的几个儿子，父亲常常迫使儿子节制性欲，对"力比多"的压抑导致了儿子对父亲的认同作用，最终维系了集体的存在。他在《群体心理学与自我的分析》一书中提出了他的集体心理学理论的两个核心概念："情绪联系"和"认同作用"。弗洛伊德认为，"力比多"在群体中转化成一种广泛的、普遍意义上的"爱"，它是群体心理的基本成分，群体中的情绪联系是靠爱来维系的。弗洛伊德把家庭关系视为其他群体关系的原型，以此解释各种人类群体中的人际关系，把家庭中的父亲比作群体中的领袖。领袖拥有群体内其他成员所不可企及的能力和品质，如自信、独立，成为集体的理想。集体成员对领袖的认同是对领袖的积极情感的投射，同时也是防止对领袖抱敌对情感的机制。在领袖的强力感召下，在领袖强有力的影响下，集体成员依赖于领袖，集体中受暗示性增强，理性水平降低。集体成员如同被催眠，会产生暗示和感染现象。

2. 阿德勒的精神分析理论

阿德勒的"向上意志 - 补偿(Upward-compensation) 说"体现出其理论中的社会性。他认为，支配人行为的内驱力中包括一种生而具有的"追求优越"的内驱力。幼儿、病残者出于自身原因会产生自卑感，这种自卑感会使人意识到自身的不足与缺陷。为了不屈服于这种自卑，他们会设法奋力向上，如通过活动来增强体力与智力，通过发挥特长来弥补缺陷或采取特殊行为方式(如顺从、取悦、粗暴、反抗、固执等)来摆脱困境。补偿作用可促使儿童身心的发展，还会使其形成特定的"生活风格"和人格特征，迫使人取得更高的成就。但当人向上的内驱力遇到外界强大的阻力而无法突破时，人常会以病态的方式来求得满足。

精神分析理论单纯把性或其他本能看作社会行为的动力，无视社会原因和社会动机，特别是泛性论有不少主观色彩，因此备受批判。但阿德勒敢于冲破禁区，抓住潜意识这个中心进行深层探讨，重视对动机冲突、移情、人格结构等的研究，对后来的社会心理学研究也有许多启发。

(二)精神分析的社会文化学派

精神分析的社会文化学派是现代西方心理学的一大流派,始于20世纪30年代末期。主要代表人物霍妮强调社会文化因素在神经症形成中的作用,对弗洛伊德理论中的很多基本观点(如本能论、泛性论和人格结构说)进行了修正;沙利文提出"人际关系理论",他认为精神疾病是由人际关系的失调造成的,而非由性本能与社会的冲突引发的;弗罗姆试图用马克思主义修正精神分析理论。到20世纪40年代初,一方面弗洛伊德的精神分析理论在美国本土得到承认,另一方面新生代精神分析家对弗洛伊德的理论进行了修正,在这种大趋势下产生了精神分析的社会文化学派。

1. 霍妮的社会文化的神经症理论

霍妮认为神经症是一种偏离社会文化规定的非正常行为模式,要从社会文化中去寻找神经症的根源。神经症病人因其特殊的个人经历(特别是童年经历),过分强烈地体验社会文化困境,并由此产生了深刻的内心冲突,因而神经症是时代文化内在矛盾的表现,时代文化的内在矛盾是神经症人格形成的根本动因,其中社会文化矛盾所造成的人际关系困难是形成神经症的决定因素。社会文化环境多元并存,多元文化间融合、冲突,这导致了个人在价值选择与信仰上的迷茫和困惑,并最终导致一部分人心理的冲突和失调。[①] 在个体成长过程中,如果父母不能让儿童真正享受到爱,儿童就会产生不安全感,甚至产生基本敌意。基本敌意及压抑会使人陷入"基本焦虑",敌意和焦虑反过来会导致更深的不安全感和更深的痛苦。个体为了减轻基本焦虑,会形成一些防御性策略,这些策略成为潜意识的驱动力量,霍妮称之为"神经症需要"。神经症病人只能强迫性地使用一种策略进行应对,久而久之形成了无意识的恶性循环,发展成某种神经症。霍妮在《自我分析》一书中列举了10种常见的神经症需要。在此基础上,她在著作《我们内心的冲突》中依据个体行为指向性的不同角度,把神经症人格划分为趋向他人、反对他人和逃避他人三种类型。霍妮继承了弗洛伊德的人格动力学理论,认为神经症需要决定了神经症病人的人格,但她又突破了弗洛伊德的本能决定论,主张从社会文化的角度寻找焦虑人格形成的根源和机制,将解释的重心从个体内部转向个体外部。

霍妮采用了弗洛伊德的潜意识、压抑、抵抗等概念,但不认可"俄狄浦斯情结"说和"力比多"说。她认为"力比多"说完全歪曲了自我和环境的关系,忽视了文化因素的影响。人的行为与人格发展的主要动力是人在充满敌对的社会环境中寻求安全的需要,个体行为仅仅是应对引起他恐惧的环境的一种反应,其性格的形成是以环境因素为基础的。霍妮坚持认为,神经症不仅导源于个体偶然的经验,而且也导源于个体生活于其间的特殊的文化条件,文化才是神经症的真正渊薮。

霍妮的理论已经觉察到畸形社会对人的心理、行为和人格的影响,并且抓住焦虑这个中心概念来阐述社会与行为之间的心理过程,重视家庭环境与教育,对失常行为的治疗持乐观

① 参见叶浩生:《西方心理学的历史与体系》,人民教育出版社1998年版,第384页。

主义态度，是精神分析论的一种积极的进展。但她仅看到社会敌对性是人的行为和人格发展的主要动力，而没看到社会变革并使人类互助合作成为现实的动力作用。

2. 沙利文的人际关系说

沙利文反对弗洛伊德的本能论和泛性论，主张一种自我心理学。他重视自我在人格发展中的作用，强调自我与环境的关系，用以解释人格发展和精神病的病因。但他的自我概念范围比较狭窄，主要是指个人意识中的焦虑经验。

沙利文强调，人格在人际关系中的不断发展具有中介变量性质。在人际关系中，个人形成对自己和对别人的种种意象，在社会文化制约的人际关系中体现出“人格化”的过程。他重视人格发展中的认知过程，因而强调在各种能力的成熟过程中言语能力发展的重要性。言语能力是应付文化环境中各种符号化的能力，对人格的发展起着重大的促进作用。在人格发展中，各种能力的发展和成熟可以相应地分成六个阶段。各阶段能力的成熟有时会与社会的延缓认可发生冲突，则人可因情绪紊乱而出现神经病症状。

沙利文的人际关系说表面上强调社会文化因素，实质上是在生物学概念中加入了一些社会化过程和文化因素之类的东西。他所讲的人际关系，与其他新精神分析学家一样，强调儿童幼年期的家庭关系。他的人格发展说的基调仍然是生物化的成熟论和预成说。他的焦虑说根本没有揭示产生焦虑的社会根源，他甚至主张将治疗个人的神经症作为改革社会的手段。①

四、符号互动理论

符号互动理论就是社会学取向的社会心理学的集中代表。该理论强调事物的意义和符号在社会过程、社会心理、社会行为中的作用。西方的社会学家几乎都是从符号互动理论涉足社会心理学研究的，其代表人物是米德。

（一）符号互动理论的基本思想

1. 符号与互动

米德指出，姿势（Gesture）是人际发生互动的基础，而姿势既包括个体的动作，也包括口头语言等，姿势传递的是有机体内部的信息。他将互动分为两类：符号互动和非符号互动。非符号互动是一种没有经过思考和选择的直接反应行为，是一种简单的生物本能性反应，而在人类互动中占主要地位的是符号互动。互动双方要理解个体所表现的姿势的意义，对姿势的意义存在共识，能根据互动符号推断符号发出者的行为，并相应地调整自己的姿势及反应，这样的沟通过程就是符号互动。

米德特别强调语言是人类所独有的高度结构化的互动符号，是个体在社会情境中与他人顺利进行和维持互动所必需的文化前提。人生活在“符号环境”中，生理欲望、需要及共享符号一同驱使和引导人的行动。个体具有主观能动性，可以对环境中的刺激进行选择、解释

① 参见孙名之：《沙利文的人际关系说述评》，《全国第五届心理学学术会议文摘选集》，1984 年版，第 356—357 页。

并赋予其意义，经过思考和选择对刺激做出反应，这正是符号互动的特点。在米德看来，“精神”就是符号互动中的内在沟通过程，是通过与他人的互动和自我会话而渐进形成的。有了精神的作用，个体就能够在意识中扮演其他人的角色。

2. 自我与社会

自我，是由主我（I）和客我（Me）所组成的。主我是主动行动者，是冲动的、有创造性的，是变化的源泉；客我是通过“角色采择”设想的他人所见的我，即社会我，它是规范性的。任何行为都是由主我的冲动引起的，受到客我的控制。主我是行为的动力，客我是行为的方向，个体能够扮演他人的角色，从他人的角度对自己做出反应和评价。米德认为随着有机体的成熟，最终许多暂时的“自我想象”会被具体化为相对稳定的、把自己归属于某类客体的“自我概念”。自我是经过主我和客我的不断相互作用而形成的。主我、客我、自我构成了一个人的个性结构，角色行为的变化或偏离是主我不恰当的行为表现，客我导引主我行为去适合社会相互作用中的角色期望。①

米德把社会（Society）看成是人际相互作用的组织与结构。这样的互动组织形式依赖于精神的作用，即使用符号进行角色扮演并选择自己的反应的能力。如果没有这种能力，个体就无法使他们的行动协调一致，也就形成不了“社会”。社会与个人是通过符号互动而互相影响、互相制约的。社会通过符号互动过程“塑造”个人，引导个人的心智与自我的发展；个人通过符号互动过程来维持社会、改造社会。

（二）符号互动理论的衍生理论

符号互动理论拥有大批的追随者，他们都从自己的角度对符号互动理论加以发挥和改造，提出了诸如角色理论、参照群体理论等衍生理论，为从社会学方向上研究社会心理学奠定了坚实的基础。

1. 角色理论

角色理论（Role Theory）借助于戏剧比拟来提出其核心概念“角色”，是一种试图从人的社会角色属性解释社会心理和行为的产生、变化的社会心理学理论取向。“角色理论”学者特别重视社会文化对角色的规定，强调角色建筑在社会结构和社会组织基础之上。角色理论家们袭用了米德的角色概念，用它说明个体和社会的关系，阐明社会是制约个体社会行为的关键因素。

角色理论认为，人在实际生活中的角色行为是整个行为系统的产物。人是社会结构中的一员，社会环境和其周围人群与个人发生的直接、间接、外显、内隐、真实、想象的联系，会在个人态度和行为的各个层次上发生作用。占据一定社会地位或具有某种社会身份的个人的行为，是由客观的行为环境、社会要求规范、他人的角色表现，以及个体对自身角色的理解、个性、能力等决定的。角色理论重视社会行为环境对个体行为的定向引导作用，同时强调个人可能产生的角色创造，因而被称为“社会有限决定论”。角色理论比较完整地考虑了社会行为的整个系统，并从宏观和微观入手，将社会因素和个人因素贯穿起来，形成完整的

① 参见米德：《心灵、自我与社会》，华夏出版社1999年版，第192页。

行为分析系统。角色理论在社会心理学中的价值和地位值得肯定。[①]

2. 参照群体理论

参照群体理论(Reference Group Theory)是研究个体社会心理、态度和行为如何受所属的或期待的群体参照力影响的社会心理学理论。其代表人物有海曼、纽科姆、谢里夫、默顿及凯利等人。

参照群体,是指个体对自身价值、目标、理想、行为进行评价时提供规范性指导的群体。参照群体有许多种分类,如:现实的参照群体和思想上的参照群体;会员群体和外部群体;大参照群体与小参照群体;肯定性参照群体和否定性参照群体。凯利提出了参照群体的两大作用:规范作用和比较评价作用。群体确立群体规范迫使个体遵循,通过惩罚不顺从行为、奖赏顺从行为发挥规范作用。个体将参照群体作为比较标准和出发点用以评价自己或他人,参照群体起到比较评价作用。

默顿在文章《社会理论与社会结构》中提出了关于个体选择参照群体的条件的思考:如果群体对自己的成员而言不具有充分的威信,成员就可能会挑选外部的、非会员群体作为参照群体,以获得自身更高的威信;个体在自己群体中越孤立、地位越低,就越有可能挑选外部群体为参照群体,期望在新选择的参照群体中占有较高的地位;社会流动性越大,个体改变群体从属性的可能性就越大;个体的个性特征也会影响到对参照群体的选择。[②]

标签理论、本土方法理论也是符号互动理论的衍生理论。标签理论对越轨行为的产生和发展有很独到的见解,本土方法理论在研究技术方面也有特殊的贡献。

五、其他有代表性的社会心理学理论

除了上述一些经典的理论外,社会心理学研究中还有一些比较有代表性的和新近发展起来的理论,如社会生物学理论、社会文化理论、进化社会心理学理论和决策理论等。

(一)社会生物学理论

20世纪70年代,威尔逊创立的一门新的综合性学科——社会生物学(Sociobiology)在美国兴起,并相继在世界各国传播开来。社会生物学主要研究一切社会行为的生物学基础,以及由此产生的各种假说。威尔逊认为通过生物学和社会学的结合,可以找到一条分析人类、洞察人类精神机制及其历史的新途径。社会生物学的方法比较新颖,探索整个人类群体的社会性和生物性的关系问题,寻求关于人类文化思想、精神现象的进化的证据,力图证明和检验社会行为的潜在遗传基础。

社会生物学将"亲缘关系选择"概念整合到自己的基本理论中。该理论认为任何生物个体之间最重要的关系都是亲缘关系,因而亲缘之间普遍存在利他主义倾向。个体间拥有的共同基因越多,表现出的利他主义倾向就越强烈。这一理论对于解释动物群体的利他行为是适用的,但对于人类行为的解释存在局限性。社会生物学把利他主义行为分为无条件利

---

① 参见金盛华:《社会心理学》,高等教育出版社2005年版,第35页。

② 参见章志光:《社会心理学》,人民教育出版社1996年版,第70页。

他行为和有条件利他行为。无条件利他行为大多表现于动物群体中,在人类社会中大都是有条件利他行为,这种行为的实质是自私的。社会生物学对“双亲投资论”做出了新的解释,该理论认为雌雄个体对后代的投资不同,但收益相等,这种巨额差异导致了两性冲突。威尔逊认为人类的攻击性是遗传和环境相互作用的产物,具有一定的规律性,因而可以被预测。攻击行为的表现形式是后天习得的,但攻击具有先天的遗传基础。尽管社会生物学的理论被批评具有明显的还原论色彩,但它确实为理解人类行为提供了一个新视角。

(二)社会文化理论

文化决定论认为,一种文化可将一些特定的行为模式强加于其所属的所有成员或某种性别的成员身上。文化是一个民族特有的生活方式的总和,包括思想和行为的习惯模式,它以强制性的措施迫使个体恪守习惯模式的要求,个体不顺从于所属文化将会面临巨大压力和冲突。该观点忽视了自然生态、生理因素和经济基础的作用,因此人们又提出了“文化相对论”(Cultural Relativism),即由于文化能对人的心理与行为起到塑造作用,所以人的心理活动特点和规律在不同文化背景中有所不同,判断人的心理与行为的标准应视其所处的文化条件而定。

社会心理学的社会文化取向,对于理解在特定情境或文化中的行为很有必要。该理论特别注重跨文化比较研究,试图通过跨文化比较揭示社会行为如何受不同文化价值、规范和规则影响,如比较个人主义文化和集体主义文化中人们社会行为的差异。为了理解这些差异,心理学家已经认识到文化的重要性,文化通过被称为“社会化”的过程代代相传。社会规范是文化的基本成分,文化为生活在其中的人设定了各种社会行为规则。

(三)进化社会心理学理论

进化社会心理学将进化和自然选择的原理用于理解人类行为和社会生活的新兴领域,它是从心理现象的起源和适应功能来探索人的心理机制的。进化途径强调共同的人类本性,这些本性是我们作为一个物种遗传下来的一部分。进化社会心理学有几个核心观点:人类的许多倾向和偏好是自然选择的结果;所有的人类行为都反映了内在心理倾向和外部情境要求的共同影响;功能分析是理解心理机制的主要方法;我们的祖先面对的许多重要问题本质上是社会问题。

(四)决策理论

决策理论假定个体会评估不同行为的代价和收益,以一种非常具有逻辑性和理性的方式选取最好的备择选项。他们会选择以最低的成本带给他们最多利益回报的选择项。决策过程包括权衡备择选项的正面(收益)和反面(代价),然后选取最好的一个,正反两面的相对强度决定了最终的选择。

期望－价值理论(Expectancy-value Theory)扩展了代价和收益的概念,在评估中加入了每个备择选项发生的可能性。这一理论认为,决策由两个因素共同决定:每种可能的结果或备择选项的价值;决策所导致的每一种可能结果实际发生的概率,即“期望”。有时我们实际做出的决定确实遵循决策理论所假定的理性程序,但社会心理学家也认识到在现实生活中,判断和决策并不总是遵守严格的理性。人们经常通过捷径迅速有效地做出决定、形成判断或解决问题。许多判断和决策受动机因素支配。简言之,决策理论并不总是适用于日常决策和解决问题,人们在日常生活中对理性原则的实际应用受到很大程度的限制。

（五）当代社会心理学理论

社会心理学家常发现使用单一的普遍理论无法完全理解他们所研究的问题,因此有必要整合来自不同理论的观点。新的理论家不再将关注点仅仅停留在外显的行为、思维或情绪上,更多地寻求对行为、思维和情感之间的相互关系的理解。社会心理学家的另一个努力方向是发展能够解释某一有限范围内的现象的理论,被称作中距理论(Middle-range Theories),他们关注社会行为的特定方面,而不是试图包含社会生活的所有方面。

思考题:

1. 简述社会心理学的起源。
2. 美国社会心理学发展的特点是什么?
3. 欧洲社会心理学为何要反思美国社会心理学对其的影响?
4. 结合时代背景,分析中国社会心理学的发展趋势。
5. 简述社会学习理论关于学习行为的基本机制。
6. 简述社会心理学各个经典理论流派的特点。
7. 简述其他有代表性的社会心理学理论的主要观点。

第二章 社会化

人与动物的本质区别在于人的社会性。若一个人只具有人类的身体结构，则他还不能算是真正意义上的人，只有等他通过一定的社会学习和社会生活实践完成了从自然人向社会人转变的过程，形成了人类的心理结构和行为动力系统，能够有效地参与社会并为社会所接受，他才成为真正意义上的人。这个转变就是我们将要论述的社会化。社会化要揭示个体心理活动的发生、发展、变化过程，以及会受到哪些因素的影响，还要研究个体自出生起如何适应社会，又如何形成独特的行为方式，进而探讨个体社会化过程本身的心理机制。

第一节 社会化概述

一、社会化的定义及相关概念

（一）社会化的定义

社会化是个体走向社会的第一步，是融入现实社会的起点。个体的社会化过程就是在特定社会文化的熏陶下，由自然人转变成社会人的过程。对个体来讲，社会化是个体适应社会的过程；对社会来讲，社会化是社会利用社会规范约束和控制个体的过程。

对于社会化这个问题，许多学科根据自身的性质和任务，从不同的角度开展了研究。如社会学偏重人与社会的互动和社会对人的规范，关注社会规范的内化和社会角色的形成；文化人类学强调社会化过程中文化的传承，关注民族特有文化模式对其成员的共有人格及社会行为的作用；教育学偏重社会系统化教育过程对人的社会影响，关注对个体适应社会的引导和对影响个体发展的教育体制的设计；心理学偏重社会化过程中个人的成长，关注个人的人格与自我的形成及一般的社会学习过程。①

社会化（Socialization）指个体在社会的影响下，通过学习社会知识，掌握社会技能，建立社会经验，并通过自身不断的选择和建构，形成一定社会所认可的心理－行为模式，成为社会成员的过程。② 个人的社会化是一个复杂的过程，个人自出生起就生活在某种社会环境中。不同的社会环境中的社会规范和行为标准是不同的，对生活在其中的个体提出的要求也不同，因而个体的社会化体现了特定社会在特定时代的特点。个人的社会化以生物遗传

---

① 参见周晓虹：《现代社会心理学——多维视野中的社会行为研究》，上海人民出版社 1997 年版，第 122—123 页。

② 参见章志光：《社会心理学》，人民教育出版社 1996 年版，第 73—74 页。

为基础，在社会环境的影响下进行，这种影响可以是直接的也可以是间接的，即：个人对社会规范的认识与接受可能是自觉、积极主动的，也可能是不自觉、消极被动的；可能是有意识、有目的地完成的，也可能是在无意识、潜移默化中实现的。因而社会化是在一定的社会环境影响下，不管个体喜欢与否、能否意识得到，总会在个体身上实现的伴随生命始终的过程。

（二）社会角色与道德规范

社会角色是指与人们的某种社会地位、身份相一致的一整套权利、义务的规范和行为模式，它是人们对具有特定身份的人的行为期望，它构成社会群体或组织的基础。[①]

个体的社会化是通过扮演一个个社会角色而逐渐进行的，社会角色是个人完成社会化的桥梁。每一个社会角色都与一定社会身份所要求的一般行为方式以及理解事物的态度和价值观相对应。一个人担当什么样的角色，社会就会对其提出什么样的要求、期望，采取什么样的对待方式。因此对于处于相同社会位置、担负同一种社会角色的个体，在共同的社会要求和期待下，会形成具有很高的一致性的心理－行为模式。

个体的社会化过程同时也是学习道德规范的过程。任何时代的社会都会制定相应的道德规范，每个社会角色也会有相应的道德规范。社会借助社会角色和相应的道德规范对生活在其中的个体进行约束、施加影响，使个体成长为符合社会道德规范要求的成员。社会通过建立、健全社会化代理机构体系（如教育体系）和社会化诱导机制（奖励制度和法制体系），使个体懂得怎样做是正确的、是被社会允许的，怎样做是错误的、是被社会禁止和反对的。

事实证明，个体要想成长为一个符合社会要求的成员，就要通过担当社会角色与社会中的他人发生交往互动，在互动过程中用道德规范约束自己。个体只有通过这种真实的社会互动，才能与社会成员产生感情联系，顺利完成社会化。

（三）社会控制

社会控制（又称社会约制）最早由罗斯在《社会控制》一书中提出。他认为，社会控制是一种有意识、有目的的社会统治。社会控制包括对意志、情感、判断的社会控制，强调的是社会成员之间的心理互动。

社会化确实包含着社会控制的意思，社会控制是促使个体社会化的手段。从社会的角度看，社会化的目的是使社会和文化得以继续。社会总是以各种各样的方式和途径直接或间接影响、作用于个体的身心发展。社会诱使个体去适应他所在的社会或群体的心理－行为方式，个体的心理－行为方式也有意识或无意识地被社会环境所塑造。这些都体现出社会化强制性的特点，几乎是不以个体的主观意志为转移的。

社会化与社会控制相互补充，共同成为社会得以延续的基础。社会控制为社会成员提供合乎社会目标的社会价值观念和社会行为模式，调适人际关系，制约和指导社会成员的社会行为。社会可以通过强制性控制手段（如政权、法律、纪律等）对社会成员进行控制；除了

---

① 参见郑杭生：《社会学概论新修》，中国人民大学出版社 2003 年版，第 107 页。

强制命令外，社会还会运用一些社会形式（如亲属关系、职业关系和社区关系）的非正规控制（如舆论、风俗、习惯、伦理道德）和约束力来确保对个体的控制。①

专栏2－1

社会化与社会环境

从古至今，人类发现了许多在与社会隔离的环境中长大的所谓“野人”，如法国的阿维龙野孩、德国王储豪泽、伊莎贝拉等，其中最著名的是在印度发现的狼孩。1920年10月，印度一位牧师在印度加尔各答东北的米德纳波尔小城附近发现了一对由母狼抚育的女孩。大的七八岁，取名卡玛拉；小的约2岁，取名阿玛拉。随后她们被送到孤儿院。

刚被发现不久时，她们的行动更像狼，用四肢行走，昼伏夜出，吃东西时放在地上用牙齿撕咬，不会说话，叫时声音像狼，不愿意穿衣服，拒绝洗澡，也不喜欢与人接近。小阿玛拉被收养11个月后死于痢疾，而卡玛拉的智力水平仅相当于6个月的婴儿。经过长达两年的训练，卡玛拉才学会直立行走，13岁她才能独立行走，但在快跑时，还要用四肢。她还学会了穿衣，有了羞耻感。到15岁时，她只学会了45个字，并学会一些人类的基本生活习惯，直到17岁死去时，她仍然没有学会说完整的话，心理水平相当于4岁的幼儿。这个例子充分说明，人出生后如果与社会生活隔绝，缺乏社会文化的熏陶，就只能算是动物性的人。社会化对于个体来说是十分必要的，不经过社会化，就无法成为一个真正意义上的人。

资料来源：俞国良.社会心理学[M].北京：北京师范大学出版社，2006：115。

二、社会化的内容及类型

社会化过程与生命发展过程同步，涉及一个人生活的很多方面。个体要想成为正常适应社会的社会成员，就要在社会化过程中达到很多目标，如掌握该社会的语言，形成相应的社会政治角色，具备正确的民族意识，按照法律制度、道德标准和性别角色要求来支配行为。人在一生当中要经历早期社会化、发展社会化、反向社会化和再社会化的过程。

（一）社会化的内容

1.语言社会化

社会化的核心是学习，社会化的本质是社会经验的传递，而学习得以开展的必备条件是语言的掌握。人类特有的符号系统——语言为社会经验的传递提供了实现条件，借助这种语言系统，人们可以传达信息、沟通思想、理解和接受社会态度及习俗。个体借助语言区别自己的体验和别人的体验，使自我得以分化。语言还是一种文化最为集中的反映，可以说没有语言就不可能形成文化，没有文化，个体就失去了进行社会化的背景。掌握一种语言的过程本身就是掌握一种文化观念、思想和知识的社会化过程。

语言社会化在个人社会化过程中有着特殊地位。个体的语言社会化是个体进行社会化

① 参见时蓉华：《社会心理学》，浙江教育出版社1998年版，第94页。

的重要工具和基础条件，是个体与社会相互作用，使自己融入整体社会的桥梁。个体是生活在特定社会文化中的个人，要适应和吸收社会文化内涵、成为合格的社会成员，首先必须完成语言社会化。个人通过所掌握的语言把自己融入整个社会，成为其中的自然部分。

2. 政治社会化

政治社会化是指个体通过接触和学习某种政治文化，培养政治立场（包括政治信仰、政治情感和政治态度等）和政治参与能力的过程。政治社会化是一般社会化的核心，因为经济关系是基本社会关系，而政治是经济的集中体现。生活在特定社会中的个人，与特定的政治关系发生联系，由此形成特定的政治价值判断标准，指导、支配自己的政治观点和政治态度。

个体的政治社会化过程是双向的，个体在政治化的同时，会发挥自己的主观能动性，整合各种政治观点，分析各种政治关系，形成自己独立的政治态度和政治行为，并且反作用于社会政治。这种双向的过程体现了政治社会化的实质。[①] 从社会的角度来讲，任何国家都十分重视培养自己国家的公民对某种政治制度和政治价值的认同、忠诚和责任感。国家必须利用家庭、同辈群体、学校、大众传媒和政治组织等多种因素加强公民的政治社会化。从社会心理学的角度来说，国家引导公民有目的、有计划、科学地进行政治社会化，对于提高全民政治文化素质，使公民充分享受并正确行使民主权利、广泛参与社会政治生活是十分有必要的。

3. 民族社会化

民族社会化，是个体从自然人变为具有民族意识的社会人，形成本民族大多数人共有的特性，使自己具有所属民族的民族性的过程。民族社会化体现在掌握民族文化、习得民族生活方式和形成民族共同心理特征上。民族社会化的结果，是使每个人都尊重自己民族的习惯、风俗与传统，热爱自己的民族，具有民族自豪感。[②]

民族社会化一旦形成，就会具有很强的稳定性，即使长期脱离本民族社会文化环境，个体仍可以保持和发扬本民族的传统。

4. 法律社会化

法律社会化指个体形成某一特定社会要求的法律观念和遵守法律行为的过程。不同国家的法律制度不同，个体的法律社会化的内容和方向也不同。美国学者塔卜对6个国家的5000名学生进行法律推理能力的调查，发现学生在法律推理能力方面表现出高、中、低三种水平。塔卜随后将研究对象的范围拓展到成年人和学龄前儿童，研究结果表明，这6个国家的所有被试中，绝大多数法律推理能力只能达到中等水平，即可以按照社会的要求而遵守法律，能认识到个人控制自己的行为对于社会存在的重要性。[③]

5. 道德社会化

道德社会化，是指社会成员通过社会互动，学习道德规范，内化道德价值，培养道德情操

① 参见时蓉华：《社会心理学》，浙江教育出版社1998年版，第95页。

② 参见时蓉华：《社会心理学》，浙江教育出版社1998年版，第95页。

③ 参见时蓉华：《新编社会心理学概论》，东方出版中心1998年版，第32页。

的过程。道德社会化的目标是使个体按照道德标准来支配自己的行为。特定的社会为了维护生活在其中的人们的共同利益、协调彼此的关系，产生了调节人们行为的标准，即道德。个人若遵守这些道德标准，就会受到社会的赞许，随之产生积极的情绪体验；反之，违背了道德标准，就会受到社会的谴责和惩罚，产生消极的情绪体验。当个人能够自觉地根据社会道德标准来调整自己的行为时，就实现了个人的道德社会化。

国内外学者开展了许多关于道德社会化的研究。如美国学者哈什等人提出，人的道德性并不是由一些抽象的道德原则体现的，一般表现为三方面的具体行为：关心他人，愿意帮助和保护别人，这种关心是自觉自愿，发自内心的；对道德问题做出判断，社会中的道德准则时常是相互冲突的，对道德问题做出不同的判断会导致不同的行为；在关心他人和做出判断的基础上采取行动，这是个人道德性最充分的体现。[①] 我国学者普遍认为，道德社会化是道德的主体将特定社会所肯定的道德准则和道德规范加以内化，形成合乎社会要求的道德行为的过程。从外延上讲，其应该包括道德意识社会化、道德规范社会化和道德活动社会化三个方面。[②] 在众多研究中，美国心理学家皮亚杰和柯尔伯格的研究得到学界最广泛的认可。柯尔伯格用自己设计的九种两难问题（Dilemma）对道德社会化进行研究，发现个体道德社会化的发展表现出阶段性，存在三种水平六个阶段。六个阶段按顺序进行，不是所有人都能达到最高水平，这不仅与成熟水平有关，而且受到智力水平和社会经验的影响。

6. 性别角色社会化

男女两性不仅在生理特征方面存在差异，在社会特征方面也表现出很大的差异。在不同的社会和文化背景中，人们对不同性别的人有着不同的角色期待。个体性别角色的社会化是指，个体所属社会文化对不同性别角色的期望、规范和与之相符的行为形成的过程。性别角色社会化的结果是人们按照社会规定的男女性别角色的要求来支配自己的行为。男性和女性必须服从于社会的习惯势力提出的不同的性别要求。

性别角色社会化的标准因文化而异。人类学家玛格丽特·米德对新几内亚三个原始部落进行观察，她发现不同文化背景下的原始部落中，相同性别的人心理行为模式存在很大的差异。她提出，男女的人格特征与生理特征没有必然联系，性别角色特征不是天生注定的，而是通过对各种文化中的性别心理行为模式的学习、模仿和认同而形成的。

（二）社会化的类型

1. 基本社会化

又称早期社会化（Early Socialization），发生在生命早期，是从婴儿时期到青少年时期进行的社会化，这一时期的社会化对于个体来说是至关重要的。个体在基本社会化过程中要掌握语言、发展认知技能和习得行为规范等，将社会文化和价值标准内化，与周围人建立感情，建立行为和评价系统，了解、承担、扮演各类社会角色，初步形成人格特征，使个体与周围

---

① 参见［美］理查德·哈什，约翰·米勒，格林·菲尔丁：《道德教育模式》，傅维利等译，学术期刊出版社 1989 年版，第 189 页。

② 童娴：《当前家庭教育对中学生道德社会化的影响及对策研究》，重庆师范大学，2012 年。

环境保持一种平衡状态。

个体在基本社会化过程中会因为生理和心理上不成熟，缺乏独立思考、判断的能力，以模仿作为接受外界环境影响的主要形式，对新奇的东西感受特别强烈。要保证个体顺利进行基本社会化，社会应提供相对稳定、统一的社会规范和价值标准，提供令人信服的社会权威形象。

2. 继续社会化

又称发展社会化（Development Socialization），是在基本社会化的基础上进行的。个体在现实生活中，随着不断出现的新情况、新内容，会不断发生社会关系、社会责任的变化，需要不断更新知识和技能。如果个体不能及时调整自己的认知和行为，就很难与社会、环境的要求相协调。个体在新的社会环境中产生新的期待、承担新的任务、扮演新的角色，用新近学习到的东西对已有社会化内容进行补充、改组，实现新旧社会化内容的融合。职业培训、成人教育等都是个体继续社会化的表现形式。

3. 反向社会化

反向社会化（Reversal Socialization），是指年青一代将知识、文化传递给前辈的过程。在传统的社会化和文化传承概念中，文化的传递是单向的、由上至下的，特别是在中国传统社会中，这种现象尤为典型。但随着社会各方面的飞速发展，成人的生活经验、价值观念以及适应能力开始跟不上形势的变化，成年人必须学习新的知识、技能，更新价值观念和行为规范。这时，对于新鲜事物较为敏感、接受性更强的年青一代担当起文化代理人的角色，反过来对长辈施加影响，引导长辈适应现代社会生活。我国学者周晓虹把这种过程称为“文化反哺”①。

子代对亲代的影响涉及社会生活的各个方面，在日常行为层面、生活态度和价值观方面都有表现。反向社会化已经成为现今成人社会化中的一种重要机制。一般社会化和反向社会化的互补，更加有利于个体对社会的适应和持续发展、代际的良性互动以及人类文化的传承和发展。②

4. 再社会化

再社会化（Resocialization）是个体舍弃过去接受的一套社会规范和价值标准，重新学习社会所要求的社会规范与行为方式的过程。这种情况经常发生在人们部分或全部脱离原有社会生活时，个体放弃原有价值观念和生活方式，认同一种新的价值观念和生活方式。

当个体面临较大的角色变换（如移民国外、入伍参军、入狱服刑）时，当个体的基本社会化进行得不完全、需要矫正其原先的社会化内容时，当个体受无理性反社会化影响而产生有害社会进步的行为时，都需要个体进行再社会化。个体经历再社会化过程可以是自愿的，也可以是非自愿的，但是目的都是重新学习所处社会要求的社会规范和行为方式，成为社会适应良好的社会成员。

---

① 周晓虹：《试论当代中国青年文化的反哺意义》，《青年研究》，1988 年第 11 期。

② 参见周晓虹：《文化反哺：变迁社会中的亲子传承》，《社会学研究》，2000 年第 2 期。

专栏 2-2

性别角色的社会文化意义

性别角色实质上并不是以生理上的差异为基础的，而是社会文化发展的产物，是个体社会化的内容和结果。

社会心理学家玛格丽特·米德曾于20世纪30年代对新几内亚的三个原始部落的性别角色进行了研究。这三个部落分别是阿拉佩什、门杜古莫和特哈布利。研究发现，在前两个部落中几乎不存在什么性别角色差异。阿拉佩什部落里的男女所表现出的行为都是其他社会里公认的女性行为，而门杜古莫部落里的男女所表现出的行为则都是通常认为的男性行为。阿拉佩什部落里的人是消极的、合作的；门杜古莫部落的人通常是互相敌视的、富有攻击性的、残忍的。特哈布利部落的性别角色与通常的社会文化中的性别角色相反。在这个部落中，男性很敏感，有依赖性，善解人意，对手工艺感兴趣；而女性则表现得独立、有进取心，在做重大决定时发挥关键作用。这个研究充分说明，不同的文化对性别角色有不同的要求，性别角色主要是一种文化现象。人们认为男性应该怎样、女性应该怎样，这只是生活在某个特定时代、特定文化环境中的人们的特定想法，并不一定适合于其他时代和其他文化。

资料来源：俞国良. 社会心理学[M]. 北京：北京师范大学出版社，2006：146。

第二节　社会化的特点

人类个体所在的社会环境无论有多大的差异，个体的社会化都会表现出以下几个特点。

一、个体的社会化以遗传素质为基础

个体的社会化是以其生物遗传素质为基础的。离开了人的遗传基础，个体的社会化就会失去得以进行的生理物质基础。动物也具备一定的遗传素质，但是动物的遗传素质无法与人类媲美。动物不具有人类那样高度发达的以大脑为核心的神经系统，不能掌握社会化的重要工具——语言符号系统，不具备思维、学习和积累知识的能力，不能对社会进行有目的、有意识的认识和改造。即使动物长期与人类生活在同一个社会环境中，动物也终归不能进行人类的社会化。

遗传素质是代代相传的心理活动和行为方式的先天结构与机能组织。这种素质对于人类而言，不仅具有生物学意义，而且能够在社会信息的刺激下不断分化，使许多潜能表现为显能，使得个体在社会化过程中发展出特有的个性趋势，为适应人类活动而逐渐形成与发展特殊功能。同时遗传素质会以生物体内的物化形式遗传给后代，所以人类的遗传素质还体现了个体对社会影响的内化作用。人类遗传素质为自然人最终发展成社会人提供了物质可能性。

二、个体的社会化是共同性与独特性的统一

个体通过社会化过程,一方面能够具备与其所处社会条件下的其他个体大致相同的性格特点,另一方面能够具有自己独特的风格。这种共同性与独特性相统一,即个性统一于共性之中。

(一)共同性

社会化强调的是社会对个体的影响和个体对社会的适应,不强调个体对社会的影响以及社会为适应个体自身需求、促进个体发展而进行的调整和完善。社会对某一特定群体有相对一致的期望和对待,在同一个群体中生活的人有共同的社会生活。这种社会生活的共同性带来了人们经验的相似性,人们由此发展起与社会期望一致的观念、情感、思维和行为方式,使社会化的目标得以实现。共同的社会生活及由此带来的共同经验是个体社会化的基础。没有共同的社会生活和共同的生活经验,就没有个体的社会化,就没有社会共同性的形成。因此,生活在同一个国家、同一个民族中的个体,在心理倾向上具有很多共同性。

勒温指出,同一个国家的国民有相同的性格特征,称为国民性(Nationality)。如他通过比较美国人和德国人的人格特征,发现:德国人人格的外围区域与中心区域的界限在较表面的部分,因此德国人不大可能直率地与人交往;美国人的人格正好与德国人相反,美国人人格的外围区域与中心区域的界限在相当深的位置,因此美国人比较开放,交往的范围也广泛。但是德国人的界限由于在较表面的地方而比较脆弱,容易被打破,一旦界限被冲破,就可以开放到深层,彼此成为知己或彼此产生敌对行为;美国人的内心界限在较深处,防守较牢,不容易被冲破,因此不太会轻易暴露自己内心深处的东西,不太可能与他人成为坦诚相待的知己朋友。

(二)独特性

个体在特定社会条件的影响下进行社会化的同时,也形成了其独特的心理-行为倾向模式,这个过程被称为个性化过程。个体的独特性通过带有高度个人色彩的思维方式和行为方式,以及稳定而特殊的个人能力、气质和性格等显现出来。

个体在社会条件的影响下经历着与他人相对一致的社会生活,也会拥有独特的、难以被系统化的社会生活,这种生活使得个体拥有与任何其他人相区别的独特的生活经验。同时个人的特点(性别、年龄、智力、性格、体质等)不会完全一样,个人在与社会环境相互作用时,能动地、选择性地接受社会影响,每个人的社会化过程是不同的,因此每个人都拥有独特的社会生活经历和内在体验,最终个人的观念、情感、思维和行为方式在内容、表现形式上都表现出高度的独特性。社会化不应把个人变成流水线上的产品,社会化后的个人也应是具有自身独特性的个性化的个人。

由此可以看出,个体在社会化过程中同时进行着个性化过程。任何社会的进步与发展都要致力于实现社会化与个性化的高度统一。社会化使得个体能够适应环境,拥有实现个性化的基础。社会化保证了人类社会的延续和文化的传承。如果一个社会忽视了其成员的

社会化,社会就会出现"社会化不足"的症状,成员缺乏传承优秀传统的能力,使得社会失去应有的连续脉络,缺乏凝聚社会共同性的基础,从而变得脆弱。因此,一个社会要想良性运行,必要的社会化代理机构(如教育体系)和社会化诱导机制(奖励制度、法制体系)必不可少。个体自身的独特性使得个体具有推动现实变革的创造性和能力。如果一个社会不注意培养个人的个性化,扼杀其独特性,就会出现"过度社会化效应",个体只会适应既存的社会现实,缺乏推动社会进步和变革应有的独特性及创造性。这样就会造成社会长期在一个水平上简单重复,不利于意识形态、文学艺术、科学技术的创新和取得革命性进展,必然也不利于社会的长期健康发展。因此对于个人和社会而言,在个体的社会化过程中,最理想的状态是:个体既可以较好地适应社会,又可以充分发挥自己的独特性和创造性;整个社会既可以很好地引导其成员完成必要的社会化,使得社会延续、文化传承,又能给个体发挥独特性提供尽可能大的合理空间。

三、社会化贯穿人生全程

社会化是与个体的生命发展过程同步的,不是仅发生在成长阶段,而是表现为一个连续不断、终生的过程。个体每个阶段的社会化都是以前一个阶段的社会化为基础的。外部文化环境迅速、不断的演变也使得人们不得不持续学习,以适应社会,这种倾向更加强化了社会化持续终生的特点。

个体在每个人生阶段接受的社会化要求、内容及过程都是不同的,个体在每个阶段的生理及智力发展水平也都是不同的。个体在每个人生阶段都要学习相应的知识技能,掌握自身担当的社会角色应遵守的社会规范,形成一定的社会行为方式,解决不同人生阶段面临的不同问题。弗洛伊德和埃里克森分别提出了个体社会化进程经历的不同人生阶段。总之,个体的社会化是通过人的整个一生得以完成的。

四、个体的社会化发展具有不平衡性

个体在社会环境中的社会化虽然是终生进行的,但是个体受社会环境影响的大小是随着年龄的递增而变化的。个体的社会化是需要一定的生物学物质基础的,人的神经系统是保证个体接受社会影响、适应社会规范要求的物质基础。现代神经科学证明,人类的神经系统,尤其是大脑皮层具有高度的可塑性,但是这种可塑性与个体的生理年龄呈负相关关系,即:年龄越小的个体,其神经系统的可塑性越强;年龄越大的个体,其神经系统的可塑性就越弱。因此,个体生命早期所接受的社会影响对于个体社会化过程而言意义重大。有学者提出,个体两岁到五岁是人生心理发展的关键时期,个体在这一时期缺少必要的社会化过程,会对其心理造成不可逆转的损伤。

因此,早期教育,尤其是父母教养方式、家庭心理氛围对个体的社会化而言至关重要。个体如果早期基本社会化进程发展顺利,那么成年后即使脱离社会环境,性格受到一定的损害,经过努力也还是可以恢复社会性,重新适应社会。可见个体成年后接受的社会影响小于童年时期。个体的社会化发展是不平衡的,社会生活条件在个体社会化过程的不同阶段对个体的影响是不同的，因此要特别重视儿童早期进行的基本社会化。

五、个体在社会化过程中表现出主观能动性

人是社会化的主体，其主体地位是不可忽视和不可动摇的。个体是其社会化过程中积极主动的实践者。个体与社会环境交互作用时，并不总是简单、被动地接受社会环境的影响，而是能动地、有选择地接受。个体自己决定是否接受来自外界的信息或社会化的内容，并且以自己的方式加工所接受的社会化内容。个体社会化的主观能动性更重要地表现在个体对社会环境的反作用上。个体在社会化过程中不仅改变着自己，也改变着他人，还改变着自己所处的环境。美国心理学家克林纳等人研究发现，9—12个月的婴儿在困难情境中会观察别人的脸，并根据对方的反应来调整自己的行为。[①] 随着个体的不断发展，个体可以对外界信息进行识别，识别的结果是个体接受或拒绝外界信息带给自己的社会影响。[②] 这种识别体现了个体的性格、情绪、兴趣、需要等倾向性。对于同一外界刺激，人们往往会有不同的态度，符合自己兴趣和需要的就接受，与自己心理倾向相抵触的就排斥。根据认知发展理论，个体是主动地选择自己的经历和确定自己的智力发展方向的。[③] 正是由于个体的这种能动性和选择性，每个人的经验世界才各具特点，有所区别。个体在社会化过程中表现出来的这种能动性和选择性，随着个体年龄的增长而日益明显。

第三节　影响社会化的因素

影响个体社会化的因素包括个体所在的整个社会环境。宏观上是指社会文化，微观上包括所有组织机构。各个因素在功能和目的上相互交叠、相互影响，没有任何个体可以只接受一种因素的影响。个体在社会文化的影响下从一个自然人成长为一个社会人，是各个因素共同作用于个体的结果。

个体的主观因素，如遗传素质、思维能力、语言能力、学习能力和人类特有的长期生活依赖性等都会影响到个体的社会化。这些内容我们在前面的内容中分别有所介绍，在这里我们主要介绍一下影响社会化的客观因素。

一、社会文化的影响

由于“文化”内涵复杂，不同学科、不同学术流派对它的界定各不相同，至今尚无统一定义。文化是人群共同体乃至人类在历史发展中特有的存在方式，是由象征符号所表现出来的人类群体的思想方式、行为模式、制度类型等等整个生活方式。[④] 文化是社会的一个重要组成部分。广义上文化指人类在社会历史实践过程中所创造的物质财富和精神财富的总

---

① 参见时蓉华：《社会心理学》，浙江教育出版社1998年版，第103页。
② 参见时蓉华：《新编社会心理学概论》，东方出版中心1998年版，第54页。
③ 参见雷冬梅：《社会化理论中需要进一步研究的几个问题》，《甘肃理论学刊》，1999年第2期。
④ 参见[美]克莱德·克鲁克洪：《文化与个人》，高佳等译，浙江人民出版社1986年版，第4页。

和;狭义上文化指社会的精神文化。社会文化是个体社会化的宏观影响因素,通过微观因素(家庭、学校、同辈群体、大众传播媒介)实现对个体的作用。

社会文化对个体社会化的影响伴随社会化过程的始终,人的任何行为都是社会文化影响下的产物。美国心理学家弗雷曾以美、印两国儿童为被试,通过观察他们的行为发现:印度儿童善于模仿顺从的榜样,把听话视为好孩子的标准;美国儿童对顺从的榜样反感,并且顺从的榜样会激起他们逆反心理。心理学家勃朗芬伯兰姆对苏联和美国的儿童进行研究,发现两国儿童在道德判断标准上存在很大的差异。① 我们可以看到,社会文化的这种连续性是通过社会文化对每一代社会化承担者的影响作用而代代相传的,这个过程是宏观角度上的社会化。

二、家庭的影响

家庭是影响个体社会化的微观环境因素中最重要的因素之一。家庭是儿童社会化的第一个场所,父母是社会文化对个体影响的第一代理人。儿童时期是个体在生理和心理上对家庭依赖最强烈的时期,父母对孩子有足够的权威性和支配性,而且儿童绝大多数时间是在家庭中度过的,因此家庭是儿童早期社会化过程的核心影响源。

父母对儿童社会化的影响作用极其重要,原因在于童年期是社会化的关键时期。儿童与父母或其他监护人建立了最初的亲密的情感联系,从他们那里学会生活技能,习得语言、写字、算术,掌握思考和独立的方法等进一步社会化的手段,父母的行为规范、心理特征、价值观念、思想意识、生活习惯等不断对孩子产生影响。② 家庭对个体社会化的影响作用是通过近距离、面对面的互动而发挥的,以血缘关系作为基础,个体与家庭成员建立起亲密关系,使得家庭可以对个体施加广泛而有效的影响力。家庭的影响反映了社会文化的要求,儿童向父母学习语言,模仿父母的动作和行为。为了取悦父母以满足合理的需要,儿童直接接受父母对其行为规范的要求和规定,形成符合社会期望的生活目标、个人理想、志趣,获得各种社会角色。父母把自身内化了的社会文化灌输给子女,对其社会化起到潜移默化的作用。印度"狼孩"和中国"猪孩"都错过了在家庭中进行正常社会化的时机,再次返回人类社会时已经无法在人类社会中正常生活。

以下从家庭教养方式和家庭心理氛围方面来阐述父母对子女社会化的影响。

1. 家庭教养方式

大量研究证明,家庭教养方式在儿童的认知发展、性格形成、道德发展以及自我概念方面都具有不可忽视的影响。③

鲍默琳德将家庭教养方式分为专断型、容忍型和权威型三种。这三种方式在对待子女的态度和教导方法等方面各不相同,因而对儿童早期的发展会产生不同的影响作用。专断

---

① 参见时蓉华:《社会心理学》,浙江教育出版社 1998 年版,第 108—109 页。

② 参见俞国良:《社会心理学》,北京师范大学出版社 2006 年版,第 122 页。

③ 参见金盛华:《社会心理学》,高等教育出版社 2005 年版,第 66 页。

型父母对子女采取控制、限制和过度保护的教养方式,甚至用惩罚手段来强制其执行规则;不鼓励孩子提问、探索、冒险,只要求其严格执行规则而不做必要说明。这种教养方式会导致子女的独立性和社会责任感相对较低,出现较多攻击性行为。容忍型父母与专断型父母的教养方式正好相反,倾向于对孩子采取放任的态度,不加控制、不提要求,也不惩罚。这样的方式同样不利于孩子发展积极探索、争取成就和勇于尝试的行为倾向,会导致儿童在行为上的不成熟,倾向于表现出冲动的、具有攻击性的、缺乏独立性和责任感的行为。权威型父母综合了前两种教养方式的优点,这样的教养方式会使得子女发展出较强的能力和自尊心。日本心理学家诧摩俊武的研究揭示,母亲的教养态度对儿童的性格发展影响较大,民主的教养态度下成长的儿童具有最优的性格结构。国内这方面的研究开始于20世纪80年代,如学者刘金花把家庭教养方式分为拒绝型、期待型、矛盾型和分歧型。其他一些国内学者也都相继根据所开展的研究划分出家庭教养方式的不同类型。

众多关于家庭教养方式与儿童社会化发展关系的研究揭示出,父母期望值过高、过分干涉或过分保护都不利于儿童的社会化,民主型的教育方式是最理想的教养方式,母亲的教养方式对儿童的社会化影响更大。父母应该为儿童提供良好的家庭教养氛围,这对儿童的社会化发展有积极的影响。

2. 家庭心理氛围

家庭心理氛围主要是指在家庭生活中长期占优势地位的一种情绪性心理氛围。[①] 家庭心理氛围受父母间的冲突影响很大,父母冲突会使子女心理机能恶化,产生强烈的情绪波动,情况严重者会出现情绪混乱。长期生活在这种家庭心理氛围中的孩子在今后的生活中容易出现心理病理症状,社会适应能力较差,并容易表现出更强的攻击性。存在严重父母冲突的家庭对孩子的影响甚至大于离异家庭。国内一些学者经研究指出,长期生活在紧张的家庭心理氛围中的孩子会在内心里产生严重的焦虑、矛盾、多疑、心神不定或神经质现象,甚至导致心理变态或犯罪行为。

三、学校的影响

学校是正规的儿童社会化代理机构,其作用是把社会规范、道德价值观、社会知识和技能传授给下一代。学校通过制定教育方针、培养计划保证个体社会化可以有计划、按步骤地进行。在任何社会中,教师都有对学生施加符合社会要求的身、心两方面影响的社会责任。教师期望、教师威信的影响作用尤为重要。

(一)教师期望

教师对学生的期望会影响学生的学习动机、成就动机水平以及自我评价。罗森塔尔提出了皮革马利翁效应(Pygmalion Effect),又称教师期望效应,即如果教师对学生抱有积极的期望,学生真的会如教师期望的那样获得良性发展,期望就会成为现实。罗森塔尔运用实验揭示的这一结果自从公布之后,立即引起了心理学界的广泛关注。

① 参见时蓉华:《新编社会心理学概论》,东方出版中心1998年版,第43页。

心理学家分析教师期望发生作用的原理后指出，教师在准确认识学生的能力和成就后，对学生抱有的积极期望，会在行为上表现出来，如用赞赏的眼光看待学生的一举一动、时刻给予肯定和鼓励。学生会感知到教师对自己的这种积极态度，对教师产生信赖，努力使自己的表现符合教师的期望。师生在这种相互作用中产生默契，学生的表现越来越符合教师期望。也有人指出，教师的这种期望会促使教师更关注那些自己抱有期望的学生，给予他们更多的指导，提出更高的目标，创造更多机会去提升这些学生的能力，从而促进了学生成绩的提高，符合了教师最初抱有的期望。

（二）教师威信

教师作为学生个体社会化的承担者，从本源上是由制度规定的。对任何教师来讲，都有一个从制度上的、形式上的学生个体社会化承担者变成现实上的、实质上的学生社会化承担者的任务。这里的关键条件在于教师必须成为被学生认可的权威，教师的权威是教师对学生所施加的影响的一种载体。[①]

教师的威信主要受教师的专业素质、人格魅力、评价手段和师生关系制约，而且这些制约因素也必然会因学生的年龄发展阶段而异，教师的威信程度会直接影响到引导学生社会化的效果。有威信的教师会使学生产生信任，认为教师所讲的知识和所提的要求都是正确、合理的，他们会在教师的指导下更加自觉地学习，愿意将教师的要求转化为自身的主观需要。学生易于接受威信较高的教师所做的批评和表扬，并能引起相应的情绪体验。学生还会把威信较高的教师当作认同对象、行动榜样。有威信的教师可以通过自己的言行、思想，把政治思想理论、伦理原则、道德标准加以具体化，按照学生所处的阶段，以具体化的形式使学生在形象的、有感染力的、有现实性的实例中得到教育，实现社会化。

四、同辈群体的影响

同辈群体是指那些在年龄、兴趣爱好、家庭背景等方面比较接近的人所自发结成的社会群体。同辈群体是影响个体社会化的一个重要因素，对青少年来说其影响尤为显著。

从人际互动的角度分析，同辈群体内的成员之间更易发生人际吸引，产生人际影响。同辈群体的群体规范和价值体系对个体影响更大，常被群体成员视为个人社会化的重要参照体系，从而成为影响个体社会化的重要环境因素。对于青少年而言，他们所处的这一人生阶段正好是心理上的“断乳期”。青少年力图独立，他们的一些兴趣和爱好在同辈群体中能得到满足，思想、观念、态度可以在同辈群体中得到共鸣，因此他们更喜欢与同辈群体在一起。

同辈群体对个体社会化产生影响时会有一些特点：“影响的无计划性”，即同辈群体的社会化影响大都是在自然状态下进行的，大多数活动不是由某种权威事先安排好的，个体接受同辈群体的社会影响也是在不知不觉中完成的；“个体在同辈群体中的平等性”，即个体在同辈群体中自由选择互动对象，在平等的基础上和他人交往，建立或中断某种人际关系，这样更容易建立亲密关系，发展友谊；“个人需要的满足”，即个体在同辈群体中可以根据兴趣和

---

① 参见鲁洁：《教育社会学》，人民教育出版社 2001 年版，第 441 页。

爱好开展各种活动,并可以自由选择是否参加活动,个体在同辈群体中也可以交流生活感受和社会资讯;"同辈群体的开放性",即个体在同辈群体中可以摆脱如家庭或学校环境中存在的社会权威的约束,可以从事自己所喜欢的活动,探讨感兴趣的共同话题,使个体的感受在与群体成员的沟通中产生共鸣;"同辈群体持有区别性的价值观",即同辈群体在互动中,形成较为清晰的群体亚文化意识和价值标准,这些标准不一定符合社会正统的价值标准,当同辈群体的价值标准与社会的基本价值观不一致时,青少年必须选择采纳其中的一种;"同辈群体可以满足个体的社会性需求",即同辈群体可以满足个体诸如爱和归属的需求、安全的需求、自尊的需求等社会性需求,个体被同辈群体排斥,很可能会导致个体的一些不适当行为,带来消极的情绪体验。

五、大众传播媒介的影响

在现代信息化社会中,大众传播媒介已经成为人们社会生活结构的一个有机构成部分,社会文化借助于各种大众传播媒介,如书籍、报刊、广播电视、网络等作用于个体的社会化。大众传播媒介具有的知识性、教育性、审美性、存储性、新闻性、舆论性、娱乐性特征,为社会成员理解和接受社会主流的行为方式、价值观念、奋斗目标、社会规范等提供了充分的社会环境条件。同时大众传播媒介可以起到监督社会规范、准则实施的作用,使社会目标、信仰、价值、理想和意识形态等达成一致,起到引导人们价值观念的作用。在这里我们介绍两种主要的大众传播媒介的类型。

(一)电视

未成年人接触大众传播媒介的频率和时间正迅速增加。卢德平、郑丹娘的一项调查表明,看电视是我国中小学生最常从事的课外活动,多数孩子每天看电视的时间达到 100 分钟。陈力对 402 名三至六年级小学生进行调查发现,日观看电视时间超过 1 小时、2 小时、3 小时的学生占总人数的 86.5%、27.4%、20%。①

电视对儿童的社会化所起的作用有着积极的一面,它使儿童可以更加直观、有效地了解社会、分享社会生活经验、增长知识、接受社会公认的价值观和行为方式。电视同时也会对儿童的社会化起到消极作用。一些内容低级、庸俗的电视节目会对个体产生误导作用。班杜拉关于观察学习的经典研究结果证实,暴力电视节目会增加儿童、青少年的侵犯行为。此外,电视在生活中的普及削弱了家庭成员间的互动,经常观看电视对儿童的注意力、语言能力、学习潜力、思维能力等都会造成一定的影响,直接影响儿童的社会化过程。

(二)网络

随着网络社会的逐渐形成,网络已经成为人类生活的重要组成部分。网络已经与社会文化、家庭、社区、电视、学校、同辈群体比肩而立,成为影响个体,尤其是儿童、青少年社会化的最重要因素之一。

---

① 陈力:《小学儿童电视兴趣与儿童电视评价体系的研究》,北京师范大学,2005 年。

如果个体可以对网络合理利用,网络对个体的社会化就会产生一定的积极影响,这些积极影响是互联网本质特征的一个体现。网络的虚拟性使网络超越了时空的限制,大大拓展了青少年社会化的空间;网络的互动性能够实现和增强青少年社会化过程中的反馈作用;网络的开放性能够为个体提供更全面、更具体的社会化知识和内容。如果个体不能合理利用网络,网络就会对青少年社会化产生消极影响。如果个体沉迷于网络世界,其接触社会、感受真实情境中社会化的时间就会被占用,容易造成个体社会化不足。网络的匿名性,使得网络上的信息和思想观念良莠不齐,个体很容易受到不良影响。网络的虚拟化交往会直接影响青少年交往技能的获得、社会角色的形成和对社会规范的认同。[①] 并且长期使用网络,个体的思维方式和注意力品质也会发生变化。[②]

第四节 社会化的理论

心理学中针对社会化问题提出了众多理论,大致可概括为四派:一是代表人物为弗洛伊德和埃里克森的精神分析理论,着重从本能与动机的角度分析个体的社会化;二是代表人物为皮亚杰和柯尔伯格的认知发展理论,主要从个体认知发展的角度分析;三是代表人物为斯金纳和班杜拉的社会学习理论,强调环境在个体社会化中的作用;四是以正常成熟论和群体社会化理论等为代表的理论,强调先天遗传的生物因素对个体社会化的影响。

一、精神分析理论

(一)弗洛伊德的观点

精神分析理论的创始人是奥地利精神病临床医生弗洛伊德。他在《精神分析引论新编》一书中提出了有关人格社会化的思想,强调生理基础与情感在个体社会化过程中的作用,认为个体与社会之间存在必然的冲突。弗洛伊德认为人的社会化过程就是人格中“本我”、“自我”、“超我”不断交互作用的过程。弗洛伊德把人格发展的过程分为五个时期,前三个时期(0—6岁)对个体人格的形成最为重要。

本我是人格结构中最原始的部分,包括一些与生俱来的生物性本能冲动,行事遵循“快乐原则”,本我支配的行为不受道德规范约束,甚至可在潜意识中进行。但是本我的满足需要借助自我遵循“现实原则”行事来实现。自我是在本我与周围现实世界互动、适应现实环境的过程中形成的。自我具有认识、判断与执行的功能。自我的功能有:满足基本需要,维持个体生命;调节本我需要,适应现实环境要求;调节不被超我接受的冲动;调节本我、超我间的冲突。自我要调和“外界环境”、“本我”和“超我”的主张与要求,这些要求间常存在冲突。当自我感到无法满足和顺从这三方面的要求时,常会出现焦虑(Anxiety)。但是因为自我在控制与约束本我时力量不够,所以在幼儿期还出现了“超我”。超我是从自我发展而来

① 参见焦信敏:《互联网对青少年社会化的影响及教育对策研究》,华南师范大学,2007年。
② 参见金盛华:《社会心理学》,高等教育出版社2005年版,第69页。

的，是个人在社会化过程中将社会规范、道德标准、价值判断等内化的结果，即“良心”和“道德”。超我规定了一套行为模式以监督自我，一旦自我超出行为模式的界限，超我就会遵循“道德原则”，以自卑感和罪恶感这样的负面的内心体验责备自我。弗洛伊德指出，超我来源于生活中重要他人（如父母、教师）的影响，而重要他人的道德观念和行为模式也反映了社会所认可的行为与价值观念。儿童的超我的形成实质上是以重要他人的超我为榜样，向他们的超我认同的结果。因此儿童的超我与重要他人的超我在内容上有很大的相似性。随着年龄的增长，儿童的超我逐渐牢固地形成了。

弗洛伊德的精神分析理论比较完整地解释了人格结构和人格发展，重视行为的历史原因，重视潜意识的过程，重视对人类行为深层原因的探讨。但是他的理论也广受批判。他的理论是以心理异常者的行为为基础推论而出的，因而难以直接准确地解释一般人的行为；他的资料多来源于个人的观察经验，缺乏实验性量化研究；过分强调人类本能对行为的支配作用，忽视社会文化对个体社会化的影响作用；强调社会化过程主要受儿童早年经验的影响。①

（二）埃里克森的观点

埃里克森发展和修正了弗洛伊德的理论，他不同意弗洛伊德的泛性论观点以及人格在人生早期就基本形成的观点，强调社会文化对人格发展的重要作用，更关心人格结构中“自我”的部分。埃里克森将个体社会化（即人格发展）过程划分为八个阶段。他认为个体在每个阶段都有需要克服的主要矛盾或危机，个体在与环境相互作用的过程中如果能解决矛盾或危机，就会产生积极的人格特质，反之就会产生消极的人格特质；如果在各个阶段都能保持积极品质的发展，就会逐渐形成健全的人格，否则就会产生心理社会危机，出现情绪障碍，形成不健全的人格。

埃里克森的观点在西方影响较大，他不是把人格和道德品质的形成限于生理的驱动力，而是注重自我的作用和社会文化的影响。他对人格发展的每个阶段都提出了一个具体的心理社会问题，对学校教育中的人格培养、精神疾病的预防和治疗都有很大的现实意义。他的理论在临床方面被广泛应用，他被认为是当代美国最有成就的精神分析学家。但是也有批评称，他的理论仅是对美国中产阶级群体的研究经验的总结，缺乏客观的科学实验依据。

二、认知发展理论

认知发展理论（Cognitive Development Theory）主要从认知发展的角度来研究个体的社会化，强调个体的认知结构、认知策略在个体社会化过程中的中介作用。

（一）皮亚杰的观点

认知发展理论的创始人是瑞士心理学家皮亚杰。他认为，个体心理发展的过程是由一系列具有普遍规则的阶段组成的，个体人格是随着其认知结构的发展而逐渐形成的。皮亚杰把人的认知发展水平划分为四个阶段，这些阶段不是由内部成熟或外部教育所决定的，认

① 参见时蓉华：《新编社会心理学概论》，东方出版中心 1998 年版，第 35—37 页。

知发展表现为一个积极的构造过程，是个体通过活动逐渐建立、分化可理解的认知结构（Cognitive Structure），即“图式”（或基模）的过程。个体所处的环境在其发展过程中起着重要的作用，个体本身起积极的能动作用，认知结构就是沟通主体与客体的中介因素。认识的发展表现为主体和环境积极互动的过程，认知结构随着知识经验的增多，借助同化和顺应两种功能而不断发展。因此，社会化不能理解为规范、价值在代际的简单传递，个体同时也是社会道德法则的积极加工者。皮亚杰特别强调儿童的道德发展，他认为儿童的道德判断能力随认知结构和认知水平的变化而变化，道德判断就是个体道德品质中认知成分的体现。皮亚杰使用自己设计的“两难问题”研究儿童的道德发展情况，将儿童的道德发展划分为两个阶段：从“他律”到“自律”，即从根据成人的观点做判断到根据自己的观点做判断；从“效果”到“动机”，即从根据行为结果做判断到依据行为动机做判断。

皮亚杰对社会化理论的主要贡献在于他描述了儿童在不同发展阶段的认知特点，但他的理论被指研究不科学，很难被复制。

（二）柯尔伯格的道德发展理论

柯尔伯格进一步发展了皮亚杰的理论。自20世纪60年代中期以来，心理学家开始重视认知发展对个体社会化的影响，大体上同意认知发展理论的基本观点。柯尔伯格指出：儿童是有认知能力的，随着年龄的增长，他们对社会和社会准则的看法也会发生变化；在发展中，儿童逐渐认识到自己的地位、角色和经验与他人不同，他们对世界的看法也与他人不同，并由此调整自己与他人的关系。

柯尔伯格认为，皮亚杰把道德发展分为两个阶段过于笼统。他根据一些两难故事来测定儿童的道德判断水平，通过对儿童的回答进行分析，把人的道德发展过程分为前习俗、习俗、后习俗三个水平及其六个阶段：

1. 前习俗道德水平（Preconventional Level of Morality），处于这一水平的个体对于是非的判断取决于行为的后果或权威成人的意见。这一水平包括：(1)惩罚与服从的定向阶段和(2)工具性的相对主义定向阶段。

2. 习俗道德水平（Conventional Level of Morality），处于这一水平的个体判断是非时能注意家庭与社会的期望。这一水平包括(3)好孩子定向阶段和(4)维护权威与社会秩序的定向阶段。

3. 后习俗道德水平（Post Conventional Level of Morality），处于这一水平的个体发展出一套独立的、超越社会群体的道德标准。这一水平包括(5)社会契约的定向阶段和(6)普遍道德原则的定向阶段。

柯尔伯格指出，这三个水平的六个阶段依照次序发展，不是所有人都能达到最高水平。道德判断能力的发展除了成熟因素外，还依赖于智力的发展和社会经验的获得。就此问题，柯尔伯格进行了跨文化的比较研究，证明了这六个阶段的普遍性。他还通过研究证明，道德判断与道德行为存在一定的相关性。

柯尔伯格的道德发展学说是当前最有影响力的学说，指出儿童的道德水平不能超越，但通过教育可以加速道德发展的过渡。此理论已成为美国学校进行道德教育的依据。但也有学者认为道德水平各个阶段的发展顺序不是不变的，有些阶段是可以平行进行的。也有学者批评他的理论虽重视认知的发展，但忽视了情感发展在道德社会化中的作用。

(三)认知发展理论的新进展

认知心理学家近年来提出了一些新的观点，如认知策略(Cognitive Strategy)的概念，并运用认知策略来研究社会化问题。他们认为儿童在参与社会生活、观察人际相互作用与相互关系的过程中，逐渐掌握了大量的行为模式，从而形成了一种认知策略。这种认知策略反映了儿童在社会生活中观察到的文化准则与道德规范。认知策略是儿童社会化过程中认知上的中介因素，儿童的行动受这些认知策略的影响。认知策略强调个体的已有经验对人格形成和个体社会化过程的重要影响。

总的说来，认知发展理论的个体社会化研究被许多学者接受，他们普遍认为这种观点及分析比较符合实际情况。

三、社会学习理论

社会学习理论(Social Learning Theory)是在行为主义的基础上发展起来的。班杜拉是当代社会学习理论最著名的代表人物。他突破了传统行为主义的理论框架，指出儿童表现出来的许多行为模式并不是按照“强化－惩罚”的方式学到的，而是通过“观察－模仿”的模式习得的。观察学习有四个过程：注意过程、保持过程、行为再现过程、强化和动机过程。班杜拉从20世纪60年代开始进行了一系列关于社会学习方面的经典实验，这一系列实验统称为波波玩偶实验(Bobo Doll Experiment)。班杜拉用实验说明了儿童社会化中榜样的作用。社会学习理论建立在这些实验的事实与结论基础上，比较具有说服力。

班杜拉把模仿的概念引进社会化研究，他指出对模仿的操作除了受到强化的影响以外，还受到个体的自我调整(Self-regulation)的控制，并且自我调整在行为中起着关键作用。社会学习理论强调强化和惩罚对儿童再现某种模仿行为的影响，把社会化的过程看作有机体和环境“交互作用”的过程。

班杜拉的理论强调社会环境、文化因素、认知因素、自我调节、模仿、榜样等的作用，故能充分估计到教育的作用。格莱因评价称，班杜拉的社会学习理论对解释个体社会化“做出了实质性的贡献”。大家对其理论的批评主要集中在：认为该理论忽视了儿童人格发展的阶段，低估了发展变量的重要性，较偏重于环境因素的作用。后来班杜拉提出了“自我效能”(Self-efficacy)的概念对此进行一定的修正。

四、正常成熟论

正常成熟论由美国心理学家格塞尔等人提出，他们主张发展是遗传(成熟)的产物。他们认为人的社会化并不是单纯在社会规范、社会压力等外部因素的影响下进行的，而是一个相对独立的自然成熟过程。环境并不是发展的根本原因，进步来自内部，自然成熟过程就是在基因指导下的发展过程。但格塞尔并未完全否定环境的作用，他指出儿童需要一个好的外在环境来保证其成熟的顺利实现。格塞尔认为儿童是按阶段和自然程序成熟的，个体的所有能力，包括道德都受成长规律支配。[①] 个体的社会化是要在成熟与文化适应之间寻找一种平衡。

正常成熟论因过分推崇自然遗传因素而备受批评。批评者认为格塞尔提出的年龄常模过分强调一致性，对差异性预期不足，且常模是在对美国中产阶级儿童进行研究的基础上提出的，结论的外部效度较低。

五、群体社会化理论

哈里斯提出的群体社会化理论受行为遗传观点的影响很大，是自然天性论的代表。他认为影响个体发展的因素可简化为遗传和环境，其中遗传因素可解释50%左右的人格差异，剩下的环境因素是指家庭外的社会环境，尤其是指儿童期与青春期的同辈群体环境。

群体社会化理论将个体社会化看成是一种高度依赖背景的学习形式，儿童在家庭内与家庭外的环境中分别学习行为方式。家庭外社会化主要是一种群体过程，它主要发生在个体儿童期和青春期受同辈群体影响的过程中。群体内通过同化作用传递文化规范，使孩子与他们的同辈更加相似；同时又通过分化作用加大个体间的差异。该理论认为，儿童、青少年强烈认同于同辈群体，更偏爱家庭外的行为体系。根据群体社会化理论模型，成人之间也有同儿童相似的相互影响，文化传递的模式不是个人对个人的，而是群体对群体的，即从亲代群体向子代群体传递的模式。[②]

哈里斯提出的群体社会化理论是研究人类认知与社会发展的一个新视角，与后天教育论在很多方面针锋相对。该理论处在被证实之中，不是很完善，因而受到了很多批判。

思考题：

1. 简述社会控制的作用。
2. 简述社会化的类型和内容。
3. 试分析成人为何要经历社会化，简述成人社会化的内容。
4. 简述个体社会化的基本特征。
5. 简述个体社会化的影响因素。
6. 简述个体社会化的理论。

---

① 参见余文森，王晞：《教育学》，北京大学出版社2009年版，第40页。

② J. R. Harris：*Where is the child's environment? A group socialization theory of development*, *Psychological Review*, 1995, 102(3), pp:458-489.

第三章　社会知觉

每个人都生活在与他人共同组成的社会之中。个体与他人进行交往时,首先要对他人的心理状态及特征进行感知和认识,以便对其做出准确的判断;同时,个体也需要对自己的心理状态与特征进行认知,管理自己在他人心目中的印象,以便更好地与他人进行交往和适应社会。本章主要介绍社会知觉的概念、影响社会知觉的因素、印象形成与印象管理、内隐社会认知及社会认知归因等内容。

第一节　社会知觉概述

一、社会知觉的概念

(一)社会知觉的定义

知觉是指人脑对直接作用于感觉器官的客观刺激的整体属性的反应。作用于人的客观刺激主要包括物知觉(Object Perception)和社会知觉(Social Perception)两大类。物知觉又称一般知觉(General Perception),是自然现实中的机械、物理、化学和生物等方面的客观刺激,属于非社会性刺激。社会知觉是指通过人的社会生活实践所形成的客观刺激,包括人所处的社会制度、各种社会关系、社会群体以及发生的社会事件等,属于社会性刺激。

社会知觉这一概念早在1934年就在伍德沃斯所著的《心理学》(第三版)中被提出来,后来布鲁纳在《价值与需要是知觉中有组织的事实》一文中运用该概念来说明知觉者的社会决定性,即指明知觉不仅决定于客体本身,也决定于知觉者的目的、需要、态度、价值观和过去经验。所谓社会客体,是指社会生活中的个人、社会团体及组织。

社会知觉在传统的社会心理学中主要包括对人、对己和对社会群体的知觉。其中又以人知觉(Person Perception)最为引人关注。人知觉是对各种担负社会角色并具有个性色彩的人,或对人与人之间的关系,或对群体所建立的最初印象或概念,它通常是关于对象的外部表征的认识。因此人知觉也常被用作社会知觉的代用词或同义词。但从本质上看,两者是从属关系,人知觉是社会知觉中一个相当重要的方面。

苏联社会心理学家包达列夫在《人对人的知觉和理解》中将人际知觉过程分为两个层次,这两个层次分别反映社会现实的两个水平:一是感知水平,指形成关于某人外貌的形象,如外表、衣着、表情等;二是逻辑水平,指在感知的基础上对该人的个性特点的推论。研究表明,在感知水平上,人知觉和物知觉也存在着一定的差异,如人面辨认阈限低于物体辨认阈限。

海德在其《人际关系心理学》一书中提出了人知觉和物知觉的三个差别：一是人能体验其内部生活，而物却不能。每个人都能体验到其思想和感情，且认为别人也如此。二是物不被认为是其自身活动的原因，而人则往往被认为是第一原因。责任感就意味着个人的行动有其内部原因，而不只是对环境力的反应。三是人可以有意识地操纵和利用知觉者，而物却不能。人知觉的目的就是使观察者对作为刺激的人可能发出的行动进行预测，以便预先计划自己的行动。

社会心理学和传统普通心理学对"知觉"含义的理解也有所不同。在传统普通心理学中，知觉仅仅是对事物形成感性映象，属于认识的初级阶段，并不包括判断、推理等高级认识过程。而在社会心理学中，知觉不仅包括对人、对群体的外部特征的知觉，即形成印象，而且涉及对有关信息的思维加工，包括记忆、推理、判断、理解和解释等复杂环节。这种知觉实际上属于认知，所以，不少人主张用"社会认知"一词来代替"社会知觉"。

社会认知（Social Cognition）是现代认知心理学介入社会心理学后产生的一个概念和研究领域，侧重于从认知结构或图式的概念来探讨社会知觉的过程。社会认知这个概念比社会知觉要复杂得多，它是指个体对来自他人、自己以及周围环境的社会信息进行加工、推理的复杂过程，包括社会信息的辨别、归类、采择、判断和推理等心理成分。[①] 社会认知不仅包括对人、对社会性客体之间的关系等外部表征的认知，还涉及对该认知与人的社会行为之间关系的理解、推理、判断、解释等复杂环节。

本书中将社会知觉界定为：主体对一定情境中有关个人、团体和组织的特性的知觉，主要包括对他人、群体、自己以及社会角色的知觉。社会知觉是人们在社会行为与社会活动中逐渐形成和发展的。认识他人，有助于学会知人善任；认识团队，有助于学会竞争与合作，学会关心他人、与人相处，协调人际关系，促进团队的发展，提高团体的效能；认识自我，有助于学会生存、发展；认识社会角色，有助于学会社会行为标准，适应社会发展。

（二）社会知觉的特征

1. 社会知觉的选择性

社会刺激是多种多样的，个体在面对外界刺激时并不是对作用于主体的所有社会刺激都发生反应，而是根据已有的经验和认知结构，选择某一部分的刺激，而忽略或逃避其他信息，这就是社会知觉的选择性。个体的认知选择取决于两种因素：第一，以往对报偿和惩罚原则的体验。社会刺激对个体带来的是奖励还是惩罚，是有益的还是无益的，个体会以已有的认知结构为基础，从自己已有的生活经验出发，对当前的社会刺激做出种种估计和预测。如果预测到该社会刺激将给自己来奖励或收益，就会选择它作为认知对象。第二，社会刺激物的作用强度。社会刺激物的作用强度不仅指知觉对象的物理强度，更主要的是其社会意义的性质及其价值的大小。如果一个社会刺激物能够给个体带来意义，该社会刺激物就容易成为个体的知觉对象。

---

① 参见王沛，林崇德：《社会认知研究的基本趋向》，《心理科学》，2003 年第 3 期。

2. 认知反应的显著性

认知反应的显著性是指在一定的社会刺激下个体的心理状态(如情感状态、动机状态等)所发生的某些变化,它与个体所理解的刺激物的意义密切相关。刺激物的意义对个体来说越重大,那么认知反应就越明显。

3. 认知的防御性

个体为了与外界环境保持平衡、适应社会而运用认知机制抑制某些刺激物的作用就是认知的防御性。当代社会心理学家普遍认为社会认知和防卫机能息息相关。个体在情绪困扰的状态下对于社会客体的反应,与在中性情绪的作用下所产生的反应显然是不同的,换言之,情绪不同的人对于同一刺激会有不同的反应。

4. 社会知觉的完整性

个体具有在见到认知对象之后就开始勾勒其印象的倾向性,往往通过已获得的各种信息和自己的猜测或幻想来丰富被知觉者的特性,使之规则化、完整化,并在今后的接触中检验这种知觉印象。如果认知对象给人的印象是自相矛盾的,比如一会亲和友善,一会冷酷无情,那么人就会试图寻找更多的信息来协调这种认知矛盾。

二、社会知觉的种类

(一)对他人的知觉

对他人的知觉是指在社会交往活动中,通过观察他人的外部特征来了解他人的内部世界,从而形成对他人整体的知觉。

我们要认识某个人,总是要在一定的社会环境中,首先接触到这个人的外显行为,注意其言谈举止、表情动作、神色姿态、仪表风度等,并形成一个初步印象,即对他人外部特征的感知。如果他人体态潇洒、仪表堂堂、言谈举止得体,就会给观察者留下好的印象,反之则会留下不好的印象。人的外部表情往往是反映其内心世界的一种标志,所以要重视对人的面部表情、身段表情、言语表情的观察。

通过对他人外显行为印象的推测与判断,可以获得对其身份、兴趣、爱好等方面的认识,即对其内在心理特征的知觉,包括对其需要、动机、信念、世界观、人格特征等方面的知觉。只有在长期的社会实践过程中通过人际交往,逐步深入地了解、认识,才能逐渐形成对该人正确的、深刻的、完整的认识。虽然很难在短时间内对他人做出正确的判断和评价,但其内在心理特征绝对不是不可知的,正所谓"日久见人心"。

(二)人际知觉

人际知觉是个体在生活实践过程中,对人与人之间的相互关系、彼此作用的知觉。它带有鲜明的情绪色彩,表现为亲则近之,疏则远之。人际知觉有两个方面:一是对自己与他人的相互关系和作用的知觉;二是对他人与他人的相互关系和作用的知觉。

(三)自我知觉

自我知觉是个体在生活实践中对自己的行为和心理活动的知觉。个体可以对自己形成一定的看法,给自己留下一定的印象,这叫自我印象或自我观念。自我知觉就是自己既是观察者,又是被观察者。自己观察自己,掌握自己的信息,易于了解自己,但有时当局者迷,真正了解自己、正确评价自己也不是一件简单的事。要善于"以人为镜",剖析自己;常和别人对比,取人之长,补己之短;认真做自我批评,形成正确的自我观念。

(四)角色知觉

角色知觉指对人们在社会上所扮演的角色(社会分工)和有关角色行为的社会标准的知觉。它包括:

(1)对别人扮演的角色的知觉。

(2)对自己扮演的角色的知觉,主要包括对自己在社会上所扮演的角色和这种角色所应遵循的社会标准的认识。

个人对自己的角色知觉,对其行为有重大影响。角色行为总是以对立的另一角色行为为基础,扮演某一角色时,既要知道自己的身份和地位,也要知道对方的身份和地位,这种角色知觉只能在角色的相互关系中才能实现,母亲和孩子、教师和学生、领导者和被领导者都是在相互作用中明确各自的角色的。如果个体对社会赋予的角色知觉不明或错误,其角色行为就会失败。

三、影响社会知觉的因素

影响社会知觉的因素既包括知觉者因素和知觉对象因素,也包括知觉情境因素,不同的因素对社会知觉有不同的影响。

(一)知觉者因素

社会知觉的基础是被认知事物本身的属性,但知觉者的主观因素也会对社会知觉的过程和结果产生重要的影响。这包括知觉者的经验、知觉者的情感状态、知觉者的动机与兴趣。

1. 知觉者的经验

知觉者的经验不同,思考问题的角度不同,对相同对象的认知也会有不同的结果。现代社会心理学往往用"图式"的概念来解释这一现象。

所谓图式,是主体内部的一种动态的、可变的认知结构,具体是指个体在感知及理解客观现实的基础上,在头脑中形成的一种认知结构。社会知觉的基础是被认知事物本身的属性,但知觉者的主观因素(知觉者的经验、动机与兴趣、情感状态等)也会对社会知觉的过程和结果产生重要的影响。其中个体过去的经验不同,对其未来认识事物的过程和结果也会产生影响。进行社会知觉时,图式能够稳定地将新的经验与过去的经验连接起来。如果大脑里没有解释新信息的图式,则需要形成新的图式。图式在社会知觉过程中的作用方式流程图如图 3-1 所示。①

① 孙晔,李沂:《社会心理学》,科学出版社 1988 年版,第 98 页。

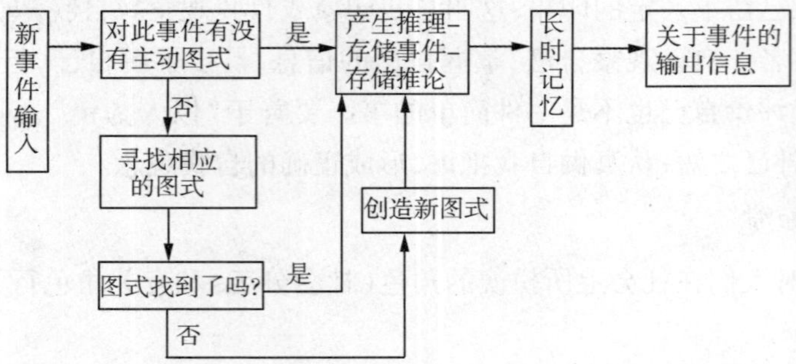

图 3-1　图式在社会知觉过程中的作用方式流程图

图式一般具有以下特点：

(1)图式一旦形成,就具有相当强的稳定性;

(2)图式决定着人在做信息选择时相应的内容和倾向偏好;

(3)可引起新信息的加工,即在原来图式的基础上可添加新的内容,形成新的认识;

(4)可以预测事件的发展;

(5)具有可激发性,即图式一旦被启动,就会像程序一样被严格执行下去。

图式对社会知觉的影响主要表现在:

(1)影响个体对他人的知觉。个体知觉他人时,看到的往往是他想看到的东西,即个体倾向于用图式解释知觉对象。

(2)影响对注意对象的选择。个体知觉他人时,与图式有关的信息往往处于注意的中心。对认知对象的选择,认知者未必能注意到。

(3)影响记忆。个体在社会知觉中记住的往往是对他有意义的或以前知道的东西。

(4)影响自我知觉。个体会根据已有的自我图式加工有关自己的信息。自我图式是个体在以往经验的基础上形成的对自己概括性的认识,比如认为自己是一个诚实的人,一个开朗的人等。自我图式是随着自我的不断发展而产生的,文化、环境、家庭教养都会影响自我图式的形成。

2. 知觉者的情感状态

知觉者的情感状态能直接影响其认知活动的积极性。巴特利特研究发现,应征入伍的人比未应征入伍的人把军官的照片看得更可怕,并且还能指出哪位军官有较强的指挥能力。墨莱的研究证实,处于恐惧状态下的人对恐惧更敏感。他在一次实验中,先让一些女孩做一种吓人的游戏,再让她们和其他女孩一起判断一些面部照片,结果是做过游戏的女孩比没有做过游戏的女孩把这些面部照片判定得更为可怕。菲德勒通过研究也发现,好恶感会影响认知者对他人的认识。一般情况下,处于积极情绪状态下的认知者倾向于赋予他人积极的品质,用积极的眼光知觉他人;反之,处于消极情绪状态下的认知者倾向于用消极的眼光去知觉他人。

3. 知觉者的动机与兴趣

在社会知觉过程中,由于个体的动机和兴趣不同,对认知对象的选择也会有所不同。个体对他不感兴趣的事情往往视而不见,而倾向于关注他感兴趣的事情。同样,能满足知觉者的需要和符合其动机的事物往往成为注意的中心与认知的对象。奥尔波特等人做过一个测验,目的是检测各个背景不同的被试对于理论、经济、艺术、宗教和政治的兴趣。测验者将与这些领域有关的词语呈现在被试面前,让他们识别。测验结果显示:不同的被试对这些词语做出的反应的敏感程度不同;背景不同的被试由于其内在动机不同,识别能力也显现出很大的差异。在日常生活中,有许多事实都可以说明知觉者的动机与兴趣决定了他们的认知活动内容。我们如果走进新华书店随便看看,那么对书橱里的书籍只会大致浏览一下;如果有人想买一本英语词典,那么他就会首先到工具书专柜认知书架上的英语词典。这是由于人们已有的动机与兴趣,使其在一定环境中特别容易摄取外界有关的信息。

(二)知觉对象因素

1. 魅力

魅力(Glamour)的含义为特别的吸引力、迷惑力。构成个体魅力的因素既有外表特征和行为反应方面的,又有内在的人格特征方面的。我们认为某个人有魅力,就意味着他具有一系列积极特性,如容貌美、有能力、正直、聪明、友好等等。在实际认知过程中,个体往往只需具备其中的某一两个特性就可能被认为有魅力。

美貌通常最先被人认知,且直接形成对其的印象。戴恩等人在实验中让被试通过外表魅力不同的人物的照片来评定每个人其他方面的特性。结果发现,在几乎所有的特性方面(如社会合意性、婚姻能力、职业状况、幸福感等),外表有魅力者得到的评价最高,而外表缺乏魅力者得到的评价最低。舒特对此进行了验证,他邀请100名刚入学的大学生参加舞会,先对他们进行能力-个性量表测量,然后再用计算机随机匹配舞伴,舞会后要求对对方做出评价。从评价结果来看,影响这些大学生是否再次相会的主要是“外表”因素,即第一印象的好坏,而不是预先进行的能力-个性量表测量的结果,这就是“舞会效应”。

除外貌外,对个体认知影响最大的是人的人格魅力。人格魅力就是人格的感召力、吸引力和影响力,是人的心理特征及特有的素质、能力和道德品质体现在社会生活中而产生的威望、信誉和力量。人格能够反映出一个人的思想觉悟、道德情操、工作能力所达到的水准,同时又能够以感性的形式作用于外部世界,影响周围的人和环境。从某种高尚的人格中,人们能够感受到其素质条件所显示出的影响力,体验出无数难以用语言表达的哲理,也能激发出潜藏于内心深层的真挚情感。苏联社会心理学家包达列夫曾做了一个实验,他让甲、乙两组大学生观看同一个额头高耸、眼睛深陷的人的照片。在观看照片之前,对甲组被试说明此人是个屡教不改的罪犯,对乙组被试则称此人是位著名的学者,然后让两组被试分别根据此人的相貌说明其性格特征。结果显示,甲组被试说,此人深陷的目光隐藏着险恶,高耸的额头表明死不改悔的决心;乙组被试则说,此人深沉的目光表明思想的深刻性,高耸的额头则表明在科学道路上无坚不摧的坚强意志。可见,我们往往将“积极”的词语赋予那些有人格魅力的人,而将“消极”的词语附着于没有人格魅力的人身上。

2. 知名度

知名度表示一个组织或个体被公众知道、了解的程度,以及社会影响的广度和深度,是评价名气大小的客观尺度。对于知名度较高的个体,人们通过某种社会传播媒介或周围其他人传递的有关信息,已经有了一定的知觉。这种知觉的形成虽然借助的是间接信息,具有较大的暗示成分,但当个体真正接触到该知名人士时,他会先入为主地将其看成是有吸引力的人。一般说来,知名度高、社会评价积极的人,对知觉者的心理有着特殊的影响。

3. 自我表演

戈夫曼在《日常生活中的自我表演》这一报告中讨论了在普通工作背景下个人将他自己和他的行为表现给别人的方式、维护和控制他人对自己形成的印象的方式,以及当他维持在他人面前的表演时他所必须做和不必做的事情。简单地说,就是一个人在他人面前的所作所为都不是天生的、自然的,而是带着有意识的掌控,呈现出希望别人看到的样子。我们日常所看到的知觉对象,都具有一定的"表演"(一个人在特定的观察者面前所进行的一段连续的表现中所发生的所有行动),这种"表演"势必会影响到知觉者对自己的判断。这种表演实际上是一种印象管理策略,第三节中我们将详细分析。

(三)知觉情境因素

1. 空间距离

人与人之间需要保持一定的空间距离,这是人一生下来就有的一种天然的感觉和需要。空间距离显示交往双方的接近程度。美国心理学家霍尔认为,人与人之间的空间距离有四种:

一是亲密距离。这种距离是人际交往中最小的间距。处于0—15 厘米之间,彼此可以肌肤相触、耳鬓厮磨,属于亲密接触的关系。这是做出爱抚、亲吻、拥抱、保护等动作所必需的距离,常出现在爱人、亲友之间。如果用不自然的方式或强行进入他人的亲密距离,则可被认为是对他人的侵犯。处于15—45 厘米之间,是身体不相接触,但可以用手相互触摸到的距离,如挽臂执手、促膝倾谈等,多半用于兄弟姐妹、亲密朋友之间,是个人身体可以支配的势力圈。而势力圈以眼前为最大,也就是一个人对前方始终保持强烈的势力圈意识,而对自身的两侧和背后的关心次之。据这一原理,飞机上、长途汽车上和影剧院都采取长排向前的座位,尽量避免对面的座位,使每个人都拥有一个平均的前方势力圈。

二是个人距离。这种距离较少发生直接身体接触。处于45—75 厘米之间,适用于较为熟悉的人们之间,可以亲切地握手、交谈;向他人挑衅也在这个距离中进行。处于75—120厘米之间,是双方手腕伸直、可以互触手指的距离,也是个人身体可以支配的势力圈。

三是社交距离。这种距离已经超出亲密或熟悉的人际关系的距离。处于120—210 厘米之间,一般出现在工作场合和公共场所。在现代文明社会,一切复杂的事务几乎都在这个距离里进行。如机关里的领导干部为秘书或下属布置任务,接待因公来访的客人或进行比较深入的个人洽谈时大多采用这个距离。处于210—360 厘米之间,表现为更加正式的交往关系,是会晤、谈判或公事上所采用的距离,首长接见外宾或内宾、大公司的总经理与下属谈话时,由于身份的关系需要,上级要与部下之间保持一定的距离。

四是公众距离。这种距离人际沟通大大减小，很难进行直接交谈。处于360—750厘米之间，是产生势力圈意识的最大距离。如教室中的教师与学生的距离，小型演讲会的演讲人与听众的距离。所以在讲课和演讲时用手势、动作、表情以及使用图表、字幕、幻灯等辅助教具都是为了"拉近距离"，以加强人际传播的效果。750厘米以上的距离，在现代社会中，则是在大会堂发言、演讲、表演戏剧、放映电影时与观众保持的距离。

2. 背景参考

在认知活动中，对象所处的场合背景也常常成为判断的参考系统。巴克指出，对象周围的"环境"常常会引起我们对其一定行为的联想，从而影响我们的知觉。人们往往认为，出现于特定环境背景下的人必定是从事某种活动的，其个性特征也可以通过环境加以判断。例如在购买物品时，大家都遵守秩序、排队等待，并认为这是任何个体都必须做到的文明行为，此时若有人插队抢先，人们就会批评、指责他，认为其行为不道德。

四、社会知觉偏差

由于社会知觉受知觉者的主观因素、知觉对象的复杂性以及知觉情境等因素的影响，人们在知觉他人或自己时会不可避免地产生偏差(Bias)。从社会心理学的角度来看，这些偏差往往是由于某些特殊的社会心理规律的影响，而产生的对人这种社会刺激物的特殊反应。但需要说明的是，偏差往往是人们简化信息加工程序的结果，它并不一定是不好的，它有时可以加快信息加工的速度，并有效地保护个人的自尊。常见的社会知觉偏差主要有以下几种。

(一)首因效应与近因效应

1. 首因效应

首因即首次或最初的印象，也就是我们生活中所说的第一印象(First Impression)，是指两个素不相识的人初次见面时所形成的印象，主要是根据对方的仪表、风度、表情、姿态、言谈、举止、年龄、身材、相貌、服饰、打扮等印象而形成的。一般说来，最初获得的信息比后来获得的信息对印象的形成影响更大。这种最初获得的信息对印象形成具有强烈影响的现象，被称为首因效应(Primary Effect)。这是因为，第一印象一旦建立起来，就将对后来获得的信息的组织和理解有着强烈的定向作用。由于人们保持认知平衡与情感平衡的心理作用，后来获得的信息的意义必须与已有的观念保持一致。人们对后来获得的信息的解释常常是根据第一印象来完成的，第一印象起着先入为主的作用。

社会心理学家阿希最早就首因效应对社会认知的影响进行了研究。他以大学生为被试，以七种描述个人人格特征的词为刺激物，研究了有关人格印象的形成过程。第一组被试的表上写着"聪明、灵巧、勤奋、热情、果断、实际、谨慎"，第二组被试的表上除将"热情"换为"冷淡"外，其他均与第一组被试的相同。然后让被试评价该人。结果发现，第一组被试多数认为此人慷慨、幸福、人道，而第二组的评价几乎相反。据此阿希认为，印象的形成是所有人格要素综合作用的结果，而人格要素中的中心词(热情/冷淡)决定第一印象。

心理学家卢钦斯对阿希的观点提出了批评。他认为，决定人们对他人认知的关键因素与其说是“中心词”,不如说是人们的知觉顺序。他用两段文字材料分别描述一个名叫吉姆的学生的生活片段。一段将吉姆描述成一个友好、外向、乐于交往、快乐的人:“吉姆去买文具,与两个朋友一起边走边晒太阳。他走进一家文具店时,店里挤满了人,他一面等待店员招呼,一面与一个熟人谈话。出商店时,他又停下来与遇到的同学聊天。离开商店时,他遇到了头天晚上结识的女孩。吉姆与她说了会儿话才去学校。”另一段材料将吉姆描述成一个呆板、害羞和内向的人:“吉姆放学后,独自一人离校,在阳光明媚的马路上,他走在背阴的一边。路上他见到了头天晚上结识的女孩,穿过了马路进了一家糖果店。店里学生很多,有几个人他认识。他静静地等到店员看到他,卖给他东西。他坐在桌旁喝完饮料就回家了。”卢钦斯将这两段材料以不同的顺序呈现给被试,然后让被试分别说出对吉姆的印象。单独将第一段材料呈现给被试时,95% 的人将吉姆看成是一个友好、外向的人,只有 3% 的人将其看成是内向的人;单独将第二段材料呈现给被试时,则只有 3% 的人将吉姆看成是一个友好、外向的人,而 86% 的人将其看成是沉默、内向的人。当将两段材料组合呈现时,其结果(见表 3-1)表明,先阅读的那段材料对被试形成的关于吉姆性格印象的评价起着决定作用。

表 3-1　材料呈现的首因效应

材料呈现顺序	被试的评价(%)	
	外向	内向
单独外向	95	3
单独内向	3	86
先外后内	78	11
先内后外	18	63

心理学家对首因效应的产生的一种解释是,最初获得的信息所产生的第一印象在总印象形成过程中起更大的作用,是因为在最初接触陌生人时,人们投入的注意力完全而充分,因而此时的印象更鲜明、强烈。对后继的信息,人们的注意力会游离,信息的影响作用减弱。心理学家通过实验发现,当实验者提醒被试注意新接触的人的各个方面因素,不要将注意力只高度集中于最初信息时,首因效应就消失了。这提醒人们,在获得最初信息时,不要形成不成熟的印象,或者在每次获得新信息时,都重新考虑已经形成的印象,可以有效防止首因效应导致的印象偏差。

专栏 3-1

如何为自己赢得工作

有这样一个非常有趣的故事。一个新闻系的毕业生正急于寻找工作。一天,他到某报社对总编说:“你们需要一个编辑吗?”

“不需要!”

“那么记者呢?”

“不需要!”

“那么排字工人、校对呢?”

“不,我们现在什么空缺也没有了。”

“那么,你们一定需要这个东西。”说着他从公文包中拿出一块精致的小牌子,上面写着“额满,暂不雇用”。

总编看了看牌子,微笑着点了点头,说:“如果你愿意,可以到我们广告部工作。”

这个大学生通过自己制作的牌子表达了自己的机智和乐观,给总编留下了美好的“第一印象”,引起其极大的兴趣,从而为自己赢得了一份满意的工作。

资料来源:佐斌. 社会心理学[M]. 北京:高等教育出版社,2009:102。

2. 近因效应

近因效应(Recency Effect)是指在总体印象形成过程中,新近获得的信息比原来获得的信息影响更大的现象。研究发现,近因效应一般不如首因效应明显和普遍。在印象形成过程中,当不断有足够引起注意的新信息呈现出来,或者原来的印象随着时间的推移已经淡忘时,新近获得的信息的作用就会较大,近因效应就会产生。

卢钦斯用另一种方式重复了上述关于首因效应的实验。他让被试在阅读两段描述吉姆生活片段的材料之间间隔一定的时间,即先阅读一段材料后,让被试做数学题或听历史故事,然后再阅读第二段材料。结果发现,这时对被试形成的关于吉姆性格印象的评价起决定作用的已不是先阅读的那段材料,而是后阅读的那段材料。在安德森等人所做的与阿希类似的研究中,他们告知被试要对所列出的形容词表进行测试,结果发现,越是新近出现的特质,对最后印象的形成越重要。

在社会知觉中既存在首因效应,又存在近因效应,在某种情况下究竟哪种效应起作用呢?卢钦斯认为:在关于某个体的两种信息连续被人们感知时,人们总倾向于相信前一种信息,并对其印象较深,即此时起作用的是首因效应;而在关于某个体的两种信息断续被人们感知时,起作用的则是近因效应。也有人指出,知觉者在与陌生人交往时,首因效应对印象形成起着较大的影响作用,而知觉者与熟悉的人交往时,近因效应则对印象形成起着更大的影响作用。怀斯纳通过实验发现,首因效应和近因效应究竟何者起作用,取决于知觉者的价值选择和价值评价。他使用了两套刺激语做实验,一套是前述阿希实验的七种人格修饰语,另一套是测验被试选择能力和比较能力的测验表。他先让被试对两套刺激语进行评价,然后计算被试对人物人格修饰语的评价值和每对测验表中各项内容的评价值之间的关系。结果发现,被试对人物性格特点的评价取决于测验表中各项内容的评价,即被试究竟喜欢哪一种人格特点取决于他们的价值观念。

(二)晕轮效应

晕轮效应(Halo Effect)又称光环效应,是指知觉者对一个人的某些品质、特征形成了清晰鲜明的印象后,此印象掩盖了其余的品质、特征的知觉偏差。这是以偏概全、“一俊遮百丑”、“一好百好,一坏百坏”的主观倾向。个体在对他人知觉时,往往先将人分为好和坏两种,然后从这个判断推论其他品质。如果认为某人是“好”的,他就被一种积极的光环所笼罩,从而被赋予一切好的品质;如果认为某人是“坏”的,他就被一种消极的光环所笼罩,从而被认为所有的品质都很坏。这种强烈知觉的品质或特点,就像月亮形成的光环一样,向周围弥漫、扩散,从而掩盖了其他品质或特点,所以就被形象地称为光环效应。

较早对晕轮效应进行实验研究的是著名社会心理学家凯利。被试是美国麻省理工学院一个经济学班级的全体学生。上课前凯利通知学生,经济学教授因故不能来上课,现暂请一位既好学又有教学经验和判断能力的研究生代课。接着他发给每名学生一份书面材料,向他们介绍关于该研究生的情况。材料分为两种,一种材料上写着:“某某是本校经济学研究所研究生,今年 26 岁,曾有一年半的教学经验,服过兵役,已婚,熟悉他的人都说他是一个热情、勤奋、讲究实际而又果断的人。”另一种材料上除了“热情”一词换成“冷漠”之外,其他的文字介绍完全相同。凯利让这位代课教师在得到不同材料的两个组分别主持一次 20 分钟的课堂讨论,然后让学生陈述对该研究生的印象。通过实验发现,两个组的学生对代课教师的印象大相径庭:一组认为老师有同情心、体贴人、有社会能力、富有幽默感等;另一组则认为老师严厉、专断。这表明,两个组的学生对老师的印象都含有自己的推断成分,或由热情的特点推断出一系列优点,或由冷漠的特点推断出一系列缺点。另外,两个组的学生对老师的印象进一步影响到他们的发言行为:印象好的那组积极发言者达 56%,而印象不好的那组积极发言的只有 32%。凯利的实验证明,在印象形成过程中有明显的个人主观推断作用,它具有泛化、扩张和定式作用,即晕轮效应。

戴恩等人通过实验也证明了晕轮效应的存在。他们让被试分别看有吸引力者、无吸引力者和吸引力一般者的照片,然后要求被试对照片上这些人的某些特征进行评定,要评定的这些特点与有无吸引力并没有关系。结果发现,有吸引力的人得到了很高的评价,被试对体态标致、容貌美丽者,不仅赋予和蔼、沉着等积极的性格特征,而且认为他(她)们将能得到称心的职业,能建成幸福的家庭,等等;而没有吸引力的人则得到了较低的评价(见表 3-2)。

表 3-2　印象评价的晕轮效应

特征评定	有吸引力者	吸引力一般者	无吸引力者
人格的社会合意性	65.39	62.42	56.31
职业地位	2.25	2.02	1.70
婚姻美满状况	1.70	0.71	0.37
做父母的能力	3.54	4.55	3.91
社会与职业幸福程度	6.37	6.34	5.28
总体幸福程度	11.60	11.60	8.83
婚姻的可能性	2.17	1.82	1.52

注:表中数字越大,表示所评定的特征越积极

（三）刻板印象

刻板印象（Stereotype）指由于受到社会的影响而对某一类人持有的稳定不变的看法，在头脑中形成的关于某一类人的固定印象。知觉者总是习惯于按照一定的标准将他人进行归类，将其归属于一些预设好的群体类别中。在认知具体个体时，一旦发现对方所属的群体类别，就会将群体的特性加在其身上。例如：老年人是保守的，年轻人是爱冲动的；北方人是豪爽的，南方人是善于经商的；等等。刻板印象的形成原因一般有三类：一是由认知主体的不同类型造成，每种类型的人都有特定的人格结构和社会观念，认知主体在与其接触的过程中将这些人格特点和观念加以概括化、固定化；二是通过间接的信息形成，即通过他人的介绍、大众传播媒介的描述而获得；三是由于历史的原因，不同国家、民族、职业、年龄、性别的群体成员之间存在固有看法。

对于刻板印象的研究，主要有心理动力学（Psychodynamic）、社会文化（Socio-cultural）和社会认知（Socio-cognitive）三种基本理论取向。心理动力学认为，刻板印象源于知觉者的动机，通过启用心理防御机制，人们会将自我或内群体某成员消极的属性知觉为外群体的特征，并以不友好的术语标定外群体，从而认为内群体成员比其他群体“更好”。社会文化理论认为，刻板印象是社会情境与文化传承的产物，强调刻板印象的形成和维系过程中社会（包括家庭、传媒和文化传统）的影响作用。人们通过社会学习获得社会环境中所流行的群体的观念与态度，反过来这些观念系统又会得到社会的强化，其焦点在于刻板印象与偏见是如何通过社会化经验、伙伴群体的影响以及媒介的渲染得以保持的。社会认知理论将刻板印象看作一种可以引导信息加工的观念系统或认知结构，强调信息加工系统的机能，及该系统如何影响群体与群体成员的知觉，也强调从外界刺激中提取的信息与人际行为知觉的最终形式之间存在着信息加工的中介机制。

刻板印象会对人们的社会知觉产生积极与消极两方面的影响作用。作为认知系统的重要组成部分，刻板印象具有简化认知过程、减轻认知负担、节约认知资源、提高认知效率等功能，可以帮助人们适应复杂的环境。人们通过刻板印象能迅速地获得关于特定对象的概念，并由此建立自身与对象的明确关系，使关于特定对象的行为有明确的轨道。但刻板印象一旦形成，就具有较高的稳定性，很难随着现实的变化而发生变化，从而使人们形成认知惰性，阻碍人们看到新的现实和接受新的观点。而且刻板印象通常是由个体推知群体并将群体视为一个整体的结果，具有过分概括化、过度简化或夸大群体特点的特质，且忽略了群体成员的差异性，因此在通常情况下，刻板印象与实际情况存在偏差。在信息不充分的情况下，人们利用已经形成的图式对知觉对象进行类推，容易造成“先入为主”、“以偏概全”的成见。刻板印象的过分概括化作用、夸大群体间的差异性和凝固性等特点导致的种种社会认知偏差，是偏见和歧视存在的认知基础。

（四）积极性偏差

积极性偏差（Positivity Bias），也称“宽大效应”（Leniency Effect），是指个体在评价他人时，往往更多地对他人做出积极的、肯定的评价，即评价他人时总有一种特别宽大的倾向。对他人做出积极的评价会使被评价者和评价者都感到愉快，因此人们宁愿积极地评价他人。在缺乏其他信息资料的情况下，认知者一般会对人做出宽大的估计。宽大效应的产生是因为人们在社会生活中遵循“波利安娜原则”（Pollyanna Principle）。[①] 愉快的事情总比不愉快的事情更平常，由于人们在生活中所遇见的事情大多是好的（如好事、愉快的经验、好人、好天气等），即使他们偶尔遇见一些不好的事情（如生病、同事对他不好、天气很阴沉等），他们仍然可以较好地评价周围的环境，在大多数时间里对大多数事件做出“高于平均水平”的评价。

有一种观点认为，“宽大效应”只在对人认知时产生，而对物认知时则不一定产生。西尔斯提出对人的积极性偏见（Person-positivity Bias）的概念。人们觉得他们所评价的人都与他们相似，人对人具有同情心，可以认同，从而能做出更宽大的评价，而对物则不会出现这种情况。西尔斯让学生对自己所选的课程和任课教师做出评价，对课程的评价主要针对教材、考试等非人格方面，对教师的评价主要针对教师本身的人格方面。结果发现96%的教师得到了学生积极肯定的评价，相反只有19%的课程得到了学生积极肯定的评价。

（五）证实偏差

证实偏差（Cognitive Confirmatory Bias）是指当人们确立了某一观念或期望时，在对信息加工的过程中，人们有一种寻找支持该观念的证据的倾向，即人们的既有观念或期望会影响他的社会知觉和行为。他们总是有选择地去解释并记忆某些能够证实自己既存的信念或图式的信息，此为认知证实偏差。例如当我们认为某个人健谈时，以后就会对该人所表现出的与健谈有关的品质（如热情、好交际等）注意得更多，并容易回忆起来，而对该人所表现出的与健谈无关的品质（如自私、多愁善感等）则不怎么注意。同样，人们根据社会刻板印象去评价个体也是要证实个体与其头脑中既存的图式是相吻合的。证实偏差导致个体过分相信自己判断的准确性，评价一旦形成便不轻易改变，这种偏差在错觉相关效应（Illusory Correlation Effect）中最明显。如果两种因素相互联系，人们就更容易注意并记住它们相互联系的信息，这种期望歪曲了人的知觉和记忆，使人将两种因素之间的联系知觉得比实际更强烈。

人们对某人的社会行为总有一定的图式，这种既有的图式会使该人在与人交往时做出符合图式的行为，也就是说其行为表现符合他人对其行为的期望，这就是行为证实偏差（Behavioral Confirmatory Bias），它实质上就是“自我实现的预言”（Self-fulfilling Prophecy）。自我实现的预言得到了罗森塔尔发现的期望效应的佐证。罗森塔尔的“权威性谎言”发生了作用，因为这个谎言对教师产生了暗示，左右了教师对名单上的学生能力的评价，而教师又将自己的这一心理活动通过情绪、语言和行为传染给了学生，使学生强烈地感受到来自教师的热爱和期望，变得更加自尊、自信和自强，从而各方面得到了异乎寻常的进步。在这里，教师对这部分学生的期待是真诚的、发自内心的，因为教师受到了权威者的影响，坚信这部分学

① 波利安娜是埃莉诺·波特所写的小说中的人物，是一个过分乐观，并总以主观善良的愿望看待一切事物的人。作为一项原则，它是由马特林等提出的。

生就是最有发展潜力的。也正因如此,教师的一言一行都难以隐藏对这些学生的信任与期待,而这种“真诚的期待”是学生能够感受到的。

斯奈德等人也做过验证实验,他们让一些男性被试在电话中与他们不认识的女人交谈,并事先告知一些被试,与他们谈话的女人相貌很漂亮,而告诉另一些被试,与他们谈话的女人相貌不好。研究者分析了被试对电话中女人谈话的评论,发现在被试看来,那些被告知很漂亮的女人的谈话比那些被告知不漂亮的女人的谈话热情得多、可爱得多。[①] 原因在于,男性被试与“漂亮”女性谈话时更热情也更可爱,对方便做出了相应的反应。其实,与他们谈话的女性未必真的漂亮,但男性被试关于漂亮女性行为的图式引导了她们做出与之相吻合的行为。

(六)后视偏差

后视偏差(Hindsight Bias)是指个体在面临有关不确定性事件的新信息时,往往对先前获得的信息有过高的估价,进而在决策上发生偏差。在社会知觉中,人们大多是“事后诸葛亮”,事情发生后总觉得自己事先的判断很准确,而实际并非如此。比如人们以前对某个人的评价并非很贴切,而当这个人做出某种行为之后,人们就会说:“看,我以前就认为他是这样的人。”对事物的判断也是如此,如果让一些人预测一场足球比赛谁将获胜,大家猜测 A 队获胜的概率很高,结果 B 队胜了,事后让大家回忆自己当初估计哪个队获胜,很多人认为自己当初就预测 B 队能胜。事件发生前后人们的判断不一致。

后视偏差并非人们有意让别人知道其评价比较恰当,即便不当着他人的面,让个人在独处的情况下说出自己原先的知觉,这种现象也会发生。它是一种真正的记忆歪曲,说明个人在社会知觉中不由自主地倾向于认为自己的判断是正确的。

(七)虚假一致偏差

虚假一致偏差(False Consensus Bias)又叫虚假同感偏差,指的是人们常常高估或夸大自己的信念、判断及行为的普遍性,它是人们坚信自己的信念、判断的正确性的一种方式。当遇到与此相冲突的信息时,这种偏差会使人坚持自己的社会知觉。人们总是无意间夸大自己意见的普遍性,甚至把自身的特性也赋予他人身上,假定自己与他人是相同的。自己对某事有疑心,就认为社会上的人对此都有疑心;自己好交际也认为别人喜欢交际。这种虚假一致偏差使个体通过坚信自己信念和判断的正确性,获得了自尊和自豪感,但同时也给其带来了决策和选择的错误。

1977 年,斯坦福大学的社会心理学教授罗斯等人进行了简单而有效的两项实证研究,证明了虚假一致偏差是怎样影响人们的知觉和决策的。

在第一项研究中,被试被要求阅读关于一起冲突的资料,并得知有两种对此冲突做出回应的方式。被试需要做以下三件事情:

---

① M. Snyder, E. D. Tanke, E. Berscheid: *Self perception and interpersonal behavior: On the self-fulfilling nature of social stereotypes. Journal of Personality and Social Psychology*, 1977, 35(9), pp:656-666.

(1)猜测其他人会选择哪种方式;

(2)说出自己的选择是什么;

(3)分别描述选择这两种回应方式的人的特征属性。

实验结果显示,无论被试选择了两种回应方式中的哪一种,更多的人都认为别人会做出和自己同样的选择。这就证明了罗斯和同事们的假设:我们每个人都觉得别人和自己想的一样,可是实际上并非如此。这就是普遍存在于人们思维中的虚假一致偏差。当被试描述和自己持不同意见者的特征属性时,罗斯又发现了另一个有趣的现象:和与自己有相同选择的人相比,人们对于和自己有不同选择的人的人格做出了更为极端的预测。也就是说,人们认为与自己的意见和观点不一致的人有点不正常!这其实也是一种偏见和偏差。

在第二项研究中,罗斯和他的同事们放弃了假想的情境与纸笔的测试,而选择用巨大的挂在身上的广告牌做实验研究。这次的被试是一批新来的大学生。实验者问他们是否愿意挂上写着"来 Joes 饭店吃饭"的广告牌在校园里闲逛 30 分钟。实验之前,不告诉被试这家饭店饭菜质量如何,以及他们看上去有多傻,只是告知他们可以从中学到"一些有用的东西",以此作为这样做的唯一动机。不过如果被试不愿意的话,他们完全可以拒绝这样做。这项研究的结果证实了第一项研究的发现。在那些同意挂广告牌的人中,62% 认为其他人也会同意这么做。在那些拒绝这么做的人中,只有 33% 的人认为别人会同意挂广告牌。和上次一样,人们对于持不同意见者的人格同样做出了十分极端的预测。那些同意挂广告牌的人可能会说:"那些拒绝的人是怎么回事?这有什么不好?假正经!"而那些拒绝挂广告牌的人会说:"那些同意挂广告牌的人真是古怪至极。"

显然,他们的估计以及对别人人格的判断都不是正确的。这种偏差存在于许多人身上,正是由于人们认为有很多人的信念、价值观与行为同自己的一致,所以人们才坚信自己的判断及行为的正确性。吸烟的女性普遍认为她身边的很多女性也同她一样吸烟。我们通常都会相信,我们的爱好与大多数人是一样的。如果我们喜欢玩电脑游戏,那么我们就有可能高估喜欢电脑游戏的人数。我们也通常会高估给自己喜欢的同学投票的人数,高估自己在群体中的威信与领导能力,等等。我们这种高估与我们的行为及态度有相同特点的人数的倾向性就是虚假一致偏差。有些因素会影响我们的这种虚假一致偏差的强度:当外部的归因强于内部的归因时;当前的行为或事件对某人非常重要时;当我们对自己的观点非常确定或坚信时;当我们的地位或正常生活和学习受到某种威胁时;当涉及某种积极的品质或个性时;当我们将其他人看成与自己相似时。

(八)自我中心偏差

自我中心偏差(Egocentric Bias)是人类认知的一种默认选择,是指人们常常夸大自己在某种事物中的作用的倾向。夫妻两个人各自都认为自己在家务中做的事情更多,大学集体宿舍中的同学都认为某次宿舍获得"文明卫生奖"的大部分功劳应归于自己,篮球队员总认为自己在比赛中的地位很重要,等等,这些都是自我中心偏差。有时人们通过言语或行为表达出这种偏差,而有时虽不公开表露,心里却认为自己在合作中的地位更重要,因此对本来公平的分配很不满意,认为没有"按劳分酬"。汤普森和凯利研究发现,夫妻双方中的每一方都总认为自己在一些活动中承担的责任大于1/2，包括当两人独处时谁会主动与对方聊天以消除寂寞、解决冲突，及谁对对方的需要更有敏感性等。①

第二节 印象形成

一、印象形成的概念

（一）印象形成的定义

印象（Impression）是指在个体头脑中的认知客体的形象。我们最初遇到某个人的时候，往往根据自己的主观理解而形成对别人的评价。印象综合了人们关于对象各个方面认识的结果，反映了对象的总体特征。印象是我们理解别人和采取下一步行动的背景，它直接影响我们和别人之间的进一步交往和相互关系。如果初次见面，第一印象较好，我们就可能会积极主动地与这个人进行更深入的交往；如果第一印象不好，则很有可能就此打住，和这个人保持一定的距离。

在日常生活中，我们每个人都会以自己的迅速而有效的方式去形成对他人统一而完整的印象，并为以后的接触提供参考依据。这种个体首次接触新的社会情境时，将情境中的人或事按照个体以往的经验进行归类，明确其对个体的意义以使个体的行为获得明确定向的过程，就是印象形成（Impression Formation）。印象形成是人们适应新的社会情境的一种方式。每一个人都具有使自己的行为获得明确定向的需要，都需要明确周围个体，尤其是人对于自己的意义，从而使自己能够知道对一定的客体或人应当做出怎样的反应。当一个陌生人向我们走来的时候，我们只有明确知道他是想问路、乞讨还是抢劫，才能判断究竟怎样反应才是恰当的。而想明确对方的意图，必须先将对方归入某一类别，形成关于对方的一定概念——印象。

个体对他人的印象形成往往建立在有限的信息资料的基础上。人们通常根据少量信息猜测他人的智力、年龄、经历、种族、宗教、文化水平、诚实度等，并据此产生对他人的知觉，表现出喜欢或不喜欢的态度。心理学家通过大量实验发现，在印象形成的过程中，人们一般会注意以下三个方面的信息。

1. 自然特征的信息

自然特征方面的信息主要包括性别、种族、外貌特征等。在遇到陌生人时，我们首先按照人们的自然特质对其进行归类。例如，当有人敲门要水喝时，如果敲门的是位女性，我们一般就会联想到善良、攻击性较小、力量单薄等女性特征，即使是晚上，我们也会认为她不构成威胁，从而会让她进屋喝水。如果敲门者是位身强力壮的男性，我们就受另外一套与男性特征相联系的观念的警告，从而保持警戒，拒绝让他进屋喝水。

---

① S. C. Thompson, H. H. Kelley: *Judgments of responsibility for activities in close relationships*. *Journal of Personality and Social Psychology*, 1981, 41(3), pp:469-477.

2. 社会特征的信息

社会特征的信息主要包括职业、社会角色、家庭出身、教育背景、社会地位等。人们通常喜欢按照个体所属的群体和社会角色对其进行归类。日常生活经验告诉我们，生活在同一地区或者从事同一行业的人具有某些共同特质，因此，在与别人接触时，一旦知道对方的职业，我们就会借助于认知结构中已经形成的有关该职业的信息来评价他的其他相应特征，从而形成对他的印象。例如，当知道对方是一名护士时，我们就可能认为她比较细心、体贴人、讲卫生等。

3. 心理特征的信息

心理特征的信息主要包括智力特征、人格特征及人际关系特征等。在印象形成过程中，人们主要依据具有社会评价意义的人际关系特征、智力特征等对个体进行归类，并据此对自己的行为明确定向。心理学家罗森伯格等人的研究也证实，人们是根据人际关系特征和智力特征来评价他人的。他把最常用来评价他人的特征列于表 3－3 中。

表 3－3　印象形成中用来评价他人的特征

评价	人际关系特征	智力特征
积极的评价	助人的 真诚的 宽容的 平易近人的 幽默的	科学的 果断的 灵巧的 聪慧的 不懈的
消极的评价	不幸的 自负的 易怒的 令人厌烦的 不合群的	愚蠢的 轻浮的 犹豫的 不可靠的 笨拙的

（二）印象形成的特点

社会印象是在社会知觉的基础上形成的，其本质是对人的面貌和特点的概括反应，因此它比社会知觉更接近于人的内在属性。一般认为印象形成具有以下特点。

1. 具有间接性

印象形成不像社会知觉那样直观、始终离不开对知觉对象的直接反应，而是具有间接性。一方面，印象以社会知觉为对象，对知觉材料进行加工和制作；另一方面，印象又是在知觉对象、认知客体不在眼前的情况下浮现出来的客体的形象，它是间接的心理成像过程。印象本身是一种抽象，是观念的组合。

2. 具有综合性

印象的形成是对社会知觉结果的一种综合,它不像知觉那样单一,而是在综合了各种社会知觉的基础上产生的整体印象。在印象形成过程中,有两个心理过程参加了活动:一是联想。印象形成是以联想为契机的心理改造过程。联想是在记忆的基础上,把识记的对象和其他对象联系起来的过程,它是在观念中建立事物之间的联系的。因此,记忆与联想一起成为印象形成的心理机制。有了记忆,知觉心理才能储存在大脑的信息库中;有了联想,才能在记忆中把各种知觉信息联系起来。二是想象。想象印象的形成是以想象为中介的知觉改造过程。想象不像联想那样,主要通过唤起过去的经验来建立联系,而是在已有的经验基础上,对知觉材料进行重组和改造,形成符合主体需要的形象。

3. 具有固执性

印象一旦形成,就不容易改变,不容易被理性说服,它具有一定的固执性。从前面关于社会知觉偏差的分析中可以看到,正是由于这种固执性形成了社会认知过程中常见的知觉偏差——刻板印象。刻板印象渗透在所有社会印象中,是一种普遍的心理现象,只是表现形式不同、严重程度不同,印象形成的固执性是刻板印象起作用的结果。

二、印象形成的一般规则

(一)一致性

个体在印象形成中所获得的信息,一般是认知对象的各种具体特征,但个体最终形成的印象并总不停留在这些具体特征上面,个体会按照保持逻辑一致性和情感一致性的原则把各种具体信息综合后,形成一个整体印象。无论什么人,都不能接受各种感受的相互冲突或杂乱无章,他们必须使自己获得的信息和由其引起的情感最终汇集于一个一致的观念上。一个人不会被看成既是好的又是坏的,既是诚实的又是虚伪的,既是热情的又是冷酷的。

当然,对他人的认知并不总是能达成一致性的印象。也有这样的时候,关于某人各方面的信息资料十分矛盾,使得大多数人无法按照一致性的原则加以把握。然而,人们不会放弃一致性原则,依然有着把他人各种特征协调组织起来的强烈愿望。当关于某个人的信息资料自相矛盾时,人们会极力消除或减少这种冲突,把对方看成是多种特性一致的人。

(二)评价的中心性

奥斯古德等人运用语义分析法,以纸笔形式进行实验,要求被试在若干个七等级的语义量表上对某一人物、事物或概念(如汽车、邻居)进行评价,以了解该事物或概念在各被评维度上的意义和强度。等级序列的两个端点通常是意义相反的形容词,如诚实与不诚实、强与弱、重要与不重要等。同时,他们提出了印象评价中的语义空间(Semantic Space)的三个主要维度:评价(Evaluation),泛指对某种事物的价值予以评定的历程,如好 – 坏、高雅 – 低俗;力量(Potency),指将来有机会学习或接受训练时可能达到的程度,如强 – 弱、坚硬 – 柔软;行动(Activity),指个体对于各种活动的参与性,如积极 – 消极、活泼 – 呆板。也就是说,人们基本上是从评价、力量、行动三个维度来描述对一个人的印象的。同时,他们还指出,在印象形成中评价维度是最主要的,它能够影响有关力量和行动特性的描述。一旦人们判断出一个人是好还是坏,对此人的印象也就基本上确定了。

(三)中心品质的作用

构成印象的各种信息资料在实际印象形成过程中所占的比重是不一样的,有些信息资料的比重大于其他信息资料,会对整个印象形成有较大的影响。这个具有重大影响力的特性被阿希称为中心品质。中心品质是指在总体印象形成过程中,人们往往忽略一些次要的、对个体意义不大的特性,仅仅依据几个重要的、对个体意义大的特性来形成总体印象。研究表明,真诚、热情等是积极的中心品质,虚伪、冷酷等是消极的中心品质。一般来说,中心品质是大多数人在日常生活中印象形成的主要形式。

三、印象形成的过程

对于印象形成的过程,安德森等人从20世纪60年代就开始了系统研究,并提出了几个信息加工处理模式。

(一)加法模式

加法模式是指人们形成总体印象时,参考的是各种品质的评价分值的总和。心理学家费希本认为,人们的总体印象形成,首先遵循加法模式。个体被肯定评价的特征越多,强度越大,给人的印象则越好;相反,个体被消极评价的特征越多,强度越大,留给人的印象就越差,也就越难以为他人所接纳。比如有甲、乙两个人,二者的特征见表3-4。

表3-4　印象形成的加法模式

甲		乙	
真诚	+3	理解	+3
热情	+3	自信	+1
聪慧	+2	—	—
多嘴	-3	—	—
合计	+5	合计	+4

按照加法模式,甲的总体印象分值高于乙,因此甲留给他人的印象好于乙。心理学家们所做的大量实验也证实,在日常生活中,许多人总体印象的形成都遵循加法模式。

(二)平均模式

安德森经过研究发现,有些人在总体印象形成过程中并不是简单地把他人的多种特征的评价分值累加起来,而是将各个特征的分值加以平均,然后根据平均值的高低来形成对他人的总体印象。在上述例子中,按照加法模式,甲的总体印象好于乙。但按照平均模式,甲的总体印象分值应为$5 \div 4 = 1.25$,而乙的总体印象分值应为$4 \div 2 = 2$。因此,乙的总体印象要优于甲。

（三）加权平均模式

安德森在分析前两个模式的基础上发现，许多人形成对他人的总体印象时，不仅考虑积极特征和消极特征的数量与强度，而且从逻辑上判断各种特征的重要性。因此，对他人的总体印象不是根据简单的平均结果形成的，而是根据重要性确定出各种特征的权重，然后将权重与每种特征的强度相乘，最后加以平均形成的。例如，尽管甲、乙两者的特征数目、性质及明显度都相同，但由于两者的特征在总体评价上的重要性不同，按照加权平均模式，两者最后给人的总体印象也不同，乙的总体印象分高于甲。其计算过程见表3-5。

表3-5　印象形成的加权平均模式

甲		乙	
特征	明显度×权重	特征	明显度×权重
活泼	+5×3=15	友好	+5×3=15
有魅力	+5×3=15	兴趣广泛	+5×3=15
吸毒	-3×5=-15	不整洁	-3×2=-6
累加结果	15	累加结果	24
加权平均值	15÷3=5	加权平均值	24÷3=8

加权平均模式认为，一个人的印象形成并非简单地按照加法模式或平均模式进行的，而是由这个人的特征的加权平均值决定的。需要加权的极端的重要品质主要有：

（1）先行信息。人们在形成印象时并不是同等地重视所有信息，而是重视那些首先发现的信息。那些首先被发现的信息，会影响人们对后来掌握的其他信息的处理方式。

（2）消极否定的信息。在一个人的印象形成过程中，积极肯定的品质与消极否定的品质所起的作用是不同的，有些极端的消极否定品质起着更大的影响作用，往往能左右人们对他的评价。不管一个人有多少良好的品质，只要有一种消极的极端品质，人们就会对他产生消极否定的印象。如当有人告诉我们大家所崇拜的某位专家有学术剽窃问题时，不管他以前多么优秀，我们对他的印象都会立马改变。

（3）信息源的权威性。如果信息是间接的，传递信息的人的威信也是影响印象形成的一个重要因素。一般说来，信息传递者的权威性是由他的权力、地位、知识、能力、品格、知名度等决定的。信息源的权威性越高，所提供的信息对印象形成的作用就越大。

第三节 印象管理

一、印象管理的概念

(一)印象管理的定义

印象管理(Impression Management),亦称印象整饰,也叫自我呈现(Self Presentation),是指个体试图通过管理和控制他人对自己形成的某种印象的过程。心理学家欧文·戈夫曼通过系统观察和分析发现,个体处在一定的社会情境中,并不是被动地对社会环境做出反应的。通常,人们总是倾向于以某种与当前的社会情境或人际背景相吻合的形象来展示自己,以确保他人对自己做出积极的评价。这种个体以一定的方式去影响他人对自己形成的某种印象,促使他人对自己形成的印象符合自我期待的过程就是印象管理。

印象管理与印象形成是不同的。印象形成对认知者来说是信息的输入,是形成对他人的印象;而印象管理是信息的输出,是控制他人对自己形成的某种印象。

(二)印象管理的种类

1. 根据印象管理行为使用的工具划分

根据印象管理行为使用的工具可以将印象管理划分为三类:言语型自我呈现行为、非言语型自我呈现行为和外在形象展示行为。言语型自我呈现行为主要包括自我表达、意见遵从、说明、道歉、称赞、关切、奉承、其他赞美行为等八种类型。在触犯别人后,立即说句"对不起"并给予亲切的慰问,不但能减轻别人的不适,更能建立你在别人心目中的良好形象。非言语型自我呈现行为主要包含面部表情、手势、身体姿势、语调和谈话时的空间距离等。例如直立的站姿、有力的动作和凝视一般会让人觉得这个人是位高权重者;经常面带微笑、笑容可亲者则被认为是善良、和蔼的人。外在形象展示行为主要包括穿着打扮、道具、装饰等。例如警察的制服肩章、警棍等会使人产生一种敬畏感。

2. 根据印象管理行为主体的意图划分

根据印象管理行为主体的意图可将印象管理分为有意图的印象管理和无意图的印象管理。有意图的印象管理主要指迎合、自我宣传、以身作则、恳求、胁迫等意图明确的印象整饰行为。如逢迎领导的意见,对领导提出的一切方案、决定都拍手叫好,与领导永远站在同一战线,抵制一切反对意见等行为,就是希望在领导心目中的形成忠心、值得信赖的形象。无意图的印象管理主要指日常生活中个人的习惯动作、无意识做出的反应。如坚持每天洗澡、换衣,养成良好的卫生习惯会给他人留下干净整洁的印象。

3. 根据印象管理的动机划分

根据印象管理的动机可将印象管理分为获得性印象管理和保护性印象管理。获得性印象管理是指试图使其他人对自己形成积极评价的努力行为,如迎合、以身作则、称赞、意见遵从、奉承、关切等行为,其目的是提高自己的认同感和形象。保护性印象管理是指尽可能弱化自身的不足或避免使别人形成消极评价的防御性措施，如说明、找借口、辩解、道歉等行为，其目的是保护已经在他人心目中建立起来的印象以及减少他人对自己形成的负面印象。

（三）印象管理的作用

首先，印象管理是调节人际关系的重要手段，是社会互动的一个根本方面。个体由于总期望给他人留下好的印象，所以就希望通过印象管理来维护与塑造自己良好的形象并影响别人对自己的评价。个体会自觉地约束与调节自己的言行、不断地进行自我反省与监控，加强人际互动，以保证交往的顺利进行。随着社会文明程度的不断提高，人们对自己与他人在言行举止上的要求也在不断提高，不懂得印象管理一般被认为是缺乏教养的表现。

其次，印象管理是个体适应社会生活的一种方式。在现实生活中，每个个体在不同的社会情境中承担着不同的角色，而社会则要求每个人在某种特定的情境中都能按自己所承担的角色行事，否则就会遇上这样或那样的社会压力，人们就会觉得困难重重。因此人们不可能不考虑自己的社会处境和角色，而随心所欲地干自己想干的任何事情。要想能够被社会、被周围的环境接纳，顺利实现自己的目标，就不得不暂时掩饰自己的本来面目，而按社会的期望行事，也就是说，人们必须进行印象管理。

二、印象管理的过程

印象管理的过程通常包括两个阶段，一是形成印象管理的动机，二是进行印象建构。赖瑞和科瓦尔斯基对印象管理的定义进行了深入的剖析，认为这些观点都包含了大量的印象管理的影响因素。为了对这些定义进行简化以得到有理论意义的因素，他们对此做了进一步的提炼。最终他们得出，这些不同的定义都包含了两个不同的成分：印象管理的动机和印象建构。

（一）印象管理的动机

印象管理的动机是指个体管理和控制自己在他人心目中的印象的意愿。个体印象管理的动机水平主要受以下三方面因素的影响：

1. 印象与个人目标的相关性。越是与个人目标密切相关的印象，个体进行印象管理的动机就越强烈。某学生为了在班干部评选中当选，就会在同学和老师面前极力地表现以求留下一个好的印象，这种行为与个体的目标关系密切。

2. 目标的价值。目标对于个体而言越有价值，其进行印象管理的动机就越强烈。例如，提职对某人来说是非常重要而有价值的目标，但上级和同事对自己的工作能力与工作方式的印象会直接影响自己的提职，那么个体就会非常在意是否使上级和同事形成了有关自己的工作能力与工作方式的好印象。

3. 期望印象与实际印象之间的差异。一个人期望留给他人的印象与他认为自己已经留给他人的印象之间的差异越大，个体印象管理的动机就越强烈。例如，人们都希望上级赏识自己的工作能力或下级认可自己的工作方式，但当某人认为上级已形成有关自己工作能力的不良印象，或者下级已形成有关自己工作方式的不良印象时，个体为了改变这种印象，进行印象管理的愿望就会更强烈。

印象管理动机的目标主要包括三个方面：获得所希望的社会或物质结果、保护或提升自尊、形成一个所希望的公众身份。

（二）印象建构

印象建构是指个体有意识地选择要传达的印象类型并决定如何去做的过程。印象建构又包含两个过程：一是选择要传达的印象类型；二是决定如何传达这一印象。

要传达的印象类型既包括个人的人格特征，也包括态度、兴趣、价值观或物理特征等。研究发现，影响到我们选择试图要传达的印象类型的因素主要有五个：一是自我概念；二是期望或不期望的同一性形象；三是角色限制；四是目标价值；五是现有社会形象。

当个体确定了要传达的印象类型后，接下来要去思考的就是：如何去传达这一印象。目前有关人们如何选择合适的方式来影响他人形成对自己的印象的研究还比较少。例如，是以直接的方式来表达自己有能力，还是通过间接的方式来传达自己有能力，哪种方式效果更好，与此相关的研究就缺乏。

但可以确定的是，不同的人进行印象建构的能力是不一样的，有些人可能比别人更善于建构自我形象。研究发现：高度自我监控的人对其自我表现或印象的协调更加敏感，反应更强。而这些高度自我监控的人也被认为更有可能获得提升，也更有可能流动。

三、印象管理研究的发展历程

最早进行印象管理的研究者是威廉·詹姆斯。在其经典著作《心理学原理》中，他用多重自我的比喻（Metaphor of Multiple Selves）来描述人类的行为。詹姆斯认为，人有多重自我，在不同场合下可以表现出不同的方面，而不是仅有简单而统一的自我概念的。他指出，"一个人总是很看重自己所处的群体的意见，当这些群体的意见明显不同时，这个人会有多个社会自我。他通常在不同的群体中展现他的不同侧面"。也就是说，个体为了取悦于不同的对象而很巧妙地表现出多重的社会自我。这一观点极大地影响了后来的印象管理研究者们。

符号互动论（Symbolic Interactionism）的提出者米德和库利在其研究中强调，参与社会活动的人要站在他人的角色立场去了解别人如何看待自己，从而使人们能够有效地控制自己的社会行为，使别人感到满意。因为人们留给他人的印象说明了他人怎样知觉、评价和应对自己，所以，有时人们用一个给他人造成特定印象的方式做出行为。例如，通过角色替代，政治家可以选择恰当的衣着和演说风格来取得当地选民的认同；教师也要站在学生的立场上考虑他们喜欢什么样的教学方式，依据他们的知识背景和接受能力应该怎样教，以及采取何种态度才能有效地为他们所接受。

美国著名社会学家欧文·戈夫曼对印象管理领域的研究产生了划时代的影响。戈夫曼发展了符号互动论的观点，撰写了享誉世界的著作《日常生活中的自我呈现》一书。他认为社会交往就像戏剧舞台，每个人都在扮演某个角色、演出一定的节目。当个人在别人面前出现时，他总是试图控制别人对自己形成的印象及交往的性质。戈夫曼指出，印象管理包括在社会互动过程中建立意义与目的的种种尝试，它指导着我们的行为，帮助我们预期别人对我们的希望是什么。印象管理是相互的,它有助于梳理和润滑社会关系,避免尴尬局面的出现。莎士比亚的《皆大欢喜》道出了戏剧化比喻的精髓:“世界是个大舞台,所有的人都只是演员。他们出场又退场,而且一个人要同时扮演许多角色。”由于印象管理作为一种主要的手段影响到他人如何看待我们,因此,我们都试图控制自己的印象管理行为。

自戈夫曼的开拓性工作以来,有关印象管理的研究得到了迅速发展。在社会学、管理学、组织行为学、社会心理学、人际沟通学、犯罪学和政治科学等领域里都可以看到相关研究。

20 世纪 60 年代,琼斯对印象管理的讨好技术进行了深入细致的研究。在此基础上,他指出印象管理者(他称为“好好先生”)通常使用讨好的手段,如顺从他人的意见,以使别人喜欢自己。之所以讨好,是为了获得更多有利的资源,减小对方给予自己伤害的可能性或者提升自己的价值。由于我们倾向于奖赏我们喜欢的人,因此,成功的好好先生利用“喜爱”作为获得权力与影响力的垫脚石。

亚历山大等人于 20 世纪 70 年代提出的情境同一性理论(Situated Identity Theory)也认为印象管理是社会互动的一个根本方面。他们认为,每个社会情境或人际背景都有一种合适的社会行为模式,这种行为模式表达了一种特别适合于该情境的同一性,从而被称为情境同一性。人们在交往中力求创造最适合自己的情境同一性,因此一位大学老师在演讲时会力图表现出教授或者学者型的情境同一性,而在与朋友聚会闲聊时则会表现出一种更随便的情境同一性。

20 世纪 70 年代的印象管理观点在具有实验室取向的实验社会心理学家当中非常流行。当时占主流的印象管理理论是操纵者比喻(the Metaphor of Manipulator)。印象管理被视为实施行为以控制他人、欺骗大众的方法(而且经常出于一些不良的理由)。它基于这样的假设:绝大多数人的印象管理行为都出于不良的动机。今天看来,这种论述有一些极端,因为它只涵盖了印象管理行为中很小的一部分。

史兰科尔和温古尔德综合前人的看法,指出印象管理领域中对概念的界定包括广义和狭义两种观点。广义观点假定,印象管理是一种普遍存在的现象,是所有人际互动过程的基本组成部分。人们主动积极地运用印象管理来帮助自己实现个人的、群体的及组织的目标。狭义观点认为,印象管理从根本上说是坏的、邪恶的,主要是一些试图控制和欺骗他人的行为,这种观点带有浓郁的马基雅维利主义色彩。今天,大多数人持广义观点,认为印象管理在日常生活中是无处不在的。

四、印象管理的策略

(一)获得性印象管理策略

获得性印象管理(Assertive Impression Management),也称自信性印象管理、积极肯定的印象管理,是指试图使别人更积极地看待自己,努力树立和完善在他人心目中的完美形象,其目的是获得他人的好评和赞许。

社会心理学家琼斯等人提出了五种获得性印象管理策略:逢迎讨好、自我推销、树立典范、显示弱点、威慑。罗森菲尔德在《组织中的印象管理》一书中也列举了五种获得性印象管理策略:讨好、自我宣传、以身作则、威慑、恳求。也有研究者把获得性印象管理策略分为:示好、示弱、自诩、威吓、拉关系、自夸、树立榜样、贬低他人等。综合以上研究,我们在本书中着重介绍几种常见的获得性印象管理策略。

1. 讨好

印象管理研究的先驱者之一琼斯认为,讨好行为是"为了影响一个特定他人对我们自身品质的看法,而采取的一系列不正当的行为策略"。尽管他认为讨好本质上是一种不道德的行为,但组织理论家们却认为,讨好行为是在组织中普遍存在的十分有效的社会影响手段,是能保持组织和谐的社会黏合剂。后来,琼斯对讨好行为的定义进行了修正,将讨好技术定义为一整套相关的获得性印象管理行为,它们的共同目标在于使自己更受人喜欢,在他人眼里更具有魅力。琼斯提出了四套赢得他人喜欢的讨好策略。

(1)恭维或抬举他人。人们很难不喜欢那些高看他们的人,所以恭维是必要的。但恭维要真诚、自然,要抓住时机,等对方需要恭维时抬举他最为有效。

(2)在意见、判断和行为上遵从别人。人们喜欢那些在信念、态度和行为方面与其相似的人,因此遵从他人往往会给其留下好印象。但遵从不能过于勉强,要使人觉得可信,其中一个方法就是在小的方面表示不同意见,而在关键问题上遵从他人。

(3)自我表现。个体要表现出一种令人喜欢、受人赞许的形象。但自我表现不能过火,适当的谦虚很有必要,因为过分的自我表现很容易使人感到压力和威胁。

(4)给予好处(施惠)。互利互惠性原则是人类社会生活的重要法则,"投之以桃,报之以李",人们喜欢那些给自己礼物或为自己办好事的人。施惠的目的是使他人产生一种由礼物激发起来的好感,而不能使人产生负债感,否则,就会适得其反。

卡耐基在其《如何赢得朋友及影响他人》一书中也提出了六条让别人喜欢的方法:

(1)真诚地对别人感兴趣;

(2)微笑;

(3)记住名字是一个人所有语言中最美、最重要的声音;

(4)做一个好的聆听者、鼓励别人谈论他们自己;

(5)谈论别人感兴趣的事;

(6)真诚地使别人觉得他是重要的。

这些方法就是一套印象管理策略。运用一定的策略性行为(抬高别人、遵从别人的观点、送礼等)来影响别人,可以提升自己的个人品质和吸引力,使自己看起来令人喜欢。

2. 自我提升

自我提升(Self-promotion)是一个人通过自己的行为或讲述自己的积极事件来使别人相信自己能力的一种策略。自我提升的人往往承认自己有一些小的不足,这样会让人觉得自己抬高的某些方面更可信。自我提升和讨好不同,琼斯等人曾指出这两种策略反映了不同的目的:前者是使自己看起来更聪明、更有能力,而后者则是希望自己能让别人喜欢。

其实,我们每个人都希望自己既讨人喜欢又聪明能干。但是很多情况下却是"鱼和熊掌不可兼得”。比如，谦虚是讨好的一种有效方式，但有时候却常常给人没有能力的感觉；陈述自己的优点和成就会让别人认为自己很有能力，但是也会让人觉得自己在吹嘘、炫耀，自以为是。因此，我们必须在讨好和自我提升之间找到一个平衡点，让我们的表现在展现自身能力的同时又深受别人喜欢；反之，将会顾此失彼。

3. 显示

显示的目的在于给别人以正直和品行高尚的印象。领导者常常使用这种方式确立自己的形象，如故意放弃一些小的利益，借以显示自己道德的高尚，从而赢得别人的尊重，增加自己的影响力。

4. 威吓

威吓就是为了制造一种令人不舒服的感觉或其他形式的心理负担。威吓可以给别人造成恐怖印象，使别人由于害怕而接受控制，由此达到自己的目的。在组织中，威吓是一种典型的自上而下的影响，也就是说，由权力高的人对权力低的人施加的影响。但也存在这种情况，地位低的人同样可以威吓那些地位比他们高的人，琼斯和皮特曼将这种威吓称为逆向权利。威吓者通过这种方式宣扬自己的权利，给他人造成心理负担。例如，在拳击比赛前的介绍和指示中，选手们尽可能威胁性地凝视对方，努力让对方害怕。

5. 恳求

恳求是获得性印象管理中较为特殊的一招。我们都知道社会生活中有这样一条社会责任规范：我们应该帮助那些需要我们帮助的人。恳求者往往利用自己的弱点来影响他人。恳求者非常善于运用策略，使别人觉得自己能力差、运气不佳或者看起来状态很糟糕，通过激活社会责任规范来使自己获益。虽然恳求成功对自我提高有不利的影响，但如果能让别人相信自己无力自助，就可以从他人那里获得帮助。

（二）保护性印象管理策略

保护性印象管理，也称防御性印象管理、防守的印象管理，是指尽可能弱化自己的不足或避免使别人消极看待自己的一种防御性措施。消极事件的出现是保护性印象管理行为出现的客观原因。消极事件是对良好印象造成威胁的因素，可能会使一个人的声望、形象和自尊受到损害，行为者会发现自己处于相当棘手的危机情境之中。如果不能很好地处理和解决消极事件，他人就会对行为者产生负面印象，行为者甚至可能会面对制裁和惩罚。个体通常采取四种方式进行危机控制：降低消极印象；否认消极印象；中和消极印象；把消极印象重新界定为积极印象。

1. 归因

归因是个体在社会交往中进行印象管理的一种重要方式。个体在解释他们自己和别人的行为时，通常使用能保持或增强自己积极的社会公众形象的方式。归因更频繁地被用来对那些很可能造成对自己不利的印象的过去事件进行解释，保护自己即将受损的颜面，因此也被称为保护性归因。

2. 合理化理由

合理化理由是指运用语言技巧对消极事件进行修复性阐述，解释消极事件是如何造成的，通过阐述理由的合理性，尽量减小消极事件对个体形象所造成的不良影响。积极有效的合理化理由，不仅能使接受者觉得可信，而且能使当事人所犯的错误得到原谅，免受责备。而当事人也因此减少了消极评价，避免了惩罚。合理化理由分为两种：辩解和借口，两者在职责划分上有所区别。

辩解指当事人承认对消极事件承担责任，但否认这一事件是错误的。斯科特和莱曼对辩解进行了分类。

(1)否认造成伤害：当事人承认是自己做的，但辩解说他并没有造成任何伤害或损害。

(2)否认行为对象是受害者：当事人对自己的行为辩解称受害者实际上是咎由自取。

(3)对谴责人提出谴责：当事人指出，其他人也在做同样的事，甚至比他们做的更为糟糕却平安无事。

(4)求助于忠诚：当事人辩解，自己之所以进行消极活动是为了帮助另一个人，一个他们觉得要对之忠诚的人。

借口指当事人承认消极事件本身是错误的，但否认他应该承担责任。斯科特和莱曼对借口也进行了分类。

(1)求助于偶然性：即通过声明危机情境是一种偶发事件来试图减小个人承担的责任。

(2)求助于不了解情况：当一个人没有获得有关事件的全部信息时，他不应该承担全部责任。

(3)求助于生理驱动力：声称无法控制的生理因素驱使他有这样的行为。

(4)推诿他人：指责是他人导致了危机境地。

3. 事先声明

事先声明指的是在危机情境出现之前，根据先期预计的情况而提出的借口。它能把威胁到自己形象的危机情境扼杀在萌芽中，使未来活动的意义发生改变，从而避免对自己的形象造成威胁。社会学家埃维特和斯托克斯对这一概念的解释是：为了避免预期行为可能带来的麻烦和不便，而事先实施的语言控制机制。事先声明看起来使自我暴露了一些缺点，但事先声明的技巧在于能让人感到诚心，这与事先声明的内容本身同等重要。

4. 自我设障

泰斯和鲍迈斯特认为，自我设障是指当结果的成败不确定时，个体在自己的活动过程中自行设置障碍，从而为随后的结果提供一个外部的解释理由。它最可能出现在这样的情境中：个体十分看重活动的成败，但感到自己的能力和自信心处于临界水平。自我设障为人们提供了印象管理中的双重利益：如果当事人成功，那么成功的价值将会提高；如果当事人失败，那么所带来的消极影响将会减小。

5. 道歉

道歉是指承认自己应负的责任，并对自己的行径表示自责和悔恨，以期获得目标观众的宽恕。大多数人都不愿主动承认自己的错误，并认为这样做会有损自己的形象，但事实上，有些情况下一个诚挚的道歉比千万句的辩解更能维护自己的形象。成功的道歉可以把个体划分为“好我”和“坏我”两个部分，当事人通过表现出“好我”对“坏我”所做的事的悔意来获得他人的原谅,保护自己的形象。此外,道歉还能修复自己受伤的情绪和自信心。例如,确实上班迟到了,或者的确没有按时完成任务,这时如果先解释原因,则往往会引起对方的反感,而如果能先表示歉意,再做出适当的解释,就更容易让人接受,而不至于影响自我的形象。

道歉的具体步骤如下。

(1)承认错误:对不起我错了。

(2)体会给对方造成的伤害:我不应该……,对你造成了伤害。

(3)对将来行动做出承诺:我以后会……。

(4)为对方送去祝福:祝福你……。

专栏3-2

保持形象一致性的效应

一、"登门槛"效应

当个体先接受一个小的要求后,为保持形象的一致,他更可能接受一项重大的、更不合意的要求,这叫作"登门槛"效应(Foot-in-the-door Effect),又称"得寸进尺"效应。

弗里德曼和弗雷泽让两位大学生访问郊区的一些家庭主妇。其中一位首先请求一部分家庭主妇将一个小标签贴在窗户上,或在一个关于美化加州或安全驾驶的请愿书上签名,这是一个小的、无害的要求。两周后,另一位大学生再次访问更多的家庭主妇,要求她们在今后的两周时间里在院内竖立一个呼吁安全驾驶的大招牌,该招牌很不美观,这是一个大要求。结果答应了第一项请求的人中有55%的人接受了这项要求,而那些第一次没被访问的家庭主妇中只有17%的人接受了该要求。这个实验说明人们都有保持自己形象一致的愿望,一旦表示出助人、合作的言行,即便别人后来的要求有些过分,人们也愿意接受。

这种效应在现实生活中也存在。比如当顾客选购衣服时,精明的售货员为打消顾客的疑虑,"慷慨"地让顾客试一试,当顾客将衣服穿在身上时,他会称赞该衣服很合适,并周到地为顾客服务,在这种情况下,当他劝顾客买下时,很多顾客难以拒绝;有经验的教师在做学生工作时也是这样,他总是先让学生承诺完成一件比较容易的任务,待任务完成后,他再接着提出更大的要求。

二、"门面"效应

如果对某人提出一个很大的要求被拒绝后,接着向他提出一个小一点的要求,那么他接受这个小要求的可能性比直接向他提出这个小要求时接受的可能性大得多,这种现象被称为"门面"效应(Door-in-the-face Effect)。

查尔迪尼等人进行过名为"导致顺从的互让过程:门面技术"的研究。他们要求大学生花两年的时间担任一个少年管教所的义务辅导员,这是一件费神的工作,几乎所有的大学生都拒绝了。接着他们又提出一个小的要求,让大学生带领少年们去动物园玩一次,结果50%的人接受了此要求,而当实验者直接向大学生提出这一要求时,只有16.7%的人同意。那些拒绝了第一个大要求的学生认为这样做损害了自己富有同情心、乐于助人的形象,为恢复他们的利他形象,便欣然接受了第二个小要求。许多人正是利用这种策略去影响他人的。当他想让别人为他办某事之前,他往往提出一大堆别人根本不可能答应的要求,待别人拒绝且怀有一定的歉意后,他才亮出自己真正要让对方办的事。由于前面拒绝了太多,人们为留些面子往往会尽力接受最后这项要求。

资料来源:章志光.社会心理学(第二版)[M].北京:人民教育出版社,2008:147-148。

五、印象管理的识别

作为社会认知的客体(对象),人们要进行印象管理,以求控制别人的知觉和认知,使自己给别人留下好的印象;而作为社会认知的主体,人们又要尽量识别别人的印象管理,剔除他人装扮出的东西,了解他人的真实态度、情感和人格。只有这样,人们方能辨别真伪,以控制、影响其交往活动。

(一)印象管理与非言语反应

在人际交往中,人们的印象管理包括两个部分:一部分是个体比较容易控制的表现,如语言、仪表等,另一部分则是人们不太留意或未加以控制的流露,如某些身体姿态、眼神等。在人际交往中,这两部分表现有时并不一致,甚至完全矛盾。在这种情况下,人们往往以后一种无意流露出的意义为标准去做判断。在人际交往中,人们越是刻意控制自己的外显表现,越容易"泄露"出那一部分"未加控制"的信息。因此,认识他人时不仅要看其外表的言谈举止,更要注意诸如面部表情、声调及身体运动等非言语行为,它们是判断认知对象真实的情感、态度和动机的有力线索。因为相对而言,非言语行为是难以随意控制的,它就像一个测谎仪,人的语言可以说谎,但身体却不会。

一些善于印象管理的人就像出色的演员一样,其表演十分"自然"。他们与人交往时,时刻在控制,但高超的技巧又使他们显得"未加控制"。人们会从他们"自然"的表现中误以为这些人很真实,原因在于他们不仅能控制言语行为,而且能控制自己的非言语行为。即便如此,我们仍能抓住那些容易流露出的蛛丝马迹。研究表明,一些善于欺骗的人可以成功地控制其面部表情,但并不能很好地控制其身体运动。埃克曼和弗里森进行过一项名为"对来自于身体和脸部的蒙骗的发现"的研究。他们让护士参加两组会谈,其中一组被要求坦诚地陈述自己对一部令人不愉快的电影的反感,另一组则被要求极力表达他们对一部显然令人不快的影片的积极情感,两组被试均被拍成录像。然后,让观察者看这些讨论的录像,一组录像只显示护士们的面部表情,另一组录像只显示他们脖子以下的部位,并让观察者判断录像中的被试是否诚实。观察者并不知道护士们看的是哪部电影,他们只能依靠面部表情或身体运动来进行判断。结果发现,观察身体运动的人能够更准确地识别护士是否在欺骗。这说明,有些非言语行为是无法隐瞒的。总之,再高超的欺骗者也能够被识破,关键在于人们的细心观察。

(二)印象管理与自我监控

人们的印象管理水平存在差异,有的人能准确地控制自己的表现,而有些人的这种能力却差很多。社会心理学家发现这种差异和个体的自我监控能力有关。

所谓自我监控(Self-monitoring)是指根据周围的情境线索进行的自我观察、自我控制和自我调节,它反映了个体在较广的生活情境中强调印象管理的倾向。这种倾向可以用斯奈德等人编制的自我监控量表(Self-monitoring Scale)来测量。自我监控量表由25个题目组成,要求作答者做是非判断。量表包括5种成分:

(1)关注自我表现的社会适应性,如"在各种聚会和社交场合中,我不会尝试去说别人爱听的话或做出讨好别人的行为";

(2)关注社会比较信息,将其作为适合的自我表现的线索,如"在社会情境中,当我不知道如何行动时,我会从别人的行为表现中寻找线索";

(3)控制和矫正自我表现及行为表现的能力,如"为了正义,我可以当着别人的面从容地撒谎";

(4)能在特殊情境中运用上述能力,如"即使我真的不喜欢某人,我也能装出友好的样子来隐瞒我的真实感受";

(5)个体的行为表现和自我表现具有跨情境的一致性或可变性的程度,如"在不同场合中,在不同的人面前,我的举止行为会大不一样"。

在该量表上得分越高,自我监控性越强。得分大于15分者为高自我监控者,得分小于9分者为低自我监控者。

研究发现,高、低自我监控的个体在很多方面都表现不同。高自我监控者会付出更多的努力来了解他人、评估社会环境,在新的社会情境中能很快熟悉什么样的表现是恰当的、什么样的表现不恰当,能够很好地控制自己的情绪表现,能有效地创造他们希望的形象;而低自我监控者则对情境不敏感,不具备自我表现的能力,不能灵活调整自己的行为表现。同时,自我监控会在各种情境中影响交往行为。比如,在约会时,高自我监控者倾向于更多地关注外貌具有吸引力的人,而低自我监控者倾向于人格。总之,自我监控的高低很大程度上反映了人们印象管理技巧的差别。

专栏3-3

脸与面子:中国人的印象整饰

中国人顾及面子可谓中国人印象整饰的表现。鲁迅在谈及"面子"和"门钱"时,也曾十分形象地说道,早先年,大家庭的主人变穷以后仍然要下馆子。到馆子里去即便是吃了个两三文钱的烧饼,也要摆出吃了什么山珍海味似的面孔走出来。他们要装着在桌上写字,在手指上蘸了唾沫去粘掉在桌上的芝麻;装着思考后的顿悟大拍桌子,将掉在桌缝里的芝麻震出来。而林语堂在《吾国与吾民》中也一样将"面子"、"命运"和"恩惠"并称为统治中国的三位女神。他虽然感叹"脸面这个东西无法翻译,无法为之下定义",但却认定对脸面的研究

“触及到了中国人社会心理最微妙奇异之点。它抽象,不可捉摸,但都是中国人调节社会交往的最细腻的标准”。

许多文献都强调讲究“脸面”是中国文化的特有产物。尽管在西方的文献中也不难找到这方面的例证(比如在戈夫曼的著作中就不乏与上述鲁迅的例证相似的个案),但与其他国家的人相比中国人更重视“脸面”的结论起码是能够接受的。在分析脸面的社会文化背景时,许多学者都将中国人讲究“脸面”与中国文化对“礼”的强调相联系,因为太过重视外在形式的礼,使得虚伪做作的表面功夫重于实质的内容。此外,儒家主张的等级秩序、家族本位、守法伦理和君子理想等也与对“礼”的强调一起构成了“脸”和“面子”产生的社会文化土壤。

中国人的“脸面观”与印象整饰理论一样具有正负两面性。就其积极功能而言,“脸面”不仅可以作为人们日常互动过程中的一种印象整饰的手段,而且也能够满足中国传统社会的礼治需要。从比较宽泛的角度说,“脸面”的社会文化功能起码有这样几个方面:

其一,社会规范和控制功能。在中国,“脸面”也和道德、法律一样,具有社会规范和控制功能。区别在于道德是自律性的,而法律和脸面则是他律性的;法律是有形的,而道德和脸面则是无形的。费孝通曾就诉讼问题对“脸面”的这种控制功能做过生动的描述:乡民之间发生矛盾,去找乡绅评理,“他的公式总是把被调解的双方都骂一顿。‘这简直是丢我们村子里脸的事!你们还不认了错,回家去。’接着教训了一番”。这一程序看来简单,但却屡试不爽,足以说明“脸面”确实有极强的社会规范和控制功能。我们经常听到人们说“为了给中国人民争脸面”、“为了单位的荣誉”、“为了给父母争面子”等话语激励人们努力学习和工作,这也是“脸面”的社会规范和控制功能的体现。

其二,印象整饰功能。这其实是“脸面”最初的或最基本的功能。有些研究者将中国人的印象整饰行为干脆称为“面子功夫”,这是为了让别人对自己产生某些特定印象而故意做给别人看的行为。在印象整饰过程中,“脸面”既可以起到人际互动的象征符号作用(它可以表现一定的家世、财富、身份、地位、角色、权力、声望、荣耀和社会关系),也能够因使用得当而给人们的心理带来极大的满足和快感。所以,中国人好讲排场,不仅能够以此向他人显示或炫耀自己的身份和地位,而且这种显示或炫耀也能带来心理上的愉悦。

其三,社会交换功能。社会交换反映的是人们在互动过程中所发生的一切有形或无形的社会资源的交换现象,其所遵循的基本原则是互惠互利,即所谓“来而不往,非礼也”。在中国传统社会中,脸面是一种十分独特而广泛的社会资源,在日常互动中人们之间进行“脸面”的交换是十分常见的,这种交换是互动双方人情关系的一种体现。所以,我们通常又称之为“情面”,即人情式的面子。在日常互动中,我们都知道要给他人留面子,不要撕破脸皮。如此做的前提是,如果我们给了他人面子,那么今后同样他人也会给我们面子。比如,甲的朋友丙来乙处玩,乙为甲招待了丙,给了甲一份大面子,甲也就同时欠了乙一份人情。一般说来,甲在今后与乙交往的过程中,一定会还这份人情,即也找机会给乙一次面子。

当然,过分注重“脸面”,将全部功夫都倾注在面子上,会使人成为死要面子的市侩,或成为玩弄他人于股掌之间的“奸雄”。

我们说任何事情都具有正负两面性,印象整饰和中国人的"脸面"观也一样,不能一概肯定或否定。合理的印象整饰是文明、有修养的标志。中国人的脸面观对规范、控制人的行为有一定的积极作用,时下中国社会的"信用危机",视"坐牢蹲监"为光荣经历等现象都是不顾及脸面的反映。我们要正确对待、合理运用印象整饰,做到对自己、对社会都有利。

资料来源:李鹏飞.印象整饰与中国人的脸面观[J].中国地质大学学报(社会科学版),2001,1(1):8-10。

第四节 内隐社会认知

内隐社会认知(Implicit Social Cognition)作为一个新近步入心理学领域的理论命题,是当今蓬勃展开的内隐认知研究和社会心理学成果交叉、演进的必然产物。这一理论沿着无意识维度向传统的社会认知——"主体在显意识操纵下对社会性客体的认知加工过程"提出了严峻的挑战,促使社会心理学家、理论心理学家和认知心理学家对传统认知进行重新思考。

一、内隐社会认知的概念

"内隐社会认知"是由美国心理学家格林沃德等人提出的。所谓内隐社会认知是指"在社会认知过程中,虽然个体不能回忆过去的某些经验,或者未意识到某些经验,但是这些经验却对个体的行为和判断依然具有潜在影响的认知现象"①。此概念关注的焦点是,个体的无意识成分参与了其有意识的社会认知加工过程。

格林沃德等人指出,内隐社会认知是一种深层的、复杂的社会认知活动,是认知主体不需要努力、无意识的操作过程。它具有如下特征。

1. 社会性。内隐社会认知是对人及人际关系等社会对象的认知活动,这一过程包含着社会历史意义和具体的文化内涵。

2. 积淀性。内隐社会认知作为一种认知结构,是已有的社会历史事件和个体原有生活经验长期积累的结果。

3. 无意识性。内隐社会认知的发生、发展及其影响都是自动的、无意识的操作过程,很难用语言来描述。

4. 启动性。个体过去的经验和已有的认知结果,会对新的社会对象的认知加工产生影响,这是一种潜移默化的"启动效应"。

二、内隐社会认知研究的理论基础

弗洛伊德精神分析学派的无意识理论是内隐社会认知产生的历史起源。以冯特及其弟

① A. G. Greenwald, M. R. Banaji: *Implicit Social Cognition*: *Attitude*, *self-esteem and stereotype*. *Psychological Review*, 1995, 102(1), pp:4-27.

子为代表的传统心理学重视意识的内省分析,研究意识的基本构成元素,属于意识心理学范畴。弗洛伊德在对精神病人治疗的过程中,大胆地探索人类潜意识的奥秘,从而建立了完整而庞大的无意识心理学体系。他的无意识是指被压抑或被排斥到意识阈限之下的原始冲动、本能及与本能有关的欲望。后来一些学者(如荣格、霍妮和弗罗姆等人)批判了弗洛伊德无意识中的泛性论,把文化传统、社会生活和个人经验纳入无意识中,拓展了无意识的概念。这里我们所说的"无意识"是指拓展后的概念。精神分析学派认为:潜意识是意识的根本动力,"每一个意识内容都具有一个潜意识的初级阶段"。这些思想正是内隐社会认知的起源,换言之,这是"社会认知无意识操作"的历史依据。在随后的研究中,内隐社会认知的一些概念来源于弗洛伊德的无意识理论,如:在内隐态度界定中,可以见到弗洛伊德"疏泄"概念的影子;在内隐自尊界定中,可以发现"自我防御"概念的痕迹。精神分析学派的无意识论为许多科学概念(如内隐社会认知)赋予了新内涵,为后来的大量科学研究提供了新视角。

社会认知研究是内隐社会认知诞生的现实基础。认知是人类个体对客观世界的认识过程,它既包括对物理世界的认知(即物理认知),也包括对社会世界的认知(即社会认知)。社会认知是对传统认知的深化,这一深化过程为内隐社会认知的诞生提供了现实条件。然而传统的认知理论主要建立在个体对物理世界的认知研究基础之上,如皮亚杰与英海尔德等人的经典认知研究。社会认知的提出是对传统认知概念的一大拓展,而内隐社会认知又是对现有社会认知成果进行反思、整合的结果。自20世纪70年代迄今,社会认知研究在以下领域取得了丰硕的成果:个体对"他人"及"自我"认知的研究;自尊、社会态度的研究;人际交往中的性别刻板效应的研究;跨文化交流中的种族刻板效应的研究;等等。社会认知领域的实证研究为内隐社会认知的诞生提供了现实性基础。如果说社会认知从社会性维度向传统认知提出了挑战,那么内隐社会认知则从无意识维度向社会认知提出了挑战。

内隐记忆研究为内隐社会认知的诞生提供了理论思路和研究方法。当代内隐记忆研究对内隐社会认知的产生具有独特的启发价值。不管是传统的记忆研究方法(如回忆法、再认法、节省法和反应时法等),还是20世纪50年代出现的信息加工法,都把记忆视为个体对信息输入、编码、储存和提取等过程。二者的共同点在于把记忆看作人们对先前经验的有意识的、外显的恢复。自20世纪60年代起,越来越多的研究者对传统记忆研究提出了质疑。罗伯特及其同事通过大量的内隐学习记忆实验概括了内隐过程的本质:自动性、概括性和无意识性。他对学习记忆内部机制的探讨为内隐记忆提供了理论依据。格拉夫在遗忘症患者身上所发现的"启动效应",堪称内隐记忆产生的转折点。后来,心理学家们发现,启动效应实际上反映了一种自动的、不需要有意识回忆的记忆现象,格拉夫和沙赫特将此称作内隐记忆,而把传统的、需经有意识回忆的记忆现象称为外显记忆。值得注意的是,雅各布等人作为该领域的先驱,成功地提出了有关内隐记忆的理论和测量方法,确立了无意识成分在有意识认知加工中的重要地位。由上述内隐记忆的产生过程可以发现,内隐记忆和内隐社会认知在思想渊源与研究方法上不乏相通之处:首先,弗洛伊德精神分析学派的无意识论同时为内隐记忆和内隐社会认知提供了历史性源泉;其次,内隐记忆领域的"补笔"、"词干补笔"等间接测量方法也为内隐社会认知提供了方法学基础;最后,认知(广义)领域的研究成果也同时为内隐记忆和内隐社会认知提供了现实性基础。那么,内隐记忆从记忆领域独立出来的研究现实,无疑为内隐社会认知从社会认知领域的独立提供了理论思路。

勇于挑战的创造个性和积极反思的批判精神是内隐社会认知诞生的主体因素。某一学科的思想渊源及其现有研究成果,仅为某一科学概念的产生提供了可能性条件,而创造性主体则是将这一可能性转化为现实性的决定因素。美国心理学家格林沃德等人精心收集了半个多世纪以来有关认知领域的研究成果,并对此进行了艰苦的整理、科学的反思和理性的加工,最后提出了"内隐社会认知"这一概念,然而这是一个亟待理论完善和实证支持的概念系统。稍做回顾即可发现:传统的态度、自尊及刻板印象等概念并未涉及"意识性"问题,即从本质上混淆了无意识加工和有意识加工的界限,很难解释态度、自尊的无意识获得过程,无法揭示"个体显意识上否认歧视(如种族和性别歧视)但无意识中却带有偏见"这一悖论。这些概念暴露了已有社会认知理论的局限性。

三、内隐社会认知的研究方法

内隐社会认知是个体无法意识到的、自动化的操作过程,因此我们不能用自我报告法、内省法等直接方法进行研究,而要采用间接方法进行研究。受到内隐记忆研究的启发,内隐社会认知的研究常用的方法主要有如下几种。

1. 反应时法

此方法是根据被试完成判断任务的反应时差异来考察内隐社会认知效应的。比如,有研究者曾用反应时法来测查内隐种族刻板效应。在此实验中,研究者给被试呈现若干对字母串,当两个都是单词时要求被试回答"是",其他情况则回答"否"。结果发现:白人被试对白人-积极单词的反应比黑人-积极单词的反应快(如白人-精明、黑人-精明),这一反应时的差异成功地反映了内隐种族刻板效应的存在。

2. 词干补笔法

此方法是先让被试学习一列单词,然后给被试提供单词的缺笔词,要求被试把心中首先想到的单词填出来。吉尔伯特等要求被试对 poli_e 进行词干补全时发现:被试如果见到一个亚洲女性,则倾向于以亚洲女性刻板印象(如"polite")补全词语,而非无刻板印象的补全(如 police)。这一方法帮助研究者证实了内隐刻板印象的存在。

3. 投射法

投射是个体把自己的思想、态度、愿望、情绪、性格等心理特征无意识地反映在对事物的解释之中的心理倾向。① 投射法常常要求被试根据一张模棱两可的照片或图画描述一个故事,或者对一个抽象的刺激(如墨迹)进行联想性描述。有研究者采用此方法对个体的内隐动机和外显动机进行了测量,结果发现用投射法测量和直接测量所评估的对象是不同的。斯潘格勒对成就动机的测量结果进行元分析后发现,用投射法测量成就动机比用问卷法具有更高的预测效度。

---

① 参见戴海崎,张锋,陈雪枫:《心理与教育测量》,暨南大学出版社 2003 年版,第 353 页。

4. 内隐联想测验

格林沃德等提出了一种新的内隐社会认知的研究方法——内隐联想测验(Implicit Association Test,简称 IAT)。这种方法被社会心理学家大量应用,目前已经成为内隐社会认知研究的新范式。

IAT 是一组计算机化的分类任务,它以启动效应为方法学基础,以反应时差异为指标,通过测量概念间内在的联系强度来间接地反映个体的内隐社会倾向。这里以格林沃德提出的“花 - 昆虫 IAT”为例简单介绍 IAT。

实验中通过计算机分别呈现花的名字(如玫瑰、郁金香)、昆虫的名字(如蜜蜂、黄蜂)、积极词语(如和平的、友好的)和消极词语(如腐烂的、肮脏的)。研究者要求被试对这些刺激进行分类,并按照实验要求按键做出反应。本实验主要分为以下五步:

第一步,呈现“花”时按左键,呈现“昆虫”时按右键;

第二步,呈现“积极词语”时按左键,呈现“消极词语”时按右键;

第三步,联合任务 1,呈现“花 + 积极词语”时按左键,呈现“昆虫 + 消极词语”时按右键;

第四步,呈现“昆虫”时按左键,呈现“花”时按右键;

第五步,联合任务 2,呈现“昆虫 + 积极词语”时按左键,呈现“花 + 消极词语”时按右键。

IAT 效应是 IAT 中采用的考察指标,是指前后两个联合任务中个体平均反应时的差值。若 IAT 效应在一定显著性水平上大于 0,就能证明实验假设成立;若小于 0,则说明假设不成立,应将类别与属性的关系反转;若与 0 没有显著差异,则说明类别与属性两个维度之间没有所预期的联系存在。在上面的实验中我们发现:被试在联合任务 1 中的反应时比在联合任务 2 中的反应时短,据此可推断在个体认知结构中“花”和“积极词语”之间联系较为紧密,而“昆虫”和“消极词语”之间联系紧密。

从上面的程序中我们不难看出,IAT 中包括两个维度的刺激材料:目标概念(Target Concept)维度和属性概念(Attributive Concept)维度。其中目标概念是根据实验要求选取的特定群体集合,比如花/昆虫、男人/女人、我/非我、黑人/白人等;而属性概念可以是评价性的(如积极/消极),也可以是描述性的(如外向/内向)。

随着研究的不断深入,研究者提出了一些新的研究方法,比如 GNAT(Go/No-go Association Task)、EAST(Extrinsic Affective Simon Task)等,这些都被统合在 IAT 中,是对最初的 IAT 的继承和发展。

四、内隐社会认知的研究内容

内隐社会认知是将现有社会认知研究成果整合、重构的结果,其理论范畴主要包括内隐社会知觉、内隐刻板印象、内隐自尊、内隐社会态度等等。此处我们主要介绍近年来国内外关于内隐刻板印象和内隐自尊的研究成果。

1. 内隐刻板印象

内隐刻板印象(Implicit Stereotype)是指个体因过去经验的影响,而对某一社会群体或者阶层形成一种概括、固定的看法,但是个体自身通常并不能意识到这些过去经验对自己所产生的影响。

格林沃德等人运用 IAT 对黑人－白人种族刻板印象进行了研究,结果发现,被试(均为白人大学生)更容易将白人和好的属性联系在一起,而将黑人和坏的属性联系在一起。同时进行的外显态度测验则表明,大部分被试都认为种族平等甚至偏向黑人。内隐测量和外显测量的分离充分地证实了种族刻板印象的存在。科雷尔等人的一项实验也得到了同样的结果。实验中,人们玩一种视频游戏,其中他们会看到一些男子的照片,这些男子手持枪支,或拿着如手机这样的非威胁性物品。这些男子中一半是黑人,一半是白人。被试被告知:如果看到视频中的男子手持枪支的话,就要按下标有“射击”字样的按钮;如果看到视频中的男子手持手机等非威胁性物品的话,就要按下标有“不射击”字样的按钮。实验中,被试就像真的警察一样,他们没有时间反应(因为每段视频的呈现时间只有 0.5 秒)。结果发现,被试最常犯的一个错误就是“射击”那些黑人,即使黑人并没有手持手枪。

国内学者蔡华俭等人运用 IAT 对大学生的性别－学科刻板印象进行了研究。结果发现,不管大学生的性别和专业如何,他们都倾向于把理工科和男生联系起来,而把人文学科和女生联系起来。

2. 内隐自尊

内隐自尊(Implicit Self-esteem)最先由格林沃德提出。所谓内隐自尊是指人们在对与自我相关或与自我无关的客体进行评价时的一种自我态度效应,这种态度效应也是无法通过内省的方式被意识到的。内隐自尊是针对主体自我的一种无意识的评价和态度,是自我态度长期积累形成的自动化状态,而且往往表现出一种积极倾向。

格林沃德等人在实验研究中运用 IAT 对内隐自尊进行了测量。该实验中的两个 IAT 分别涉及情感性和评价性内隐自尊:情感性 IAT 采用表示令人愉快或不愉快意义的词语,如钻石、健康、日出、剧痛、垃圾、毒药等,作为表示积极和消极情感性概念的项目;评价性 IAT 采用表示积极和消极意义的词语,如明亮、尊贵、诚实、丑陋、卑鄙、罪恶等,作为表示积极和消极评价性概念的项目。总的来说,当自己与表示愉快意义的项目相联系时,被试的反应更为迅速。两种 IAT 效应都很显著,并且两种 IAT 效应之间无显著差异。进一步分析表明,性别和种族对自尊的 IAT 分数作用不显著。并且,关于自尊的 IAT 与其外显测验的得分之间,往往仅存在低相关度。

国内学者蔡华俭对内隐自尊与焦虑、抑郁的关系进行了研究。结果发现,外显自尊、内隐自尊与抑郁、焦虑的关系是不同的。焦虑或抑郁个体的外显自尊水平显著低于正常个体,而内隐自尊水平无差异。另外还发现,正常个体的外显自尊有高于内隐自尊的倾向,而抑郁或焦虑个体的外显自尊有低于内隐自尊的倾向。这就表明正常个体与抑郁或焦虑个体的内隐自尊和外显自尊的分离状况是不同的。

第五节　归因理论

一、归因的概念

所谓归因(Attribution),是指个体从可能导致行为发生的各种因素中认定行为的原因,并判断其性质的过程。具体地说,就是个体对自己或他人的外在行为表现出的因果关系进行解释和推论的过程。如"他为什么要这样做","自己为什么要这样做",等等。人们这样做的目的在于预测、评价人们的行为,从而对所处的环境和实施的行为实行控制。

人的行为原因,不外乎内因和外因两种。内因是指内部原因,即个体自身具有的、影响其外在行为表现的品质或特征,包括个人的人格、情绪、动机、欲望、能力等。这些都是难以直接觉察到的。外因是指外部原因,是个体自身以外的、影响其外在行为表现的条件和因素,如环境条件、情境特征、他人的影响等。内因和外因对个体的行为表现所起的作用是不同的,但两者相辅相成,共同制约着个体外在行为表现的发展和变化。

归因反映的是个体对引起某个事件的原因的认识,因此,由归因所得出的原因其实是个体的一种主观解释,未必是引起事件的真正原因。但是,这种未必正确的主观解释往往比真实的原因更能影响个体的情绪、行为等各个方面。例如,我们假设这样一种情境:小明这次考试不及格,于是他将失败的原因归结为自己太笨、能力很差,其实他是一个很聪明的学生,智商高达120,他的低分纯属教师判卷错误导致的。在这个情境中,客观的原因是教师的失误,小明主观的解释(自己的能力低)显然是一个错误的解释,但在这两种原因中,影响小明的是后者——他由于觉得自己笨,所以感到自卑、自责,觉得无颜见人,而不是因为教师的错误而感到愤怒。可见,这种主观解释比客观、真实的原因更能影响个体的行为。

二、归因的理论

归因是一个比较丰富的研究领域,心理学家对于归因提出了各种不同的理论。下面介绍一些比较重要的归因理论。

社会心理学对归因的研究始于20世纪50年代,主要有海德的朴素心理学、琼斯和戴维斯的对应推断理论、凯利的三度理论、韦纳的成败归因理论、泰勒和克洛科的社会认知的归因理论。

(一)海德的朴素心理学

美国心理学家海德是最早提出归因理论的学者,他被誉为"归因理论之父"。他在《人际关系心理学》中指出,人们都有一种理解、预测和控制周围环境的需要。为了满足这种需要,人们就根据各种线索对已发生的行为和事件变化的原因进行解释。人们只有了解了事件和行为变化的原因,才能理解这个世界,预测世界的变化,从而达到控制世界的目的。在现实生活中,人如果缺乏对世界的理解、预测和控制感,就会感到无所适从。所以,人生活在这个世界上,几乎每时每刻都在有意无意地进行着归因活动。可以说,归因是我们对环境知觉的一部分，只要对环境进行认识，归因就会发生。因此，每一个人都是朴素心理学家（Naive Psychologist）。

海德最有价值的贡献就是将归因分为两种类型。一种是内部归因（Internal Attribution），这种归因方式认为，个体之所以出现某种行为，其原因与个体自身有关，如人格、态度或个性。另一种是外部归因（External Attribution），这种归因方式认为，个体之所以出现某种行为，其原因与其所处的情境有关，并假设大多数人在同样的情境下也会做出同样的反应。

海德还指出，在归因的时候，人们经常使用两个原则：一是共变原则（Principle of Covariation），它是指某个特定的原因在许多不同的情境下都和某个特定结果相联系，该原因不存在时，该结果也不出现，我们就可以把该结果归于该原因，这就是共变原则。比如一个人老是在考试前闹别扭、抱怨世界，其他时候却很愉快，我们就会把闹别扭和考试联系在一起，把闹别扭归因于考试而非人格。二是排除原则，它是指如果内外因中某一方面的原因足以解释事件，我们就可以排除另一方面的原因。比如一个凶残的罪犯又杀了一个人，我们在对他的行为进行归因的时候就会排除外部归因，而将原因归于他的本性等内在因素。

海德的归因理论的提出是一个开创性的工作，他对行为原因所做的个人－环境的划分一直是归因的基础，他关于因果及责任的探讨启发了后来的研究者。

（二）琼斯和戴维斯的对应推断理论

琼斯和戴维斯扩充并发展了海德的归因理论，提出对应推断理论（the Theory of Correspondent Inferences）。该理论主张，当人们进行个人归因时，要从行为及其结果推导出行为的意图和动机。一个人所拥有的信息越多，他对该行为所做出的推论的对应性就越强。一个行为越是异乎寻常，观察者对其原因推论的对应性就越强。

一个人之所以采取某种行为，是为了达到某种目的。如果我们能够知道其行为的真正目的，那么，对于其个性的推断就会更有把握。在评定行动者的企图时，我们需要充分利用有关行动者的知识和能力等方面的信息。一个行为往往可以产生多种效果，而这些效果是否都是行动者的意图，我们需要逐项加以研究，如果某些行为的后果并不直接与行动者的最初意图相关，那么，这些行为的后果就不能用来推断行动者的个性和人格特质。影响对应推断的因素主要有以下三个。

1. 非共同性结果

非共同性结果是指所选行动方案有不同于其他行动方案的特点。例如，一个人站起来，走过去关上窗户，穿上毛衣，此时我们可以推断他感到凉了。单是关上窗户的行动也可能表示防止窗外噪音，而穿上毛衣这个非共同性结果就可以使人推断这个行动是由于凉。共同性既不能解释一个人为什么做出不同的行为选择，也不能解释两个人为什么做出相同的行为选择。非共同性（或称独特性）才是推断个性、本质的重要因素。也就是说，非共同性因素越少，对应推断的可靠性越高。

2. 社会赞许性

所谓“社会赞许”，指某一行为是社会一般人所希望、期待、接受的。大多数人越喜欢的行为，其社会赞许性也越强。人们一般都有这样的信念，每个人的行为都想迎合社会的需要。因此,那些合乎社会规范或社会期望的行为很难反映一个人的内在特质。如一个参加晚会的人在离开时对主人说他对晚会很感兴趣,这是符合社会期望的说法,从这个行动很难推断其真实态度。但是当一个人行为不符合社会期望或不为社会所公认时,该行为很可能与其真实态度相对应。如上述参加晚会的人在离开时对主人说晚会很糟糕,这是不符合社会期望的行为,它很可能反映出行动者的真实态度。

3. 选择自由性

如果我们知道某人的行为是自由选择的,那么,我们便倾向于认为这个行为与某人的态度是对应的;否则就难以做出对应推断。

(三)凯利的三度理论

凯利的三度理论(the Cube Theory)是继对应推断理论之后,对海德的归因理论的又一次扩充和发展。凯利认为,人们在归因时会像科学家一样在所有信息中去寻求规律,寻求决定一种效应是否发生的各种条件的规律性协变。人们在归因的过程中受到三个方面因素的影响:(1)客观刺激物(存在);(2)行动者(人);(3)所处关系或情境。这三个方面构成一个协变的立体框架,所以称为三度理论。三度理论遵循的总原则是协变性(Covariation)原则。协变是指多个事件同时出现的现象。如果两件事情总是同时出现,它们之间就具有高协变性;如果只是偶尔同时出现,则具有低协变性。例如,每次我穿皮大衣时,小狗都会打喷嚏,这就是高协变性,而如果它只是有时在我穿皮大衣时才打喷嚏,这就是低协变性。我们想要了解某个结果出现的原因,就应该考察结果与各种可能的原因之间的协变性,将结果归于协变性最高的原因。例如,如果小狗打喷嚏和我穿皮衣之间的协变性很高,就可以推测它打喷嚏是因为对皮衣过敏。凯利认为,人们在进行协变信息评估时,会考虑与行为相关的三种因素,即区别性(Distinctiveness)、一贯性(Consistency)、一致性(Consensus)。

1. 区别性。针对客观刺激物,即行动者是否会对同类其他刺激做出相同的反应。

2. 一贯性。针对情境,即行动者是否在任何情境下和任何时候都会对同一刺激做出相同的反应。

3. 一致性。针对人,即其他人对同一刺激是否也会做出与行动者相同的反应。

根据上述三方面的因素,我们可以对人的行为做出相对正确的归因。表示如下:

表 3－6　三种因素的协变与归因

行为信息			归因类型
区别性	一贯性	一致性	
低	高	低	人
高	高	高	客观刺激物
高	低	低	情境

凯利对归因理论的重要贡献在于,他提出了一个归因过程的严密的逻辑分析模式,对人

们的归因过程做了比较细致、合理的分析和解释。这一模式假定人们以理性和逻辑的方式来进行归因,人们会首先观察他人的行为线索,然后对他人的行为原因做出一个逻辑推理。但是,三度理论过分强调归因的逻辑性,使之成为一个理想化的模式,脱离了普通人归因活动的实际。其实,普通人都是根据自己的需要、期望对行为结果迅速地做出归因的,并不像统计学家那样对信息资料进行繁杂的分析。人们在对他人的行为形成判断时,并不一定总会保持理性和逻辑性,有时候人们还会曲解信息,以满足自己高度的自尊需求。

(四)韦纳的成败归因理论

韦纳认为,对于成功与失败的归因应包括两个维度:(1)观察者必须确定成败是由于内在的(Internal)因素还是外在的(External)因素;(2)观察者还必须确定成败是经常发生的(即稳定,Stability)还是偶然发生的(即不稳定,Instability)。只有通过这两个维度才能做出总结性的归因。这两个维度是相互关联的。韦纳认为,稳定的内在因素是指个人的能力(Ability),稳定的外在因素是指任务的难度(Task Difficulty),不稳定的内在因素是指个人的努力(Effort),不稳定的外在因素是指个人的运气(Luck)。

韦纳等人研究表明:当一个人目前的成败与自己过去的成败不一致,且与别人的成败也有所不同时,一般大都归因于不稳定的内在因素;当一个人目前的成败与自己过去的成败相一致,且与别人的成败一样时,任务的难度往往是原因所在;当一个人目前的成败与自己过去的成败相类似,但与别人的成败不同时,能力便成为原因所在。

韦纳于 1979 年又提出了另一个重要的维度,即控制(Control)。他认为:努力、注意、他人帮助等因素是受个人意志控制的,是可控因素;而能力、运气、心境等因素是不受人的意志控制的,是不可控因素。

此外,韦纳还特别强调个人所处的文化背景以及不同社会观念、个人技巧、人际关系等因素在成败归因上所占的特殊地位。

(五)泰勒和克洛科的社会认知的归因理论

泰勒和克洛科认为,每个人对于社会事物如何运转、操作都有不同的看法,这就是所谓的社会图式(Social Schema)。这些先入为主的观点往往决定我们对于所面临的环境的不同解释,即影响我们的归因。社会图式可以分为三大类:(1)有关社会事件的图式;(2)有关社会人物的图式;(3)有关角色的图式。

社会图式是过去经验的积累,这些图式帮助我们组合所遇到的社会刺激。根据社会图式,我们对于社会事件、社会人物可以建立一个整合的看法,许多缺失的信息也可以根据社会图式来加以补充。虽然我们并不一定对某一个人有深入的认识,但根据这个人所属的行业和角色,把他归入"这种人"或"那种人",我们就不难做出适当的归因了。

上述这些归因理论都是继承海德的"朴素心理学家"的传统,把人看成是理性的、在归因时进行因果分析的。事实上,人在归因时并非总是按理性行事的,卡内曼和特威斯基特别指出了这一点。他们不把人看成是"朴素心理学家",而把人看成是认知经济学家,在归因时注意节约能量,走近路达到结论。卡内曼和特威斯基提出,在日常生活中人们往往利用两种启发法进行推理判断：一是代表性启发法，二是可得性启发法。前者指人们在进行推理判断时往往选择有代表性的事例。

思考题：

1. 什么是社会知觉？它主要分为哪些种类？
2. 简述自我知觉的主要内容。
3. 社会知觉中的主要偏差有哪些？
4. 印象形成主要包括哪些过程？
5. 试述印象管理的策略。
6. 如何理解内隐社会认知？内隐社会认知的研究方法有哪些？
7. 归因的理论有哪些？试就某一理论进行分析。

第四章　自我与自我意识

古希腊时期的德尔菲神庙入口处，矗立着一块巨大的石碑，上面醒目地写着："认识你自己！"事实上，我们一生都在问自己这样的问题："我是谁？谁是我？"如果让你拿出一张纸，用不超过二十个形如"我是……"的不同句子来回答这个问题，使别人清楚地了解你，你会告诉他们什么？你的个性？社会身份？生理特征？爱好？自我是社会心理学的重要命题。自20世纪80年代以来，社会心理学中对于"自我"的关注日益增加。在本章的讨论中，我们将系统阐释自我的内涵、结构和形成过程，并且纵深探讨自我效能、自我图式、自尊等相关问题。

第一节　自我与自我意识概述

个体作为社会群体的一名成员，从事各项社会实践活动都是以自我为中介而实现的。自我是人的心理区别于动物心理的一大特征，自我的形成是个体社会化的结果，同时自我的形成和发展又进一步推动个体的社会化。心理学家对自我的概念、结构、发展因素和发生等一系列问题进行了探讨。

一、自我的内涵

自我在西方心理学中是个极其重要而又含糊不清的概念，如描述自我的词语就有Self和Ego之分。大多数实证研究都是围绕Self进行的，对于Ego，一般为思辨性探讨。此外，关于自我的术语，社会心理学的不同学派从自己的理论角度来理解和诠释，提出不同的看法，最常见的是"自我概念"(Self-concept)、"自我观念"(对Self-concept的另一种译法)，这些提法通常都被简称为"自我"。本章参考国内一些学者的观点，把自我作为一个总概念来处理，避免用与自我内涵近似或交叉的概念，如上述的自我概念、自我观念等。

自我(Self)也称自我意识(Self-consciousness)，指个体对自己存在的觉察，即自己认识自己的一切，包括认识自己的生理状况(如身高、体重、外貌等)、心理特征(如兴趣爱好、能力、性格、气质等)以及自己与他人的关系(如自己与他人相处的关系、交往的模式、自己在群体中的位置与作用等)。总之，自我是一个复杂的系统，是自己对所有属于自己身心状况的认识。

二、自我的结构

关于自我的结构，最早是美国心理学家詹姆斯将自我划分为主体自我(主我，I)和客体自我(客我,me)。之后,詹姆斯又指出客观的我由三个要素所构成,即物质的客我、社会的客我和精神的客我。此外,罗杰斯将自我划分为现实自我(Actual Self)与理想自我(Ideal Self),施奈德与坎贝尔将自我划分为实用自我与原则自我,罗森伯格将自我划分为现有自我、期望自我和表现自我。我国的社会心理学者普遍认为,人的自我意识是由自我认知、自我体验、自我调控三方面的统一所构成的一种高级的反应形式。

(一)主体自我和客体自我

詹姆斯把自我区分为客我和主我。主我是对自己认识的自我,即认知的主体,是主动的自我,以知情者的形式成为觉知的主体。客我是认识的对象,是一个能称之为人的一切的总和,包括能力、社会性和人格特征以及物质所有物等,即以被知者的形式被主观的我觉察到的自己的身心活动。也就是说,当我思考事情时,主我就是意识的主体,而其中一个可能有意识关注的事情,就是客我。主我是自我的动力成分,是在情境中活动着的自我。客我是作为经验客体的自我,它制约主我的活动。

(二)物质自我、社会自我和精神自我

在上面的分类中,詹姆斯既把自我作为主体来认识,又把自我作为活动对象或内容来认识。除此之外,詹姆斯主要分析了客我的结构,他认为客我包含物质自我、社会自我和精神自我三个方面的内容。

1. 物质自我(Material Self)

物质自我是个体对自己身体、性别、体态、外貌、年龄、健康状况等生理特征的认识,包括个体对与身体密切相关的穿着打扮,以及外部世界中与个体联系紧密并属于个体的人和物(如家属和所有物)的意识和生理自我。物质自我在情感体验上表现为自豪或自卑。在意向上表现为对身体健康、外貌美的追求,物质欲望的满足,对自己所有物的维护等。物质自我是最早产生的自我意识。婴儿刚出生时,还不能把自己的躯体和外部世界区分开,这时并没有自我意识,随着年龄的增长和智力的发展,个体在8个月左右开始产生"物质自我",即能把自己的躯体与外部世界区分开,直到3岁左右,其物质自我方能完全成熟。

2. 社会自我(Social Self)

社会自我指的是自己被他人如何看待、理解和认可。在宏观方面指个体对自己隶属于某一时代、国家、民族、阶级、阶层的意识;在微观方面指对自己在群体中的地位,名望,受人尊敬、接纳的程度,拥有的家庭、亲友及其经济、政治地位的意识。在情感体验上表现为自豪或自卑,在意向上表现为追求名誉地位、与人交往、与人竞争、争取得到他人的好感和认可等。社会自我是他人所知觉的自己的社会角色、社会任务或社会地位,即主体呈现给社会的形象。社会自我的发展经历幼儿时期、小学、初中阶段的发展,才达到基本成熟。

3. 精神自我(Spirited Self)

精神自我是个体的内部自我或心理自我,个体所感知到的能力、态度、情绪、兴趣、动机、意见、气质、性格以及愿望等都是精神自我的组成部分。在情感体验上表现为自豪、自尊或自卑、自贱。在意向上表现为追求智慧、能力的发展,追求理想、信仰,主体行为符合社会规

范，等等。简而言之，精神自我是指个体所感知到的一种内在的心理品质，它表明个体对自己的主观体验，即个体对自己有什么样的感觉。自我意识核心内容是精神自我，自我意识发展的最高阶段同样也是精神自我。一般进入高中阶段后个体逐渐摆脱了对主要抚养者或其他成人的依赖，并逐步关注自己内心的想法，表现出自我意识的主观能动性，强调自我的价值和理想，能够透过自我意识去认识外部世界。

（三）现实自我和理想自我

罗杰斯根据自己的临床实践，从实际存在或是观念存在的角度把自我意识区分为现实自我和理想自我。现实自我指个体对自身受周围环境影响，在与周围环境相互作用过程中所表现出来的现实状况和实际行为的意识、看法。它是自我对现实社会实际存在的现象的真实反映。现实自我有时不一定与想象中他人对自己的看法完全相同，两者之间可能会有距离。

理想自我指个体经由理想或为满足内在需求而在头脑中形成的有关自我的理想化形象，也就是个体想要达到的完美的自我形象，如个体对生活目标和对未来的设想、抱负、成就期待，以及自己想成为一个什么样的人。尽管理想自我表达的内容也是客观社会存在的反映，包括对来自周围人和社会范式的要求以及它们是否满足个体需要的反映，但是由这些内容整合而成的理想自我却是观念的、非实际存在的，它是个人追求的目标，不一定与现实自我一致，两者间更有可能存在距离。

社会环境影响了现实自我和理想自我的形成。现实自我产生于自我与现实社会环境的相互作用，而理想自我产生于这种相互作用中周围人和社会范式的要求被内化后，在个体头脑中整合形成的自我理想形象。

通常，理智的认可或周围人和社会范式的自觉内化是理想自我形成的基础，而在此基础之上，理想自我起到了现实自我和社会环境之间的中介作用，并显示了自我适应社会环境的能力。这样，理想自我和现实自我与社会环境的要求可以达到高度一致，自我得到了满足并持续发展。

在非特殊情况下，当理想自我的表达方式焦虑或者感性认识时，理想自我和现实自我与社会环境的要求之间可能产生分歧，这时，可能会出现急躁、怯懦甚至是逃避等脱离现实的消极心理倾向。这些心理倾向如果用于指导现实生活或社会人际交往等社会需求，一定会与现实自我和社会现实产生分歧，从而引发个体内心的混乱，进而造成环境适应上的困难，严重的可能引发心理疾病。

（四）实际自我、理想自我和应该自我

希金斯在其自我差异理论（Self-discrepancy Theory）中把自我界定为三个成分：实际自我（Actual Self）、理想自我（Ideal Self）和应该自我（Ought Self）。实际自我，即个体或他人认为该个体实际具有的特质，也就是一般意义上的自我概念；理想自我，即个体或他人希望该个体具备的特性；应该自我，即个体或他人认为该个体在承担责任与履行义务方面应该具有的特质。希金斯认为，理想自我和应该自我是人们生活的一种标准，因而也被用来作为对自身进行评价的标准,与个体的实际自我进行比照,而这种比照就产生了两种自我差异:实际-理想自我差异和实际-应该自我差异。希金斯认为两种自我差异代表了两种不同的负性状态,分别对应于不同的情绪。他认为,在实际-理想自我差异中(比如"要是我的外表更有吸引力就好了"),个体由于其要求未能得以实现因而容易产生沮丧、悲伤、失望等情绪体验;在实际-应该自我差异中(比如"我应该在经济上为家人提供更多支持"),个体认为自己未能履行职责,将受到惩罚、责备,因而常常导致焦虑的情绪,产生忧虑、内疚等情绪体验。研究表明,具有相当多自我差距的人不仅仅感受到负性情绪,还经常在行动上优柔寡断,没有明确的自我概念而且体验到自尊的丧失。

(五)现在的自我与可能的自我

马库斯等人提出的自我意识概念不仅包括现在的自我(the Now Self),还包括可能的自我(Possible Self)。马库斯等人基于信息加工的观点于1977年提出了自我图式。自我图式是对自我的认知概括,也就是人们关于自己的许多信念,它来源于过去的经验,能够组织和引导个体的社会经验中与自我有关信息的加工过程。自我意识既包括过去和当前的自我图式,也包括关于将来的自我图式,即可能的自我。可能的自我指个体觉得自己某一方面有潜力的自我构想,是自我意识系统中有关未来去向的成分,它既是未来行为的诱因,通过认知、情感与身体三个方面对行为产生影响,又为现在的自我提供一个评价和解释的情境。这一切后果都取决于被激活的自我成分的性质(比如消极的或积极的),是被激活的可能的自我决定了个体如何感受以及应该如何采取行动。可能的自我描述了人们可能成为什么样的人、希望成为什么样的人以及他们害怕自己成为什么样的人等多种想法。虽然可能的自我并不完全是建立在过去的经验之上的,但它是自我意识中的一部分,因此,在一定程度上,它也会影响到个体的行为。

(六)个人自我意识和公众自我意识

凡尼斯汀、沙尔和巴斯划分了自我的两个方面,即个人自我(私我,Private Self)——自我的某些内容是隐秘的,是不能让他人了解的;公众自我(公我,Public Self)——另一些自我的某些内容是公开的、能够让他人了解的,同时也是与他人的关系密切相关的。例如,感到伤心或满足、在一面小镜子里看着自己的脸或是感到来自胃部的饥饿可能会产生个人自我意识;被他人注视着、被人拍照或是在一面大镜子中看到自己的全身可能会引起公众自我意识。凡尼斯汀等人强调一个人身上会同时存在两个自我方面,只是其表现出来的程度不同而已。

这种自我两个方面的划分使人们研究自我对个体行为的影响变得具体化。研究者必须考虑自我的哪个方面显著并成为个人注意的中心(Focus of Attention),当注意分别集中在公我与私我这两方面时,它们会以各自不同的方式影响行为的发生。可见,公众自我意识和个人自我意识的产生是由于个体对自我两个方面的注意不同。

个人自我意识强的人对群体中的社会压力敏感度低,其外在表现和私下承认的态度更加一致;个人自我意识强的人会关注理想、人生价值和个人情感等个体内在方面,他们关心的是自我的、自主的目标,而较少考虑和思考他人的建议;他们面对社会要求和压力时是独立的、自主的。而公众自我意识强的人则会尽量避免这些情况的发生,当他们与社会交往时,会调整自己的意见;当有可能太突出时,他们会顺从不正确的大多数人的意见;他们会通过某个不同态度将自己和反面的参照群体区分开来;他们更加关注自我的表现并确信这会促进社会的交往;因为害怕被人拒绝,故公众自我意识强的人会认真对待他人的意见;他们也能更准确地预见自己会给周围的人造成的影响。

自我有两个方面的存在,已经被许多学者所论述和验证。可以说,凡尼斯汀等人的个人自我意识和公众自我意识的划分使自我意识理论得以完善,因此这些方法也被众多的研究者所引用。

西方对自我意识的内部结构进行了大量的分析并形成了诸多理论。这些理论的共同特点是自我意识是一种具有多重属性的心理结构,既相互联系又有所区别。

(七)自我认知、自我体验和自我控制

我国社会心理学家时蓉华等(1998)认为,自我意识是由知、情、意三方面统一构成的高级心理活动反映形式。知,即自我认识;情,即自我体验;意,即自我意向、自我控制。

1. 自我认识

自我认识(Self-knowledge)指主观的我对客观的我的认识与评价,包括自我观察、自我评价、自我概念等。其中自我评价和自我概念是两个自我研究中涉及的重要概念,而且经常与自我意识和自我认识相混淆,在这里有必要对此进行阐述。自我评价(Self-evaluation)是指在自我认识基础上对自己做出的某种判断,常与自我认识相混淆。自我认知是自己对自己身心特征的认识,而自我评价是在这基础上对自己做出的某种判断。例如,前者为“我是个身高1.80米的人”;在此基础上,判断为“我是一个高个子”。自我概念是个体对作为一个整体的自己的意识和体验相对稳定的观念系统,也可称为自我知觉或自我印象。自我概念是自我意识的认知范畴,是自我意识中比较重要的一部分,它反映着自我认识甚至自我意识发展水平的高低,对自我体验和自我调节的影响十分深远。因此,自我评价和自我概念都是自我认知的重要组成部分,而自我认识则是自我意识的认知范畴,它们之间既有联系又相互区别。

2. 自我体验

自我体验(Self-experience),是自己对自身产生的一种情绪体验,也就是主观自我对客观自我所产生的一种态度,包括自尊、自信、自卑、自满、自责等方面内容。自我情绪体验反映了主观自我的需求与客观自我的现实之间的关系。客观自我满足了主观自我的要求时,就会产生良好的自我体验,主要表现为自我满足,否则就会产生相反的效果,主要表现为自我责备。自我体验与自我认知、自我评价有着密切联系,并影响自己对社会道德规范的认识。

3. 自我控制

自我控制(或自持、自我调控)(Self-control),乃是个体的思想、情感和行为通过自身特殊的机制进行的一种自我调节过程。它是个体主动地提出目标,以实际行动与客观环境相互影响的过程,是个体自觉能动性的表现,也是发展个性品质的过程,可由几个相互关联或重叠的词组来表达:目标选择、目标认知、维持方向、改变方向、实现目标等。自我控制包括自我监控、自我激励、自我教育等成分,表现为自立、自主、自制、自律等。个体自我控制体系对心理和行为的调节一般通过以下环节完成:首先,主体意识到自己的需求或社会要求,并要求自己的行为适应社会道德规范,从而激发起自我控制的动机;其次,根据以往经验以及已有的知识,正确评价自己运用这些知识满足需求的可能性;再次,制订能够实现自己行动的相应计划和程序;最后,在行动中运用自我剖析、自我反思、自我鞭策、自我督促、自我命令等各种手段进行激励,确保行动的完成。在整个执行过程中,个体会对行为动机以及行为计划和执行反复进行调整,来达到对自己心理和行为的控制,最终实现自我意识的调节作用。

自我认知、自我体验和自我控制,使自我意识各部分构成了相互联系、相辅相成的三个组成部分。自我认知和自我体验是自我控制的基础,自我控制需要以自我认知为依据,并伴随着某种自我体验的产生。个体对自身活动的控制和调节受到个体对人与事物的自我认知和自我体验的影响。比如,对自己健康状况不佳的认知可以产生焦虑、苦恼的情绪体验,进而产生加强锻炼、提高健康水平的意向,从而发动、支配、调节自己的行为去实现这一意向。

三、自我意识的特征

自我意识作为人类特有的意识的重要形式之一,有社会性、矛盾性、形象性、独特性、统一性等特点。

第一,自我意识具有社会性。自我意识是个体社会化的产物,其产生、形成和发展都是在社会化过程中进行的。人只有在社会环境中才能发展成长,在成长过程中逐渐产生对周围世界的认识,形成"自我",认识到自己是什么人、并以什么样的角色和地位与他人交往等,与此同时,也产生了对自己的认识,即形成自我意识。生活于不同的社会意识环境中的人具有不同的自我意识和角色认知。在每一个特定的社会文化环境中生活的个体,其自我意识都不可避免地打上一定社会意识的烙印。如果一个人从小脱离社会,没有社会化的过程,他就不会产生自我意识。例如狼孩等,他们脱离了人类的社会生活,没有人类社会意识环境的熏陶,只能称之为一个生理意义上的人,而不是一个社会意义上的人。由此可见,自我意识其实就是在社会生活过程中个体对人际关系的反映。

第二,自我意识具有矛盾性。随着身心的成熟,自我逐步分化为主观的我与客观的我两个维度:自己既是观察自己的观察者,又是被观察者。处于前者地位的自我,往往代表了社会的要求,在头脑中塑造了一个"理想的我"的形象;处于后者地位的自我,实质上就是"现实的我"的形象。个体自我意识形成过程中,若主观的我和客观的我、理想的我与现实的我之间发生了分歧,就会产生复杂的自我情绪。作为观察者的理想的我会观察、分析现实的我的表现。因为理想的我是设想,而现实的我具有落后性,所以理想的我会发现现实的我还存在许多不符合自我理想的地方。例如,青年希望自己成为有建树的创业者,渴望自己做一番轰轰烈烈的事业,但实际上他具有保守性,处处因循守旧、畏首畏尾,于是就产生了理想的我与现实的我的矛盾——自我责备与自我抱怨。

第三,自我意识具有形象性。自我意识发展的基础是他人对自己的期待与评价,自己觉察到对方的态度与言语中所包含的内容,从而丰富自我意识的内容并产生分化,从人们对自己情感与评价的意识发展为自我态度。他人对自己的态度为自我评价提供基础。一个人处在一定的社会关系中,是通过与他人相处,从他人对自己的评价中看到自己的形象的。他人评价并不是指某个人的某一次评价,主要是指在对自己有影响的、关系较为密切的人的一系列的评价中概括出来的某些经常的稳固的评价。

第四,自我意识具有独特性。随着年龄的增长,个体在社会交往的过程中,尤其是在与那些重要他人交往的过程中,逐渐把他人对自己的判断标准内化为自己的评价标准,于是个体就按照自己假想的他人的观点来评判自己的行为。随着时间的推移,个体自我意识中的自我评价与自我体验也慢慢地脱离了他人的评价,成为自律的东西而发挥作用。那时的个体由于形成了自我态度,因而渴望追求自己的价值与地位,对于社会上忽视自己或不重视自己的人就没有好感,从而对其采取回避或疏远的态度;对于社会上那些肯定自己的人则有好感,主动去接近,表现为自律阶段。所以自我意识发展到了自律阶段就会变得"我行我素",发挥出主动性和独立性,表现出与众不同的风格与独特的形态,成为人格中的一个重要组成部分。

第二节　自我意识的发生与发展

自我意识是在个体生理和心理能力与社会环境长期相互作用的动态过程中形成和发展的,个体因素和社会因素是如何影响自我意识的形成和发展的?发展的过程经历哪些阶段?一些学者从不同的角度进行了探索。

一、影响自我意识形成和发展的因素

(一)个人因素

1.生理因素

自我意识的发生、发展与个体生理发展状况、年龄的增长是有关联的,离不开生理和心理能力的发展。自我意识的形成或发生主要以物-我知觉分化、人-我知觉分化和对有关自我的词的掌握为主要标志。

物-我知觉分化可分为3个发展阶段。最初出现的是物-我感觉分化。新生婴儿不知道自己身体的存在,其吮吸自己的手指、触摸身体部位时就像吮吸、触摸别的东西一样。当婴儿感觉到两者的区别时,婴儿就出现了物-我感觉分化。此时,婴儿出现了主体(自我)感觉。18—24个月大的幼儿开始将自己的动作和动作的对象区分开,例如,为了吓跑床上的小狗(这是动作的对象)而拉床单(这是自己的动作),这是在物-我感觉分化基础上形成的对自己的动作和与动作相联系的外物的知觉分化。在进一步的发展中,幼儿开始区分自己和自己的动作,出现最初的随意性动作。幼儿开始感觉到自己的动作是自己发动的,自己是活动的主体,这标志着幼儿出现了最初的相对于客体的(尤其是无理性客体)主体意识。

人－我知觉分化可以分为两个发展阶段。一是对人微笑。3个月的婴儿受到他人刺激会产生最初的人际相互作用反应，如社会性微笑。二是从形象上区分他人和自己。婴儿认识他人的形象比认识自己的形象出现得早。6个月以前的婴儿可以从镜子中认出父母，并对不同的他人做出不同反应，这些现象表明此时的婴儿相对于自己能更早更容易地认识他人。7—8个月的婴儿开始关注镜中的自我形象，10个月时出现想与镜中自我玩耍的倾向。20个月大的幼儿开始能区分同伴，2岁零2个月的幼儿能准确认识镜中或照片上的自我形象，标志着儿童出现了最初的自我意识——自我知觉。

第三个标志则是对有关自我的词的掌握。1岁以后，幼儿开始能将自己同表示自己的词语（名字）联系起来。例如，成人叫他"君君"，他能知道是叫自己。接着，他学会使用自己的名字代表自己，称自己为"君君"，同时发展起对自己躯体的认识和对自己身体感觉的意识，如主述"这是君君的眼睛"、"君君饿了"等。在有关自己的这种表象性认识的基础上，约在2岁末幼儿开始能使用物主代词"我的"，直到最后能使用人称代词"我"。"我"的使用具有相对性，例如，成人问儿童"你饿不饿"，儿童必须回答"我不饿"，但不能回答"你不饿"。这与对"君君饿不饿"的回答"君君不饿"是根本不同的，它需要抽象和概括能力，没有这种能力，自我意识就不可能出现。因此"我"这个词的掌握在儿童自我意识的形成上是一个质的变化。儿童从把自己当作客体的人转变为把自己当作主体的人来认识，最终形成了自我意识。由此出发，随着年龄的增长，儿童在社会生活中进一步发展起自我评价，产生自我情感，到3岁时出现明显的自尊心和羞耻感等。

国内外很多研究结果都表明，除了生理的发展以外，个体的年龄也是影响个体自我意识水平的因素。自我意识不是一成不变的，而是在一个人的一生中不断发展变化的。个体自我意识从发生、发展到相对稳定和成熟，需要20多年的时间。

2. 心理因素

自我过程是影响自我意识形成、影响自我意识的方向或目标的心理加工过程，它对自我意识的形成与发展有重要的影响力。其中，自我评价、自我修养对自我意识有较大的作用力。

自我评价是个体对自身状况所做的肯定与否定的判断。它常常发生在我们希望准确地、客观地描述自我的时候。自我评价通常依赖社会比较和自我估价来实现。社会比较指通过将自己与他人比较以获取有关自我的重要信息的过程。自我评价是自我意识的一部分，同时也是自我过程的一部分，其本身的发展变化也就影响了自我意识的变化。自我评价发生了变化，必然会引起一定的心理行为的变化，而这些变化又会使自我意识出现相应的波动。

自我修养就是个体培养正确对待自己，端正自我态度的过程，自我修养要求准确全面地认识和评价自己；设立切合实际的努力目标；学会进行自我批评，正确对待成绩和挫折。而这些自我修养的内容本身就是自我意识得以健康发展的因素。

（二）社会因素

从上面的分析中我们可以看出，自我意识并非是与生俱来的，而是后天形成和发展的。

生理的成熟和发展是个体产生自我意识的关键,但这只是一个前提条件,自我意识的形成和发展还有赖于个体在生理成熟和发展的同时参与社会生活和社会互动。个体自我意识的形成和发展与社会环境息息相关。

1. 社会经济地位

社会经济地位是由社会经济关系决定的个人的社会身份和地位,在多数情况下,它与社会政治关系所决定的社会政治地位密切相关,在自我意识的形成和发展中具有重要作用。通常社会经济地位对自我意识的影响主要体现在以下两个方面。一是影响决定自我属于哪一阶级(或阶层)的社会自我意识,从而决定自我的政治意图。二是影响决定个体心理自我意识的发展水平,例如渴望自我成功的程度等。这些自我意识成分在情绪体验上表现为自豪、自重或自卑、自贱,对个体从事社会实践活动的自觉性、主动性、能动性产生重大影响。

2. 社会文化环境

社会文化包括政治、经济、国家的宣传体系、风俗、习惯传统以及生产力发展水平等。人们在同一文化的熏陶下,往往会形成相同的自我意识成分。例如,跨文化研究表明,美国儿童更为积极、主动、进取,敢于向环境中的问题挑战;而墨西哥儿童更为被动、驯良、忠顺,忍受环境压力而不去改变它们。

3. 家庭

家庭是个体最早接触的社会环境,并对个体自我意识的形成、发展起着关键性作用。许多学者认为,父母对儿童的影响体现在他们决定了儿童对自己的看法。若儿童经常受到父母的肯定往往形成肯定的自我,相反则造成消极的自我评价,甚至会导致精神障碍。因此,父母对于儿童来说是重要的影响者和塑造者。

4. 角色扮演

角色指与某种社会身份相称的行为规范的集合。角色扮演则指个体依据这种行为规范集合获得相应社会规范,履行自己的义务,形成自我概念,达到自我定向。例如扮演父亲这一角色就是要行使父亲的权利、尽父亲的义务。社会角色是相互联系的,父亲角色就与母亲、子女角色互相关联。因此,角色扮演必然是在人际互动和社会交往中进行的。在这种互动中,某一角色扮演得成功与否既与该角色对该角色行为的理解(我应当怎样行事的期望)有关,又与相关角色对该角色的角色行为期望密切相关。换言之,角色扮演受到二者组成的期望系统的制约。当系统内两种期望成分协调一致时,个体角色扮演成功,易于形成自信、自尊的自我意识,能促使更高的成就意识的发展,形成熟练的扮演"一般人"的能力,使自己更能适应社会环境。反之,角色扮演者常常经历理想自我与现实自我的角色意识冲突,体验到焦虑、紧张,使自我意识的同一性受损,或导致社会适应不良,或引发心理疾病。

5. 他人的评价

我们的大多数有关自己的信息都来源于他人,是对他人评价的反映。他人评价对自我意识形成具有重要作用。早期社会心理学家(尤其是米德)对这种作用机制做过深入研究,认为自我意识随他人评价的改变而改变。国内研究者发现,小学三年级以上的学生就能够形成非常明确的自我意识,他们对自己的实际状况评价十分恰当,往往接近于其师长和同龄人对其的评价。

6. 参照群体

参照群体指价值目标和行为规范被个体作为行动指南，用以约束、调整自己行为的群体。研究表明，参照群体的信念和价值观是个体自我观念的重要来源。个体常常根据参照群体的价值取向定义自己，形成自我观念；将参照群体的价值倾向理解为一种期望，约束自己的思想、行为，融入自己的意识之中；与参照群体比较以进行自身地位的评价。因此，谢里夫把参照群体的规范看作个体的社会目标、自我评价、社会评价乃至世界观形成的基准线。

二、自我意识形成和发展的理论研究

当心理学成为一门独立的学科时，心理学的先驱人物（如冯特、詹姆斯）的理论就涉及了自我。到了20世纪20年代，西方心理学兴起了研究自我的热潮，其中库利、米德以及弗洛伊德等人的理论与研究起了重要的作用。到20世纪70年代至80年代，西方心理学家受到认知心理学思潮的影响，开始从认知过程的角度对自我问题进行深入研究。

（一）詹姆斯、库利与米德关于自我的理论研究

1. 詹姆斯的自我理论

詹姆斯在1890年首先提出自我具有反省能力（Reflexity），即自我能转回头来审视自己，把自己当作认识的对象。因此自我的研究就可以分为两部分，即把自我看成过程（知觉者、认识者）或把自我看成内容（被知觉者、被认识者），也就是前文提到的他关于自我的两种分类。这种自我反省能力是人类调节其行为的关键。詹姆斯的这种"自我具有反省能力"的观点随即得到了库利和米德的响应。

2. 库利的自我理论

库利在1902年提出了"镜中我"（Looking-glass Self）理论。库利认为，自我意识的产生和发展必须要经过社会化的过程。在社会化的过程中，儿童与其他人互动交往，了解到别人对他的态度，从而形成他的自我意识。镜中我的发展，可以从儿童在不同年龄时段的反映得到更深切的认识。儿童在1岁左右时，如给他拍照，他的反应是哭泣不从。到了4岁的时候，他就逐渐懂得了如何做才能为别人所接受或是应该如何做。所以在拍照时，他会笑着面对镜头，因为在他的想象中，这是为别人所接受的方式之一。可见，自我意识的形成过程便是社会化的过程。在这个过程中，儿童通过他人来了解自己，把他人作为一面镜子，从中来反省自己、省察自己。

3. 米德的自我理论

米德像詹姆斯一样，将自我区分为"主我"（I）和"客我"（me），使知觉者（Selfasknower）和被知觉者（Selfasknown）的区分更加明确具体。米德认为，主我是个体对他人的态度做出的反应；客我则是个体自己采取的一组有组织的他人的态度。他人的态度构成了有组织的客我，而后，个体就作为主我对这种客我做出反应。个体通过角色承担能力采取他人的态度并加以组织，这一过程使他获得了客我，这种客我就是他觉察到的自我。米德认为，影响自我的他人有两类：一类是概化他人（Generalized Others），即社会文化整体。社会文化整体通

过家庭、学校等机构，以及规范、语言文字，使人将社会文化、道德规范内化为个人的“自我”。另一类是重要他人（Significant Others），即影响个人生活和人格成长的中心人物，如父母、老师等。重要他人对个人态度、观念的影响具有特殊意义，并对个人发展发挥着重要影响。

米德还将自我意识的发展划分为三个阶段：①玩耍（模仿）阶段。原始的自我尚不能运用符号，只能无意识地模仿他人，这是个体化的自我形象的最初阶段。在这个阶段中，儿童会创造出许多看不见的、想象的玩伴，当儿童扮演某个角色时，他就具有一组刺激，这种刺激在他心中引起了在别人身上所导致的反应。通过对这些存在于周围环境并且依赖他们进行生活的人物的扮演，儿童的自我意识得到了一定程度的发展。但是此时自我意识还是模糊不清的，缺乏明确的组织，只是一系列的反应。②游戏阶段。个体在组织活动中扮演不同的重要他人角色，学习其态度和观念，从进行协作活动的群体中获得多重自我形象的阶段。游戏与玩耍之间的区别在于：参加游戏的儿童必须采取游戏所涉及的每一成员的态度，而且这些各不相同的角色之间还存在着明确的关系。儿童的每一个动作都是由其对正在参与这场游戏的其他每一个人的态度控制的，这些人的态度可以影响他自己的特定反应。③博弈阶段。这是个体自我意识发展的最高阶段，即儿童扮演概化他人的角色，将他人行为综合为一个整体印象，从概化他人的角度衡量自己的行为是否符合道德规范与文化准则。他们遵守游戏规则，尊重社会的价值观、态度、规范，并将以上内容进行内化，形成自我。米德认为，个体在社会互动中通过发展扮演不同角色的能力的方式而使自我意识得到不断发展，随着角色扮演能力的逐步提高，扮演角色范围的不断扩大，自我意识就可进入到不同的发展阶段。

米德的理论和库利的很相似，他们都强调人有自我反省的能力，强调人是通过他人来了解自己的。只是库利强调的是想象与认知能力的作用，而米德则更强调角色扮演的作用。

学术界广泛认可自我具有反省能力，并把这一能力既看成个体是否能融入社会的一种能力，也看成个体能否独立于社会成为一个有思想的社会人的能力，换言之，自我是社会性的，同时也是有独立性的。

（二）精神分析学派关于自我的理论研究

1. 弗洛伊德的自我观

在精神分析理论中，精神分析理论创建者弗洛伊德提出了其关于自我的独特的概念。他将自我分为本我（Id）、自我（Ego）和超我（Super Ego）三个部分。自我是一个组织，围绕着它有三个方面：现实的环境、本我和超我。自我的三个部分具有不同的功能，本我力图表现自己，超我努力压抑本我，形成冲突，当超我较强而本我经常被压抑时，需要会隐藏到潜意识之中，并继续影响人的行为。自我的任务就是协调和调节本我与现实的环境或本我与超我之间的关系。自我遵循现实的原则，它尽力满足本我的要求，同时又要考虑现实的可能和超我的允许。按照弗洛伊德的理论，如果不能压抑本我与超我的冲突，就会出现精神疾病与人在痛苦的挣扎中实现人性升华这两方面结果。在弗洛伊德的人格结构理论中，虽然不否认自我的存在，但是自我并没有被赋予较高的地位，自我只是产生于对本我的控制，它还不断受到本我和超我的左右。在现实环境的作用下，有一部分本我会渐次改造自我，超我也会促进自我的形成。自我表现良好时，就给予奖励，引起自重感；自我表现落后时，超我就给予惩罚，产生罪恶感。总之，超我监督着自我，自我又为本我所驱动。

2. 阿德勒的自我观

与弗洛伊德相比，阿德勒的个体心理学更强调意识的作用，他认为人的行为通常是能被自己意识到的，主要受社会兴趣和追求优越的动机所驱使的。由于生理缺陷或功能不足，人会产生自卑感，自卑感驱使人产生了对优越的渴望；追求优越是生命的固有需要，个体常常在无意中与他人比较，并向着优越的方向努力，包含更加完美的发展、成就、满足和自我实现。总之，自卑感和对优越的追求是自我发展的强大动力。阿德勒认为，虽然人类要受到遗传和环境的影响，但并不是被动地接受影响。相反，每个人都自由地作用于这些影响，按照自己“创造”的方式将它们加以组合。由此，他提出了创造性自我的概念，即它指人格中的自由成分，它使得个体能够自由地建构自己独特的生活风格和追求目标。

3. 埃里克森的自我观

埃里克森认为，人的一生发展受到生物、社会、文化等因素的影响，这一过程要经历一系列自我同一性危机，对于这些危机，人们会采取积极或消极的方式面对，从而对自我的发展产生重大影响。他提出，通过适当的方式度过危机，会促进自我成熟，建立稳定的自我同一性。根据埃里克森的理论，人生有八个阶段的危机。

(1) 基本信任对不信任

在婴儿时期(0—1.5 岁)，人生面临第一个危机：基本信任对不信任的危机。基本信任的感觉主要从母亲和其他抚养人那里获得。信任感的建立与否影响到他们今后成长中对待世界的态度以及他们与世界关系的形成。若是婴儿的各种需要得到及时满足，就学会了对母亲和抚养人的信任，从而相信周围环境和人是安全的，发展为对他人的信任。反之，婴儿就会对周围的人产生害怕、怀疑和不信任的态度。埃里克森建议，这个时期应当以培养婴儿的信任感为主，但是要防止婴儿形成对一切人的信任，就要适当考虑不必对婴儿照顾得过于周全，以免其以后因相信所有人而上当受骗。

(2) 自主对怀疑和羞耻

在童年期(1.5—4 岁)，人生遭遇自主对怀疑和羞耻的危机。这个时期的孩子已经开始逐渐独自探索社会环境。家长等人允许并鼓励孩子独立做事，激发儿童对事物探索的浓厚兴趣，就会发展起孩子的自主感，使孩子能控制自己；反之，若对孩子严格管教、大声斥责并用体罚的方式惩罚孩子或对其过分溺爱，不给他们自由行动、自我控制的广阔空间，就会使孩子产生失败体验，自我怀疑并感到羞耻。埃里克森建议，在培养孩子自主感的时候，也要适当对孩子加以限制，以避免到青年阶段在争取自主时出现失控的危险。

(3) 主动对内疚

学前期(4—6 岁)是主动对内疚的危机阶段。在这个时期，儿童能更熟练地运用语言，并开始较为主动地运用自己的想象力，好奇心强，精力充沛。如果父母能够正确对待和培养儿童的探索意识，积极鼓励他们大胆想象，孩子就会发展起主动感；若经常遭到禁止、指责甚至嘲笑，孩子就会认为自己做错了事，产生内疚感。埃里克森建议，应当充分发展孩子的主动感，耐心回答孩子的提问，鼓励孩子的探索行为。

(4)勤奋对自卑

到学龄期(6—12岁),儿童将面临勤奋对自卑的危机。这时的儿童开始了正规的学校教育,学校环境使得儿童的活动空间扩大、结识更多的伙伴,同时也使儿童受到更多的规则约束,儿童要学习必要的科学知识以及社会生活所必需的技能。如果此时儿童能够得到成人的帮助与赞扬,就能使其勤奋感得到增强从而体验到成就感。埃里克森告诫为人父母者要防止将孩子的勤奋当作淘气,否则会使孩子产生自卑感。埃里克森建议,应该鼓励孩子努力完成任务,从而激发他们的竞争心,增强取得成功的信心。要鼓励孩子与他人交往,相信自己有能力做好任何事情,但也不能过分重视他们在工作能力方面的地位,忽视某些其他重要和美好的品质。

(5)同一性对同一性混乱

青春期(12—18岁)是人生发展的关键时期。青少年时期的个体发生了很多的变化,一方面,这个时期的个体在生理和心理上发生了革命性的变化,另一方面,青少年逐步扩展了自己的活动范围,走出了家庭、学校,开始深入到更广泛的社会环境之中。此时,处于青春期的个体会面临如何建立自身同一性和克服同一性混乱的危机。所谓同一性,是指青少年在自身的形象、角色、价值、目标等人生重要方面建立起成熟的自我意识,并且达到个人的内部认识与自身外部特征相一致。在青少年阶段,自我同一性或关于自我特征的清晰自我概念的建立,是其自我发展的重要任务。埃里克森指出,如果在青春期同一性没有建立起来,在未来的生活中就可能出现同一性混乱的各种表现,如不能选择适合自己的生活角色,不能正确选择将来的目标,也不知道自己将会成为什么样的人,没有牢固的自我同一感,对生活和社会抱有消极、轻视、无所谓的态度。

(6)亲密对孤独

在成年早期(18—30岁),人生面临的是获得亲密感和避免孤独感的危机。成年早期的个体开始更多地与群体进行沟通交流。他们不但具有与异性交往的需求,还具有与他人共同分享一切的信任感。埃里克森指出,在这个时期,如果个人能与他人同甘共苦、相互关怀,就能产生亲密感,与他人建立友谊和爱情;相反,如果个人不能向他人敞开心扉,与他人分享快乐和痛苦,不能与他人进行思想情感的交流,不能相互关心和帮助,就会陷入寂寞的苦恼之中。

(7)繁殖对停滞

中壮年期(30—65岁),这个时期的个体将面临繁殖与停滞危机。在这个时期,个体的的兴趣关注点开始扩展到下一代人的身上。如果个体能知觉到自己是社会中具有生产力的一员,有能力为社会做出贡献,关心家庭成员,关心后代幸福,关心社会他人,在工作上富于创新,获得事业成功,就会感受到此阶段的生活意义和生活充实感、满足感。而有的人在中年阶段体验到生活的负担和对生活的厌倦,或只自我专注,只顾自己和自己的家庭,不管他人的困难和幸福,则会在生产能力、创造能力以及人际关系方面体验到失败,陷入人生的停滞。

(8)自我完整对绝望

这个时期称为成熟期(65岁以上)。按照埃里克森的观点,人生到成熟的老年阶段,依然有需要克服的危机,自我完整与绝望是人生将近终极的两个极端。前七个阶段的良性积累、过往的成就和阅历,会使老人觉得自己的一生是没有遗憾的、充实的,所以就会怀着一种完美的、坦然的感觉面对死亡。相反,如一生积累了较多消极成分,会使人追悔过去,认为过去的自己一事无成,没有实现任何重大的目标,没有完成自己的社会使命,对很多事情都不能释然,内心就会对死亡充满畏惧感,产生焦虑和绝望。

4. 沙利文的自我观

美国精神病学家沙利文受早期自我理论家库利和米德的影响提出了人际关系理论,对自我的发展做出了新的贡献。沙利文注重人际关系对自我发展的影响,特别是强调早期的母婴交往中的体验和感知决定着自我的发展。根据沙利文的观点,自我的发展来自与他人接触时对他人和自己的认识,从而在自己内部建立起一种唯一能使他满足的,也能被他控制的目标、价值和愿望的整合系统。人的生存环境既包括自然环境也包括社会文化环境,人与社会文化的关系就是人际交往过程中的互动模式。个体在与他人的互动中,文化的某些成分内涵于人格中。沙利文认为,人际关系既包括个人与真实他人的关系,也包括个人与幻想他人的关系。他在理论中指出后一种关系同样影响个人生活,甚至具有更大的有效性和重要性。

自我系统是指以个体的人际经验为基础建立起来的一种自我印象,其开始于婴儿认识到自己身体的存在,良好的养育和爱护会使婴儿产生好妈妈的人格化,而引起婴儿焦虑的体验会产生坏妈妈的人格化,这两种对立的人格化又可以形成更为复杂的人格化。他人的人格化作为人际情境而时刻作用于个体。在很小的时候个体就已有了好我、坏我和非我的判断,对自己的人格化形成了自我的意识。凡是导致奖励和人际安全感的是好我,凡是导致轻微或中度焦虑的为坏我,而非我则和突如其来的、不可抵挡的重度焦虑相结合。自我系统是社会道德规范和文化的产物,其功能在于减轻焦虑,认识外界环境中的各种人际关系并加以应对和适应。

第三节 自尊

自尊(Self-esteem)是自我意识中与情绪体验有关的内容,是对自我的评价与接受。自尊有强弱之分,高自尊者能树立合适的目标,能够以自我提升的心态来利用反馈,能成功地应付困难情境;低自尊者常选择不切实际的目标或不树立目标,怀疑生存的价值和意义,对未来持悲观态度,对批评与负性反馈产生更多消极情绪及行为反应。自尊作为一个人自我价值向往的体现形式,是一个人的行为遵从自己重视的规范的基础。若一个人失去自尊,他遵守规范的自我理由也会随之丧失,因此,自尊在关于自我问题的讨论中具有重要地位。

一、自尊的结构

自尊是个体对其自身价值的一种积极的认知评价,是对自我的评价和接受。人们总是根据多种信息来评价自己,从而形成不同水平的自尊。一般说来,自尊是个体基于自我评价产生和形成一种自重、自爱,并要求受到他人、群体和社会尊重的情绪体验,其本质是对自己在一个正向或一个负向维度上的态度。随着人们对自尊概念的理解不同,所提出的自尊结构也有着区别。

(一)自尊的单维结构模型

詹姆斯认为,自尊即个体的成就感,取决于其实际的成就与潜在的抱负水平之比。自尊水平与成就成正比,与抱负水平成反比。他认为,自尊是一种情感性的(强调心理感受)、能力指向的(强调依靠活动的效果)、动态性的(具有变化的开放性)心理结构,自尊的维持和发展是由个体对其行为结果进行评价的认知过程,而不是个体所获得的实际结果。

(二)自尊的二因素结构模型

波普认为,自尊由知觉的自我和理想的自我两个维度构成。知觉的自我就是自我概念,是个体对自己具备或不具备各种技能、特征和品质的客观认识。理想的自我是个体希望自己成为什么人的一种意向和一种想拥有某种特性的愿望。当知觉的自我与理想的自我一致时,自尊就是积极的;当知觉的自我与理想的自我不一致时,自尊就是消极的。这一观点与罗杰斯早期的观点是一致的。

(三)自尊的三因素结构模型

斯蒂芬哈根等人提出的自尊包括三个相互联系的因素,即物质/情境模型(Material/Situational Model)、超然/建构模型(Transcendental/Construct Model)、自我力量意识/整合模型(Ego Strength Awareness/Integration Model)。黄希庭认为,自尊可以分为特殊自尊、一般自尊和总体自尊。其中特殊自尊是个体对自我某一方面的评价和接受程度,具有特殊性、情境性和不稳定性;一般自尊和总体自尊是在特殊自尊的基础上,抽象概括出来的自我评价与感受,总体自尊不具有情境性和特殊性,是对自我的综合评价和整体体验,具有稳定性。他认为这三个层次是一个有机整体,其中一般自尊和特殊自尊又可分为社会取向和个人取向。

(四)自尊的四因素结构模型

库珀史密斯提出,自尊从四个方面来建立:一是个人重要性,指个体是否感到自己受到生活中重要人物的喜爱和赞美;二是能力,指个体是否具有完成他人认为很重要的任务的能力;三是个体的道德性,指个体所达到的伦理和道德标准的水平;四是权力,指个体影响和控制自己生活与他人生活的程度。

(五)自尊的多因素结构模型

波普提出,自尊体现在五个方面:一是社会方面的自尊,是指个体对自己和同事间的互动关系的满意程度;二是学业自我效能方面的自尊,指的是个体所知觉到的自己对生活中的重要事件的控制和支配力;三是家庭方面的自尊,个体如果觉得自己是家中一个有价值的重要的成员,并且感受到家人对他(她)的爱、尊重和接纳,他(她)在这个方面就会有正向的自尊;四是身体意象方面的自尊,是指个体对自己外表的观点和看法;五是整体自尊,是指一个人对自我整体上的评价,整体自尊水平高的个体会认为自己是一个不错的人,对自己的大部分感到满意。

我国学者魏运华综合研究者的调查结果后提出，儿童的自尊结构主要由外表、体育运动、能力、成就感、纪律、公德与助人六个因素组成。麦伯亚在研究中将自尊的结构分为：家庭关系、学校、生理能力、生理外貌、情绪稳定性、音乐能力、同伴关系、健康等八个维度。

（六）自尊的内隐与外显双重结构模型

格林沃尔德等人提出内隐自尊和外显自尊双重结构。他们的研究结果表明，两种不同的自尊分别作用于不同的心理与行为，其中内隐自尊对自发的和情感驱动的行为反应有较高的预测力。内隐自尊是幼年时期形成并在随后的生活中逐渐内化为自我图式的一部分，通过有意识的内省不能确认，但却影响个体行为的一种内隐的自我评价；外显自尊则是人们在意识中能够确认的一种自我评价。

（七）自尊的“倒立金字塔”结构模型

德米特里的信息加工经验结构理论指出，个体的生活经验、观念和大脑都是结构性的组织，个体之操作是结构性组织的直接反映。由于自尊也是人们关于自我价值的一种知觉经验，因此自尊的结构方式也应该是一种结构化的经验组织。张向葵等人在以往研究观点的基础之上，提出自尊是由潜在自尊、社会自尊和元自尊三部分构成的“倒立金字塔”结构模型。①

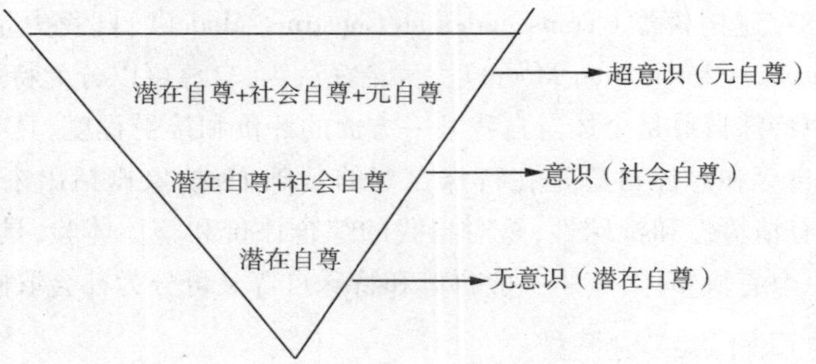

图4－1　自尊的“倒立金字塔”结构模型

资料来源：张向葵，张林，赵义泉. 关于自尊结构模型的理论建构[J]. 心理科学，2004，27(4)：791－795。

二、影响自尊发展的因素

马斯洛认为，自尊合理需要的满足会使人相信自己的力量和价值，使人们在生活中变得更有能力，更富有创造性；相反，自尊过强成为虚荣心，自尊过弱成为自卑感，这两种极端状态对个体的发展均有不利影响。哪些因素影响自尊的水平？在不同因素影响下的自尊结构又会发生怎样的变化呢？人在不同发展时期，影响自尊的主导因素是不一样的，家庭是影响

① 参见张向葵，张林，赵义泉：《关于自尊结构模型的理论建构》，《心理科学》，2004年第4期。

儿童自尊的主导因素，随着儿童在学校的学习生活时间越来越长，学校因素逐渐占据主导地位；当个体的主体意识逐渐成熟时，影响自尊的因素就更加复杂。

(一)个人因素对自尊水平的影响

气质特点、归因风格、年龄与性别等个人内部因素对自尊都会产生影响。不同的气质类型通过影响不同的情感反应影响自尊的产生。开朗的个体具有高自尊水平可能与其对产生积极情感的线索更敏感的原因有关，而焦虑特质的个体的自尊水平较低可能与其对产生消极情感的线索更敏感的原因有关。魏运华曾考察了少年儿童的归因风格与其自尊发展的关系，研究结果发现，更多地把自己的成功和失败归因于自身的少年儿童，其自尊水平越高。另外，自尊水平的高低会随着年龄的增长而发生变化。国外研究一般认为，在年龄层面上，儿童期自尊水平较高，老年期自尊水平较低，中间年龄阶段的个体处于波动状态。在性别层面上，女性在自尊水平上要低于男性，原因是女性的社会化更多涉及在家庭中的角色、人际关系、情感联系，因而女性更多地感受到矛盾。

(二)家庭环境对儿童自尊发展的影响

儿童成长的载体和儿童社会化的第一场所是家庭，在家庭里儿童形成和发展了自己的情感、价值观和道德观。诸如家庭结构、父母受教育程度、父母教养方式等家庭因素深深影响了自尊的发展。研究和教育实践都显示，父母对儿童采取民主型的教养方式，尊重孩子的意见，有助于儿童高自尊的形成、发展与提高；相反，父母对儿童采取专制型的教养方式，整日对孩子板着张脸，动不动就批评孩子，当孩子取得成绩时不是鼓励而是讽刺，这种情境下的孩子自尊水平就会比较低，因为他们几乎没有被赞扬的经历，也没有自主的权利，他们就很容易否定自己，使自尊的发展受到阻碍。此外，有研究证明，父母的教育水平、社会地位越高，家庭的经济状况越好，儿童的自尊水平越高。

(三)学校因素对自尊水平的影响

学校是儿童社会化的另一重要场所。大量实证研究表明儿童的学业成就、师生关系都与自尊有着紧密的联系。研究者普遍认为，学习成就与儿童自尊发展呈显著正相关，即学习成绩愈高，儿童总体自尊及自尊的各个维度得分也愈高。在师生交往过程中，儿童对自己的评价受到教师对其行为的评价、情绪反应和行为表现的影响。同伴是另外一个影响儿童社会化的重要因素，在与同伴的相互接纳中，其更容易获得积极的情感体验。

(四)社会文化因素对自尊水平的影响

个体是在特定的社会文化中成长的，也是在特定文化中认识自己、在与本文化所倡导的价值标准比较的过程中获得自尊的。克拉克曾以5—7岁的119名美国北部黑人儿童和134名美国南部黑人儿童做被试，给他们一些黑种人洋娃娃和一些白种人洋娃娃(这两种娃娃除了肤色不同之外，其他方面是一模一样的)，然后要求他们按照主试的指令行动：

(1)指给我看你最喜欢的娃娃；

(2)指给我看你认为最好看的娃娃；

(3)指给我看你认为最不好看的娃娃；

(4)指给我看你认为像你的娃娃;

……

当被试按上面的要求做完后,统计200多名被试的反应。结果发现,一半以上的黑人儿童偏爱白种人洋娃娃,他们拒绝黑种人洋娃娃玩具,感到白种人洋娃娃更漂亮,也更高级。这个研究结果表明,在种族歧视条件下,黑人儿童从小就认为自己所属的种族低人一等,将黑人在经济和文化上未能取得突出成就的原因归于本身的种族不好,从小就产生一种自卑感,影响了他们的自尊。

国内外学者在文化对自尊的影响是否存在差异性上持不同观点。持文化具有普遍性观点的研究者认为在不同的文化背景中自尊具有很多相似的功能,能够促进个体的心理健康、提高幸福感,能够缓解失败产生的情绪压力和减缓死亡焦虑等。持文化具有差异性观点的研究者主张个人的心理和行为必然受其所处的文化与社会环境的影响与制约。我国学者认为自尊既具有文化普遍性,又具有文化差异性。①

三、自我提升与自我表露

(一)自我提升

自我提升也称自我增强或自我提高,它是个体肯定自我的驱动力、维持自尊的途径,以及寻求自我评价的动机。自我提升是个体在社会比较中努力保持和提升自尊的倾向,通过自我提升,人们希望对自己产生满意感、能力感和有效感。它和心理健康、社会适应、学业成绩等有着密切关系。传统观点认为自我提升和自我确认共同产生提高自尊的作用,但最近的研究则对自我提升的适应价值以及它对人类发展的积极影响效应提出异议。有学者认为,自我提升能使个体有更好的社会适应,但也有一些研究者认为自我提升是与不良的社会技能和心理不适应相关的,并且使个体表现出不利于积极的社会相互作用的行为,还有一种观点认为自我提升在短期内会对个体的心理健康有益处,例如对学业成绩有帮助,但是长期会使个体降低自尊,减少主观幸福感。②

(二)自我表露

自我表露是指个体口头将自己的信息(包括思想、感受和经历)表露给他人,在亲密关系的发展和维持上起主要作用。由于与他人分享信息时会引起他人对自己的反馈,自我表露可以获得自我认同,对自己有新的更深入的认识。而且,自我表露可以帮助个体找到问题或令人担忧的事情的有效解决方法。个体在自我表露后经常会伴随着处理自身问题尤其是处理内疚感能力的增强,当人们开始表露自己的经历,一般会意识到原来事情没有原先想象的那么糟糕、令人郁闷,从而增强对生活的控制感。自我表露有利于亲密关系的形成和发展,通过人际关系的建立和发展,可以获得人际支持,更好地适应社会生活。③

---

① 参见黄希庭,尹天子:《从自尊的文化差异说起》,《心理科学》,2012年第1期。

② 参见董妍,俞国良:《自我提升的研究现状与展望》,《心理科学进展》,2005年第2期。

③ 参见蒋索,邹泓,胡茜:《国外自我表露研究述评》,《心理科学进展》,2008年第1期。

四、自尊的测量

自尊对人的行为导向和适应的重要价值，激发了研究者对其进行测量的愿望。心理学界编制了许多测量自尊的量表，其中使用较为广泛的有两种。一是自我报告测量法，即采用自陈式自尊量表测量意识层面的自尊；二是采用间接的方式测量潜意识层面的自尊。

（一）自我报告测量法

1. 罗森伯格自尊量表

罗森伯格自尊量表是最常用的测量整体自尊的工具，它关注人们整体上看待自己的方式，而没有涉及一些具体的品质和特性。该量表包括10个题目，它易于施测、计分和解释。这个量表最初是为青少年设计的，但也广泛用于成年人。此量表的一个最大问题是易受社会赞许性反应倾向的影响，使受测者的分数分布倾向于正分偏斜，即大多数人的自尊分数都较高。

2. 得克萨斯社会行为调查量表

得克萨斯社会行为调查量表也经常用来测量整体自尊，但实际上测量的是个体感觉自己在社交场合中的舒适度和胜任度。这个问卷的得分和罗森伯格自尊量表的得分相关（$r \approx 0.65$），但两个问卷测量的并不是同一个东西。个体虽然在社交场合中感觉不舒服，但整体上仍然喜欢自己；或者个体在社交场合中虽然感觉很轻松也容易与人相处，但可能整体上并不喜欢自己。由于这个原因，罗森伯格自尊量表更适合测量整体自尊。得克萨斯社会行为调查量表尽管不是对自尊的整体测量，但社交自尊是整体自尊的一个重要决定因素。现今，采用自我报告测量法测量自尊的方式得到广泛应用，同时也具有较高的结构效度和预测效度，但也存在一些问题。比如，鲍迈斯特等人认为采用自我报告测量法测量自尊，可能会受到自我展示（自我表现）的影响。高自尊得分反映出过分自信者的人际交往特点，人们在这种情况下很想以积极的方式展示自己；而低自尊得分则反映了谦虚者的人际交往风格，他们不愿意以非常积极的方式展示自己。研究者认为自我展示的模式与人们内心如何看待自己并无太大关系。此外，自我防御机制也会影响自尊的自我报告测量法。在自尊的自我报告测量法测量中得分高的人，可能会防御性地报告比实际更好的自我感觉，并以此欺骗自己。但人们也应看到，现实生活中，某些类型的自我欺骗实际上是健康的，在心理调节过程中发挥着重要作用。

（二）内隐自尊测量法

自陈式自尊量表测量到的自尊，虽然对个体的认知、情感和行为有较强的预测力，但这种直接测量的方式蕴含着个体能够通过内省、在意识的层面上接触到内在的自我评价的假设。如果个体的自我评价中有一部分存在于自己也无法觉察的潜意识中，那么，自陈式自尊量表便无法测得这一层面。同时，自陈式自尊量表难以消除社会赞许效应的影响，因而自陈式自尊量表的测量无法反映完整的自尊概念。由于自陈式自尊量表具有这些局限性，近年来，一些研究者试图以某种间接的方式对自尊进行测量，力图反映出这种个体自己没有意识到的自尊层面,即所谓的内隐自尊,相应地,以自我报告的方式所测量出的自尊被称为外显自尊,测量内隐自尊的方法有角色扮演、姓名字母效应、内群体偏见等。姓名字母效应实验是要求被试对一系列配对字母进行偏好测验,尽管在实验中被试没有注意到某些字母是自己姓名中的字母,但他们对自己姓名中的字母的积极评价程度要高,从而产生明显的偏好效应。内群体偏见是指人们倾向于对自己所属群体的成员做积极评价,同时低估其他群体成员的现象。群体提供了把群体成员与自我相联系的机会,从而导致内隐自尊反射投影到该群体中。采用间接的、内隐的测量自尊的方法,会比自我报告的方法更隐蔽,人们可能并没有感到这是在测量他们的自尊,从而测得的自尊也更真实、可信。

第四节　自我意识情绪

随着认知神经科学这门学科的发展,社会心理学重新获得了生机。和自我意识有关的一个重要研究领域是自我意识情绪。自我意识情绪是一种对自我逐渐产生认识,并通过自我反思而产生的情绪,包括内疚、羞愧、自豪、尴尬等。自我意识情绪不仅可以提高个体的社会生存能力,而且影响个体的道德行为发展和道德品格养成,对于社会的稳定与和谐发挥着重要的作用。然而,直到 20 世纪末,研究者才开始关注自我意识情绪。

一、自我意识情绪的概念

1872 年达尔文在《人类和动物的情绪表达》中指出,儿童在 3 岁左右就会出现自我意识,害羞、内疚和羞愧等情绪伴随着意识的出现而产生。它们不仅仅是简单的人类情绪的反应,更是对他人如何看待我们自身这个问题的一种反应。Lewis 认为自我意识情绪与基本情绪有着密切的联系,但比其更加复杂,是一种对自我逐渐产生认识,形成自我表征,并通过自我反思而产生的情感,它在情绪生活中占有重要的地位。Tracy 和 Robins 认为自我意识情绪是将自我卷入到情绪中的一种特殊情绪类型,它包含内疚、羞愧、尴尬、嫉妒、自豪等。总之,自我意识情绪是由自我参与到其中的一种更高级的情感体验,这些情绪能够增强或损害自我意识,因此统称为自我意识情绪。①

二、自我意识情绪的特征

同基本情绪相比,自我意识情绪具有一些显著特征。

首先,自我意识情绪以自我认知为基础。

在个体的发展过程中,婴儿在生命最初的 6 个月里就可以表达大多数基本情绪,如高兴、生气、恐惧、厌恶、悲伤、惊讶等。而自我意识情绪出现的时间要晚于基本情绪,是在个体具有一定的自我认知能力基础上,自我意识和稳定的自我表征能力形成之后产生的,在 18—24 个月才会出现,3 岁末才会产生更复杂的自我意识情绪。

---

① 参见冯晓杭,张向葵:《自我意识情绪:人类高级情绪》,《心理科学进展》,2007 年第 6 期。

儿童在形成自我觉察和自我表征能力之前,主要根据身边的重要他人对自己的评价进行自我评估。随着个体认知能力的逐步发展,当儿童发展出自我觉察和自我表征能力后,重要他人的外部评价(如我把杯子打碎了,妈妈很生气)开始内化,转换成稳定的自我评价(如我把杯子打碎了,我很不开心)。也就是说,儿童开始形成一系列的内化标准,并依据这些标准来判断自己的行为。如当儿童体验到羞愧或内疚时,年龄较小的儿童更多地会关注他人的反应(如爸爸妈妈可能不会再喜欢我),而年龄较大的儿童更可能会用内化的标准、规则对事件做出评估(如我是愚笨的)。因此,自我意识情绪是在个体自我觉察能力的发展的基础之上产生的,是将当前的自我和个体认同的相关标准(如理想的自我表征)进行比较评估的过程。

其次,自我意识情绪具有认知复杂性。

和基本情绪相比,自我意识情绪具有认知的复杂性。一般而言,基本情绪只有少量的认知加工过程卷入,如个体面临危险情境时,他只需要判断出当前事件会威胁到其生存目标即体验到害怕情绪,不需要拥有复杂的认知能力;而自我意识情绪则必须依靠复杂的认知参与,个体必须具有稳定的自我表征能力,并且觉察或反思自己的行为,对自己是否达到了内化的标准或目标进行评估,从而体验到羞愧、内疚、自豪等自我意识情绪。Leary 进一步提出,人们体验到自我意识情绪,并不仅仅是把自己的实际行为同理想自我表征或内在标准进行比较评估的简单结果,而是对这种比较评估进行分析推理的复杂认知过程。

第三,自我意识情绪是自我内部归因的产物。

归因在自我表征和情绪之间起着中介作用。在诱发情绪的众多情境中,个体的自我表征被激活后,个体会根据一系列认同的内在标准、规则和目标评估自己的行为,并对情绪反应进行自我归因,判断诱发事件的原因究竟是个体内部因素还是外部因素。如果个体把诱发情绪事件的原因归结为内部因素,此时,他需要为该事件承担责任,那么就会产生自我意识情绪;如果把诱发情绪事件的原因归结为外部因素,则会产生基本情绪,如高兴、气愤等。因此,自我归因受到自我评估过程的影响又影响自我评估过程,对自我意识情绪的形成和发展起重要作用。已有研究证明,稳定性和整体性归因与不同类型的自我意识情绪状态具有紧密的联系。很多研究者提出,从稳定性和整体性两个维度进行归因,有助于区分不同种类的自我意识情绪。如果个体将成功事件归因为稳定的、整体的内部自我原因,则可能产生自大取向的自豪,如“我是个聪慧的人”;如果归因为不稳定的、特定的内部自我原因,则产生成就取向的自豪,如“在这件事情上,我做得很棒”。在失败事件中,如果个体归因为稳定的、整体的内部自我原因,则产生羞愧情绪,如“我是个愚蠢的人”;而归因为不稳定的、特定的内部自我原因,则产生内疚情绪,如“在这件事情上,我没有做好”。研究表明,在公众场合,如果个体将注意力转向“公众自我”时,激活了相应的“公我意识”,并评估自己的认同目标和公众的目标不一致,且将不一致归因于自我内部原因,会产生尴尬情绪。①

① 参见俞国良:《社会心理学前沿》,北京师范大学出版社 2010 年版,第 362—364 页。

三、自我意识情绪的道德属性

自我意识情绪是自我表征、自我评价和自我归因三方面相互作用的结果,以认知为基础的情绪,是个体通过认知自我、认知他人对自己的评估,对事件进行评价以及将其内归因的过程。在这个过程中,当个体内在标准、目标或期望违背了社会规范时,即使是在没有他人在场的情况下,个体也会产生自我意识情绪,使其行为得到改正与约束。因此,自我意识情绪又被称为道德情绪,意谓违背道德规范时所产生的情绪(如羞愧、内疚),或是用以促进道德行为的情绪(如自豪)。可见,个体的自我意识情绪具有鲜明的道德属性,对个人道德发展和整个社会的和谐幸福有着重要作用。①

(一)自我意识情绪和道德自我的关系

诚如前述,自我意识情绪作为道德情绪,通过自我意识将个体和社会联系起来。然而,自我意识由许多不同的自我部分或自我认同组成,其中有些认同在整个自我认同层级中的位置非常显著,并引导着个体的行为,个体的道德自我认同就是其中的典型代表。有研究者指出,个体的道德自我认同处于整体自我认同层级的较高水平,是自我认同的核心,影响着个体的其他认同,如角色认同和群体认同,并引导着个体的道德行为。如果人们的实际行为或行为期望和道德自我认同存在差异,就会产生消极的自我意识情绪。

从这个意义上看,自我意识情绪是个体根据道德自我认同标准,比较不同情境下的行为或行为倾向时产生的道德情绪。换言之,人们在社会生活和人际交往中,会对各种自我认同进行道德评价和自我证实,对道德自我的证实和证伪都会产生自我意识情绪。如果个体的行为及其倾向违背了道德自我认同标准,个体不能证实道德自我的时候,会产生内疚、羞愧等情绪,个体会通过道歉或其他补偿行为修复道德自我。而且,道德自我认同在个体自我认同层级中的地位越高,这种证伪所唤醒的消极情绪就越强烈;反之,当个体行为及其倾向和个体道德认同标准一致时,个体会产生积极自我意识情绪和其他道德情绪,如自豪、崇高等,并通过继续产生正确行为来证实道德自我。因此,道德自我和自我意识情绪的相互作用,促进了个体的社会发展,提高了其社会适应和人际交往的水平,同时也推动了社会的和谐与稳定。

(二)自我意识情绪的类型

自我意识情绪主要包括内疚、羞愧、尴尬和自豪四种。

1. 内疚

内疚表现为良心上的反省、愧疚等负性情绪体验。最早对内疚进行阐述的心理学者是弗洛伊德。他认为内疚是一种潜意识退行,源于个体在童年时受到抚养者惩罚或遭受抛弃后所产生的一种焦虑状态。当焦虑被激活时,首先这种情绪会使个体对父母产生敌对感,接着,指向对象便转向其他人。若是敌对感未表达出来,它就转化为内疚。

---

① 参见俞国良:《社会心理学前沿》,北京师范大学出版社2010年版,第365—368页。

内疚是与道德密切相关的情感体验，并具有高度的社会性。个体为了避免感到内疚，会避免实施或参与伤害他人的行为，也会补偿对他人或社会群体造成的伤害，还会以各种方式减轻自己内心的愧疚感。

霍夫曼认为内疚是一种以移情为基础的虚拟内疚，即实际上并非伤害到他人，而是个体由于对他人所遭遇的移情感受而在主观上认为自己做出了伤害他人的行为，并因此感到内疚。虚拟内疚是与违规内疚相对应的，违规内疚是人们一般意义上理解的内疚，指的是个体因做出了伤害他人或社会群体的行为而产生的自责。

研究表明，内疚不会影响个体对整体自我的评价，也不会影响个体对道德自我的核心认同，而只是对自己的具体行为感到懊悔。

2. 羞愧

当个体意识到自己的行为有缺陷或错误，与社会标准或期望目标不一致时，就会产生羞愧情绪。羞愧指的是一种强烈持久的指向自我的痛苦的、难堪的情绪体验，此时的个体常感到不安，觉得自身很渺小，无价值感，产生逃避、退缩或攻击等行为倾向。羞愧的概念涉及羞愧产生时的诱因情境、意识水平、主观体验和行为反应等。羞愧情绪的产生主要来自个体内部而非外部事件，如个体把失败的结果更多地归因于自身能力不足。羞愧有强烈的主观体验，能使个体产生想与他人疏远、隔离，特别想隐藏自己或逃避使其感到痛苦的情境的强烈愿望。

然而，并非所有研究者都认为羞愧是一种消极的情绪体验，也有研究者认为羞愧是一种重要的社会情绪，可以使个体避免那些可能产生羞愧的行为，在一定条件下它还可以促进个体自我调节，可以作为一种社会控制的机制，引发人们积极的行为改变。

3. 尴尬

大多数研究者认为与羞愧、内疚情绪相比，尴尬和道德之间的联系要相对弱些，但它们都同属于自我意识情绪范畴。尴尬是个体违背了社会习俗规则，或者是因为事件或行为超出了自己的控制时体验到的消极情绪。在以往的研究中，尴尬通常不被认为是一种独立的情感体验，而是一种较轻的低强度的羞愧情绪。Ekman 认为每种情绪应具有不同于其他情绪的表现，他依据九个标准区分不同的情绪，提出尴尬是一种独特情绪。

尴尬与内疚、羞愧有许多相似之处，但这三种自我意识情绪的不同之处又是什么呢？

从强度上讲，尴尬程度较弱，内疚和羞愧更强；从认知评价上讲，尴尬和内疚都对行为持消极看法，与自我同一性无关，而羞愧对整个人格持消极看法。从行为反应上讲，尴尬和内疚都有表达愿望的意愿，都想做出补偿行为，只是前者倾向于解释当前失误状态，试图挽回受损的自我形象，后者倾向于补偿受害者，而羞愧在表达上有困难，非常想逃离当时的情境。

4. 自豪

幼儿在完成复杂的拼图后会表现出自豪，学生由于不懈努力在考试中取得优异成绩时会体验到自豪，成人在工作中得到他人认可、职位得以提升时会感到自豪。可见，自豪是常见的自我意识情绪之一。当个体把自己评估为对群体、对社会有价值、有意义的人时，就会产生自豪情绪。

关于自豪的结构，心理学界有不同的看法。一种观点认为，自豪存在两个维度，如 Tracy 和 Robins 等人认为自豪分为成就取向的自豪（Achievement-oriented Pride，后修正为真实的自豪）和自大的自豪（Hubristic Pride）。成就取向的自豪来自于内部的、不稳定的、可控的归因，自大的自豪来自于个体内部的、稳定的、不可控的归因。自大的自豪是一种适应不良的情绪，与自恋行为密切联系，易导致侵犯和敌对行为以及人际关系问题。而成就取向的自豪有利于帮助个体产生提升自尊和与他人能够良好沟通的行为动机。但是，也有一部分研究者对此理论提出质疑。第二种观点认为，情绪是多成分的复合过程，其发展变化是由组成系统的各成分之间相互关系的改变所引起的。自豪情绪作为情绪的一种也应如此，例如 Sandra 等人认为自豪包括自豪表达、自豪理解和自豪调节。

四、自我意识情绪的功能

自我意识情绪对个体的行为具有显著的自我调节功能。① 个体的社会行为需要符合社会道德规范和标准，甚至有时需要牺牲个人利益来满足他人或社会群体的利益。自我意识情绪能帮助个体发现和改正在社会交往中所犯的错误，当个体的行为违背了社会道德规范时，个体可能会产生内疚、羞愧、尴尬等自我意识情绪，它给个体在社会交往中出现的危机提供一种重要的社会信号。另外，自我意识情绪的表达可以对他人的情绪和行为产生补充的作用，从而减少社会侵犯行为的发生。

自我意识情绪的产生主要是服务于个体的社会需要。自我意识情绪，如羞愧、内疚和自豪，驱动着人们在成就领域和任务领域中努力地工作，使人们以一种符合社会道德规范、社会适应的方式进行人际交往，从而与他人建立密切、良好的关系；同时自我意识情绪帮助人们在社会中得以生存，获得一定的社会地位，被他人接受，这是人类能够生存和繁衍的关键。自我意识情绪的存在，解释了为什么个体能够拥有“自我”、“同一性”等。同时，自我意识情绪能帮助个体增强和保护这种同一性。正如 Kemeny 指出的，羞愧、自豪这样的自我意识情绪，可能是个体感受社会地位的一种方式。

除了服务于人际交往的需要外，它的产生也可能来自服务于个体心理内部的需要。自我意识情绪通过驱使人们去做有社会价值的事来指导个体的行为。为获得成功，成为一名“很好的人”，我们努力奋斗或者很好地对待他人，因为这样做，使我们对自己感到自豪；没有这样做，我们内心会对自己的行为感到内疚或羞愧。简而言之，社会告诉我们应该成为一名什么样的人，人们通过自我表征的形式内化这些观点，含有自我表征的自我意识情绪激发行为活动，促使我们完成目标任务。所以，通过加强亲社会行为，鼓舞人们进行利他的行为活动，促进社会接受，自我意识情绪促进了人与人之间的互惠。

① 参见冯晓杭，张向葵：《自我意识情绪：人类高级情绪》，《心理科学进展》，2007 年第 6 期。

专栏 4－1

自我与文化

对于某些人而言(特别是那些西方工业文化中的人),个人主义(individualism)是很盛行的。身份更多是独立的。青春期是与父母分离的时期,个体开始依靠自己,并且开始定义个人独立的自我。即便个体来到一片陌生的土地上,他的特性——作为有特殊能力、特点、价值和梦想的独特个体——可能会完整地保留下来。西方文化中的心理学假定,定义一个人的可能性自我并相信他具有很强的自我控制能力会使他的生活富足。在20世纪结束之前,个人主义已成为流行文化中的主导声音。

西方文学,从《伊利亚特》到《哈克贝利·费恩历险记》,更多地赞美那些依靠自己的人,而较少称赞那些满足别人愿望的人。电影专门描写那些反抗制度的英雄。歌声则宣告"我行我素"、"我是我自己",并且推崇"至高无上的爱"——爱自己。当人们经历过富裕、变动、都市化和大众传媒后,个人主义就开始迅速发展起来。

而亚洲、非洲和中南美地区的本土文化则把集体主义(collectivism)放在更重要的位置上。这种文化孕育了相互依存的自我。这些文化中的人们更多地进行自我批评,却很少自我肯定。特性被更多地定义为自我与他人的关系。马来西亚人、印度人、日本人和传统的肯尼亚人,举例来说比如Maasai,比澳大利亚人、美国人和英国人更可能用群体特性来完成"我是______"的句子。聊天时,人们比较少地说"我"。当语法或上下文能够清楚地表明主语时,个体会说"去看电影"而不说"我去看电影"。

社会心理学家理查德·尼斯比特(Richard Nisbett)在《思维地理》中主张,这些地区与西方不只是社会关系与倡导个人主义文化不同,而且思维方式也不尽相同。想一想,哪两者——一只熊猫、一只猴子、一根香蕉——更可能在一起?可能是一只猴子和一只熊猫,因为它们都是"动物"类的?亚洲人却比美国人更可能看到这样一种关系:猴子吃香蕉。

无论如何,像个人主义和集体主义这样分类如此鲜明的文化似乎过于简单化了,因为任何文化中的个人主义都会在不同的个体之间发生变化。这种变化同样存在于同一国家的不同区域和政治观点之间。在美国,夏威夷人和住在最南部的人要比那些西部山区比如俄勒冈州和蒙大拿州的人表现得更为集体主义。保守派倾向于成为经济上的个人主义者("不要征税或管制我")和道德上的集体主义者("制定法律来约束不道德行为")。而自由主义者则倾向于成为经济上的集体主义者和道德上的个人主义者。

一个具有相互依赖自我的人会有更强烈的归属感。相互依赖型的人在与家人、同事和朋友完全分开后,会失去那些定义自己的社会联系。他们不是只有一个自我,而是有很多个自我:与父母相处时的自我、工作时的自我、与朋友在一起时的自我。如图4－2和表4－1所示,相互依赖性的自我是镶嵌于社会关系中的。直接的交谈比较少,更多是礼貌性交谈。其社会生活目标更多地不是增强个体自我而是协调并支持他所在的群体。

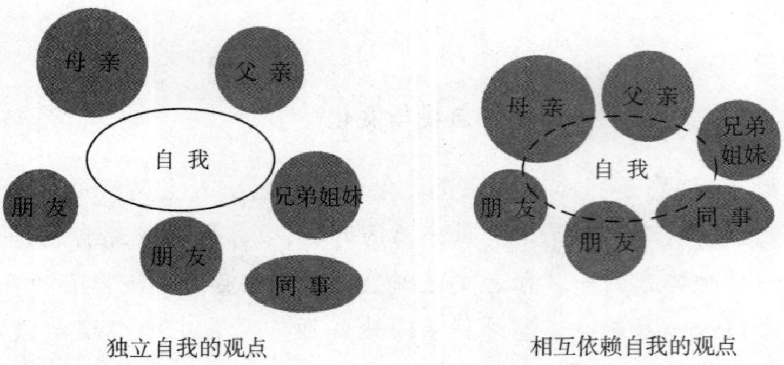

图4－2　独立的或相互依赖的自我建构

表4－1　自我概念:独立或相互依赖

	独立	相互依赖
特性	个人的,用个人特点和目标定义	社会的,用与他人的关系定义
重要的事	我——个人的成就和自我实现:我的权利和自由	我们——集体的目标和团结:我们的社会责任和关系
反对	公众	唯我主义
座右铭	“你要拥有真实的自我”	“任何人都不是孤立存在的”
支持的文化	个人主义的西方文化	集体主义的亚洲和第三世界

在集体主义文化中,自尊与“别人怎么评价我和我的群体”密切相关。自我概念是有弹性的(与特定的情境有关)而不是固定不变的(跨情境的持久性)。在一项研究中,认为在不同活动领域里仍然保留了自我(内在自我)的加拿大学生为五分之四,而中国与日本的学生则仅为三分之一。

个人主义文化中的人,特别是那些少数学会不必太在意别人的偏见的人,“在他人的评价之外”并且认为他所在的群体没有那么重要。自尊更多的是个人的而不是关系的。对个人特性的威胁会比群体特性的威胁更让我们感到气愤和郁闷。

资料来源:戴维·迈尔斯.社会心理学(第8版)[M].侯玉波,乐国安,张智勇,等,译.北京:人民邮电出版社,2006:32－35。

专栏4－2

一种自我保护的策略——自我障碍策略

由于人们对自我的形象很关心,所以毫无疑问,当失败可能会出现时,人们会采用自我障碍的方式来摆脱可能出现的困境。自我障碍策略(self-handicapping)是指人们提前准备用来解释自己预期失败的一系列行为。如果失败了,这种策略就可以使得他人不把我们的失败归结于我们缺乏能力;而如果成功了,就更可能做出能力的归因。

比如在考试前,张三预计到自己考不好,为了避免被他人认为自己笨,他就使用了自我障碍策略。在考试的前一个礼拜他有点感冒,家里来信说奶奶生病了,再加上他宿舍边上晚上还在施工。张三会把这些原因都摆出来,告诉他的同学这些事情极大地影响了他的学习,并预测说自己这一次肯定考得一塌糊涂。参加完考试之后,如果张三确实没考好,由于上述原因,没有人会认为这是因为他比较笨才没有考好;相反,如果他考好了,人们就更有理由把他的成功归于能力。遇到这么多倒霉的事情,他还成功了,你能不承认他的聪明吗?

Steven Berglas 和 Edward Jones 为自我障碍策略的使用提供了研究的证据。在其中一个实验中,他们让被试想象自己是杜克大学的学生。被试首先通过猜测回答了一系列的智力难题,然后(主试)告知被试说:"您是目前为止的最高分!"当被试还在对自己的幸运感到难以置信时,主试在被试面前放了两种药丸,让被试服用其中的一种,才能继续下面的题目。主试告诉被试说,一种药丸有助于你的智力活动,另一种则会干扰你的智力活动。在这种情况下,被试会挑哪种药丸呢?结果发现多数学生会挑选第二种药丸,从而为不久后可能出现的失败寻找客观的借口。自我障碍策略还以其他方式表现出来,由于害怕失败,人们会采取不同的策略:比如运动员通过对重要赛事疏于准备来实施自我障碍;另外有些人在任务刚开始时不好好干,通过降低对自己产生过高的期望,或者在那些困难而关系到自我形象的任务中不尽全力等方式实施自我障碍的策略。

资料来源:侯玉波. 社会心理学[M]. 北京:北京大学出版社,2007:47。

思考题:

1. 什么是自我意识?
2. 简述自我意识的特征。
3. 社会心理学的不同理论对自我意识的结构是如何理解的?
4. 影响自我意识形成和发展的因素有哪些?
5. 影响一个人自尊水平高低的因素有哪些?
6. 什么是自我提升?试分析自我提升对自尊的影响。
7. 什么是自我意识情绪?谈谈你对自我意识情绪的理解。

第五章 社会动机

人的行为大多是有意识、有目的的，行为背后必有原因。研究行为背后的原因，回答人为什么会产生某种行为，就是探讨行为动机问题。人的动机有属于与生俱来的自然动机，也有后天习得的社会动机，但是，由于人的自然动机是社会化了的自然动机，即便是最简单的自然动机，例如饥饿动机等，也具有社会属性，因而人的动机可以统称为社会动机。社会动机的研究涉及社会行为的动力，是社会心理学中重要课题之一。我们要认识人的社会行为，就必须揭示其行为动机，进而判定其行为的社会价值。这对于鼓励积极的社会行为、控制消极的社会行为、建立和维护正常的社会生活具有重要意义。

第一节 社会动机概述

一、动机的含义

要明确社会动机的含义，我们有必要先了解一下动机的内涵。人的各种行为都是由一定的动机所引发的，动机是引起、推动、维持与调节个体行为，使之趋向一定目标的心理过程或内在动力。动机是推动个体行为的直接原因和力量。

动机是在需要的基础上产生的。需要是一切行为动力的源泉，需要成为人行为的动力必须要转化为动机。那么需要怎样才能转化为动机呢，心理学家的研究表明：需要本身是主体意识到的缺乏状态，但这种缺乏状态在没有诱因出现时，只是一种静止的、潜在的动机，表现为一种愿望、意向。只有当诱因出现时，需要才能被激活，成为内驱力驱使个体趋向或接近目标，这时需要才能转化为动机。人的某种需要从未满足状态转换到满足状态，并产生新的需要，这一过程称为动机过程。

也就是说，当个体在客观事物的刺激下，产生某种需要，而这种需要又得不到满足时，便会产生一种不安和紧张的心理状态，这种紧张不安形成一种内驱力，推动人去解除紧张。当满足需要的目标出现时，需要立即转化为动机，促使人去行动，达到目标。一旦目标达到，需要满足，则紧张感消除。然后人又产生新的需要，在一定条件下，需要又转化为动机，产生新的行为以满足需要。如此循环往复，便是行为产生的基本过程。

二、社会动机的概念

从动机的概念，我们可以看出，人的动机来源于需要。根据需要的性质，可以将动机分成不同种类。我们根据个体需要的不同，把动机区分为自然动机和社会动机。在人的各种动机中,有些动机是以生理内驱力为基础的,如饥渴、睡眠、呼吸、性、躲避危险等,这种由人的自然属性、自然需要引起的动机称为自然动机,也称为原始性动机、生物性动机、生理性动机等。自然动机具有原始性和自发性,是个体与生俱有的,并且是人和动物所共有的一种动机。也有一些动机与生理内驱力没有什么直接联系,如追求成功的动机、帮助他人的动机等。这类动机是由人的社会属性所引起的,是个体在社会生活环境中,通过后天学习而获得的,它与个体的经验和社会文化等因素有密切联系。这种由人的社会属性、社会需要引起的动机称为社会动机,也称为衍生性动机、精神性动机等。人的社会动机是其社会行为的直接原因。

社会动机是人所特有、以人的社会需要为基础、在广泛的社会实践活动中形成的,由人的社会性所决定。社会动机在人的社会生活中要比自然动机重要得多,它所产生的力量也远远超过自然动机。比如个体的交友动机、成就动机、实现理想的动机等等,往往要比自然动机强烈得多。尤其在特定社会环境下,人们为了追求人生的理想和信仰,实现人生目标的动机更是异常坚定强烈。很显然社会动机是高于自然动机的。社会动机的表现形式多种多样,如个体的兴趣、爱好、意图、信念和理想等都是社会动机的不同形式。另外,个体的行为往往并非由一种动机所驱动,而是多种动机的综合作用并形成一个人所特有的动机模式,进而形成个体特有的习惯化行为反应方式。因此,社会动机是个体行为的策源地,直接影响着个体的行为反应方式及其强度,并对个体的社会生活方式进行有效调节。所以说社会动机在一定程度上决定着个体的发展前途及特性。

需要明确的是,自然动机和社会动机仅仅是一种理论上的区分,在现实生活中,纯粹的自然动机其实是不存在的,个体的自然动机都要受到人们的思维、意识的支配,无不打上社会文化的烙印。如当人们饥饿时并不一定马上吃饭,而要看一下情况是否允许;当人们需要排泄时要寻找专门或者合适的场地解决;也有人们为了赶任务而忍受饥饿甚至忽略睡眠的情况。总体来说,人类的社会行为主要是受社会动机影响的。

三、社会动机的功能

(一)激活功能

动机是个体能动性的一个主要方面,它具有发动行为的作用,能推动个体产生各种活动,使个体从静止状态转向活动状态。社会动机激发个体产生社会行为,使个体处于活动状态,是行为的启动因素,具有推动作用。带着某种社会动机的个体对某些社会刺激,特别对那些与动机有关的刺激反应特别敏感,从而激发个体去从事某种活动。它能使个体由静止状态转向活动状态。例如,为获得优良成绩而勤奋学习,为受到他人赞扬而尽力做好工作。勤奋学习、尽力做好工作的行为分别由获得优良成绩、受到他人赞扬的社会动机所驱动。

(二)指向功能

个体的社会行为总是指向一定目标,社会动机使社会行为具有明确的目的性和方向性。社会动机不仅能引发社会行为,同时也使个体的社会行为朝向特定的目标或对象。个体行为总是因为动机而指向特定对象或目标,因而具有指向性。动机就像指南针一样引导个体行为的方向,并促使个体活动向着预定的目标前进。由于动机种类不同,人们行为活动的方向和它所追求的目标也不同。例如在学习动机的支配下,学生的活动指向与学习有关的目标,如书本、课堂等;而在娱乐动机支配下,其活动指向的目标则是娱乐设施。

(三)维持与调节功能

个体的社会行为在达到目标前,社会动机起维持作用;如果行为受阻,只要动机仍然存在,行为就不会完全避免,它会以别的形式继续存在,如由外显行为改为比较隐蔽的行为,这是动机的调节作用。当个体的某种活动产生以后,动机维持着这种活动,针对一定目标,并调节着活动的强度和持续时间。当活动产生以后,人们是否坚持进行这种活动,要受到动机的调节和支配。当活动指向个体所追求的目标时,相应的动机便获得强化,使行为持续下去,反之,当活动背离个体所追求的目标时,相应的动机就会消退,可能使行为减少以至不再出现。如果达到了目标,动机就会促使个体终止这种活动;如果尚未达到目标,动机将驱使个体维持和加强这种活动,以达到目标。例如,具有追求成就和成功结果的人们总是在活动中积极主动地向困难挑战,决不知难而退。

四、动机强度与活动效率的关系

动机引发与维持活动,随着动机的增强,个体活动的效率一般也会随之相应提高。但动机强度与活动效率之间并不呈简单的直线递增关系。动机强度与活动效率之间的关系大致呈倒 U 型曲线,即中等强度的动机下活动效率最高。动机强度过低或过高,均会导致活动效率下降。也就是说,动机强度处于中等水平时,工作效率是最高的。如果动机水平过高,个体会处于高度紧张甚至焦虑状态,这将导致其认知范围变得过于狭窄,干扰注意力、记忆和思维活动的顺利进行,对行为反而会产生一定的阻碍作用,从而使活动效率降低。如考试中的“怯场”现象就是由动机过强造成的。

心理学家耶基斯和多德森的研究表明,各种活动都存在一个最佳的动机水平,而且这种最佳水平随活动的性质不同而有所不同,并且具有明显的个体差异。比较简单的任务中,活动效率随动机的提高而上升;随着任务难度的增加,最佳动机水平有逐渐下降的趋势。也就是说,在难度较大的任务中,较低的动机水平有利于任务的完成。这就是著名的耶基斯－多德森定律。

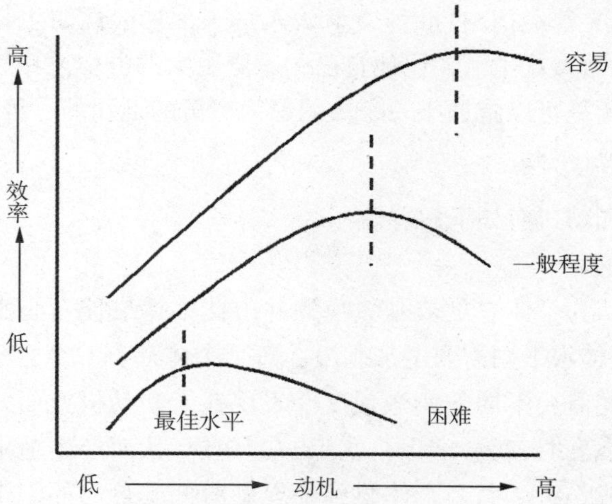

图5-1　耶基斯-多德森定律示意图

第二节　主要社会动机

人的社会动机是个体通过社会学习获得的，个体的社会动机与其所处的环境、社会文化等因素有密切关系。社会动机的种类很多，本节涉及的社会动机有亲和动机、成就动机、社会赞许动机。在个体的社会行为中，侵犯与利他是社会心理学研究较多的领域，也一并在此讨论。

一、亲和动机

（一）亲和动机的概念

亲和意味着与他人接触、来往、相处和保持一定关系的需求。人是社会性的动物，在现实社会生活中，每一个人都有与他人保持往来、建立联系、获取友谊的需要，都有与他人保持相处和与群体保持某种关系的愿望。每个人都会寻求他所关注的个体或群体的支持、喜爱和接纳。于是在人的这样一些需要和愿望的基础上便产生了亲和动机。所谓亲和动机，是指个体害怕孤独，希望和他人在一起，建立协作和友好联系的一种心理倾向。

亲和即合群，是人际吸引的最低层次。从这个意义上讲，亲和动机也称作合群动机、交往动机等。亲和需要引起亲和动机，而亲和动机导致亲和行为。

亲和动机是人类所具有的一种十分重要的社会动机，对人的社会存在具有重要的意义。如果这种动机得不到实现，亲和的需要不能被满足，则人的心理和生理的健康就都将受到较大的影响，甚至是严重的损害。有关“感觉剥夺”的实验研究结果就表明，与人世间的完全隔绝，哪怕是短短的几天，对大多数人来说都是难以忍受的，都会造成心理活动的某些非常态的变化现象，如幻觉、思维间断等。一些由于某种原因而长期远离人世，生活在深山老林中的所谓“野人”的事例也表明了脱离人类社会，不与他人相处所造成的不良后果，如言语丧失、记忆消退等。达尔文曾经指出：谁都会承认人是一个社会性的生物。不说别的，单说他不喜欢过孤独的生活，而喜欢生活在比他自己的家庭更大的群体之中，就使我们看到了这一点。独自一个人的禁闭是可以施加于一个人的最为严厉的刑罚的一种。

（二）亲和动机的起源

社会心理学对亲和动机有如下解释。

1. 适度唤醒层次论

适度唤醒层次论认为个体总是被刺激唤醒并由此维持最佳身心水平的，高于最佳水平需要减少刺激，低于最佳水平则需要增加刺激。每个个体都有一个自己的最佳唤醒水平，个体会因为自身条件不同需要不同的刺激强度。表现在亲和动机方面，当个体感到外界刺激超过自己所需的刺激强度时，就会产生自我保护的想法，从而产生追求清静的动机，以避免过度的刺激给自己造成伤害。而当个体感到外界刺激低于自己的需求时，就希望有人陪伴自己以避免孤单，与他人进行交往的倾向会变得强烈，其亲和动机也会加强。

2. 本能理论

本能理论认为人天生就有一种亲和的需要，人类对他人友好是生存和发展所必需的，这完全是人类与生俱来的本能行为，很少受到外界干扰。亲和动机是促使人们与他人进行交往和结群的内部动力，是满足人类和谐共处、和平发展的保证。该理论主要以古希腊哲学家亚里士多德和近代英国心理学家麦独孤为代表。亚里士多德认为人是“天生的政治动物”，有着与他人亲近的本能，家庭和各种社会组织都是以这种本能为基础而组织起来的。麦独孤则认为，先天的遗传倾向，是一切思想和行为的基本源泉和动力，他认为人天生有 18 种本能，如相争、好斗、好奇、求偶、合群等。整个人类行为和人类生活就是这些本能的自然市场。而其中的合群本能正是促使人们相互亲近的亲和动机。

3. 条件作用理论

该理论认为，亲和动机起源于依恋。人是社会性的动物，合群在个体生命早期表现为亲子间的依恋，即婴儿对双亲的出现有积极的反应，愿意和父母在一起的现象。婴儿惊恐不安时会寻找父母，如果父母在场，这种不安的状态就会缓解。

社会心理学从母婴依恋的角度对亲和动机进行了分析。婴儿对母亲依恋的产生有先天因素的影响。不经学习就会的先天行为哭和笑都有助于依恋的形成。母亲的出现使婴儿微笑、停止哭泣，这本身是一种强化。没有这种强化，婴儿也难于对母亲形成强烈的亲子依恋。婴儿之所以依恋其母，是因为她的面孔和形象已经与某些原始驱力状态的缓和产生了关联，这种原始驱力首先是饥和渴，每当母亲给婴儿喂奶时，婴儿便把母亲与温暖、舒适的感受联系起来，这种感受来自饥渴的减轻。婴儿无数次受到母亲爱抚，就无数次地将母亲与愉快的情境联系起来，通过这种条件作用过程，他逐步学会了“爱”母亲，再把爱逐步泛化到其他人身上，最后与他人结群并交往、希望有人陪伴的动机成了某种“习惯”而被固定下来。这些动机一旦被固定下来就形成了人们最后的亲和动机。

（三）亲和动机的作用

亲和动机是人类社会一种很普遍很重要的心理现象，它的满足与否会对人的心理具有较大影响。

1. 亲和动机可以满足个体某些社会性需要

人是群聚动物，人在社会生活中都是在与其他人的相互交往中获得生存和发展的。每一个个体都有归属的需要，有人际交往的需要，有取得他人协作的需要，有获得友谊、尊重与爱的需要，有寻觅生活伴侣的需要……亲和动机可以帮助人们满足这些社会性需要。在社会生活中，个体往往通过亲和行为与他人建立种种联系，力图获取他人的友谊、理解、欣赏与尊重等，从而满足各种社会性需要。

2. 亲和动机可以帮助个体获得更多的信息

可以说，每一个个体都是一种信息源，个体在孤单的环境中信息来源很少，会产生不适应和不安全的感觉。亲和动机使个体与他人产生各种联系，从而可以从他人那里获得对其生存与发展有意义的信息。例如在某种特定环境中，当个体对自己的状况模糊不清时，缺乏非社会性的客观标准可资比较以确定个人的反应是否适宜，于是人们往往希望与他人在一起，会把他人的反应与自己的反应进行一番比较来估计自己，评估自己的反应是否得当，并以从他人那里获得的信息为参考依据，来调整自己的思想和言行。因此，一个人陷入不确定的状态时，会激发起与他人亲近的需要，为的是观察他人的感觉或反应，以获得更多相关信息，从而摆脱自己的不确定状态。

3. 亲和动机可以帮助个体减轻心理压力

人往往高兴时愿意与他人同享快乐，痛苦时希望他人帮助排忧解难。当亲和动机引发的亲和行为得以顺利进行时，个体就会感到温暖、安全、有信心，而当亲和行为遇到挫折时，个体就会感到孤独、无助、焦虑和恐惧。而当个体遭遇这些负面情绪袭击时，来自于亲人、朋友甚至陌生人的安慰和帮助可以使他们的消极体验得到缓解。亲和动机可以使个体努力寻求并获得他所需要的各种社会支持，从而减轻心理压力。

4. 亲和动机可以帮助个体避免窘境

在明显需要亲和行为的情境下，如果无人做伴，往往他人对个体有某种负面的评价。这种情况下，亲和动机可使个体在需要的情境下有人陪伴，从而避免窘境。比如在类似朋友聚会或者研讨交流会之类的情境下，亲和动机可以使个体与他人产生良好的互动，创造比较融洽的气氛，使个体结识更多的朋友，获得更多的社会支持。

5. 亲和动机影响个体心理不同方面的发展

亲和动机的满足与否影响着个体心理方方面面的发展。马琪奇等人曾研究过亲和动机的满足与否给人的心理带来的影响。研究者以两个班的学生为研究对象，在第一个班中，教师与学生共同创造比较融洽的社会气氛；而在第二个班中，教师和学生之间、学生和学生之间接触很少，也缺乏同学间的相互支持和帮助，社会气氛是比较冷淡的。研究发现，气氛温暖融洽的第一个班的学生，其各种作业成绩比第二个班的学生要好，而且研究还发现，亲和动机高的学生在具有友好、温和特征的教师任教的科目上可以得到更好的成绩，而亲和动机低的学生则不会有这种进步。[1]

另有实验表明，只要通过耳朵里塞棉花、眼睛上遮护目镜等方式剥夺被试的感觉，让他们孤独地坐在那里，几个小时以后被试就可能变得神经质甚至出现幻觉。

（四）影响亲和动机的因素

1. 情境因素

情境因素对亲和动机有重要影响。对社会隔离者，比如单独关押的犯人、遇难船只的幸存者、探险家等的研究表明，他们由于较长时间的独处，往往产生某些心理和精神障碍的症状。所以群体在面临外界压力的情境下，会产生亲和行为的需要。压力越大，群体成员的亲和动机越强。悲惨情境也能加强人们的亲和动机。例如在某些影视剧中的情节，面临危险情境时，原本有过节的仇人会很快冰释前嫌成为战友，同仇敌忾，共同应对当前的险境。又如在地震、火灾等灾难面前，在缺少外援的情况下，原本素不相识的陌生人也会团结起来，相互支持和救援，共同应对困难。

2. 情绪因素

从亲和行为产生的心理背景看，亲和行为与人的情绪状态有密切关系。恐惧是现实危险引起的情绪体验，恐惧情绪越强烈，亲和倾向越明显。美国心理学家沙赫特认为恐惧和焦虑会促发人的亲和需求，使人表现出更明显的亲和倾向。他曾做了一项实验来验证恐惧和焦虑与结群之间可能存在的关系。

在沙赫特的心理学实验中，被试是明尼苏达大学预科的女生。实验者向被试宣布，将要进行的实验是研究电击对人的行为的影响。他告诉其中一组被试，电击会相当痛，但绝不会造成永久性伤害；而告诉另一组被试的却是，电击至多会有一点点刺痛或发痒的感觉。然后他又告诉所有的被试，由于要安装实验设备，需要她们等待十分钟。这期间问被试是愿意一个人单独等待还是与别人一起等待，在被试做出选择后，实验便宣告结束。结果，在前一组处于高度恐惧状态下的32名被试中，有20人要求与别人一起等待，占62.5%；而在后一组处于低度恐惧状态下的30名被试中，只有10人要求与别人一起等待，占33.3%。这说明恐惧和焦虑会促使人们产生亲和动机。在进一步的实验中，沙赫特发现，处于高度恐惧和焦虑状态的人并不是愿意和任何人在一起，如果让其在单独一人和与其他和实验无关的人一起等待这两种选择中做比较，多数人宁愿单独一人等待；如果让其在单独一人等待或与其他参加实验的人一起等待这两种选择中做比较，大部分人会选择后者。由此可以推论，当人们处于一种不确定状态中时，会倾向于亲近与自己类似的人，亲和在这里具有一种“同病相怜”的心理安慰功能。沙赫特说：不幸的人不单希望有伴而已，他要的是同样不幸的同伴。[2]

3. 出生顺序

出生顺序是影响亲和动机的另一个重要因素。心理学研究表明，出生顺序与个体的亲和动机强度有关，长子、长女和独生子女的亲和动机较强，在恐惧情境中，长子、长女的亲和

---

① 参见吴江霖，戴健林，陈卫旗：《社会心理学》，广东高等教育出版社2004年版，第131页。

② 参见冯钢，王小章：《社会心理学教程新编》，浙江教育出版社2004年版，第124—125页。

倾向要比他们的弟妹们表现得更明显，在同一家庭中，这种亲和倾向按出生顺序递减。这可能是因为在多子女家庭中，长子、长女受到父母的关注较多，在他们生命的头几年会单独与父母相处，双亲对第一个孩子关心照料得更多。即使有了弟弟、妹妹后，长子、长女也会得到父母的信任而被委以重任，比如会被委派照顾弟弟妹妹或者帮忙做家务等。

二、成就动机

（一）成就动机的概念

成就动机是指个体追求自认为是重要的、有价值的工作，并使之达到完善状态的动机。即个体在各种情境下，追求成功与成就的动机；也可以说成就动机是一种以高标准要求自己力求取得活动成功为目标的动机。如：具有这种动机因素的学生就能刻苦努力、战胜学习中的种种困难和障碍，取得优良成绩。

成就动机的概念最早是由默里于20世纪30年代在其所提出的“成就需要”的基础上发展起来的。默里认为，人格的中心由一系列的需要构成，他把人类的需要分为二十种，其中成就需要占首要位置。默里把成就动机定义为“为完成困难的工作；为操纵、控制或组织事物、人物或思想；为尽快独立地做好；为克服障碍且达到高的标准；为超越自己；为胜过别人；以及为使个人的才能通过成功的学习而增进自我尊重”。后来各种成就动机的定义基本上还是沿袭这一思想。其后，麦克利兰和阿特金森接受了默里的思想，并将其发展为成就动机理论。

（二）成就动机理论

美国哈佛大学教授麦克利兰，是当代研究动机的权威心理学家，在成就动机研究中做出了开拓性的贡献，提出了著名的成就动机理论，并得出了一系列重要的研究结论。

麦克利兰认为成就动机是个体具备的一种非常稳定的人格特质，当情境引起个体记忆中与成就相联系的愉快经验时，个体的成就动机欲望就能被激发。成就动机强的人追求个体价值的最大化，对工作和学习非常积极，勇于面对挑战，并努力使工作达到最完美状态，获得更大的成功。麦克利兰认为，具有强烈的成就动机的人并不看重成功所带来的物质奖励，而是享受追求成功过程中努力奋斗、克服困难的乐趣，以及成功之后的个人成就感。麦克利兰发现高成就动机者的特点是：不喜欢接受那些难度过大或者过小的工作，讨厌靠运气获得的成功，而是喜欢接受难易适当且具有一定挑战性的工作。并且他们希望在工作中得到有关工作绩效的及时而明确的反馈信息，从而了解自己的工作完成情况。高成就动机者大多是进取的现实主义者，他们事业心强，有进取心，比较实际且敢冒一定的风险。麦克利兰对人类的成就动机做了长期的实验研究，激发了心理学家对成就动机研究的兴趣，确立了成就动机在心理学研究中的地位。

美国著名的心理学家阿特金森于1963年将麦克利兰的成就动机理论进一步深化，阿特金森认为，成就动机包括两个方面：一是追求成功的倾向，二是惧怕失败的倾向。也就是说，成就动机涉及对成功的期望和对失败的担心之间的情绪冲突。如果个体获取成就的动机大于避免失败的动机,他们为了要探索一个问题,在遇到一定的失败之后,反而会提高他们去解决这一问题的愿望;另外,如果获得成功太容易的话,反而会减低个体的动机。

(三)成就动机的重要性

成就动机是一种基本的社会动机,也是一种至关重要的社会动机,对个人的发展和社会的进步都具有重要作用,它像一架强大的"发动机"那样,激励人们努力向上,并且在前进道路上取得一个又一个的成就。其重要意义体现在两个方面:

1. 成就动机对个体发展有重要意义

个体的发展有赖于一定水平的成就动机。麦克利兰把成就动机看作决定个体行为的根本原因。首先,成就动机对个体的行为具有激活和使动机能,可促使个体尽快进入目标活动状态。个体行为自觉性、主动性的程度,正是由这一机能决定的。其次,成就动机具有积极定向和导向机能,可使个体将全部精力集中在必要的目标活动上而疏离其他无关事物,并能有效抵制各种无关刺激的干扰。可以说,成就动机是推动人们在各种活动中为实现目标顽强钻研、坚持努力的内在动力。高成就动机会使个体敢于冒险,勇于进取,最终取得较高水平的成就。比如成就动机得分高的人会比得分低的人取得更优异的成绩。中外许多科学家、文学家、艺术家以及其他为人类文明发展做出卓越贡献的杰出人物都具有很强的成就动机。

2. 成就动机对社会发展有重要意义

尽管社会的高度发展,经济的快速增长,人口、资源、技术等要素不可或缺,但全社会较高水平的成就动机也非常关键。麦克利兰将一个民族的成就动机看作社会经济的决定力量。他认为成就动机水平与社会经济、科学发展之间的关系是正向的,即社会经济强盛时期,人们的成就动机水平高,处于上升趋势;反之,社会经济衰退时期,人们的成就动机水平低,处于下降趋势。

(四)成就动机与抱负水平

成就动机与人的抱负水平有密切的关系。抱负水平是指个体进行某种活动前对自己可能达到的成就目标的主观估计。抱负水平仅代表个体的一种主观愿望,并不等同于个体的实际成就。个体的成就动机是影响抱负水平的一个重要因素。成就动机高的个体追求成功心切,因而其抱负水平也较高。如遇事总是想努力做、想做得尽量完美、想超过他人的个体,其抱负水平就会较高。成就动机低的人倾向于逃避失败,因而其抱负水平也就较低。

抱负水平与个体以往成败经验有关,过去的成败经验会直接影响到一个人目前的抱负水平。一个人过去有着较多成功的经验,则会增强其自信心,使他对未来的成功有着更多的信心与期待,从而形成较高的抱负水平。相反,如果过去失败的次数较多,则会使人对自己的能力产生怀疑,对自己信心不足,总怕自己会遭到更多的失败,为了逃避失败,便会确立一个较低的抱负水平,力求在这个水平上获得成功。例如,一位学生估计自己能考 90 分,但考试成绩低于 90 分,那么他下次再定的抱负水平可能会低于 90 分;反之,则会高于 90 分。所以说个人的成功经验能提高其后的抱负水平,成功感越强,抱负水平就越高。而失败的体验往往会降低其后的抱负水平,挫折感越强,抱负水平就会变得越低。因此,学习者在确立抱负水平时,既不能过高,也不能过低。过高了,容易失败,从而降低抱负水平;过低了,学习者能轻易地达到,则失去了动机的意义;只有适度高于学习者现有能力的抱负水平,才能激发其意志去努力,体验艰苦努力过后的成功,从而增加学习者的信心。

(五)影响成就动机的因素

1. 目标的吸引力

个体所期望达到的目标的吸引力对成就动机有一定影响。往往目标吸引力越大,个体期望达到目标的动力就越足,个体主观能动性的发挥程度越大,成就动机就会越强。反之,目标吸引力很小的话,个体期望达到目标的动力不足,就不会有很强的成就动机。例如,一个酷爱写作但并不怎么喜欢唱歌的学生,他在文学创作活动和演唱活动中表现出的成就动机显然是不同的,创作出优秀文学作品这一目标要比唱出好听歌曲对他更具吸引力。那么,他也会在文学创作活动中表现出更高的成就动机。

2. 成功与失败的风险评估

个体通常在进行某种活动前都会自觉不自觉地对活动结果的成败进行心理上的风险评估,这种自身对达到目标所承受风险的主观估计也影响成就动机。一般情况下,个体认为很有把握成功的事与注定要失败的事均不会激发高的成就动机。很有把握成功的事,对个体缺乏挑战性;而没有获胜机会注定要失败的事情,不能满足个体的成就需要。这两种情况下的目标价值都较小,成就动机的激励作用也就很小。所以当个人认为他所从事的工作过难或过易时,都不会产生强烈的成就动机,只有那些个人认为难度适中的工作才能激发起成就动机。

3. 个体施展才干的机会

个体在实现目标过程中得以施展才干的机会与成就动机的强度呈正相关。如果在活动中给予个体充分施展才干的机会,会有效激发出个体的潜能,个体会在不懈努力施展才干的过程中,通过不断地实现目标获得成功的体验,从而使个体自信心和自我价值感不断加强。所以个体为实现目标施展才干的机会越多,其成就动机就越强。

4. 个体对成败的归因倾向

归因是对他人或自己行为的原因给予解释的心理过程。个体对自己成败的不同归因倾向会影响其成就动机的发展。韦纳的成就动机归因理论告诉我们,个体行为的控制点和稳定性都会对成就动机及行为产生影响,不同的归因会引起个体对以后行为的不同期望,进而会影响他的成就动机。

韦纳认为,能力和努力都是影响行为的内部因素,只是能力是稳定的,而努力是不稳定的,如果个体将成功归因于能力或者是自己付出的努力,他都会感到自豪并会产生以后还可能成功的期望,成就动机也会随之增强;相反,如果将失败归因于能力,则会感到羞愧并产生以后仍将失败的想法,成就动机会相应减弱;而如果将失败归因于自己努力不够,那么会增加个体的羞愧感,并产生以后通过付出更多努力以获取成功的期望,其成就动机也会得到增强。例如,一个学生将其某次考试成绩不佳归因于能力较差,那么他对未来的成绩提高的期望就不会太大，努力提高未来成绩的动力也会相对不足，在其后的学习活动中会表现出较低的成就动机。而当他将自己成绩不佳归因于自我努力不够时，他对未来则会有较高的期望，也相信自己有能力改变，于是他会想办法改变自己的努力程度，在之后的学习活动中也会表现出较强的成就动机。所以说，如果个体将成功归因于稳定的、内部的、可控制的原因，那么他将会强化成就动机；如果个体将成功归因于不稳定的、外部的、不可控制的原因，那么他将会弱化成就动机。如果个体将失败归因于稳定的、内部的、不可控制的原因，那么他将会弱化成就动机；而将失败归因于不稳定的、外部的、可控制的原因，那么可能会强化成就动机。

5. 个体所受的文化教育

个体社会化过程中，不同阶段接受的文化教育，对个体成就动机的形成有着重要的影响作用。首先，家庭教育是影响个体成就动机的一个重要因素。父母的价值观、成就动机、对子女的要求和教育方式都会影响孩子成就动机的发展。比如，父母求知欲强烈，成就动机强，就会诱导子女的成就动机向更高发展，他们自身也为孩子提供了一种学习、模仿的榜样。温特布特姆在研究中发现父母对子女的要求越高，子女的成就动机也越高。罗森等人通过家访、现场实验的方法，证实成就动机高的家长，一般对儿童的行为起指导性的、劝告的作用。这种家庭气氛能强烈地诱导儿童的成就动机的高度发展，因而儿童对成功表现出很高的热情。相反，成就动机比较低的家长多数有权威主义的倾向，对儿童的独立性要求较晚，而且在相当长的时间内给儿童更多的限制，这在一定程度上阻碍了儿童成就动机的发展。

其次，学校教育是影响个体成就动机的另一个重要因素。在学校，教师对学生的教育方式也影响着学生的成就动机。教师知识广博、事业心强，教学方法科学，采用各种激励手段提高学生的成就动机，就会增进学生学习兴趣，学生会取得比较好的学习成绩。教师对学生的积极希望和期待，会在心理上对学生产生引导效应，使学生自觉地按照教师希望和期待的高目标要求自己，继续努力，从而促进他们成就动机的发展。

最后，社会背景也影响着个体的成就动机。如果一个社会形成的成就动机气氛指向较高的目标，那么个体在这样一种气氛中，成就动机自然也随之提高。反之，个体成就动机也会降低。

（六）培养成就动机应注意的问题

高成就需要的人不是先天注定的，而是后天培养的。个体成就动机可以通过多种途径加以培养，但在培养中应注意以下问题：

1. 注重家庭教养方式

父母对孩子的教养方式对孩子成就动机的发展有重要影响。一般而言，民主型的教育方式有利于孩子成就动机的良好发展，在民主型教养方式下成长的孩子对成功的追求热情较高，对活动的主动性和积极性也较强。而权威型的教育方式则会阻碍孩子成就动机的发展。权威型的父母会对孩子过度管束和限制，使孩子独立性发展能力较差，往往缺乏成就需要，成人后也会表现得创造性和竞争力不足。因此，家长要对孩子的成就动机进行有意识地培养和训练。在家庭教育方式上，要改变简单粗暴的家庭教育方式，倡导民主型的家庭教育方式。家长平时要注重与孩子的交流，尽量与孩子平等相处，关注他们的需要与兴趣，尊重他们的人格。要注意培养孩子的独立性、自律性以及克服困难的能力,使其形成坚强的意志。对孩子的期望要客观,不能使孩子心理落差太大。在平时的学习生活中,适当给予孩子积极的评价,多一点鼓励,少一点训斥,使他们能够形成正确的自我评价。其中,对孩子自律性的培养很重要。研究发现,父母对孩子自律训练的严格程度与孩子的成就动机呈正相关,即父母对孩子的自律训练越严格,孩子的成就动机就越高。另外,家长本身也要起好模范带头作用,在生活、工作中要有较高的成就动机,不断进取。这将对孩子成就动机的发展起到一个良好的促进作用。

2. 创造追求成就的社会氛围

社会环境的社会舆论文化氛围对个体成就动机具有深刻的影响。如果个体所生存的社会在舆论和文化上是强调和鼓励成功的,那么个体的成就动机就会被增强。麦克利兰曾经对三十多个国家的儿童读物进行过研究,他发现在高度发展的国家,儿童读物中有较多的关于成就和成功的内容,这对儿童成就动机的发展起到了一个积极的促进作用。社会形成的倡导高水平成就动机的氛围有益于其成员成就动机的提高。所以家长要给孩子选择好的成长环境,在为孩子择校时不仅要注重学校的教学质量,还要重视学校要有一个良好的鼓励成功的舆论文化氛围。

3. 引导儿童设置明确合理的目标

目标是个人所期望达到的成果。只有制定明确的目标,才会激发个体强烈的内在动力,使个体倾注极大的热情,为实现目标锲而不舍。而在目标的实现过程中也会使个体的成就需要得到满足,并获得愉快体验,从而增强自己的自信心,促进个体成就动机水平的提高。所以要激发并帮助儿童建立适当的成就动机,就要帮他们设置明确合理的目标,使他们明确知识学习、体育锻炼、品德修养等方面所追求的具体目标是什么。这里需要注意的是,帮助学生设置目标要明确具体,指导学生把目标确定在自己能达到的限度内,既不过高也不过低,应该是他们经过努力可以达到的,而不是高不可攀的,即所谓的"跳一跳,摘桃子"。

4. 帮助儿童获得成功的体验

成功的体验是个体产生进一步努力的根本源泉,是促使个体不断求知探索的内在动力,当儿童在某种活动中获得成功时,他们往往会感到快乐和满足。这种体验可以起到自我强化的作用,使他们产生自信,追求更高的成就。所以应帮助儿童逐步地实现自己的目标,增强成功的体验,赞扬并让学生明确他们已经取得的成就,使他们产生成功感、价值感,增强达到目标的信心和勇气。

在具体活动中,要根据儿童自身的能力安排他们的学习和实践活动,并创造一定条件放手让他们去独立完成,以激励他们强烈的成就感。给儿童的活动任务难度要适中,过易不能激发他们完成任务的热情;过难则会因为不能完成任务而使他们心灰意冷。对于成就需求高的儿童,可以安排他们去完成难度比较高的活动任务,并鼓励他们竭尽全力去完成。同时,对儿童的进步要有明确的、及时的反馈,并给予肯定评价和一定的奖励。进而引导他们树立进一步追求的目标,乃至终生奋斗的目标,让他们将成功的快乐和满足感转化为成长的动力,使其迈上更高的台阶。

5. 训练学生进行正确的归因

由韦纳成就动机的归因理论可知，学生对于成绩的归因，一般来说是从努力、聪明、运气、难度四个方面进行分析的。从聪明、运气出发进行归因的学生，会认为学习成绩的取得是不可控的，失败后，学习的积极性就会削弱，成就动机就会减弱。归因于努力、难度的学生，会表现出更多的坚持性，不断地提高自己。教师应该灵活利用归因理论帮助学生进行成败归因。引导学生将失败归因于运气、努力等不稳定的因素，而不是因为能力匮乏这个稳定因素，使学生深信只要自己更加努力，学习成绩很快就能提高。这样引导学生归因将有助于学生恢复自信，增强自我期望，从而产生强烈的成就动机。同时，教师还应引导学生将成功不仅归因于良好的稳定性因素（如能力），而且也应重视良好的内部控制点（即自身努力程度）在其中的重要作用，使他们认识到只有将两者有机结合，才能保证成功。

三、权力动机

（一）权力动机的概念

权力动机是指个体希望影响和控制他人的心理倾向。麦克利兰认为，每个人都有影响他人、控制他人并且不受他人控制的需要，这种影响和控制他人的愿望在试图获得满足的时候具有动力性质，这就是权力动机。大多数人都有权力动机，只是程度不同，表现方式不同而已。从狭义上讲，它表现为政治上或组织上的权力欲望；而在广义上，则从上级对下级、长辈对晚辈、专业人员对非专业人员、教师对学生等方面的人际关系中体现出来。

权力动机是由权力需要决定的。个体对权力的渴望程度不同，其权力动机的表现也不同。权力需要较高的人喜欢支配、影响和控制他人，喜欢对他人进行指挥和命令，注重争取地位和影响力。在社会上，凡是有很强的支配欲和控制欲并希望影响他人且对社会事务表现出浓厚兴趣的人，都具有强烈的权力需要。

（二）权力动机的种类

根据心理学家研究发现，凡是对社会事务有浓厚兴趣，而且极愿以自己的作为影响大众的人，其行为背后均存有强烈的权力动机。

1. 积极的权力动机和消极的权力动机

温特将权力动机分为两种：积极的权力动机和消极的权力动机。积极的权力动机常常表现为竭力去谋求组织中的职位权力而不是个人权力，期望借助权力发挥自己的才能以促进组织的发展和社会的进步。具有积极的权力动机的人往往会通过正常手段获取权力，通过成功的表现成为优秀的管理者或者领袖，得到人们的认可和拥护。消极的权力动机则通常表现为谋求个人权力并且害怕失去权力，为自己的声望、利益而忧虑，获取权力的目的不是为了造福他人，而是为了利用权力为个人和小团体谋求私利。具有消极的权力动机的人可能通过酗酒、斗殴和展示已有的权力等行为来满足这方面的需求。

2. 个人化权力动机和社会化权力动机

麦克利兰指出人类存在着个人化权力和社会化权力两种不同的权力观念，因此将权力动机分为个人化权力动机和社会化权力动机。前者是为了自己,后者是为了别人。研究发现,个人化权力动机和社会化权力动机有着截然不同的表现。

(1)个人化权力动机的特征

个人化权力动机强的人,在行为表现上一般表现出以下三种特征:

首先,喜欢参与社会活动,尽量利用机会去表现自己;在团体中,如有才能相当或胜于自己的人,就会拿他当假想敌,力图将之击败。从表面上来看,此种人热心社会事务,事实上是利用社会形象,达到满足私欲的目的。

其次,热衷于追求权位,在追求权位过程中表现得不择手段,甚至不惜以卑鄙手段来达成目的。这种人喜欢参与政治活动或者商业活动,但其行为的主要目标是坐上官位或者暴敛钱财,而非造福于人民。

最后,视物质条件为最高价值,不仅尽情享受物质生活,而且也竭尽所能去狙击物资,炫耀自己的社会地位,进而达到影响他人甚至控制社会的目的。

(2)社会化权力动机的特征

社会化权力动机强的人,在行为表现上表现出以下三种特征:

首先,关心社会但不实际争取掌权的职位,仅在个人专长与专业范围内,以传播知识理念的方式,希望影响别人、助益社会。这种人在社会上多数从事医生、教师、牧师、写作、绘画、音乐家等职业,他们的正义感与对社会的关怀,多靠他们言行的示范或作品的流传以影响社会。

其次,关心社会也走入社会,他们以自己的专长实际地服务人群,或是解除别人的痛苦,或是维护社会安全,从而达到影响别人助益社会的目的。

最后,担任以服务为目的的团体领袖,他们爱人类、爱社会,对社会公益事业与民众福祉怀有很深的使命感,希望以其卓越的才能领导大众从事改革,以期达到影响别人与助益社会的目的。这种怀有远大志向且公而忘私的领袖人物,不仅政府机关需要,其他任何公私团体也都需要。他们拥有支配别人的权力,但并不以满足个人利益为目的,而是重视行使权力之后所产生的积极的社会效果,以此来实现自己的理想和抱负。

(三)权力动机的引发因素

引起权力动机的因素大致有两个:

首先,是社会控制的需求。个体对他人和周围环境的控制水平越高,个体的优势越大,而社会生活中的优势地位会使个体具有安全感,能让他们取得更多的生存和发展的资源。

其次,是对无能的恐惧。无能会让人处于不利地位,会引起自卑感,自卑感又会促使个体设法去获得补偿,而对补偿的诉求往往走向偏执,导致个体对极端权力和地位的追求。这就可以解释一些出身卑微且心理上比较自卑的人,在获得机会后疯狂地追求权力、地位和影响力的现象。

四、社会赞许动机

(一)社会赞许动机的概念

社会赞许动机是指人们期望获得他人及社会的赞扬、肯定、承认和鼓励的动机。个体的许多行为是为了获得他人的赞许,即取悦于人,期望以自己的成绩来得到他人的鼓励和称赞,从而获得爱与自尊。如果个体做的事能获得别人的好评和称赞,他会有满足感。这类动机都可以称为社会赞许动机。社会上大多数的人都期望和愿意听到他人肯定和承认自己,赞扬和夸奖自己,只要不是过分地吹捧和阿谀奉承,而且很少有人能够忍受他人的一味批评和指责。所以,在管理心理学中就强调表扬和奖励的作用,主张多用表扬、奖励,而少用甚至不用批评和惩罚。

社会赞许动机是人类特有的基本社会动机之一。其心理根源在于人们所持有的被人尊重和自尊自爱的心理需求。它与成就动机和亲和动机密切相关。成就动机的形成和实现是以赢得别人的重视、支持和赞许为基础的,如果没有别人的赞许和鼓励,那么人们也许就不会去努力争取成就了。亲和动机和亲和行为也与赞许动机有密切关系,得到他人的同情、支持和鼓励是亲和的重要条件。正因为他人在场使自己得到支持和鼓励,从而获得安全感,才形成亲和动机,产生亲和行为;若他人不支持、不理解、不赞赏他的行为,那么他也就根本不会去和他人亲近。

(二)社会赞许动机的作用

社会赞许动机对个人行为的发展非常重要,往往会产生积极的约束作用。它有助于强化合乎社会规范的行为倾向,指导个体的社会化过程。在很大程度上,人们正是通过社会对个体行为的赞许或否定来学习社会规范、辨别是非、确立价值观念的,并以此来约束自己的行为,使之与集体、社会规范、道德规范相一致。由于个体看到他人和公众赞许的某些行为方式,也看到他人不赞成的行为方式,于是个体知道了该做什么,不该做什么,以及该如何做,从而学到了社会规范,对自己的行为有所选择和约束。

当然,社会赞许动机也具有消极作用。具有强烈社会赞许动机的人,往往是为了取得他人赞赏而工作的,那么推动力就来源于外界而不是自身。当得不到期望的赞誉时,就会出现动机减弱,行为消极的情况。因而,社会赞许动机的培养一定要注意克服这一副作用,如把依赖外部赞许转化为依赖自我赞许,把赞许动机与成就动机结合起来。

五、利他动机

(一)利他动机的概念

利他动机是指一种不期望报答而自愿主动地去帮助他人的动机。通常说的亲社会行为、助人行为,就属于受利他动机驱使的利他行为。一般认为利他动机有三个特征:一是完全自愿,二是纯粹以有利于他人为目标,三是不带有任何酬偿的期望。有人认为,利他动机还应包括利他者个人有所损失的因素,利他者本人可能受到损失。例如,舍己救人行为就是由利他动机所驱使的。其中,不带有任何酬偿的期望是利他动机最主要的特征。对于这一特征,社会心理学界存在较大争议,有人认为利他者确实不需要任何外部奖赏,但不排除来自利他者内部的自我奖赏(如做好事的感觉)。这种内在的自我奖赏有可能是以潜意识的形式存在于利他者的意识中,但在行为中不一定能意识到。行为完成以后,这种自我奖赏的感觉就会被意识到。

利他动机的存在在实验经济学中得到了验证。以公共产品实验为例,在实验开始时,每个人得到一笔钱,比如说50元。然后告诉他们既可以保留这些钱,也可以把这笔钱中的一部分(或全部)存入一个集体账户中。存入集体账户的钱会翻一倍,然后在集体成员之间平分。如果把所有的参与者当作一个整体,那么最优的结果是每个人都把钱全部存入集体账户,这样每个人都可以得到100元。但是对于每个参与者而言,每向集体账户存入1元,他们只能获得 $2/n$ 元的收益(n 为参与者数量),这显然是不划算的。因此,如果假设每个人都是自私的,那么他们将不会把钱存入集体账户中,这样的话,他不仅可以保住自己的50元,还可以搭其他人的便车。因此,如果一个理性的人在公共产品实验中选择把自己的钱存入公共账户中,这无疑是一种利他动机支配的利他行为。罗宾 · 道斯等人于1988年进行的公共产品实验中验证了利他动机的存在。在他的实验中,每组实验由7个人参加,他们可以选择保留手中的6美元,或是捐赠集体账户作为投资并在所有参与者中平分投资的收益。结果显示,即使是在完全匿名的情况下,也有20%到50%的人做出捐赠的决定。[①]

现实生活中利他之心与利己之心是并存的,有些利他动机的出发点并非完全是他人利益,而是个人利益。因此,利他动机根据出发点的不同可分成两类:利己性利他动机和利他性利他动机。利己性利他动机是指在实现他人利益的基础上同时实现个人利益,即“主观为他人,客观为自己”;而利他性利他动机的出发点和目的则完全都是为了实现他人利益。

(二)利他动机和利他行为产生的影响因素

根据前人的大量研究,通常而言,影响利他动机和利他行为出现的因素主要有四类:助人者特征、情境特征、受助者特征和文化特征。

1. 助人者特征

助人者的移情能力、人格特征、情绪特征等因素对利他动机和利他行为的产生存在一定程度的影响。

移情是一个人设身处地为他人着想、识别并体验他人情绪和情感的心理过程。一般认为,移情是助人行为的重要动机源泉,是利他行为的一个重要中介因素。当个体能够设身处地以他人的立场去体会当事人的需要和痛苦时,他就能够将心比心产生利他动机和利他行为。因此,移情能力强的人更容易去帮助他人。由于移情把焦点放在了受害者身上,关注的是提高他人的幸福感,所以移情所引发的助人是利他性的。在一项研究中,主试告诉被试一个叫卡罗尔的学生在车祸中双腿骨折,这使得她的功课严重落后。在听完对卡罗尔的采访后,被试被问及是否愿意帮助卡罗尔。研究人员通过改变指导语控制移情的发生,高移情组

---

① 参见王健:《利他行为的模型构造与数量分析》,厦门大学,2009年。

被试被告知,努力从被访者的角度想象卡罗尔对受伤的感受,以及这次意外对她的生活所造成的影响。低移情组被试则被告知,尽可能客观仔细地注意呈现给自己的有关信息,不用关心感受。结果发现,高移情组被试有71%的人愿意提供帮助,而低移情组只有33%。由此可见,设身处地地从遭遇不幸的人的角度考虑问题会促进利他行为。

人格特征是影响利他动机与利他行为的另一个重要因素。心理学家认为个体存在一种利他的人格,这种利他人格对利他动机与利他行为的发生具有一定的预测作用。有研究发现,在测验中积极情绪和自我效能感方面得分较高的个体会更关心他人,也更容易表现出利他行为;爱社交的个体比不爱社交的个体表现出更多的利他行为;那些自我监控能力强、具有强烈的公正信念、富有道德感和爱心的个体与其他不具备此类特征的个体相比,会表现出更愿意为他人提供帮助。另有研究表明,信任他人的个体比不信任他人的个体具有更多的利他行为,而内控者比外控者往往会更容易表现出利他行为。

心情也会影响人们利他动机和利他行为的发生。研究发现,积极轻松的心境能够显著地促进利他行为的发生。例如,当成功使人产生满足、愉快的情绪时,则易于导致利他行为。而消极心境对利他行为的影响则比较复杂。一般情况下,不良心境下利他行为也处于较低水平,但也有可能发生相反的情况,有的个体为了消除负面消极的情绪会选择做出更多的利他行为。如当个体产生内疚情绪的时候,个体往往会努力做出更多的利他行为加以弥补,以此来减轻内疚感带来的心理压力。

此外,利他行为者先前的利他经验对其以后的利他行为也有影响,有过利他经历的人再度发生利他行为的可能性比较高。

2. 情境特征

情境因素对个体利他行为的发生有着很重要的影响。研究发现,在某些情境中,即使最具有利他行为倾向的个体,也不会做出利他行为。所以心理学家认为,利他行为是由人和情境两种因素的性质共同决定的。

研究显示,他人在场会对利他行为的发生造成一定的负面影响。例如,当旁观者的人数增加时,利他行为会随之相应减少。生活中往往会看到这样的场景,一个需要帮助的人被很多人围观,却没有一个人施以援手。这有可能是由于旁观者人数的增多导致的责任分散效应,导致个体倾向于把责任分散给在场的其他人从而弱化了自己的责任。或者对当前情境产生了误解,看到在场的其他人都无动于衷,因而误认为这是不需要提供帮助的情境。

时间压力也是影响个体利他行为的因素之一,一般情况下,时间充裕的个体更容易表现出利他行为。研究表明,在相同的情境中,在个体具有充分时间的情况下,其利他行为会明显增多,而正在赶时间的人是往往是没有闲暇去帮助他人的。

还有研究表明,诸如噪声、天气、光线、地点等物理环境因素也影响着个体利他行为的发生。通常条件良好的环境会增加个体的利他行为,而条件恶劣的环境则会减少利他行为。比如人们在阳光明媚、气温适中的天气条件下,更愿意表现出利他行为。另外,人们对环境的熟悉程度也影响着个体的利他行为,往往在熟悉的环境中,个体更愿意去为他人提供帮助,而在陌生的环境中,则会更倾向于选择静观。相比人口密度较高的大城市的人而言,人口密度偏低的山区或村镇里的人更乐于帮助他人。这可能是由于大城市的节奏紧张和人口拥挤导致人们压力过大，进而使人们的防备心理过重，因此个体在选择做出利他行为时会表现得内敛且顾虑重重。

3. 受助者特征

受助者的许多特征对利他者的利他动机和利他行为也有一定程度的影响。

许多研究表明，女性被助的机会多于男性。1973 年，一些学者的一项十分有趣的实验证实了这点。一辆发生故障的车停在路边，驾驶者向路上行驶而过的车打招呼请求援助。结果表明，当求助者为男性时，只有 2% 的过路车停下来；而当求助者为女性时，却有 25% 的过路车停下来相助。

受助者的人际吸引力是影响利他行为的一个重要因素，那些有吸引力的受助者最容易得到人们的热心帮助。例如，相貌漂亮、帅气的个体获得他人帮助的概率要高得多，尤其是漂亮的女性更易得到男性的帮助。另外，人们更愿意帮助那些与自己各方面相似的受助者。因为相似性很容易让人产生亲近的感觉，个体在提供帮助时也更容易产生愉快的情绪。最后，受助者是否会得到帮助还取决于他是否值得帮助。通常而言，人们更愿意帮助那些自身不具备解决问题的能力而不得不求助的人。比如同样是倒在路边，身有残疾的人比喝醉酒的人更容易获得人们的帮助；老人和孩子与其他年龄阶段的人相比获得帮助的机会更多。因为在人们看来，他们的自我独立能力较差，因此容易受到他人的帮助。

4. 文化特征

利他主义行为是一种社会行为，必然要受到一定文化背景下的价值观与行为规范的制约。因此，从属于不同文化背景条件下的人们，会有着不同的利他动机和利他行为表现。比如，有的社会文化重视合作，受此文化的熏陶，人们从儿童时期接受的教育就是亲密与互助，那么人们会比较重情重义，更愿意做出利他行为；有的社会文化重视独立和自我奋斗，受此文化影响，那么人们则会表现得人情淡漠而利他行为较少。

（三）利他动机产生和发展的相关理论

人的利他动机和利他行为的产生机制是怎样的？受哪些生理、心理和社会因素的影响？对于这些问题，社会心理学家进行了广泛的研究和探讨，提出了各自不同的理论和看法。

1. 移情理论

移情是一个人在观察到另一个人处于某种情绪状态时，产生与观察者相同的情绪体验，也就是一个人设身处地为他人着想，识别并体验他人情绪和情感的心理过程。许多心理学家认为，正确判断他人情绪的能力是利他行为发生的一个重要前提条件。利他动机与利他行为的形成是以某种程度的认知能力发展和他人情绪的共鸣反应为前提的。

移情理论认为，移情是利他动机和利他行为的一个重要促进因素。持这种观点的学者认为，移情在儿童利他行为形成中具有动机功能和信息功能，移情使人更容易认识到另一个人的需要，以平息自己的情绪，这实际上是一个信息传递的过程，通过这一过程能建构人们对移情对象在情感上的共鸣反应，促使利他行为的发生。移情能帮助个人建构自己同他人的情感体验，是利他动机与行为的源泉。个体要实施利他行为，首先要能够觉察别人求助的需求或认为当事人需要帮助,即必须具有对当事人是否需要帮助的知觉和认知的敏感性,这是个体实施利他行为的重要条件。

关于移情对利他行为影响的作用机制研究也是目前探讨的热点问题。移情对利他主义行为的影响是通过“移情—同情—利他行为”这一模型来实现的。有效的移情是对他人产生同情心的基础,而同情心又是对困境中他人实施利他行为的重要条件。因此,心理学家们普遍认为,富有同情心的人更容易表现出利他行为,所以通过移情训练来培养个体的同情心就成为移情训练的直接目标。①

2. 社会道德准则理论

社会道德准则理论认为利他行为与社会道德准则的掌握有密切关系,儿童的利他行为是随着年龄的增加利他社会道德准则逐渐内化而产生的。因为利他行为是社会道德行为的一个组成部分,所以研究者对道德判断与利他行为之间的关系进行了研究。研究发现,个体的道德判断水平与其是否参加献血或者在超市购物中是否让别人先付款等利他行为有着密切关系。还有研究者通过使用两难问题来研究儿童的利他社会道德推理水平,发现儿童在小学期间,享乐主义倾向逐渐消失,7—8 岁的儿童已经逐渐能以他人和社会的准则来处理面临的问题,利他行为的数量呈上升趋势。证明了儿童道德推理水平与亲社会行为有很大关联。美国学者艾森伯格把亲社会道德推理分为五个水平:

(1)享乐、自我导向:个体在这一阶段主要关注自我而不是关注道德,或者是由于自己需要或喜欢某人才关心他人。

(2)他人需要导向:在这一阶段,尽管个体意识到别人的需要与自己的需要相冲突,开始尝试去关注别人的需要,但仅仅是对他人的需要表示简单的关注。

(3)定型的导向:在这一阶段,个体在心目中对好人或坏人的看法已和大家保持一致,形成了固定模式。

(4)该阶段又分为两个阶段:

A. 自我反思和移情导向:在这一阶段,个体已经能够关注他人的人性,设身处地为他人着想,在判断中出现自我投射性的同情反应。

B. 转化阶段:在这一阶段,个体开始关注社会大众,在选择是否利他时已经涉及内化了的价值观、规范、责任和义务等。但是,还不能清晰而强烈地表述出这些思想来。

(5)内化阶段:在这一阶段,个体决定是否利他已经明确地以内在价值、规范、道德责任作为判断的依据。

艾森伯格认为,儿童的利他动机与利他行为是通过以上五个阶段逐渐形成的。享乐主义推理的发展和使用随着个体年龄而增长直到青年时期,然后会相应减少,之后又会有所增加。在儿童后期或青少年时期有较高水平的推理模式。女孩的推理水平要高于男孩的推理水平。

---

① 参见王雁飞,朱瑜:《利他主义行为发展的理论研究述评》,《华南理工大学学报(社会科学版)》,2003 年第 4 期。

3. 自我归因理论

归因理论与利他行为的关系也相当紧密。社会心理学家认为自我归因是儿童利他主义行为发展的原因,并由此提出了儿童利他行为发展随年龄变化的六个阶段。

(1)具体服从和强化:这一阶段的儿童帮助别人是因为他们被要求这样做,而且这种要求附带有具体奖赏或惩罚的威胁。

(2)服从:这一阶段的助人动机是对权威的服从,没有必要进行具体强化。

(3)初步内化-具体奖赏阶段:这一阶段的利他行为是自愿的,但是会被一些预期的奖赏所激励。

(4)社会规范行为阶段:这一阶段的利他行为是按照社会的准则和要求来进行的。

(5)一般化的互惠:这一阶段的利他行为是由互惠的社会契约所激发的。

(6)利他行为:这一阶段的利他行为得益于别人的动机激发,不求任何形式的回报。

这个利他行为的发展阶段模型被提出以后即被许多实证研究所证明。有研究者通过研究,证明儿童利他行为的发展是程序化的,儿童的利他行为经过了一个由被动到主动的过程。

4. 社会道德敏感性理论

道德敏感性是指对情境的道德解释与领悟,是对情境道德内容的觉察以及对行为如何影响别人的意识,即敏感地认识到“这是一个道德问题”。在价值多元化时代,什么是好什么是坏,什么是对什么是错,该做什么与不该做什么,个体都很难做出明确的判断。所以个体在行为过程中逐渐提高道德判断力、增强道德敏感性、学会迅速运用理智做出判断或决定非常重要。如果个体缺乏道德敏感性,不能及时对他人或社会的目的、利益和需要进行认识和判断,其道德判断和利他行为都不能得到充分的发展。因此,社会道德敏感性对于个体敏锐地发现、意识到特殊情境的状况,并准确做出利他行为非常重要。西奥迪尼认为儿童的利他主义行为会随着对社会道德规范敏感性的增加而增多,如果儿童对社会期望有充分的认识,那么他就会逐渐做出利他主义行为。西奥迪尼将儿童利他主义行为的发展分为三个阶段:前社会阶段、社会倡导利他行为知觉和利他规范的内化。①

5. 学习理论

学习理论强调学习对于利他行为的重要性,认为儿童在成长过程中要与他人分享并帮助他人,而这种助人规范的掌握是靠学习获得的,具体来说是通过强化和观察学习来实现的。

(1)强化

按照传统的学习理论,利他行为与其他行为一样,是通过强化建立起来的。当儿童帮助母亲干家务活,将好吃的东西与别人分享时,父母可能会表扬他们,或者用糖果奖励他们,这些就是一种社会性强化。同样,如果儿童不愿意帮助别人则会受到父母的指责甚至惩罚。

---

① 参见王雁飞,朱瑜:《利他主义行为发展的理论研究述评》,《华南理工大学学报(社会科学版)》,2003年第4期。

按照学习理论,儿童重复那些已经得到过奖赏的利他行为,并去除自私的行为,这就是强化的作用。研究发现,某些形式的赞扬比其他物质奖励更有效。

有研究者让8岁和9岁儿童玩一种游戏,获胜就可以得到筹码换取玩具。在最初阶段,研究者鼓励儿童与那些还没有得到玩具的孩子分享筹码。随着实验的进行,所有的儿童都贡献过自己的筹码给其他的孩子。这时给予儿童两种类型的赞扬:一种赞扬被称为人格倾向赞扬,强调儿童的人格特征,如"你是一个非常好、爱帮助人的好孩子"。另一种则为一般性赞扬,在该条件下,强调儿童的行为特征,给贡献过筹码的孩子以这样的表扬:"你把筹码分给其他小朋友,这是非常好的帮助他人的行为。"然后让儿童再次玩游戏,并告诉他们:"如果愿意,你们可以把自己的筹码分给没有玩具的孩子,但这不是必然的。"获得人格倾向赞扬的儿童显著比那些获得一般性赞扬或没有得到赞扬的儿童更愿意与他人分享自己的筹码。可见人格倾向赞扬比一般性赞扬更有效。

(2)观察学习

观察学习也是个体产生利他行为的重要原因,也就是我们常说的榜样的力量。当个体仅仅观察到他人表现出的利他行为,即使没有物质奖励或表扬,他们也会在类似的情景中表现出利他行为。一项关于献血的研究表明了这一点。在实验中,女大学生首先和一位友好的女士(她实际上是一位实验助手)谈话。在研究者的安排下,两个女子起身离去,经过一张搁在走廊中的桌子时,工作人员希望有人能够捐献血液。在半数情况下,实验助手会立即给予志愿捐献,塑造出亲社会行为的榜样。在没有榜样的条件下,即实验助手则转向旁边的人,不愿意捐献血液。结果表明,在实验助手给予捐献的条件下,有67%的被试签名答应捐献血液,而在没有榜样的条件下,只有25%的被试志愿捐献。女大学生对她们的捐献诺言的实际执行程度更令人惊奇,在没有榜样的条件下没有一个女大学生实际捐献血液,但是看到利他榜样的被试中有33%的人实际捐献。①

六、侵犯动机

侵犯动机指推动人去伤害或危害他人的动机,是一种对他人产生伤害行为的内在状态。常见的侵犯动机有两大类型:一类是由自然需要引起的,如为满足衣食住行等物质的需要而引起的侵犯动机。另一类是由社会性需要引起的,如为爱的需要、为友谊的需要、为自尊的需要引起的侵犯动机等。

(一)引发侵犯动机的原因

引发侵犯动机的原因是多方面的,主要有:

1. 由挫折导致

当人们遭遇挫折,当人们想做某件事而受到阻碍时,就会产生需要未得到满足的抱怨甚至愤怒,并变得富于侵犯性。这种愤怒大部分人能自我控制,而有些人则不能,从而产生侵犯动机。被侵犯的对象(目标)可能是原来的对象,也可能是一种替代物。如某人在单位挨

① 参见孙时进:《社会心理学导论》,复旦大学出版社2011年版,第179页。

了上司的批评,可能回家打老婆出气。但是,挫折是否引起侵犯,与人的主观认知有很大关系。当一个人遇到挫折时,如果认为这是他人故意造成的,则可能产生侵犯动机;如果认为是偶然的,则可能不会产生侵犯动机。

2. 由后天社会学习而来

班杜拉的社会学习理论认为,人们主要通过观察与模仿他人的行为而学会侵犯。他设计了一个典型的实验,让一组儿童观看成人对塑料娃娃的攻击行为,如谩骂、拳打、脚踢等;让另一组儿童观看成人平静地玩同样的娃娃。然后再让孩子们单独玩这些娃娃,观察其行为表现。结果表明,第一组儿童的侵犯行为的发生要比第二组高12倍以上。可见,人的许多侵犯行为都是通过有意无意地观察、模仿而获得的。影视作品中的暴力镜头,家庭中父母吵架、打架,生活中人与人的斗殴,都会对个体习得侵犯动机产生影响。

3. 不能抑制的好斗本能

人有一种好斗的内在本能,就如人们感到饥饿、口渴一样。好斗本能使人趋向于伤害他人,如不抑制就会产生侵犯动机。例如,在战争中,人的这一本能就充分表现出来。在平时,为了使这方面的本能得到很好控制,常以体育竞技、打斗片、枪战片等形式来使人的好斗本能得到宣泄。

(二)控制侵犯动机的途径

由于侵犯动机大部分是后天习得的,因而是能够被控制、防止的,主要途径有:

1. 加强个人修养

国内外有关犯罪的研究都表明,绝大多数情况下,对别人的侵犯是直接与道德水平的低下相关的,个人的道德发展水平越低,就越倾向于忽视他人的痛苦、利益和幸福。所以应加强个人修养,提高自身道德水平,培养个人稳定的心理素质与积极的思维方式,始终让积极动机占主导地位。例如,培养自己做内在倾向的归因,就是一种积极的思维方式。有的人遇到挫折就怒火万丈,而且把自己的不幸归咎于他人,长此以往报复心必然增强,从而产生侵犯动机。一个自我修养高的人,情绪是比较稳定的。即使受到大的挫折,或者受到他人有意无意的伤害都会以积极的方式思考:自己的行为是否有需要改进的地方,对因别人的过错受到的伤害不必过分计较等。

2. 恰当的宣泄

弗洛伊德认为,除非允许人们发泄自己的攻击性,否则攻击的能量会受到抑制而产生压力,为此要寻找一条输出通道予以释放,否则就会表现出暴力行为。具有侵犯动机的人往往将怨恨、愤怒积闷在心中,这种压抑不仅不能消除积怨,反而会愈压愈烈,愈想愈气,最终以侵犯他人的方式爆发出来。因此,当我们觉得自己受到不公正的对待、受到伤害时,应采取积极的态度,要想办法排遣自己的不良情绪。要么找对方开诚布公地谈谈,表明你既无敌意又有自尊;要么向信任的人(亲人、朋友)倾诉内心的苦闷,以便得到安慰解脱,这种方式虽然并未解决实质问题,但诉说后会感觉好很多;要么以其他社会允许的方式,把怨恨宣泄出来,如参加剧烈的体育活动,在无人处大声哭喊,去看精彩的电影,强制自己读书转移注意力等。

3. 必要的惩罚

在社会生活中,惩罚是必要的。为维护社会秩序,任何国家都要制定法律,设置惩罚机构对侵犯行为给予惩罚。惩罚给人带来痛苦,人们为了避免痛苦,会在一定程度上抑制侵犯动机。当然,对某些特殊个性的人而言,严厉的惩罚可能使其变本加厉,但尽管如此,惩罚仍然是抑制侵犯动机的必要手段。这里需要提及的是,对儿童侵犯行为的惩罚问题,有些时候,当儿童有侵犯行为时,父母用暴力进行惩罚,这种方式对于儿童的侵犯动机与其说是抑制,不如说是鼓励。

4. 控制社会影响环境

由于人的侵犯动机与侵犯行为在很大程度上是从社会生活中学来的,因而控制和改善社会环境就显得尤为重要,特别是家长、老师和大众传媒对少年儿童的影响更甚。如果家长、老师的侵犯动机较强,其子女、学生就会模仿其行为,形成侵犯、好斗的恶习。大众传播媒介中,屡屡出现暴力情节,复仇形象,强烈地影响着青少年,他们往往模仿剧中人物形象的语言和行为,学会侵犯。因此,应采取有效措施,减少或避免传媒中的不良内容对少年儿童产生的影响。

第三节　社会动机理论

在研究人类动机时,不少心理学家都提出过自己的理论,试图解释人类的动机体系,对动机的实质进行了多方面的探讨,提出了不同的看法,从而形成了多种不同的理论。

一、动机本能理论

动机本能理论是最早出现的行为动机理论。动机本能理论认为,人的行为并非受理性支配,而是受人体内在的生物模式驱动。詹姆斯、麦独孤和弗洛伊德在动机本能理论研究方面做出了较为突出的贡献。

美国心理学家詹姆斯在其著作《心理学原理》中,将本能定义为无须事先经过教育就能自动完成的一种动作官能。詹姆斯将本能分为生物本能和社会本能,他将饥渴、性等本能概念称为生物本能,将母性、同情、恐惧、模仿、竞争、建设、清洁等称为社会本能。詹姆斯认为,个体在社会生活中的各种各样的行为都是由人的这些本能决定的。

英国心理学家麦独孤在其著作《社会心理学导论》中,构建了一套以遗传本能和相应的情绪以及后天形成的感情为基础的人类社会行为的学说。他认为,心理学应该以本能、情绪情操和意志作为主要研究对象。在他看来,本能不仅是天生的能力,而且是天生的行为推动力,是策动和维持人类行为的决定因素,人类的一切行为都来源于本能。本能是行为的非理性的策动力,而本能的核心是情绪体验,因此,各种本能都有相伴随的情绪。麦独孤认为本能都是具有目的性的,因而由本能所策动的行为都趋于努力达到一定的目的。所以,麦独孤的这种心理学理论最初被命名为"目的心理学"。

弗洛伊德认为人有两大本能,即生的本能和死的本能。生的本能又被称为力比多(Libido),弗洛伊德用力比多这个词来概括解释个体的一系列的动机和行为。他认为个体所从事的任何愉快的活动,如饮食、性、自爱、他爱等,都是生的本能。死的本能又被称为萨纳托斯(Thanatos,即希腊神话中的死神),个体所从事的任何不愉快的活动,如仇恨、侵犯和自杀等,都是死的本能。弗洛伊德认为这两种本能在现实生活中都是不能自由发展的,常常会受到压抑而进入到无意识领域,二者在无意识中并立共存,共同驱使着人们的行为。所以说人的每一种动机都是无意识的生的本能和死的本能的混合物。

本能论的缺陷在于忽略了后天的学习和理性因素而过分强调先天的生物因素。而实际上,在人类的动机行为尤其是社会动机行为中,本能的作用微乎其微。虽然本能是自然动机的源泉,对自然动机起着主导作用,但是,在现实生活中人类纯粹的自然动机几乎是不存在的,可以说现实生活中的自然动机无一不受社会动机的调节或者受社会因素的影响。所以,本能论只在理论上对自然动机具有一定的解释意义,并不具有重要的社会意义。

二、动机的驱力理论

最早提出驱力这一概念的是美国心理学家伍德沃斯。伍德沃斯认为驱力是个体由于生理需要而产生的一种紧张状态,它能激发和促使个体的行为以满足需要、消除机体紧张感,从而恢复有机体的平衡状态。

驱力理论是由美国心理学家赫尔系统提出的。赫尔假定个体要生存就有需要,有了需要就会产生内驱力,而内驱力又会激起有机体的行为。内驱力是一种动机结构,是一种中间变量,它供给机体力量或能量,使需要得到满足,进而减小驱力。

赫尔认为人类的行为主要是由习惯来支配的,而不是由生物驱力支配的。驱力给行为提供能量,而习惯决定着行为的方向。他强调经验和学习在驱力形成中的作用,认为学习对个体适应环境有非常重要的意义。赫尔将驱力分为原始驱力和获得性驱力两种。如果驱力来自内部刺激,不需要习得,称为原始驱力。原始驱力如同饥渴、呼吸、排泄、睡眠、回避痛苦等生物性,需要状态相伴随,并与有机体的生存有密切的联系。有些驱力来自外部刺激,是通过学习得到的,称为获得性驱力。获得性内驱力是指情境或环境中的其他刺激,伴随着原始性内驱力的降低,这种情境就成了一种内驱力。换言之,当某种中性刺激能够引起类似于由原始驱力所引起的反应时,便具有了内驱力的性质。

显然驱力理论比本能论前进了一步,它看到了行为的内在动力的作用。但是,驱力理论并不能对人类行为做出完整的解释,因为驱力这种内在的动力并非构成动机的全部。许多学者认为,诱因在唤起行为时也起着重要作用。应该用刺激和有机体特定生理状态之间的相互作用来解释行为动力。这种观点强调了外部刺激在产生动机中的重要作用,诱因能够唤起有机体的行为并指导有机体的行为方向。因此,多数心理学家认为,驱力是潜在的行为动力,而动机是现实的行为动力,动机是机体内在驱力与外界诱因相互作用的产物。

三、动机的强化理论

强化理论是美国心理学家斯金纳等人提出的一种动机理论,也叫行为修正理论或者操作条件反射理论。斯金纳认为,个体是否做出某种行为取决于行为的后果。个体为了达到某种目的,会采取一定的行为作用于环境。当这种行为的后果对其有利时,这种行为就会在以后重复出现;而当这种行为的后果对其不利时,这种行为就会逐渐减弱或消失。因此,人们可以采取强化的办法来影响其行为的后果,从而修正其行为。

斯金纳认为行为之所以发生变化,是因为强化作用的结果,斯金纳把强化分为正强化和负强化。正强化是指给予个体奖励性的刺激以提高其行为发生的概率。例如,一个小学生在捡到财物交给老师后,得到了老师的表扬和夸奖,那么以后这个小学生会更多地表现出拾金不昧的行为。负强化是指撤销那些令人厌恶的或惩罚性的刺激以提高其行为发生的概率。例如,一只小白鼠被关在一个除了压杆以外其余各处均有电击的特制小木箱中,小白鼠偶然按住压杆得以避免电击后,便很快学会了按住压杆的行为。

强化理论虽然纠正了本能论过分强调个体先天本能的不足,但是否定了人的主动性和自觉性,把所有人类行为的原因都归结于外部强化,这显然是片面的、机械的。

四、动机的认知理论

随着认知心理学的发展,许多学者开始探索运用认知的观点来分析、解释人的动机现象,于是产生了动机的认知理论。

(一)认知失调理论

认知失调理论的主要代表人物是美国社会心理学家费斯廷格。费斯廷格认为每个人都有一个认知结构,该认知结构是由知识、观念、观点、信念等认知元素组成的。所有这些认知元素之间存在着三种关系:协调、不协调或者是不相关。如果这些认知元素之间是协调一致的,那么人就会觉得心安理得,不去改变态度。而当认知元素之间的相互矛盾不能协调一致时,人就会感到紧张焦虑,那么个体就会设法消除矛盾以使认知元素之间达成协调统一。

当个体需要对新的情境表达自身的态度时,个体就会在心理上出现这种新认知与旧认知相互冲突的不协调状态,进而感到焦虑不安,为了消除这种因为认知因素不一致而带来的不适感,个体会在心理上进行自我调适。这种自我调适的方式有两种,一种是对于新认知直接拒绝否认,不予接受;另一种是努力寻求更多关于新认知的讯息,以提升新认知的可信度,最终彻底以新认知取代旧认知,从而获得心理平衡。在生活中,人们不仅会设法去消除这种认知失调的状态,还会尽力回避那些将会产生或增加不协调的情境。

认知失调理论作为20世纪中期最有影响的理论之一,是动力心理学的一种新观点,该理论探讨了个体行为的内在动机,阐释了个体态度变化的过程。虽然在学科中引起了很多争议,但是其后由争论引起的各种更深入的研究对社会心理学研究方法的发展和改善起到了极大促进作用,而且其研究成果也成为用以解释个体态度改变的重要依据。

(二)归因理论

归因理论最早是由美国社会心理学家海德提出来的。海德指出,当人们在工作和学习中体验到成功或失败时,会寻找成功或失败的原因。海德把行为的原因归结为两种:内部原因和外部原因。像能力、努力、兴趣、态度等这些存在于个体本身的因素被称为内部原因;而像任务难度、外部的奖励与惩罚、运气等这些外在的环境因素被称为外部原因。海德还提出了控制点的概念,并把人分为内控和外控两种类型。海德认为内控型的个体通常会把成败的原因归于自身的内部因素,而外控型的个体则往往会把成败的原因归于外部环境因素的影响。

系统地提出动机的归因理论的是美国心理学家韦纳。韦纳对行为结果的归因进行了系统探讨,并把归因分为三个维度:内部归因和外部归因,稳定性归因和非稳定性归因,可控制归因和不可控制归因;又把人们活动成败的原因即行为责任主要归结为六个因素,即能力高低、努力程度、任务难易、运气(机遇)好坏、身心状态、外界环境。内部的、稳定的因素包括能力、身体特征等;内部的、不稳定的因素包括努力、心情等;外部的、稳定的因素包括任务的难度、无法克服的障碍;外部的、不稳定的因素包括运气、机遇等。韦纳根据自己的研究提出,如果一个新的结果和过去的结果不同,人们一般将其归因于不稳定的因素,如努力和运气等;如果新结果与过去的结果一致,人们一般将其归因于稳定的因素,如任务难度和能力等。这种归因会使人们对下一次的行为结果产生预期。韦纳还发现,归因会使人出现情绪反应。如果把成就行为归结为内部原因,那么在成功时会感到满意和自豪,在失败时会感到内疚和羞愧。但是,如果把成就行为归结为外部原因,那么不论成功还是失败都不会产生太突然的情绪反应。

(三)自我效能感理论

自我效能感理论是由班杜拉最早提出的,班杜拉将自我效能感定义为人们对自身能否利用所拥有的技能去完成某项工作的自信程度。自我效能感影响着个体对行为任务的选择以及对该任务的努力程度和坚持性。研究表明,自我效能感高的个体,当感到自身表现与目标存在差距时,会选择更加努力;遇到相同情况,自我效能感低的人却会减少努力甚至放弃努力。班杜拉认为个体行为的选择与效能期望有着密切关系。效能期望是个体对自己行为能力的判断或推测,也就是说个体是否确信自己能够成功地完成某种活动。当个体确信自己有能力进行某一活动时,他就会产生高度的自我效能感,并会努力去进行这种活动。自我效能感是影响个体动机和行为的非常重要的因素。

自我效能感的形成与改变受到很多因素的影响,其中个体行为的成败经验对自我效能感的影响最大。研究表明,一般情况下,成功的经验能提高个体的自我效能感,失败的经验则会降低个体的自我效能感。但成败的体验对自我效能感的影响并非简单的、一成不变的,还与个体的归因方式有关,如果个体将成功归因于外部的、不可控的因素,那么个体的自我效能感就不会提高,把失败归因于内部的、可控的因素,个体的自我效能感也可能不会降低,所以归因方式直接影响着个体自我效能感的形成。

(四)自我决定理论

自我决定理论是由美国心理学家德西和瑞恩提出的。该理论关注人类行为在多大程度上是自愿的或自我决定的,强调自我在动机过程中的能动作用,重视个体的主动性与社会情境之间的辩证关系。该理论认为人是积极的有机体,具有先天的心理成长和发展的潜能。自我决定就是一种关于经验选择的潜能,是在充分认识个人需要和环境信息的基础上,个体对行动所做出的自由的选择。自我决定的潜能可以引导人们从事感兴趣的、有益于能力发展的行为,这种对自我决定的追求就构成了人类行为的内在动机。

自我决定理论把动机分为内部动机、外部动机和无动机三种类型。内部动机是人类固有的一种追求新奇和挑战、发展和锻炼自身能力、勇于探索和学习的先天倾向。它与个体的内部因素如兴趣、满足感等密切相关,是高度自主的动机类型,代表了自我决定的原型。外部动机是指人们不是出于对活动本身的兴趣,而是为了获得某种可分离的结果而去从事一项活动的倾向,例如为了获得高分或避免受到惩罚等。无动机是最缺少自我决定的动机类型。它的特点是个体认识不到他们的行为与行为结果之间的联系,对所从事的活动毫无兴趣,没有任何外在的或内在的调节行为以确保活动的正常进行。自我决定理论认为这些动机类型并非是截然分开的,而是处在一个自我决定程度或自主性程度的连续体上,由低到高分别为无动机、外部动机、内部动机。人类的人格成长和整合过程实际上就是不断地感知外界信息,形成自主性动机的过程,这个过程就是自我决定的过程。自我决定理论经过数十年的发展,已形成了较为完善的理论体系。自我决定理论研究不断发展,形成四个分支理论:基本心理需要理论、认知评价理论、有机整合理论和因果定向理论。这些理论被广泛应用于管理、教育、咨询等实践领域。

此外,动机的认知理论中还包括成就动机理论,其主要代表人物是美国心理学家阿特金森和麦克莱兰。关于成就动机理论在前文已有介绍,所以在此不再赘述。

五、唤醒理论

唤醒理论是由赫布和柏林等人提出的。这一理论认为,人们总是处于唤醒状态,并维持着生理激活的一种最佳水平,不是太高,也不是太低。对唤醒水平的偏好是决定个体行为的一个因素。一般来讲,个体偏好中等强度的刺激水平,因为它能引起最佳的唤醒水平,而对于过低或过高的刺激水平,个体是不喜欢的。唤醒理论提出了三个原理:

1. 人们偏好最佳的唤醒水平。研究发现,每一个个体都有自己的最佳唤醒水平,高于这个水平时就需要减少刺激,低于这个水平时就需要增加刺激。刺激水平和偏好之间的关系是一条倒 U 形曲线。

2. 简化原理,即重复进行刺激能使唤醒水平降低。

3. 个人经验对于偏好的影响。研究表明,富有经验的个体偏好复杂的刺激。经验也能够帮助个体更好地组织刺激。

六、需要层次理论

人本主义心理学家马斯洛坚持反对一切人类动机都可以用剥夺、驱力和强化来解释的观点。他致力于对人的动机的研究,认为人有五种基本的需要,分别是生理需要、安全需要、归属与爱的需要、尊重的需要和自我实现需要,这五种基本的需要由较低层次到较高层次依次排列。自我实现需要是最高层次的需要,所谓自我实现,就是使自己更完备、更完美,能够更充分地使用自己具有的能力和技能。马斯洛认为,人的绝大部分时间和精力都用于实现最基本的但又尚未满足的需要上,当这些需要或多或少得以实现后,人才能越来越注意到更高层次的需要。他认为,在这些需要中,前四种是缺失性需要,它们对生理和心理的健康有着非常重要的影响,必须得到一定程度的满足。但一旦得到满足,由此而产生的动机就会消失。最后一种需要即自我实现需要,它是成长需要,很少得到完全的满足。而对一个正常健康的人来说,因缺失性需要已得到相当的满足,所以他们的行为是由不同类型的成长需要所决定的。需要层次理论对临床和咨询心理产生影响,并成为其动机理论的基础。

七、动机类型理论

麦奎尔对人类的动机进行了非常细致的整理和分析。他从两个维度对动机进行分类:一个是内在中心 - 外在中心维度,另一个是认知取向 - 情感取向维度。内在性动机的目标是指向个人的;外在性动机的目标是指向外部的,主要是社会的。认知取向 - 情感取向维度对动机是指导性的还是动力性的进行了区分,认知性动机为个体提供向导,而情感性动机为个体提供能量驱动。

(一)认知性内在动机

1. 一致性需要。一个人的各个方面(包括态度、信仰、意见和自我形象)需要保持一致,以达到一种内在的平衡。

2. 分类需要。人们往往要对事物和他人进行分类,通过内在的分类来使世界获得意义。

3. 自主需要。人们希望能够控制和自己有关的事物,这种控制感与人的自我价值感关系密切。

4. 目的论的动机。目的论认为一切事物的发展和演变都是为了达到一定目的而发生的。在人们的头脑中,有一些目标的状态类型,人们努力想将对外部世界的知觉与这些类型匹配起来,从而能够更好地理解外部世界。

(二)情感性内在动机

1. 减少紧张的需要。人可以被看作是一个张力系统,紧张的减少可以带来满足,而紧张的增加会导致不舒服。因此减少紧张就成为人的一种情感需要。

2. 自我防御的需要。每个人都有自己的自我形象,如果人们的认同或自我形象受到威胁,就会产生自我防御的需要,出现防御性行为。

3. 自我维护的需要。人们要维护自己的自我价值感,增加自尊和他人对自己的尊重。

4. 认同的需要。人们希望通过巩固自我概念来寻求对自我的增进。

(三)认知性社会动机

1. 归因的需要。人们需要确定与自己有关的事物发生的原因,从而可以较好地认识、把握甚至控制周围的环境。

2. 客观化的需要。在认识自己和外部环境时,人们往往根据外在的事物,如自己的外显行为、他人的外显行为或各种情境因素来推断内在的特点(人格、态度、情感、满意度等)。

3. 刺激的需要。有时候人们喜欢寻求刺激,探索新知识。

4. 功利性动机。人们为了能够解决实际问题,往往借助外界的要求或作用,将外在情境看作是一个获取新的信息与技能以及应对生活挑战的机会。

(四)情感性社会动机

1. 自我表达的需要。这是一种外向性的动机,其目的是要向他人表明自己的身份或特点。人们希望通过自己的行为来让他人了解自己,并由此得到满足。

2. 强化的需要。人们需要获得酬偿,如果某一行为在过去获得过酬偿,人们就会被鼓励去重复这一行为。

3. 亲和需要。人们希望与他人建立和发展有益的、满足的人际关系,与他人分享,成为某个群体的一员。

4. 模仿的需要。人们往往自觉或不自觉地参照他人的行为来行动。有学者认为,人们喜欢那些看起来与自己相似的人,这种现象就是模仿的需要的一种表现。

八、调节定向理论

调节定向理论是希金斯于 1997 年提出的新动机理论。传统理论认为,趋利避害是人的本能倾向,所以长期以来,在动机研究中占有主导地位的一直是追求快乐、回避痛苦的享乐主义原则,并且这一原则成为很多心理学理论的潜在动机假设。然而,这一原则无法解释人类的某些行为和一些矛盾现象。例如:人们是如何趋利避害的?为什么积极的反馈有时能提高任务表现而有时又会起到阻碍作用?为什么目标期望和目标价值的最大化并不是总能提高个体的目标承诺?为了更有效、深入地解释人类的动机和行为,希金斯超越享乐主义原则,提出了调节定向理论,并对上述问题做出了合理的解释,而调节定向理论也逐渐成为动机领域的研究热点。

调节导向理论认为,个体在社会化过程中逐渐形成自身特有的自我调节系统,即个体为达到特定目标能够努力改变或控制自己的思想和反应。个体在实现目标的自我调节过程中会表现出特定的方式或倾向,这就是调节定向。调节定向理论根据所服务的需要类型对调节定向进行了区分:促进定向与防御定向。促进定向与发展、成长和培养等提高需要相关,将期望的目标状态表征为抱负和完成,在目标追求过程中更关注有没有积极结果,追求实现最高目标。而防御定向与保护、免受伤害等安全需要相关,将期望的目标状态表征为责任和安全,在目标追求过程中更关注有没有消极结果,追求实现最低目标。例如,处于良好人际关系状态的两个人都想在一次晚宴中有出色表现,如果是促进定向者,他会将这次活动看作是进一步提升社会影响的机会;而作为防御定向者,他会将这次活动看作是维护当前已有社交关系所必需的。

调节定向理论与传统动机理论有着明显的不同,调节定向理论关注的是不同动机背后的需要差异,同时更关注由于这种需要差异而产生的动机策略差异,尤其是趋近或回避动机内部的策略差异。例如,不同调节定向的个体在对待趋近“事业成功”这一目标时的方式是不同的,促进定向者会创造和利用一切有利于事业发展的机会努力达到事业成功,而防御定向者更关注如何做好分内的工作并避免犯错。调节定向理论较好地解释了人们在面对同一目标时为什么会采取不同的趋近或回避策略。①

专栏5-1

成就动机投射测验

成就动机是可以测量的,McClelland 创造了一种投射测验,认为成就动机可以展现在人们的想象或幻想中,这些想象能表现出动机。投射测验主要有两种方法:一种是运用主题统觉测验进行测量,另一种是内隐联想测验。

主题统觉测验(TAT):McClelland 通过 TAT 对成就动机进行测量。在测验中共采用 30 张内容颇为隐晦的黑白图片和空白卡片一张,图片的内容以人物或景物为主。每张图片都标有字母编号,按照年龄、性别把图片组合成 4 套测验,每套选用 20 张图片(其中一张是空白卡片),每次用 10 张图片。进行测验时,主试按顺序逐一出示图片,要求被试对每一张图片根据自己的想象和经验,编出一个内容生动、丰富的故事,然后根据被试所编写的故事进行打分。最初,TAT 由于缺乏统一的标准,打分过程中过于依赖分析者的经验,主观性强,导致信度不高。而且由于 TAT 不能进行重复测验,内部一致性信度低,构建效度也较低,因此用 TAT 测验个体的成就动机受到许多学者的批评。20 世纪 50 年代起,McClelland 致力于建立一套科学、简单的计分系统,该计分系统的方法成为后人遵循的标准程序。它包括以下四个步骤:第一,确认一组动机水平较高的被试。方法通常是采用实验室唤起,使被试处于唤醒状态。第二,将实验唤起组被试编写的故事,与对照组(非唤起组)编写的故事进行比较,找出它们在内容上的差异。第三,进行交叉效度验证,即各计分项目要能区分唤起组与非唤起组的差异,确定最终的计分条目。第四,进行建构效度的验证。

内隐联想测验(IAT):IAT 是由 Greenwald,Mc Ghee 和 Schwartz 于 1998 年提出来的,该测验可以测查个体的潜意识。IAT 测验具有较高的内部信度,因此可以用它测量个体的潜意识,如内隐成就动机。通过自由联想法可以测查个体的自尊和自我概念。如为了测查自尊,Greenwald 和 Farnham 于 2000 年修订了 IAT 测验,他们罗列了一组描写个体心情愉快和不愉快的句子或词语,要求被试自由联想,然后回答这些描写个体愉快或者不愉快的句子是与自己还是与他人相关。研究结果发现,如果被试将愉快的句子和自己联系起来,而将不愉快的句子和别人联系起来,表明他们有较高的自尊。研究表明,IAT 适合测查个体的潜意识,如在适当的诱因下会通过行为表现出来的内部动机具有较高的信度和效度。

资料来源:蒋名平. 国外成就动机测量研究的进展与发展趋势[J]. 合肥学院学报(社会科学版),2009,26(2):113-117。

① 参见姚琦,乐国安:《动机理论的新发展:调节定向理论》,《心理科学进展》,2009 年第 6 期。

思考题:

1. 什么是社会动机？社会动机有哪些功能？

2. 动机与活动效率的关系如何？

3. 主要的社会动机有哪几种？各类型动机的含义各是什么？

4. 成就动机理论的代表人物及主要观点是什么？影响成就动机的因素有哪些？如何培养成就动机？

5. 简述影响利他动机形成的因素。

6. 如何控制侵犯动机？

7. 动机理论主要有哪几种？

8. 什么是自我效能感？自我效能感受哪些因素影响？

9. 简述自我决定理论和调节定向理论。

第六章　社会态度

在社会心理学的发展历史和研究领域中，也许没有一个其他概念会比态度更接近中心位置，托马斯早期甚至把社会心理学称为“研究社会态度的科学”。这种说法不是没有道理的，在社会生活中，个体不仅会对他人及各种社会刺激产生认知活动，而且也会在社会认知的基础上产生一定的态度，个体每时每刻都可能经历着一个又一个态度的建立和改变。因此，即便社会心理学开拓出越来越多全新的研究领域，社会态度在当代社会心理学的发展中仍占有十分重要的地位，并且一直是社会心理学研究的核心内容之一。在本章中，我们将围绕社会态度的概念、社会态度的形成与理论及社会态度的改变等问题展开分析与讨论。

第一节　社会态度概述

一、社会态度的概念

（一）态度的定义

态度“Attitude”这个词源于拉丁语 Aptus，在 19 世纪中叶以前，它具有两种基本含义：其一，具有适合或适应的意思，是指对行为的主观的或心理的准备状态；其二，在艺术领域中，是指雕塑或绘画作品中人物外在的、可见的姿态。第一种含义是心理学意义上的理解，而第二种含义则可称得上是解剖学意义上的解释。在社会心理学研究中，态度作为一种心理现象，是社会态度的同义词，取其第一种含义。

在现代意义上，最早将“态度”这一概念引入心理学研究之中的是英国社会学家斯宾塞，他们认为态度“是把判断和思考导引到一定方向的先有观念或先有倾向”。心理学界最早对态度进行实验研究的是朗格。他在研究反应时的实验中发现，被试如果特别注意自己即将做出的反应时，即当被试心理上对自己将要做的反应有所准备时，其反应时间比集中注意即将来临的刺激要短。此后，在所有的心理学实验中几乎都发现，被试心理上的准备状态支配着个体的记忆、判断、思考和选择。这种倾向性的心理准备状态实质上就是态度。

上述研究为社会心理学家们关于态度概念的界定提供了条件。目前，社会心理学家们对态度概念的理解虽然并未取得完全一致，但大多数人都认同，态度的基本组成成分都涉及认知、情感和行为意向三大部分，它既决定着人们在现实生活环境中注意什么样的对象以及怎样加工有关对象的信息，也决定着人们对于有关对象的体验以及对有关对象进行反应的先定倾向。也就是说，人们的态度决定着他们将会注意到什么、体验着什么和做些什么。

在态度研究的历史中，有关态度的经典性定义可以划分为以下四类：

第一类,认为态度是一种评价反应,直接将态度纳入到认知体系之中。最早的态度问题研究者斯宾塞就持这种观点。他在《第一原理》中写道:“在有争议的问题上达到正确的判断,主要依赖于我们在倾听和参与辩论时,头脑中具有的态度;并且要保持正确的态度,我们就必须去了解普遍的人类信仰在多大程度上是正确的,以及在多大程度上是不正确的。”① 心理学家洛凯奇等人把态度看作是一种具有结构性的、复杂的认知体系,认为“态度是个人对于同一对象的数个相关联的信念的组织”②。卡茨也同意,态度是“评价某个符号或对象的……倾向”③。著名社会心理学家伯克威茨则建议,从实际态度研究或评价的操作来看,将态度看作是评价反应,最接近人们对一定对象进行积极或消极判断的事实。这类定义偏重于认知方面,强调的是内在的信念组织。

第二类,认为态度是一种情感反应,倾向于将态度看作是情感的标志,并主张由此来界定态度。爱德华认为,态度是“与某个心理对象有联系的、肯定或否定感情的程度”④。这类定义偏重于情感方面,强调的是肯定或否定、赞成或反对、接受或拒绝、喜欢或厌恶的情感反应方式。

第三类,认为态度是一种心理准备状态,倾向于将态度看作是一种行为倾向。这种观点的代表是奥尔波特,他认为“态度是根据经验而组织起来的一种心理和神经中枢的准备状态,它对个人的反应具有指导性的或动力性的影响”⑤。奥尔波特将态度视为一种体制化的、伴随着神经活动过程的内部准备状态,强调了经验在态度形成中的作用。这个概念被社会心理学界誉为态度的经典定义,这也是之后人们提出各种关于态度的概念的基础。直到70 年代,格根仍以类似的口吻称态度是“对具体对象采取某种特定行为方式的倾向”⑥。

第四类,认为态度是认知、情感和行为倾向的复合体,力图将上述三类定义中的基本内容都包含在内。弗里德曼等人指出:“态度对任何给定的客观对象、思想或人,都是具有认识的成分、表达情感的成分和行为倾向的持久不朽的系统。”⑦后来,迈尔斯提出了较为完整的概念,他认为:“态度是对某事物或某人的一种喜欢与不喜欢的评价性反应,它在人们的信念、情感和倾向性行为中表现出来,而评价性反应即泛指对某种事物的价值予以评定的

---

① 参见 Spencer H. :*First principles*, New York:D. Appleton, 1862, I, 1, i.

② 参见 Rokeach M. :*Beliefs, attitudes, and values: a theory of organization and change*, San Francisco: Jossey-Bass, 1968.

③ 参见 Daniel K. :*The Functional approach to the study of attitudes*, *Public Opinion Quarterly*, 1960, 24, p: 167.

④ 参见 Edwards A. L. :*Techniques of attitude scale construction*, New York:Appleton-Centuty-Crofts, 1957, p:2.

⑤ 参见 Allport G. W. :. *Attitudes. In Murchison C. (ED.), a handbook of social psychology*, Worcester. MA:Clark University Press, 1935, pp:798-844.

⑥ 参见 Gergen K. :*Social psychology: explorations in understanding*, Del Mar, California:CRM Books, 1974, p:620.

⑦ 参见 J. L. 弗里德曼, D. O. 西尔斯, J. M. 卡尔史密斯:《社会心理学》,黑龙江人民出版社 1984 年版,第 321 页。

历程。”

不管我们如何界定态度，作为社会心理学研究的核心概念之一，态度有着自己最起码的特征或应包含的内涵。早在20世纪初，帕克就提出界定态度概念时应具备的四个基本标准：(1)它在对象(价值)世界中具有明确的取向，并在这方面有别于简单的条件反射；(2)它并不是一种完全机械的无意识和习惯性的模式，但它表现为某种紧张的状态，即使这种状态还处在潜在的阶段；(3)它在强度上有所变化，有时是影响个人行为的、占优势的因素，有时则对个人行为没有什么影响作用；(4)它根植于经验之中，因此，并不单单是一种社会本能。这样的标准在尚缺乏统一而完备的定义之时，对我们理解态度是十分有裨益的。

综合上述这些定义的共同之处，我们认为，所谓态度，是指个人对特定对象以一定方式做出反应时所持的评价性的、较稳定的内部心理倾向。对于这个定义，可以从以下几个方面进行理解：

1. 态度具有对象性特征。态度的对象性是指态度与需要、价值观等其他心理特征推动的一般倾向不同，它是指向特定对象或内容的。态度总是指向一定对象(社会存在)，是指与个体有关联的他人、他事、他物以及个体自身等具有社会意义的存在物。这些人与事物一旦成为态度的对象，就称作态度客体(Attitude Object)。任何一种态度都有针对性，总是针对一定的客体而发生，没有客体的态度是不存在的，态度反映了主体与客体间的关系。

2. 态度具有评价性特征。态度的评价性是指态度是具有正面和负面指向的心理矢量。也就是说，态度具有价值判断的成分和感情色彩。个体的意识世界可分为两种：一种是观念的世界，它是在后天社会生活中不断积累各种经验的基础上形成的，包括以一定的观念形态而存在的信仰、价值观、人生观及其他思想观念；另一种则是经验的世界，它是个体在与周围环境的直接相互作用中形成的，包括以一定的经验形态存在的认识、判断、评价及各种体验和感受。态度介于这两者之间，任何态度都是运用已有观念对特定事物的意义或重要性进行评价后所产生的某种看法、体验或意向，以及处于上述两种极端之间的一种中性位置状态。态度，不管是通过直觉产生还是通过分步思维过程产生，它总是关于事物对自己有多大利害关系的一种价值判断或情绪评定的结果。

3. 态度具有持久性特征。态度的持久性是指主体指向一定对象的态度是相对稳定和一致的。态度是个体在后天的社会生活中形成的，一旦形成，态度将持续一段时间，具有相对的持久性。稳定的态度作为个体人格的组成部分，是不会轻易改变的。这是由于态度的形成具有深层的原因，也就是说，态度是客体的特性和主体已有的种种需要、习惯、经验、理念交互作用并建立较稳固联系的结果。要改变一种态度就要涉及整个或部分相关系统的改造，它不是轻而易举的事。

4. 态度具有内在性特征。态度的内在性是指态度是一种内在的心理构成，是一种倾向性的心理准备状态。作为态度的心理状态是内在的，是存在于个体自身内部的，是难以直接观察到的。人们通常表现于外的意见、看法、观点、主张等，可称作态度行为(Attitude Behavior)或表态，它虽然反映和体现了个体所持有的对某事物的内在态度，但这只是态度的表达或态度外化的产物，而不是态度本身。任何一种行为，都可以分为两个阶段，一是内在准备阶段,二是外部完成阶段。态度是指人依据自己的经验或观点,对特定的事物在内心进行意义估量或凭直觉做出如何对待的一种心理倾向。它是一种尚未表现于外的内心历程或潜在的心理状态。

(二)态度的成分

对于态度究竟包括哪些心理成分,心理学家们对此一般形成三种观点。第一种是单成分说,认为态度主要是感情的表现。第二种是双成分说,认为态度是感情和认知统一的表现。第三种是三成分说,认为态度包括感情、行为和认知三种因素,这三个维度构成了态度的知、情、意三个因素,故被称作态度的 ABC 模式。目前,绝大多数学者都同意态度包含认知、情感和行为三种成分。

1. 态度的认知成分。态度的认知成分是指作为态度的主体的个体,对态度对象或态度客体所具有的知觉、理解、信念或评价,以及在此基础上形成的具有倾向性的思维方式。态度的认知成分具有倾向性和组织性。这种倾向性和组织性会成为一种"头脑中的既定模式"或刻板印象,使人倾向于按照刻板印象的轨道来认识态度对象,并对其进行思考。因此,态度的认知成分区别于一般的事实认知,有时会带有一定的偏见。

2. 态度的情感成分。态度的情感成分是指个体对一定态度对象的评价以及由此引发的内心体验。个体一旦认识和了解了态度对象,就会对该对象进行评价,从而获得一定的情感体验,如喜欢与讨厌、接纳与拒绝、热情与冷漠、尊重与轻视等。

3. 态度的行为成分。态度的行为成分包含两个方面的含义:一是态度作为一种心理准备状态和反应倾向,是行为的内部准备阶段。从这个意义上讲,态度是个体依据自身的经验或观点,对特定的事物在内心进行意义估量或凭直觉做出如何对待的一种心理倾向,也被称为行为意向,是个体在做出行为之前所保持的一种准备状态。二是态度可以表现于外,被称为态度行为或表态,是行为的外部完成阶段。在日常生活中,个体的态度可以通过面部表情、言谈举止等得以表现,如发表肯定或否定等意见,表现出喜欢或厌恶等表情动作,做出接受或拒绝等行为。在社会心理学的研究中,一般倾向于将态度的行为成分看成内隐的行为意向。

态度的认知、情感和行为三种成分是密切联系的三个要素。认知成分是态度其余部分的基础。情感成分是态度的三种心理成分当中最难以改变、最为持久和内在的,因此构成了态度的核心部分,它既影响认知成分,也影响行为倾向成分。行为倾向成分会影响到人们将来对态度对象的反应,但它不等于外显行为。它们相互制约、相互协调,形成一个相对稳定的统一体。

二、态度的功能

美国学者卡兹认为,人们之所以坚持某种态度,是因为这种态度能满足他们个人的某种需要,特别是心理上的需要。他和奥斯卡姆普等人认为,态度具有四种基本功能。

1. 适应(Adjustment)功能。人作为社会活动的主体,在与周围环境发生相互作用时,总是根据自己的需要,对周围世界的客体能否满足以及在多大程度上满足自己的需要而对其进行取舍。个体在适应环境的过程中形成了对不同客观刺激的不同态度，这种态度又影响着个体如何更好地适应周围的环境。个体往往会选择那些有利于自己的、合适的刺激，拒绝不合适的刺激，并根据自己的偏好进行信息加工和做出行动准备。现实生活中自私的态度取向、现实主义的态度取向，都是人们在适应环境的过程中，根据自身的态度体系，按照功利原则进行取舍的结果。从这个意义上说，习得的态度是适应社会生活的一种功能。

2. 自我防御（Ego Defense）功能。当个体在面临外界环境的威胁时，由于心理紧张、冲突和不安，就会产生自我防御心理。首先出现的自我防御就是新的态度的产生或原有态度的变化，个体需要选择有利于自我形象和价值确立的态度来进行自我防御，减少自己的焦虑，并使情绪冲突转移方向，维护了自身的心理健康。态度作为一种自卫机制，能让人在受到贬抑时用来保护他们自己。比如一个知识分子看到商人赚很多钱，并在生活中拥有许多物质享受，为了恢复被损伤的自尊，他常会显示出自命清高和鄙视"为富不仁"者的态度，以保持心理平衡。因此，态度有利于个体产生积极的自我形象，有利于个体获得自尊。

3. 价值表现（Value Expression）功能。在多数情况下，特有的态度常表示一个人的主要价值观和自我概念，个体常常需要通过表明自己的态度来显示自己的社会价值。主动表明态度、积极参与某个隶属群体、实际帮助别人等，都是人们选择并表明一定态度的方式。人们通过这些态度来表明自己的价值。比如某人参与到某种群众性运动的行列中，手持某一政治人物的标语牌，这表明他赞同这一运动主题，并拥有这方面的价值观，以及与某些人物共同的自我概念。

4. 认识或理解（Knowledge or Understand）功能。个人与周围世界的相互作用，是由其态度体系来引导的。对于周围世界的一切客体，我们都是通过态度来赋予它们对于我们的意义的。某一特定态度一旦形成并成为一定的心理结构时，就会影响个体对客体刺激的价值判断和理解。比如在政治争论中你的态度常常是为评价政治候选人提供一种参照框架。假如这些候选人支持争论朝你所持肯定态度的方向进行，你就会比他们反对这种争论似乎做出更为偏袒的反应。

上述四种功能的前两种是为实际的需要服务的，它们能帮助我们调整或纠正自己的行为，以使我们受到奖赏而不是受到惩罚。后两种功能与追求自我实现相关联的高层次需要有关。因为我们要从表达的价值观即表达自己所赞同的观点中获得满足；此外，我们有了解周围世界及我们在这个世界中所处地位的需要。

三、态度的维度

（一）方向

方向指态度的指向，即个体对态度对象是肯定指向或否定指向。在态度测量时，大多涉及的是这个维度，它包括是与否、赞同与反对、接受与拒绝、喜爱与厌恶、选择与不选择等表现形式。

（二）强度

强度是指态度倾向于某一特定方向的程度。多数人格量表涉及的是态度强度的测量。

(三)深度

深度指个体对特定态度对象的卷入水平。态度对象对个体的意义越大,个体的卷入程度就越深。

(四)向中度

向中度指某种态度在个体态度体系及相关价值体系中,接近核心价值的程度。一种态度与一个人的根本信念关联越密切,它就越接近价值系统的中心,向中度也越高;它越远离根本信念或价值系统的中心,向中度也越低。

(五)外显度

外显度指个体态度在其行为方向与行为方式上的外露程度。外显度可以表现在行为方式上,也可以表现在行为方向上。近年来,在有关态度的外显程度高低以及是否外显的研究方面,发展出了双重态度模型理论。该理论认为,对于同一态度客体,人们可能同时拥有两种不同的态度,即外显态度和内隐态度。本章第三节还将专门讨论这一问题。

四、态度与行为的关系

人们的态度与行为有着非常紧密的关系,我们经常从他人的态度来预测其行为。人们通常认为,一个人的态度和行为是一致的,有什么样的态度就会有什么样的行为。例如,对某个人有喜欢的态度,就会产生接受的行为;对某个人有厌恶的态度,就会有拒绝的行为。由此看来,态度和行为应该是一致的。但事实上,态度和行为之间并非总是一致的。

早在20世纪30年代,美国社会心理学家拉皮尔就在一项著名的研究中对态度与行为一致的看法提出了疑义。他偕同一对年轻的中国留学生夫妇做了一次环美旅行。由于当时美国人对黑人与亚洲人普遍持有种族歧视态度,特别是在很少有东方人居住的地方更是如此,拉皮尔和同伴们行前预料很难受到旅馆和饭店的接待。但在一万多英里的行程中,他们住宿过66家汽车旅馆,在184家饭店用餐,受到很好的接待,其中多数甚至以“比平常更关心”的方式予以款待,只有一家拒绝接待。这种情况使研究者感到非常意外,对此他们做了深入的调查研究。6个月以后,拉皮尔给他们光顾过的250家旅馆、饭店和一些他们没有光顾过的旅馆和饭店分别寄去了两种调查问卷:一种是只就中国人提问,一种是分别就中国人、德国人、法国人、日本人等提出类似的问题。因为拉皮尔担心只就中国人提问会引起因接待过华人的店主的怀疑,从而导致做出不真实的回答。这两种问卷中都包含这样的问题:“你是否愿意在你那里接待中国顾客?”结果如表6-1所示。

表6－1　对“是否愿意接待中国顾客”问卷的回答情况表

	光顾过的旅馆		未光顾过的旅馆		光顾过的饭店		未光顾过的饭店	
总份数	47		32		81		96	
问卷种类	①	②	①	②	①	②	①	②
回答人数	22	25	20	12	43	38	51	45
不接待	20	23	19	11	40	35	47	41
未定:视情况	1	2	1	1	3	3	4	3
接待	1	0	0	0	0	0	0	1

注:①表示仅要求对中国顾客做出回答的问卷

②表示还要求对包括有其他种族顾客做出回答的问卷

从上表可以看出,在光顾过的旅馆和饭店中收回了128份问卷,其中回答不愿意接待的旅馆有43家,饭店有75家(占总数的92.6%);回答不确定,视情况再说的旅馆有3家,饭店有6家;回答愿意接待的只有1家旅馆。这说明,尽管在实际旅程中旅馆和饭店的美国人很好地接待了那对中国夫妇,但他们对中国人依旧存在着极大的偏见和歧视。另外,光顾过和未光顾过的两组被调查者的回答,其差异也很不显著,这表明他们的真实态度与实际的接待行为并无相关或不一致性。

上述研究引起许多争论和后继研究。一些研究者认为,态度与行为之间没有什么联系,因而没有必要花费时间和精力去研究态度及其规律。社会学家布卢默十分干脆地说:“人们已经揭示出,在态度和随后的行为之间没有实际联系。”[①]社会心理学家威克尔在种族关系、工作满意度和课堂欺骗等方面考察了与态度与行为有关的33种最重要的文献的基础上指出:“有人认为,在个体身上,存在着稳定的、潜在的态度,它影响着该个体的言语表达和行为,对于这种假定,现有的评述没有提供什么证据。”为此,他得出结论:“作为一个整体,这些研究表明,与态度和行为密切有关这一说法相比,极有可能的情况是态度和外显行为没有联系或只有极少的联系。”[②]

尽管许多学者为态度与行为不一致的观点提供了大量的证据,但一些学者对态度与行为一致性的关系进行了研究。费希本和艾赞通过一系列测量调查与研究,对于“态度与行为的关系”问题进行了一些新探索。他们采用自我报告、行为意图提问和五份量表填写等方法调查了62名男女大学生对宗教的态度。研究发现,被试的宗教态度与任何一种单一行为(如施舍或遵守宗教节日)并非必然保持一致,但却和同类许多不同的行为的执行有着紧密的关系。他将这种由同类几个行为组成的行为称为多重行为,而将衡量它的工具称为多重行为尺度,它可以被看作是由许多与特殊态度相关的单一行为的均数,是一般态度的一般行

① 罗森堡,特纳:《社会学观点的社会心理学手册》,南开大学出版社1992年版,第359页。

② 参见 Wicker A. W.: *Attitudes versus actions: the relationship of verbal and overt behavioral responses to attitude objects*, *Journal of social Issues*, 1969, 25(4), pp: 41-78.

为倾向。既然一般态度与多重行为尺度有高度相关性，那么了解一般态度就可以预见一般行为倾向，或者通过多重行为的测量也可以推断其一般态度。[①] 这个发现后来也为其他研究所证实。社会心理学家佩因罗德在其《社会心理学》一书中曾经原则性地概括和预测了态度与行为关系的几个原则：(1)一般态度预示一般行为；(2)特殊态度预示特殊行为；(3)态度测量与行为之间的时间间隔越小，它们之间的关系就有更多的一致性。

菲什拜因和埃杰曾于1975—1977年根据他们的研究提出了准确预测态度与行为关系的基本原则：当一个人的态度及与态度相联系的行为是相同或相近的时候，则这一态度与行为之间的关系就有较高的一致性，根据这一态度就能较好地预测行为。他们认为，通过态度预测行为的时候应该注意以下几个方面的因素：(1)态度的特殊性水平。在通过态度预测行为的时候，我们首先应该看看态度是指向一般群体还是特殊个体。比如在拉皮尔的研究中，美国人对亚洲人的态度与对某一个亚洲人的态度在特殊性上是不同的，因此用态度预测行为时，后者更准确一些。许多研究者发现，态度的特殊性越高，用它预测行为越准确。(2)时间因素。时间因素也影响我们用态度预测行为的准确性。一般来说，态度测量与行为发生之间的时间间隔越长，不可知事件改变态度与行为之间关系的可能性越大。比如菲什拜因发现在总统选举中，一周前的民意调查结果要比一个月前的民意调查结果对预测谁能当选更为准确。(3)自我意识。内在自我的人较为关注自身的行为标准，因此用他们的态度预测行为有较高的效度；而公众自我意识高的人比较关注外在的行为标准，所以难以用他们的态度对其行为加以预测。(4)态度强度。与弱的态度相比，强烈的态度对行为的决定作用更大。但是怎样才能使态度变强呢？戴维森发现，对态度对象仅仅要求更多的信息就足以使人们态度的强度增加。在一项研究中，卡尔格瑞恩先问了被试对一些环境问题的态度，然后让他们参加环境保护活动，结果发现对环境问题有丰富知识的被试的态度与行为的一致性较高。增加态度强度的另一个途径是让个人参与到态度对象中来，让人们参与某些事情是增强其态度的有效手段，反过来我们也用人们的参与来预测态度与行为的一致性。(5)态度的可接近性。态度的可接近性(Attitude Accessibility)指态度被意识到的程度，越容易被意识到的态度，对我们来说它的可接近性就越大。一般来说，来自直接经验的态度对行为的影响大，就是因为这类态度的可接近性大。法齐奥和威廉姆斯等人在1984年测量人们对里根总统的态度的可接近性，其所用的指标是被试回答与里根有关的问题时按键的反应，反应越快，说明可接近性越大。三个月之后，当总统选举结束以后，再问这些被试选了谁，结果表明可接近性大的被试的态度与选举行为之间的相关性($r=0.89$)明显高于可接近性小的被试($r=0.66$)。

费希本和艾赞通过一系列研究，在1975年发表的《信念、态度、意向与行为：对理论与研究的一种概述》中提出了理性行动理论，该理论认为，行为是理性思考的结果，在行为发生的过程中个体会考虑各种行为方案，评价各种结果，然后才做出是否行动的决定。最后的决定

---

① 参见 Fishbein M.，Ajzen I.：*Attitudes toward objects as predictive of single and multiple behavioral criteria*，*Psychological Review*，1974，81，pp：59-74.

是行为意向的反映,决定着是否有外显行为的发生。影响行为意向的因素有两个:一是对行为的态度(赞成或反对这样做),它是由个人对这种行为会导致的某种后果以及他对这种后果评价的信念所决定的;二是主观规范(头脑中存在的某些行为准则),它是由特定的个人或群体认为他应否执行这种行为和促使他去遵守这种规定的信念所决定的。态度与主观规范两个变量可能一致,即都是积极的,那么其行为意向也可能是积极的。假如其中一种变量是积极的,而另一种变量是消极的,那么人在此情境下,其意向如何将取决于两个变量相互作用的相对强度,或取决于其中更占优势的或重要的那个变量(图6-1)。

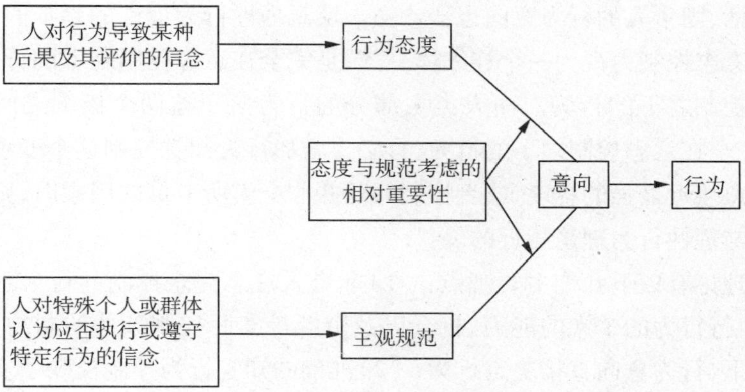

图6-1 理性行动模型

资料来源:Freedman J. C. ,et al. *Social Psychology*(5th ed). NJ:Prentice-Hall Englewood Cliffs,1985。

艾赞在研究中发现,人的行为并不是百分百地出于自愿,而是处在一定的控制之下, 因此,他将理性行动理论予以扩充,增加了一项对自我"行为控制认知"(Perceived Behavior Control)的新概念, 从而发展成为新的行为理论研究模式——计划行为理论(Theory of Planned Behavior,TPB)。计划行为理论主要包括五个要素:

1. 态度是指个人对特定对象所反映出来的一种持续性的喜欢或不喜欢的预设立场,也可说是个人实行某特定行为的正向或负向的评价,他们认为态度的形成可从个人实行某特定行为结果的重要信念(Salient Belief)和对结果的评价(Outcome Evaluation)两个层面来解释。所以态度的组成成分经常被视为个人对此行为结果的显著信念的函数。

2. 主观规范(Subjective Norm)是指由个人在采取某一特定行为时所感受到的社会压力的认知。主观规范可以说是个人知觉重要的他人或团体应不应实行某一特定行为的压力。所以主观规范是规范信念 (Normative Belief)和依从此普遍性社会压力的依从动机(Motivation to Comply)的积和。

3. 知觉行为控制(Perceived Behavioral Control)是指个人预期在采取某一特定的行为时自己所感受到可以控制(或掌握)的程度。当个人认为自己所掌握的资源与机会愈多,所预期的阻碍愈少,则对行为的知觉行为控制就愈强。

4. 行为意向(Behavior Intention)是指个人对于采取某项特定行为的主观机率的判定,它反映了个人对于某一项特定行为的采行意愿。

5. 行为(Behavior)是指个人实际采取行动的行为。

艾赞认为所有可能影响行为的因素都是经由行为意向来间接影响行为表现的。而行为意向受到三项相关因素的影响,其一是源自于个人本身的“态度”,即对于采行某项特定行为所抱持的“态度”;其二是源自于外在的“主观规范”,即会影响个人采取某项特定行为的“主观规范”;其三是源自于“知觉行为控制”。

一般而言,个人对于某项行为的态度愈正向时,则个人的行为意向愈强;对于某项行为的主观规范愈正向时,同样个人的行为意向也会愈强;而当态度与主观规范愈正向且知觉行为控制愈强的话,则个人的行为意向也会愈强。反观理性行为理论的基本假设,艾赞主张将个人对行为的意志控制力视为一个连续体,一端是完全在意志控制之下的行为,另一端则是完全不在意志控制之下的行为。而人类大部分的行为落于这两个极端之间的某一点。因此,要预测不完全在意志控制之下的行为,有必要增加行为知觉控制这个变项。不过当个人对行为的控制愈接近最强的程度,或者控制问题并非个人所考量的因素时,则计划行为理论的预测效果是与理性行为理论相近的。

计划行为理论有以下几个主要观点:(1)非个人意志完全控制的行为不仅受行为意向的影响,还受执行行为的个人的能力、机会以及资源等实际控制条件的制约,在实际控制条件充分的情况下,行为意向直接决定行为;(2)准确的知觉行为控制反映了实际控制条件的状况,因此它可作为实际控制条件的替代测量指标,直接预测行为发生的可能性,预测的准确性依赖于知觉行为控制的真实程度;(3)行为态度、主观规范和知觉行为控制是决定行为意向的三个主要变量,态度越积极、重要他人越支持、知觉行为控制越强,行为意向就越大,反之就越小;(4)个体拥有大量有关行为的信念,但在特定的时间和环境下,只有相当少量的行为信念能被获取,这些可获取的信念也叫突显信念,它们是行为态度、主观规范和知觉行为控制的认知与情绪基础;(5)个人以及社会文化等因素(如人格、智力、经验、年龄、性别、文化背景等)通过影响行为信念间接影响行为态度、主观规范和知觉行为控制,并最终影响行为意向和行为;(6)行为态度、主观规范和知觉行为控制从概念上可完全区分开来,但有时它们可能拥有共同的信念基础,因此它们既彼此独立,又两两相关。

该理论有助于解释态度与行为不一致的机制问题,有助于我们如何通过意向的了解去预测行为,以及如何把握影响意向和行为的因素去培养良好的行为意向与社会行为。因此,其仍具有积极意义。

第二节　社会态度的形成

一、社会态度形成的过程

人的态度的形成和发展,从根本上讲,是在后天的家庭环境影响、学校教育影响和社会环境影响过程中实现的。前面进过,态度由认知、情感和行为三种心理成分构成,认知是基础。从肤浅的认知到较为深刻的认知，以至具有丰富的情绪体验，从而形成坚定的意向，往往需要一段相当长时间的孕育。这样，形成的态度就比较持久，成为一种相对稳定的反应倾向。由此看来，如果单就个体内部过程来说，一个具体态度的形成是经历一个认知—情感—意向—行为的过程。

但是，单就内部过程来解释，态度形成显然是不全面的，态度形成完全离不开外部影响和人与对象的相互作用。美国学者凯尔曼通过对态度变化的研究，揭示了态度的形成是从依从到同化，再到内化的过程。

1. 依从

依从是指人们为了获得某种物质或精神的满足或为了避免惩罚而采取的态度反应或表面行为。它是态度形成的开始，个体总是按社会规范和社会期待或他人意志，在外显行为方面表现得与他人一致，以获得奖励，避免惩罚。此时行为受外因控制，依从是表面的、暂时的，只是为了达到自己一时的目的而被迫表现出来的表面行为，特别是在群体的环境下，自己虽然有不同的看法，但是由于群体压力也不得不表示同意。这种情况在日常生活中非常普遍，它对于社会的整合，形成统一思想、意志和行为都是有积极意义的。但是，个体这种态度的形成只是暂时的，它是权宜之计，是一种印象管理策略。

2. 认同

认同是指个体自愿接受他人的观点、信念、态度或群体规范，并有意无意地模仿他人，使自己的态度与他人相一致。认同与依从的不同在于，态度的形成不是出于外界的压力，不是被迫的，而是出于自愿。该阶段情感因素起明显作用，认同依赖于对象对个体的吸引力。认同对象不能保持对个体的吸引力，同化过程就不可能维持下去。

3. 内化

内化是态度形成的最后阶段，是指个体真正从内心相信并接受他人的观点，使之纳入自己的态度体系，成为自己态度体系的有机组成部分。内化是个体原有态度与所认同的态度协调的结果，情感成分是中介因素。认同基于情感上的喜欢，而内化过程是以理智即认知成分为基础的。因此，内化了的态度已成为个体自己的态度，它与依从和认同最大的区别就是它不再依赖外在压力及个人与其他人的关系，它已成为一种独立的态度。

态度形成的三个阶段是一个复杂的过程，不同的个体对于相同的事物或同一个体对于不同的事物的态度的形成所经历的过程也是有所不同的，有的可能只限于依从、认同两个阶段，有的可能只在认同阶段徘徊，有的还可能反复多次进行。态度形成的过程可用图 6－2 来表示。

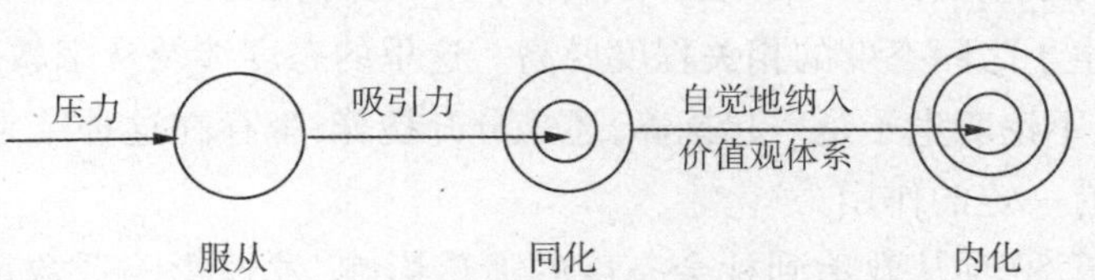

图 6－2　态度形成的三阶段模式

资料来源：朱启臻，张春明. 社会心理学原理及其应用（第二版）[M]. 北京：中国社会出版社，2002。

二、社会态度形成的心理机制

社会态度的形成，从根本上讲是与一个人的社会化分不开的，是个体在社会生活中通过与他人的互动形成的。个体在成长的过程中，通过与周围环境的相互作用，逐渐形成自己的世界观、价值观，形成了对周围世界的种种态度。社会心理学研究表明，个体的某一具体的态度是在社会生活中由具体的社会事件引起的。我国学者沙莲香探讨了态度形成的内在机制。乐国安等将其概括如下：

1. 经验的内参照系作用。某种社会事实被人们觉察之后，一方面，每种知觉都以经验形式积累于内部；另一方面，过去的经验事实又成为对新经验进行比较的标准。利用经验进行比较，又是内部经验分化的过程，即已有的经验体系分化为特殊对象的反应。这说明经验在态度形成过程中起着内参照系的作用，如图 6 – 3 所示。

图 6 – 3　经验的内参照系作用

资料来源：沙莲香. 社会心理学（第二版）［M］. 北京：中国人民大学出版社，2006。

2. 群体规范的外参照系作用。所谓群体规范，是指一个群体为保障其群体目标的实施和群体行动的一致性而制定的行为准则，从而统一成员的信念、价值观和行为。某种群体规范的形成是群体成员之间相互作用、相互影响的结果。同样，群体关于某个社会事件的态度，也是在群体互动中自然而然融合而成的，这个互动过程是态度形成的必要条件。

3. 同化和内化的机理作用。同化和内化是态度形成的心理机制，没有这个过程，任何外来的社会影响都不会转化为态度。

三、态度形成的影响因素

态度的形成过程实际上是个体社会化的过程。在这个过程中，先天遗传因素、个体自身因素以及社会环境因素等发生交互作用。

1. 先天遗传因素

凯勒等人探讨了基因因素对态度形成的作用。他们发现，同卵双生子之间态度的相关程度要比异卵双生子之间态度的相关程度要高。这里的态度涉及从宗教态度到工作满意度等多个方面，而且不论双生子是一起抚养，还是分开抚养，都存在这种结果。这些结果表明，基因对态度形成有一定的作用。

艾森克曾计算 50 项从政治到社会态度的遗传影响，发现影响系数可达到 7% ~51%，50 项中有 23 项存在显著遗传效应。艾森克等人在另一项关于 60 个态度项目的研究中，得到 1% ~63% 的结果。奥森的研究中，对 300 多对加拿大双胞胎进行一个 30 项 9 因素的测量，包括对平等、生命尊重、运动、智力活动、罪犯处置等的态度，9 因素中有 6 个因素出现显著遗传效应，高达 60%。

泰赛尔认为，某些态度是具有生物基础的，人们不想（也不能）对其进行改变，人们可能会对这些基于遗传的态度建构起心理防卫，使这些态度更强、更抗拒改变。他发现高遗传的态度（如对死刑的态度）与低遗传的态度（如对资本主义的态度）相比，高遗传的态度更易于从头脑中提取（报告更快），且更抗拒被影响。

遗传因素对于遗传的作用，已经开始引起研究者们更多的关注。但是，由于遗传对态度形成的作用机制尚未完全揭示出来，因此，人们普遍认同的观点是态度更多的是在社会环境中通过社会学习等途径而获得的。

2. 社会环境因素

（1）家庭。家庭是最基本的社会组织单位，也是个体社会化的第一场所。由于儿童早期生活的环境主要是家庭，父母是个体成长过程中的第一任教师，是儿童首先认同的对象，他们主导着儿童个人的信息环境和观念形成过程，人们对许多事物的态度都来自父母的影响。个体的价值观、行为习惯很多都是在父母的影响下发展起来的。

（2）同伴。随着个体年龄的增长，父母及家庭的影响力会逐渐减少，而同伴、朋友的影响会越来越大。个体开始把自身所持有的态度、观点与自己同伴的观点、态度做比较，并以同伴的态度、观点作为依据来调整自己原有的态度。

（3）社会团体。个体自身所参加的团体，对其态度的形成也有明显的影响作用。首先，每一个团体都有自己的行为规范和准则，并要求团体成员共同遵守。其次，个体会认同所参加的社会团体，自愿采纳团体的态度。最后，对于同一团体的隶属，由于实际上有许多共同的生活内容，使人们有相同或相近的知识、经验和社会视角，这使团体各成员的态度趋向一致。

（4）文化因素。文化作为人们社会化的大背景，深刻地影响到人们态度的形成。著名人类学家米德曾对南太平洋新几内亚岛的三个原始部落进行长期研究，发现文化背景直接决定着人们对许多事物的态度，乃至整个思维方式。米德发现，在一个叫阿拉佩什的部落，男子也同女性一样高度女性化。现代社会强调男子需要有刚毅、善于竞争、敢于搏斗的阳刚之气，而在阿拉佩什部落中，这样的男子是被人看不起的。在另一个叫德昌布利的部落，男子的女性化特征更为明显——敏感、喜欢打扮、情绪容易受感染、斤斤计较、为小事生气、性行为处于被动地位。

3. 个体自身因素

（1）个人的需要是否得到满足。需要的满足与否是态度产生和发展的基础。个体对那些能满足自己需要的事物，或者能够帮助自己达到目标的事物，必然会产生积极的、喜爱的态度。相反，则会产生消极的、厌恶的态度。而对与自己的需要毫不相干或者关系不大的事物，人们往往产生无所谓或不置可否的态度。

（2）个人的知识结构。从态度形成的内在过程来看，经验的作用是非常重要的，尤其是经验的情绪效应。"一朝被蛇咬，十年怕井绳"，就是典型的写照。知识在态度形成中也有重要的作用。在认知性态度中,知识的作用尤为显著。在日常的心理咨询工作中,很多时候通过改变咨询者的认知来改变咨询者的态度,从而达到恢复咨询者心理平衡的目的。

(3)个人的价值观。人们对某一事物的态度往往不是直接取决于这一事物客观存在的价值,而是取决于对客观价值的认识。人们认为某一事物越有价值,所采取的态度就越强烈。在现实生活中,人的价值观受人的世界观、人生观支配。在不同的世界观、人生观的影响下,价值观一般是不同的,由此所形成的态度也是不一样的。

专栏6-1

价值观的类型与作用

价值观是指一个人对周围的客观事物(包括人、事、物)的意义、重要性的总评价和总看法。它是对什么是好的、是应该的总看法,是推动并指引一个人采取决定和行动的原则、标准,是个性心理结构的核心因素之一。个人的价值观一旦确立,便具有相对稳定性。价值观决定、调节、制约个性倾向中低层次的需要、动机、愿望等,它是人的动机和行为模式的统帅。人的价值观建立在需求的基础上,一旦确定则反过来影响、调节人进一步的需求活动。人们对各种事物,如学习、劳动、享受、贡献、成就等,在心目中存在主次之分,对这些事物的轻重排序和好坏排序构成一个人的价值观体系。价值观体系是决定一个人行为及态度的基础。。

由于个人的身心条件、年龄阅历、教育状况、家庭影响、兴趣爱好等方面的不同,人们对各种职业有着不同的主观评价。行为科学家格雷夫斯为了把错综复杂的价值观进行归类,曾对企业组织内各种类型的人物做了大量调查,就他们的价值观和生活作风进行分析,最后概括出以下七个等级:

第一级,反应型。这种类型的人并未意识到自己和周围的人类是作为人类而存在的。他们照着自己基本的生理需要做出反应,而不顾其他任何条件。这种人非常少见,实际等于婴儿。

第二级,部落型。这种类型的人依赖成性,服从于传统习惯和权势。

第三级,自我中心型。这种类型的人信仰冷酷的个人主义,自私、爱挑衅,主要服从于权力。

第四级,坚持己见型。这种类型的人对模棱两可的意见不能容忍,难于接受不同的价值观,希望别人接受他们的价值观。

第五级,玩弄权术型。这种类型的人通过摆弄别人,篡改事实,以达到个人目的,非常现实,积极争取地位和社会影响。

第六级,社交中心型。这种类型的人把被人喜爱和与人善处看作重于自己的发展,受现实主义、权力主义和坚持己见者的排斥。

第七级,存在主义型。这种类型的人能高度容忍模糊不清的意见和不同的观点,对制度和方针的僵化、空挂的职位、权力的强制使用,敢于直言。

这个等级分类发表以后,管理学家迈尔斯等人在1974年就美国企业的现状进行了对照研究。他们认为,一般企业人员的价值观分布于第二级和第七级之间。就管理人员来说,过去大多属于第四级和第五级,现在情况在变化,这两个等级的人渐被第六、七级的人取代。

人与人之间的价值观可以发生相互作用,这种作用包括同化与异化两个相反方向。人们经常会试图去说服别人同意自己的观点和思想,这实际上就是一个价值观的同化过程;统治阶级对被统治阶级进行奴化教育和宣传欺骗等,这实际上就是一个价值观的异化过程。然而,价值观的这种同化或异化作用是按照什么样的法则来进行的呢?

1. 价值观的同化作用

价值观的同化就是指主体之间的价值观进行相互作用和相互妥协而越来越趋于一致的过程。人们在一定的社会集体中,总会存在这样或那样的共同利益,为了最大限度维持和发展共同利益,就必须在许多方面形成生存与发展的合力,这就需要尽可能地形成相同的或相近的价值观,以降低社会内耗,增强社会凝聚力。但是人类主体的价值观是千差万别的,这就需要各主体之间相互作用来同化彼此的价值观。

价值观同化的主要手段有两个:①通过各种宣传、教育、感化等手段,来使他人接受自己所拥有的价值观,如对婴幼儿和青少年的思想及文化教育等;②通过各种奖惩措施和约束机制来诱导或强制性改造他人的价值观,如对先进人物的奖励和对罪犯的劳动改造等。

人体主动接受他人价值观同化的主要途径有两条:①选择自己最信任的人的价值观作为自己价值观同化的蓝本;②接受与自己利益相关性最大的人对自己所进行的说服教育。

可以证明:同化力的大小与主体间的价值观的差异度以及利益相关系数呈递增函数。

2. 价值观的异化作用

价值观的异化就是指主体之间的价值观相互排斥、相互冲突而越来越趋向于不一致的过程。显然,主体之间除了有某种共同的利益关系外,还必定存在一些矛盾利益,这样,如果主体之间价值观的差异程度越大,其利益冲突反而会有所缓解,这就需要各主体之间进行相互作用来异化彼此的价值观。

价值观异化的主要手段有两个:①通过各种宣传、欺骗等手段,来使他人接受自己所未拥有的价值观,如统治阶段对被统治阶段的奴化教育、愚民教育和宣传欺骗等;②通过各种奖惩措施来诱导或强制性改造他人的价值观,使他人的价值观越来越偏离自己的价值观。

可以证明:异化力的大小与主体间价值观的差异度以及利益相关系数呈递减函数。

主体接受价值观异化的主要途径有两条:①选择自己最不信任或最为仇视的人的价值观作为自己价值观异化的参照系;②接受与自己利益相关性相反的人的价值观作为价值观异化的参照系。

综上所述,人们之间的共同利益决定着价值观的同化过程;人们之间的矛盾利益决定着价值观的异化过程。

资料来源:http://baike.baidu.com/view/135672.htm?fr=aladdin。

四、态度形成的理论研究

不同理论派别对态度形成有各自的解释与强调,其中主要有学习理论与诱因理论。

(一)学习理论

态度的学习理论是由耶鲁大学的霍夫兰和他的同事提出的,该理论假设的态度和其他习惯一样,都是后天习得的,是个人通过联想、强化和模仿三种机制获得有关信息和情感再加上评价组成的。所谓联想(Association)就是两个或多个观念(概念)之间构成联结通道,由一个观念可引起另一个观念的活动表现。例如,吸烟和癌症的联想形成反对吸烟的态度,运动和健康的联想形成喜欢运动的态度等。但吸烟并不只和癌症有联系,吸烟还有提神的作用,可能使工作效率提高;运动需要花费大量时间,影响当前的工作等,这又会形成赞成吸烟和不愿意运动的态度。斯塔茨夫妇在“态度由于经典条件反射而建立”一文中说:“态度的形成是一个中性概念与一个带有社会积极或消极含义的概念重复匹配的结果。”

强化是影响态度形成的重要因素。当个体的态度(如厌恶吸烟、早起锻炼等)得到社会的赞许,它就受到了强化,否则就得不到强化(或称负强化)。态度的强化更多地依赖于赞许,或同时受到两种相反的强化,其作用则取决于两者相对的强度。对于青少年来说,来自于同伴的赞许(强化)比来自于父母的反对,其力量要大得多。所以要帮助青少年形成正确的态度,注意培养群体的健康舆论颇为重要。

模仿是通过对榜样人物形象的示范而产生的联想反应,即初级学习形式。榜样如果是强有力的、重要的或亲近的人物,引起模仿的作用更大,甚至在没有榜样言语教诲的情况下,也是如此。儿童早期的一些态度大多来自于对双亲的模仿,但随后形成的态度来自于对社会上各种人物(老师、同辈好友、英雄人物,名人等)的模仿。人不仅只模仿榜样态度的外部特征——言谈、举止等,而且也吸取着榜样态度的内涵——思想、情感、价值观念、人格等。在一个对物质财富持自私态度的家庭里,儿童可能内化了这种态度,并会拒绝与伙伴共享玩具,甚至父母告诉他们不应这样时也还会如此待人。直到人们掌握了许多社会规范形成评价系统,这种模仿学习才逐渐让位给鉴别学习。

米德拉斯基等进行过一项榜样示范实验。① 研究者让六年级的学生来玩有奖弹子游戏,赢一次能获得一张代币(Token),代币积累到一定数量可换一件更好的礼品,并请他们将每次获得的代币放入标有“我的钱”字样的罐内;与此同时,在墙上张贴有丹佛儿童基金会为贫苦儿童募捐的招贴画,附近放有一个标有“给穷孩子的钱”字样的罐。在玩游戏前,主试对所有被试说,“让我们使这些穷孩子知道,我们在关心他们”,控制组面临的情境大致如此。实验组除上述情境外,加上榜样的示范行为,即主试将自己赢得的代币放入“给穷孩子的钱”的罐内。结果发现,控制组被试捐代币者极少,而实验组的被试大都能照主试的样子去行动,假如示范者对他们的实际行动报之以微笑(强化)或说“你们这样做太好了”,那么被试的捐献就会增多。研究者认为,只是口头上指点“照我说的做”,儿童不一定会按你说的去做,而教会儿童以利他主义的态度对待穷苦儿童,最好的方法是在儿童面前示范以引起仿效,即造型(Modeling),并给予强化。

---

① 参见 E-Midlarsky, Bryan J. H., Brickman P.: *Aversive approval: interactive effects of modeling and reinforcement on altruistic behavior*, *Child Development*, 1973, 44, pp:321-328.

班杜拉的社会学习理论近年来对态度形成的学习观点发挥了重要影响。一方面，班杜拉通过大量实验研究证明，不仅外在的奖惩直接施加在主体身上会具有强化效应，施加在其他类同对象身上，同样也具有替代性的奖惩作用。此外，个体对自己进行强化的自我强化过程，同样影响态度的形成与发展过程。

班杜拉关于观察学习的发现在解释态度形成方面同样有着重要价值。其研究结果说明，态度形成并不简单依赖于外在强化。模仿性的观察学习，也是人们态度获得的一个重要途径。人们的许多态度，是通过观察别人，在心理上对一定对象产生认同作用发展起来的。儿童最初模仿同性别的父母，后来是教师，再后来是同伴及自己所崇拜的朋友、明星、学者等，这些在个体不同生活阶段对其发生巨大影响的“重要他人”(Significant Others)对个体态度的形成起着重要作用。因此，个体所处的家庭、学校、社区、交往的群体及整个社会的文化以及大众媒体，都会通过影响人们的经验而影响人们态度的形成。特别在媒体高度发达的今天，报纸杂志、电影电视、网络等，对人们一定态度的形成都有着重要的影响作用。

(二)诱因理论

20 世纪 50 年代以后，许多心理学家认为，不能用驱力降低的动机理论来解释所有的行为，外部刺激(诱因)在唤起行为时也起到重要的作用，应该用刺激和有机体特定的生理状态之间的相互作用来说明动机。诱因理论(Incentive Theory)强调了外部刺激引起动机的重要作用，认为诱因能够唤起行为并指导行为。

诱因理论涉及的一些原理同样适用于态度的形成。这种理论是把态度的形成看作是权衡各种可能情况的趋近(Pros)和退避(Cons)而后采取最好抉择的过程。比如，一个学生可能感到社交聚会是有乐趣的，令人兴奋的，而且他的朋友们也都喜欢这样做，这种考虑使他对聚会产生积极的态度。然而他知道其父母不希望他这时去参加这种聚会，况且这种活动的确干扰他的学习，而他自己正想考法律系，这样的考虑使他对聚会产生消极的态度。当两者发生冲突时，按照诱因理论，这些诱因的相对强度决定着他最终的态度。

诱因理论中对于态度的一个通俗看法是由格林沃尔德和佩蒂等提出的认知反应理论(Cognitive Response Theory)。人对沟通所做的反应是伴随着一些积极或消极的思想(或说是认知反应)的，而且这些思想依次决定着人们沟通的结果，即是否改变其态度。例如，你听到一个代表在电视讲话中建议政府砍去部分对老年人医药费的支付，如果你对自己说：“为什么退休者只有很少养老金？或者人们不能供养自己，又是残疾者或穷困者呢？如果没有人能去支持他们，那么政府的方案是做这件事的唯一途径。”这种消极的认知反应意味着你不喜欢这个讲话所做的劝说。但假如你对自己说：“这是对的，税已经很高，方案已尽可能地为过高的医疗费用做了恰当的支付，人们也无论如何应承担一些他们的医疗费用。”这样你很可能出现对讲话者的支持。认知反应理论观点的关键设想是，人是积极进行信息的加工从而产生认知反应的，而绝不仅仅是对于他所遇见的任何信息的被动接受者。

另一个诱因理论的普通看法是由爱德华在《决策理论》中提出的期望 - 价值研究(Expectancy-value Approach)。[1] 他认为,由于诱因冲突的复杂性,人在做抉择时总要对每一种情况进行评价,力图采纳达到最好效果的立场,而拒绝那些似乎会带来坏效果或未必能带来好效果的立场。而人们在进行情况评估时,一般都试图通过预期后果的价值(Value)及出现这种后果成功的可能性,即概率(Probability)的估量,以取得最大的主观效用(Utility),其公式为 $U = V \times P$。如果一种情况,其后果价值高、成功概率大,则效用亦大,人就会积极对待与参与。反之,如果效用较小,人就会消极对待或不参与。如果面临两件事或两种行动,成功概率相同,价值大者所得也大,价值小者所得也小。如果遇到一件事存在着两种成功的可能性,即得 > 失为正值,人就会采取积极态度或行动;即得 < 失为负值,则人会采取消极态度或不去行动。

这个理论把人的态度形成看成是有理性的、主动决策的过程,它比学习理论进了一步,但它把人的态度形成都看成是个人为得失深谋远虑的表现,则并不完全符合实际。事实上,人所表现出来的态度并非事事都是通过决策造成的。

第三节　社会态度的改变

一、态度改变的过程

态度的改变是指个体在一定的社会影响下,态度体系在对事物已有态度的基础上发生一定的变化。随着社会和周围环境的不断改变,客观上要求作为人们行为引导系统的态度也要发生相应的变化,其本质是个人的继续社会化。态度的改变分为两种:一种是态度的一致性改变(Congruent Change),指该态度的方向没有发生改变而仅仅改变原有态度的强度,即量变。如对某事由有点反对(或勉强赞成)变得强烈反对(或非常赞成),或对某人由热爱(或憎恶)降为一般的喜爱(或反感)。另一种是态度的不一致改变(Incongruent Change),指以性质相反的新态度取代原有的旧态度,或说是方向性的改变,即质变。如对某事的态度由反对变为支持,对某人由喜爱变为厌恶等。通常所谓态度改变更多是指后者,即方向性的转变。当然,强度的变化存在有引起方向性改变的可能,而方向性改变中也包括强度的变化,两者是彼此关联和互相包容的。

霍夫兰和贾尼斯在第二次世界大战后,在耶鲁大学做了大量关于沟通和态度改变的研究,提出了态度改变的"劝说情境模式"如图 6 –4 所示。

① 参见 Edwards W:*The theory of decision-making*,*Psychological Bulletin*,1954,51, pp:380-417.

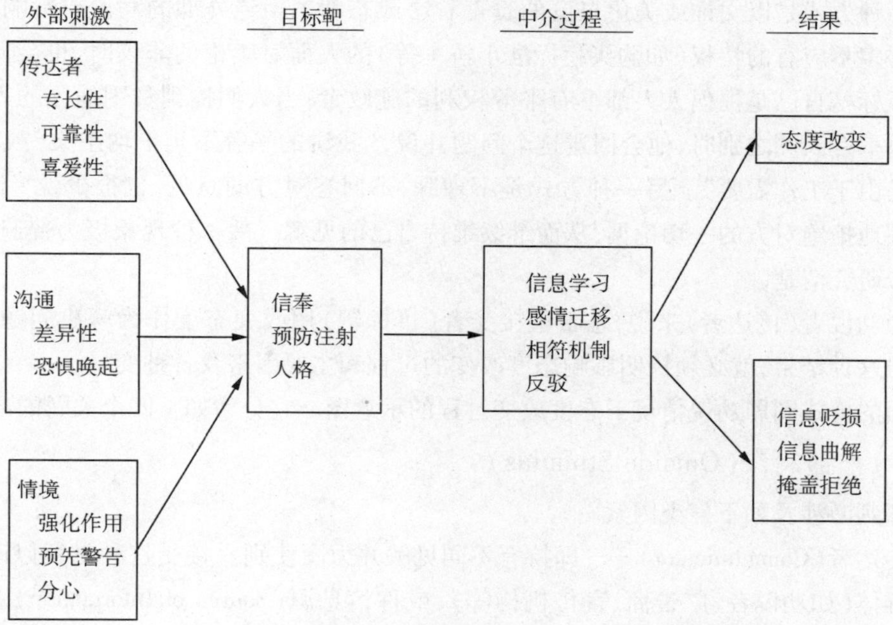

图6－4 劝说情境模式

这个模式不仅指出引起态度改变(或不改变)的过程及其所涉及的主要因素和有关变量,而且也包含着一些重要的观点,因此可供现今在本领域中从事研究或工作的人作为参考。

霍夫兰认为,任何态度的改变都是在一个人的原有态度与外部存在着的一些不同于此的看法(或态度)发生差异造成的。这种差异会产生压力(Pressure),引起内心冲突(Inner Conflict)或称不协调(Dissonance)、不平衡(Unbalance)、不一致(Discrepancy)。为缩小这种差异,减少压力,人具有恢复心理协调的能力,其方式之一是接受外来影响,改变自己原有的态度;方式之二是采取各种办法去否定或抵制外部影响,以维持原有态度。这些抵制的办法如下:(1)贬损信源(Source Derogation),当人们有时无法驳倒对方的论点时,常采用贬低或损坏影响者的声誉来表明信息不可靠或降低劝说信息的价值,从而加以拒绝。比如进行人身攻击以表明对方的论说"一文不值"或"不屑一顾",就是常见的抗拒手法。这种手法在政治斗争、法庭审判、竞选活动以及日常生活中经常可以看到。这种攻击使对手的影响力下降,不仅排除了现有论点威胁,而且也使后继的论述变得失色无力,所以在缩小因差异而造成的压力上常常很有效。然而使用得不当,如完全不顾事实、损害对方人格,也会产生道义上的问题。(2)歪曲信息(Message Distortion),即有意无意地或断章取义地将对方某些实质上不同于己的论点看作是和自己的看法相近或相同的;或者相反,把对方的论点故意夸大到极端,失去可靠性甚至变得荒唐可笑。前者称作同化作用(Assimilation),后者称作反向或逆反作用(Contrast)。无论是认为双方论点相近,或是认为对方论点完全不可信,都在于缩小或取消差异,因而也就不存在压力去改变原态度。(3)掩盖拒绝(Blanket Rejection)有两种方式。一种方式是以文饰或美化自己的真正看法或态度来拒绝外部的劝说或影响，如一个享受着许多不应有的特权(如购买超标准小轿车等)的人面对舆论的非议时，也会偶尔去访贫问苦或标榜自己是提倡人人都享有平等权利的施政者；当人们提到贫困地区的人民和他的生活水平有天渊之别时，他会回避这个问题并说，“我讲的平等不是平均主义”或称“我的一切都是由于工作需要”。另一种方式是不理睬，不回答对方的意见，也很少说“不”，而是毫无道理地拒绝对方的一切论据，从而继续维持自己的见解。后一种现象极为普遍，但其机制迄今未研究清楚。

作为劝说者(传达者)来说，总希望接受者(目标靶)用改变态度作为解决问题的方式。他要取得这种结果，就必须探明影响态度改变的过程和主要因素及各种变量。

前面的模式图即劝说情境下态度改变过程的示意图。它分为如下四个关联的部分。

(一)外部刺激(Outside Stimulus)

外部刺激涉及如下三类因素。

1. 传达者(Communicator)——即持有不同见解并力图使别人接受这种见解以改变态度的人或群体(如劝说者、广告商、宣传机构等)，或称信息源(Source of Information)。其本身包括一些变量，如专长性(Expertness)和可靠性(Trustworthiness)，它们是可信性(Credibility)的两个主要变量，此外还有喜爱性(Likability)和吸引性(Attractiveness)等。

2. 沟通(Communication)——指传达者的信息内容及传达方式的合理性。这里包括许多变量，如信息源和目标靶立场观点的差异度(Discrepancy)，是否唤起恐惧(Fear Arousal)，一面性或两面性论述(One-side vs Two-side Arguments)，新颖性(Novelty)等。

3. 情境(Situation)——即对沟通和参与活动者有附带影响的周围环境。如有无强化作用(Reinforcement)、预先警告(Forewarning)、分心(Distraction)等。

(二)目标靶(Target)

目标靶即传达者要通过说服使其接受沟通信息并企望其改变态度的人或听众。人是反作用于信息的能动者，他本身具有许多因素或变量影响着信息的接受，因此同一种劝说信息可以在不同人身上产生不同的效果。这些因素有对原有态度的信奉(Commitment)程度，对劝说是否有防御能力即有无经过预防注射(Inoculation)，以及人格(Personality)中的种种变量如自尊心、智力等。

(三)中介过程(Intervening Processes)

中介过程指目标靶在外部劝说刺激和内部因素交互作用下的态度变化过程的心理机制。

1. 信息学习(Message Learning)，一个人如果学习了信息，变化将随之而来；那么要去改变或维持别人的态度，关键问题就要依据对方的需要和可接受性，去增加或减少其学习。比如一个有经验的、沟通的劝说常常很有效果，是因为他了解他所讲的是人们需要记住的东西；同样他也避而不讲那些复杂而综合的信息，因为这些信息难学，故甚少效果。当然，使听者知道沟通者所提倡的见解非常必要，故要言简意赅。但超出某些需要的限度，要求人们对信息细节进行附加学习,就会在决定劝说成功方面变得相对不重要。

2. 感情迁移(Transfer of Affection)指在两种有联系的事物之间有可能发生感情或评价的迁移,这种现象在广告宣传中最常见,如广告商为了使顾客对某种商品(化妆品,电器等)持积极态度,通常不是单纯地告诉人们它有哪些优点、效力,而往往在画面中在商品的旁边安置一个漂亮的女士或英俊的男子,以及天真活泼的孩子,在背景中点缀着惹人喜爱的花草、宠物,甚至明星和著名运动员支持性的签名等。这无非是使一切美丽、有声誉和受欢迎的事物与所宣传的商品构成联系,并把由前者引起的积极感情转移到商品上,使人们对本无多大好感的商品产生兴趣和喜爱的感情,从而增加了去购买的可能性。

3. 相符机制(Consistency Mechanism)指在态度改变过程中经常起作用的一种现象。比如,当我们准备投票赞成某人当人民代表时,是因为我们听说他有不少先进事迹,因而产生信任和钦慕之情,而后来忽然听到他发表了一些过激的而为我们所不能接受的改革建议(如大幅度提高学费,一律实行商品房制度等),这样就在我们头脑中产生某种信念和新信息之间的不相符,甚至使我们感到很不舒服。为了恢复协调,我们必须去改变其中的一种态度,或者改变对候选人的态度,不投他的票,或者同意其改革主张。不相符促使人去进行二择一的态度改变,态度有了改变,压力就会减少。所以相符机制是驱使人去改变态度的一种内部动力。当然,这里还有许多方法(如认知不协调理论中所揭示的途径)可供运用。

4. 反驳(Counterargue),即当人们面对与己不同的态度或劝说时,会有意无意地去寻找对方某些立论的不合理之处,同时也会引出若干证据来支撑自己的见解,只要在思维上辨析或者通过口头上的辩论,驳倒对方的一些论点,那么双方的差异所造成的压力就可以减少。但是劝说者(宣传者)往往在事实的描述、论据的收集、情报的掌握上比大多数临时接受信息者更有准备,因此真正驳倒他们是很困难的。于是,人们也会采取其他办法或转为改变态度。

(四)结果(Outcome)

结果不外乎两种:或是态度改变,或是抵制。其方式已如前述。

二、态度改变的影响因素

从霍夫兰等人提出的态度改变的“劝说情境模式”可以看出,任何说服过程都是从某一个“可见的说服刺激”开始的,也就是说,说服过程的开始必须有一个信息的传递者,并且他对某一问题有一定的看法,还力图说服他人同意他的观点,而且说服过程是在一定情境下进行的。可见,这一说服过程包括信息源(或信息传递者)、所传递的信息本身、信息接受者和周围情境四个部分。这四个部分对个体的态度能否改变都具有一定的影响作用。

(一)信息源方面的影响因素

个体已有态度的改变往往受到外界刺激的影响。大量的社会心理学实验研究表明,不同的信息源即信息传递者的可信性、喜爱性以及他与被说服者的相似性等都会影响到他所提供的信息的说服效果。

1. 信息传递者的可信性

一个劝说者被人们所信赖的程度即可信性对劝说的效果有显著的影响。同一劝说的信息内容由几个具有不同可信性的人来发出，则高可信性者比低可信性者具有更大的说服力。可信性通常包括专长性和可靠性。

“专长”的解释是“独到的学识和技艺、专业本领；特殊才能”。具体说，你的专长就是你拥有的那些比你服务的对象多出来的经验、知识、能力、技术、窍门、心得、感悟等等，它往往存在于你的兴趣、你的爱好、你正在从事的工作、你被专业训练过的地方之中。与一般人相比，具有专长的人所传递的信息往往被认为更有权威、更科学合理。因此，他们传递的信息更容易被人接受和令人信服。这是由其所受的教育、专业训练和所从事的社会职业及所具有的专业身份决定的。阿伦森等人通过实验研究也发现：有专长的信息传递者在说服他人时更为有效。研究者请被试参加一项有关美学评价的实验，要求被试对一篇没有名气的作者的现代朦胧诗的九个阶段进行评价。接着，让被试阅读另一个人对被试最不喜欢的一节诗的评价，而这个人的评价要好于被试的评价。然后告诉一部分被试那段评论出自著名诗人埃利奥特之手，而告诉另一部分被试它出自于密西西比州某师范学院学生斯蒂恩之手。读完评价后，要求被试对这一节诗重新进行评价。结果发现，读过著名诗人（高可信性信息源）评论的被试比读了大学生（低可信性信息源）评论的被试在看法上有了很大的改变，即属于专家的信息传递者引发了更多的态度改变。

可靠性是指信息传递者自身被他人相信和信赖的程度。研究发现，信息传递者是否可靠也会影响说服的效果。当人们认识到信息传递者试图改变其态度是基于私利，或常有偏袒性甚至基于偏见即不可靠时，就会产生心理抗拒反应，原有的态度会很难改变。沃尔斯特、阿伦森和亚伯拉罕等人进行了一项“增加低信誉传达者的说服性”的实验研究，他们让一部分罪犯和地方检察官支持增加执法人员的权力，而让另一部分罪犯和地方检察官支持减少执法人员的权力时，说服的效果更好。也就是说，信息传递者所提出的主张越是与自身利益相反，越具有说服力，因而对改变人们的态度上就会有更大的影响作用。

社会心理学家在研究可信性与态度改变的关系时，发现一个有趣的现象：高可信性的说服者所传播的信息所起的作用会随时间的推移而减弱，而低可信性的说服者所传播的信息所起的作用会随时间的推移而加强。也就是说，具有低可信性的说服者所传播的信息并没有马上发挥作用，但经过一段时间的实践后会有较大的效果。这种信息源的可信性对个体态度改变的影响作用随时间的推移而增长的现象被称为“睡眠者效应”。

2. 信息传递者的吸引力

吸引力是指信息传递者是否具有一些令人喜欢的特征，及其受人喜欢的程度。一个信息传递者是否受到听众或他人的喜欢，与能否引起目标靶态度改变颇有关系。凯尔曼曾认为，由于人们试图等同于一位被喜欢的传达者，进而往往采取那个人的态度、爱好、行为方式和服装样式，所以喜欢能引起态度变化。换句话说，一个人喜欢信息传递者，就易接受其影响；若讨厌信息传递者，就易拒绝其劝说。

大量的实验研究结果也证明，有吸引力的人对公众具有巨大的吸引力。柴肯在一项研究中,让长相漂亮的人和长相一般的人分别去说服大学生们参加一个请愿活动,结果发现,前者说服了43%的大学生参加,而后者只说服了32%的大学生参加。米尔斯与阿伦森的研究发现,有吸引力的女性不仅对别人有显著的说服效果,而且在其刻意表明宣传目的时,对公众的影响更大。这种明确表明宣传目的而不会引起公众的抗拒反应的现象,可能是因为人们对高吸引力的人有更高的认同。这是许多企业用明星作为代言人宣传产品的重要原因。

3. 信息传递者与态度主体的相似性

相似性是指信息传递者自身的身份、职业、背景及态度、观点等与态度主体有相似或相近之处。一般来说,信息传递者与态度主体的相似性越高,态度主体越易受到信息传递者的影响而发生态度改变。布罗克曾进行过一个有趣的实验。[①] 他让某零售商店化妆品柜台的售货员劝说顾客去购买一种品牌中不同价格、不同数量的油脂。这些售货员有的充作有专长而与顾客无相似身份的人,有的则充作与顾客有相似身份而无专长的人。结果表明,劝说者当与顾客之间有相似身份,并说自己经常使用的是某种有较大含量而又价钱公道的油脂,这个含量实际上也正是顾客想买的含量时,此类劝说最为有效。相似性效果远远超过专长的效果,即超过那些只炫耀商品质量而不考虑价格和含量都适宜于对方条件的劝说。也就是说,没有专长但与听者有相似性的劝说者比有专长而与听者无相似性的劝说者对消费者的劝说更为有效。相似性因素显然在实际信息的支持中提供了附加的相应情报。

(二)沟通信息方面的影响因素

信息要引起态度改变,不光有赖于传达者自身的条件,还必须通过沟通到达信息接受者。并不是任何沟通方式都能引起信息接受者对信息产生同样的接受,或产生态度改变的同样效果,这取决于沟通本身的许多变量。

1. 信息差异

信息差异是指信息传递者发出的沟通信息(见解)和态度主体原有的态度(见解)在程度上的差异。任何态度的转变都是在沟通信息与接受者原有态度存在差异的情况下发生的,信息差异越大,引起的心理压力越大。我们把人们对人或事物的各种看法人为地分为7级,如图6-5所示。

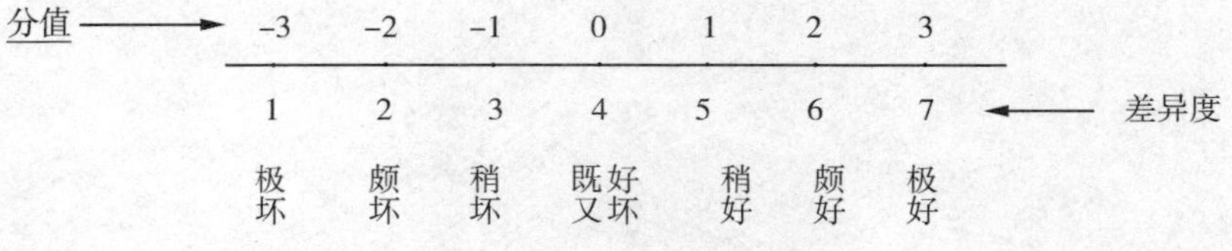

图6-5 信息差异

资料来源:转引自章志光,金盛华. 社会心理学(第二版)[M]. 北京:人民教育出版社,2008。

① 参见 Brock T. C.: *Communicator-recipient similarity and decision change*, *Journal of Personality and Social Psychology*, 1965,1, pp:650-654.

比如几人阅读《三国演义》之后，甲认为"曹操是个极坏的奸臣"（-3分），乙则认为他既有缺点又有优点（0分），但是历史老师评讲时认为"曹操统一三国，惜才，善用兵，重农利商是个颇好的历史英雄人物"（3分）。以目标靶的态度为定点，你就会发现同样的劝说，它与听众的差异度是不同的。它可分为低差异、中差异和高差异。甲与传达者观点的差异度为6，属于高差异；乙与传达者观点的差异度为3，属于低差异。差异会产生改变态度的压力，差异越大，压力也越大，差异越小，压力也越小。

阿伦森等的研究表明，撇开其他因素不谈，随着差异度的加大，就会有更多的态度改变（在高可信性信息源的影响下，差异度是3，其态度改变量为2.2；差异度是5，其态度改变量为4；差异度是7，其态度改变量为4.2）。看来态度改变量将随差异度的增大而增大，呈正相关。但后来的许多研究发现，中等差异引起态度变化最大，随着差异度的增大，超过中等差异之后，态度改变则越来越困难，因此也会减小。由于传达者的极端陈述，还可能引起对这种陈述可靠性的怀疑，以致易于产生抵制。

社会心理学家博克纳等曾进行过"沟通者差异、信息源的可信性和看法改变"的实验。[①]他们让一位诺贝尔奖获得者（高可信性）和一位基督教青年会指导者（低可信性）给出关于普通人每晚需要睡眠小时数的信息。每个被试从一个信息传递者那里得到一种信息，如8小时、7小时等。由于大多数被试原先认为每晚睡8小时是最合适的，所以它与8小时信息的差异度为0，与7小时信息的差异度为1，依此类推。然后询问被试你认为几小时最合适。结果经统计处理（图6-6）发现：起初态度的改变量随差异度的增大而增大；但是到了差异的适中水平其态度改变量就开始下降。此外，信息传递者的可信性越大，被试发生最大态度改变量（Maximum Attitude Change）的差异度水平也越高。也就是说，对于高可信性的诺贝尔奖获得者引起最大态度改变量（6小时）是提倡睡1小时（差异度为7）的情况下；而低可信性的基督教青年会指导者引起被试最大态度改变量（6.48小时）是在提倡睡3小时（差异度为5）的情况下。

① 参见 Bochner S., Insko C. A.: *Communicator discrepancy, source credibility, and opinion change*, *Journal of Personality and Social Psychology*, 1966, 4, pp: 614-621.

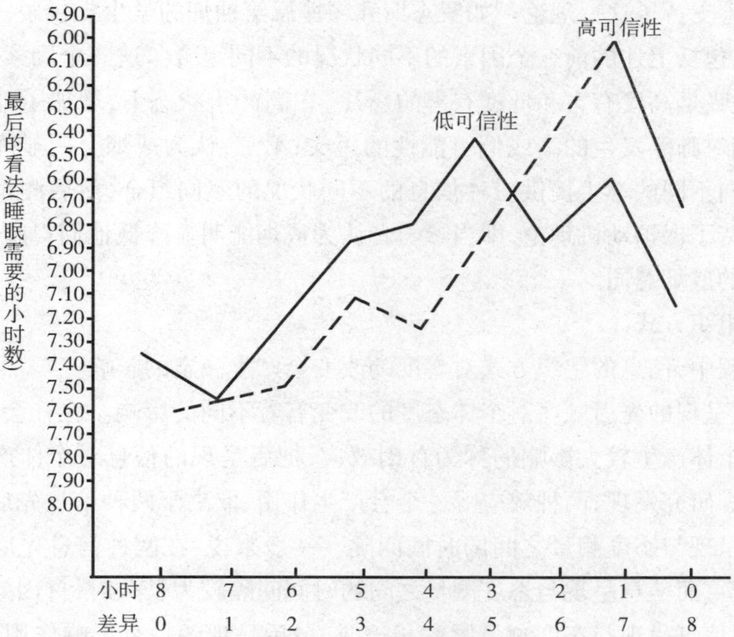

图 6－6 高可信性与低可信性传达者在各种差异度水平上引起的看法变化

可见，要想引起人们态度的改变，需要考虑信息接受者原有态度的状况或水平，并依据自身的条件（如可信性等）适当控制给出信息的差异度，这些是很必要的。

2. 恐惧唤起

这是试图改变别人态度的一种通用方式。一些研究者通过实验，认为恐惧唤起有助于态度甚至行为的改变。在多数情况下，“恐惧唤起”可提高劝说的功效，但太强的恐惧也可能使说服的效果适得其反；但任何效果都取决于“恐惧唤起”与其他变量的相互作用。因此，在进行劝说而运用恐惧唤起手段时，一般可采用中等强度的恐惧，同时应考虑其他变量的控制。

罗杰斯等人提出的保护动机理论对恐惧唤起进行了详细说明。罗杰斯认为，恐惧唤起能否有效地产生态度改变，取决于以下四个因素及其相互作用。

第一，事件的严重性。如果信息接受者相信信息中所描述的事件很严重，他们将会更为积极地去避免它。

第二，事件的可能性。如果信息接受者相信该事件会发生到他们自己身上时，他们将更可能去避免它。

第三，做出改变的有效性。如果信息接受者相信通过改变他们的行为可以很大程度地减少出现该事件的概率，他们将更可能去听从建议。

第四，自我效能感。如果信息接受者相信他们能很容易或有效地实施推荐的行为，他们会更乐意这么做。

罗杰斯认为，是这些认知观点而不仅仅是恐惧感本身决定了恐惧信息对态度和行为的影响。一些实验支持了这一理论。如罗杰斯和缪博恩给抽烟的学生提供了一些有关吸烟的信息,这些信息包括上述的前三个因素的不同状况的不同组合。这三个因素的不同状况有:第一,提供有关吸烟高度有害和低度有害的影片(在高严重状态下,增加了肺切除的镜头);第二,提供吸烟对肺癌发生的高或低可能性的短文;第三,认为戒烟会明显降低得肺癌的概率。通过分别向不同的学生提供三种信息的不同状况的不同组合,然后测量学生对戒烟的意向。结果支持了保护动机理论,即当参与者认为戒烟能明显降低他们得肺癌的概率时,他们表达了很强的戒烟意向。

3. 信息的组织方式

在劝说过程中,信息的组织方式对态度的改变会产生一定的影响。

首先,信息呈现的先后顺序对个体态度的改变有着不同的影响。在社会心理学中,将先呈现的信息对个体产生较大影响的称为首因效应,把后呈现的信息对个体产生较大影响的称为近因效应。研究发现,两种效应哪一个会产生作用,取决于两种信息先后呈现之间的时间间隔和信息呈现与态度测量之间的时间间隔。一般来说,在两种信息先后呈现之间的时间间隔较为短暂,而信息呈现与态度测量之间的时间间隔较为长久时,首因效应通常会发生作用。反之,当信息呈现与态度测量紧密相连时,最后呈现的信息影响作用更大,表现出明显的近因效应。

其次,信息传播的倾向性(单面论证或双面论证)也影响着个体态度的改变。单面论证是指信息传递者在传递信息过程中,只是单方面地表明对自己有利的观点;而双面论证是指信息传递者在传递信息过程中,既表明自己观点的正确性、合理性,也同时指出与自己相反的论点存在的价值,提供正反两方面的信息。霍夫兰和丘等通过实验研究指出:当信息接受者与信息传达者(即劝说者)的观点一致或对问题不熟悉时,单面论证效果更好;如果信息接受者与信息传达者的观点不一致,面对的问题又熟悉,特别是又受过良好教育时,双面论证的效果远大于单面论证。

4. 信息的提供方式

信息的提供方式、渠道也影响说服的效果。一般来说,口头传递比书面途径效果好,面对面的沟通比通过大众传媒沟通的效果好。因为在面对面交流时,除了沟通信息本身,还有一些背景的支持性信息参与了沟通过程。

5. 信息的新颖与重复

西尔斯与弗里德曼通过实验发现,新颖性的期望会使一种沟通更有吸引力。[①] 在模拟审判室的情境下,告诉实验组被试将听到一个新颖的论证,尽管他们随后听到的论证与没有被预先告诉的控制组被试所听到的是同样的内容。但是实验组被试却发现这个论证有更大的说服力。显然,在许多人的心目中"新"这个词总是蕴含有"较好"和"更有趣"的意思,因而具有"暗示"作用。正因为这样,广告商与政治家都常使用这种策略。但是当一个信息新颖

① 参见 Sears D. O. ,Freedman J. L. :*Warning, distraction, and resistance to influence*, *Journal of Personality and Social Psychology*, 1965,1, pp:262-265.

得与听众观点相反,这个策略就可能产生与愿望相反的恶果。

另外,一个人不可能在第一次听到一种新观点时就被说服。许多研究表明,增加熟悉性可提高对信息的吸引力和好感。这也表明,一些以使人的防卫减少为目的的信息将有一种"累加效应"(Cumulative Effect)。所以适度地追溯以往的某些刺激将提高对它的评价。

卡斯柏和佩蒂对信息的重复进行了实验研究。他们给学生提供一条信息:学校的高年级学生将进行一场专业领域的综合考试,以此作为毕业的条件。当然,这个观点与大多数参与实验的学生的观点是不一致的。一部分学生听到的信息是有关考试制度的支持性信息,如雇主们招收参加了综合考试的毕业生的比例越来越大,而另一部分学生则听到几乎没有说服力的信息,如综合考试来源于古希腊传统,并且其中一部分学生只听到一次相同的信息,另一部分则听到三次相同的信息。听完后,要求学生说出他们对毕业前的综合考试的态度,以及他们对测验信息的回忆,研究结果如图 6-7 所示。无说服力的信息显示了比强有力信息更少的态度改变,并且重复提高了强有力信息的说服力,降低了无力信息的说服力。但是,米勒提出,信息的重复呈现以适中为宜,如果超过限度,会使人感到是对他们的智力或决断的侮辱或威胁,从而会引起防御性的反抗。

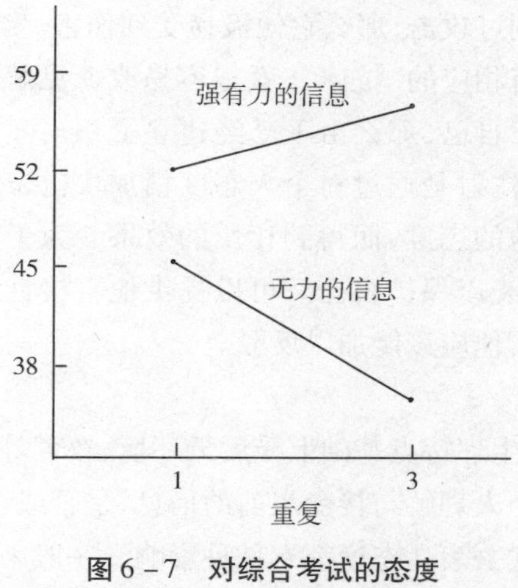

图 6-7　对综合考试的态度

资料来源:转引自金盛华. 社会心理学(第二版)[M]. 北京:高等教育出版社,2010。

(三)信息接受者方面的影响因素

态度是否改变是信息接受者自身的事。人这个信息接受者是一个具有能动性的复杂系统。任何外部影响都要通过信息接受者自身的因素而起作用,所以研究信息接受者的个人因素在态度改变中的作用是相当重要的。

1. 原有态度与信念

一个人对某事已持有的态度与信念,若承担了义务就成为难以放弃立场的全部力量,即信奉。信奉比没有承担义务的态度更难于受外部劝说影响而改变。信奉的强度受制于两种因素:一是公开表态,即公开化;二是在上述态度基础上采取了行动。比如,一个人在内心赞同某一政治主张，他一旦发表了讲话、写过文章，或参加了实现这一主张的组织，宣过誓等，它会对自己所持的态度感到承担了更多的义务，违反或改变它就会觉得为规范所不容，并受良心的责备，或怕被人耻笑，因而更不愿改变。这种态度有更大的抗变性。相反，一种态度如未有承诺或未达到信奉的程度，则更易于受劝说而改变。

研究表明，已经内化了的态度作为信息接受者的价值观和态度体系的一部分，难以改变；已成为既定事实的态度，即接受者根据直接的经验形成的态度不易改变；与个体的需要密切关联的态度不易转变。

2. 预防注射

预防注射亦称“免疫”，是美国心理学家麦克格里所提出的概念。他认为，当人们的立场和观点受到轻微的攻击后，他抵抗说服性信息影响的能力将会提高，因此，通过对个体的态度稍加攻击来提高他对更猛烈攻击的抵抗力的做法，被称为预防注射。麦克格里认为，提高个体对说服性信息的抵抗力的途径有两种：一是通过对人的正面教育和建立牢固的立场观点，麦克格里称之为“支持性防御”。二是预防注射，麦克格里认为，如同对付疾病一样，提高抵抗力最有效的方式是要建立防御。如果让一个人出现一些可以治愈的轻度天花症状，他体内就产生了抗体，这种抗体将来便可以为更重的天花感染提供一种有效而坚强的防御。同样，如果某一见解从未受到过攻击，那么它便极易受到伤害。当这种见解突然而意外地受到说服压力时，假如个体没有相应的“抗体”，就很容易改变见解。相反，如果这种见解受到过攻击，个体也成功地保卫了自己，那么由于已经建立了相当强的防御系统，他就能很好地抵制随之而来的攻击。预防注射是通过对个人态度稍加攻击来完成的。必须强调，这种攻击应是微弱的，否则将改变他的态度，而得到相反的效果。为了确保相反效果不致发生，应当帮助目标对象对抗轻度侵袭以保护自己。可以提供他直接针对这项攻击的辩护，或告诉他这项攻击的论点并不充足，他应该能加以反驳。

3. 人格因素

这是人们在与生俱来的生理特点基础上受后天环境、教育等长期影响，通过个人的实践活动形成的稳定特性，它对个人理解与接受当前的信息，是否或在多大程度及速度上去改变原态度，以及以何种行为方式去表达态度都有种种影响。一般来说，依赖性较强的接受者信服权威，比较容易接受说服；自尊水平高、自信的接受者不易转变态度。社会赞许动机的强弱也是影响态度转变的因素，高社会赞许动机的接受者易受他人及公众的影响，易于接受说服而改变态度。

（四）环境与情境

环境与情境中的许多因素虽然不是与劝说过程直接相关的变量，但它们也是影响态度改变的一种背景或偶然的变量，或多或少地起着辅助作用。

1. 强化作用

传达者的说服为的是改变对方的态度，如果在进行说服时，周围环境中的一些因素，或有意创设一种气氛能带给人以欢愉或快感，就会使说服性信息由于这种强化而被看得更积极肯定，从而增加其影响力。

现在,社会上许多活动如商品推销会、新书发布会、学术研讨会甚至大学吸引优秀生报考的参观活动,都适当地佐以茶点招待或赠送纪念品等,无非都是通过强化作用来达到宣传的效果。实验研究对这种做法的正确性已经进行了证明。社会心理学家詹尼斯的研究发现,在被试接受广告说服信息的时候赠送一瓶百事可乐,可以使被试更容易接受广告的劝导。虽然百事可乐与广告信息无关,但它激发起的快乐感和报答情感,却增加了被试的接受性。社会心理学家里根所做的相近的实验也验证了这种"送礼效应"的存在。研究者分析,一方面,别人的惠待可以使人处于较好的精神状态,从而增加个人用积极的眼光和情绪看待一切事物的倾向,使个人对说服信息的接受性增加。在这里,惠待造成一种类似晕轮效应的作用。另一方面,在通常情况下,除非人们经过特别提醒,他们在评价、判断和选择事物时,不可能不受情绪和动机的影响。别人的惠待,可以有意无意地增加人们对于他的信任,从而使人们对来自这样一途径的信息的接受性增加。

2. 预先警告

在劝说时,事先有人透露劝说的企图,可能产生正反两方面的作用:一是预先坚定或动摇听众与其一致或相反的信念,使其更敏感地接受影响;二是给听众创设了发展反对论点的机会,于是极大地增强对劝说的防御性。弗里曼和西尔斯通过一项"警告、分心和对影响的抵制"的实验证明了这一假设。研究者在十分钟之前告诉一部分十几岁的青少年被试,他们将去听一个"为什么不许青少年开汽车"的报告,而另一部分青少年被试则在报告开始时才听到这个主题。结果,得到预先警告的一组被试受报告的影响(即接受报告观点)比未受到预先警告的被试要少得多。为什么会发生这种现象呢?研究者认为,预先警告发生后的十分钟内,它足以使某些防御过程和机制发挥作用,类似预防注射引起使用各种策略与战术,如构思支持自己看法的论点,尝试去准备反对的论点等,从而能更为主动、从容地坚持自己的观点,抵制说服。

但也有一些研究发现,预先警告可能还有相反的正面作用,即对于没有卷入这个讨论题的一些被试,它将促进态度变化。阿普斯勒和西尔斯曾进行一项"警告、个人卷入和态度改变"的研究,结果发现,预先警告在高卷入组起到了阻止变化的作用,而低卷入组则促进了变化。这可能是因为低卷入者觉得这件事无足轻重,对原有态度的坚持性也较差,预先警告作为一种线索对他的态度改变起到了一定的作用。因此,要想达到预先警告对态度改变的抵制作用,需要首先让参与者处于一种高卷入的状态。

3. 分心

分心就是由于信息接受者受到其他内外刺激干扰而分散注意力的现象。在劝说过程中,若情境中有某些因素(或称噪声)使听者分心,就会影响劝说的效果。如果引起分心的刺激过强,使接受者完全听不到信息,那么劝说就等于没有发生。社会心理学的研究还发现,如果情境中有某些"噪声"适当地涣散目标靶的注意力,不让它们去思考或重组反驳的理由,反而更易于受到劝说的影响而改变态度。费斯廷格和麦科比做过一项"对劝说沟通的抵制"

的研究。[①] 研究者让被试在看一场电影时听到一篇反对博爱的讲话。对一些被试,电影上放映的正是这个人在讲话的镜头,而对另一些被试,电影放映的是一部滑稽可笑,并对现代艺术多少有些挖苦讽刺意味的片子——《画家的一天》。显然,在听反博爱讲话时,看这个离题的电影比看那个人在讲话的电影会引起更多的分心。然后让他们对这个讲话表态,结果是最初不同意这个讲话(支持博爱)的被试在分心条件下比不分心条件下更多地受到讲话的影响,即改变了态度。可见,不让被试集中更多注意力去思考这个讲话,反而能增加这个劝说的有效性。

三、态度改变的理论

(一)平衡理论

这是由海德提出的有关人际关系和态度变化的一种社会认知理论。海德认为,人的心理活动是人与社会因素(社会事件、他人、文化观念等)在相互作用中实现动态平衡的过程。他指出,人的认知对象范围很广,包括世界上的各种人、事、物、概念等等,这些对象有的各自分离,有的相互联系,组合成一个整体而被我们认知。海德把构成一个整体的两个对象的关系称为单元关系,把人们对这些认知对象的喜欢或厌恶、赞成或反对的情感评价称为感情关系。他认为,个体对单元内的两个对象的态度通常是属于一个方向的,如果个体对单元内两个对象的认知和评价是一致的,那么该认知系统就是平衡的,态度就是稳定的;反之,当个体对单元内两个对象的认知和评价不一致时,该认知系统就是不平衡的,这种不平衡状态就会引起个体的心理紧张,促使个体的认知组织发生变化,以实现平衡状态。这种消除紧张的过程就是个体态度改变的过程。

海德提出了"P—O—X"模型来说明这个理论。其中P代表认知主体,O是与认知对象发生联系的另一个人;X则是与P和O发生联系的另一个任意态度的对象。海德根据P和O之间的情感关系和二者对X的态度关系推理出八种模式,如图6-8所示。

① 参见Festinger L.,Maccoby N.:*On resistance to persuasive communications*,*Journal of Abnormal and Social Psychology*,1964,68,pp:359-366.

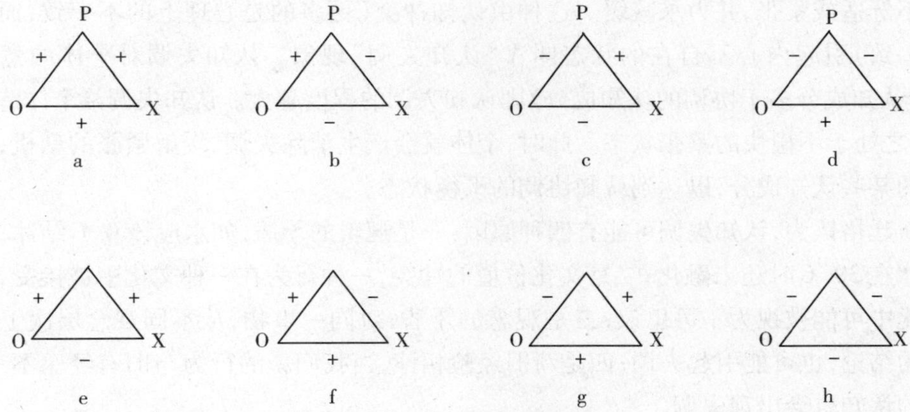

图 6-8 P—O—X 模型图

从上述的八种模型可以看出，三角形的三个边表示三者之间的关系，它有两种形式，即肯定形式和否定形式，分别以“+”、“-”号表示。海德指出：“如果三种关系从各方面看都是肯定的，或者两种是否定的，一种是肯定的，则存在平衡状态”（图 6-8 a、b、c、d）。相反，三种关系都是否定的，或者两种关系是肯定的，一种是否定的，则存在着不平衡状态（图6-8 e、f、g、h）。

根据海德本人及社会心理学家纽科姆等人的研究，单元或系统的不平衡状态向平衡状态运动时，遵循费力最小原则，即以尽可能少地付出人际情感联系的代价来实现平衡。而且人际联系肯定情况下的平衡状态要比人际联系否定情况下的平衡状态更令人愉快，人际联系肯定情况下态度转变的压力要大于人际联系否定情况下的态度转变的压力。因此，在 P—O—X 模型中，P—O 之间的关系最重要。P—O 之间的关系为肯定时的平衡为强平衡，不平衡为强不平衡；而 P—O 之间的关系为否定时的平衡为弱平衡，不平衡为弱不平衡。

平衡理论突破了传统的格式塔心理学只是从主体与客体关系上考察个人认知的局限性，并用简单的概念和图解揭示个人态度改变的过程，指明其他人对于主体态度改变的作用，在理论上具有重要的启发作用。但该理论没有阐明单元与主体认知系统的关系，也没有说明主体对客体的心向关系和客体之间的单元关系有什么性质的联系。因此，P—O—X 模型作为一种“细胞”模型是有意义的，而作为一种整体模型则还有待发展。

（二）认知失调理论

这是 20 世纪 50 年代发展起来的关于人们在相互作用中其认知因素由失调到协调，从而引起态度或行为变化的研究领域。费斯廷格曾发表《一种认知失调的理论》的文章，最早阐述了这一理论的见解。

费斯廷格认为，个体关于自我、环境和态度对象方面都有许多认知因素，它们之间存在三种情况：（1）相互一致和协调的（如“吸烟危及我的健康”和“我不吸烟”）；（2）相互冲突和不和谐的（如“吸烟危及我的健康”和“我吸烟”）；（3）无关的（如“吸烟危及我的健康”和“今天刮风”）。当人们的两个认知因素 x 和 y，处于第二种情况，即从 y 推出的是非 x 时，人就会感受到不舒适或紧张,并力求减缓。这种由认知冲突(更多的是心理上的不一致,而非逻辑上的不一致)引起内心不自在的状态叫作"认知失调"现象。认知失调对个体的意义越大(失调的认知成分多于协调的认知成分)则认知失调的程度越大。认知失调给个体造成心理压力,使之处于不愉快的紧张状态。此时,个体就会产生消除失调、缓解紧张的动机,通过改变态度的某些认知成分,以达到认知协调的平衡状态。

费斯廷格认为,认知失调可能有四种原因:一是逻辑的矛盾,如水应该0 ℃结冰,但个体却看到冰在30 ℃时还未融化;二是文化价值的冲突,一种行为在一种文化中被接受,而在另一种文化中可能被视为不可思议;三是观念的矛盾,对同一事物,从不同观念层次上评价得出矛盾的结论,也可能引起失调;四是新旧经验相悖,当我们新的行为与旧有经验不一致时,对行为的认知也会出现失调。

人出现了认知失调,就会不由自主地驱使自己去减少这种矛盾,力求恢复或保持认知因素之间的相对平衡和一致性。它通常采取以下几种途径:(1)改变或否定两个认知因素中的一个(如否定 y,将"我吸烟"改为"我不再吸烟",这将是行为意向或行为的改变;或否定 x,将"吸烟危及我的健康"改为"如果停止吸烟将会使我超重",这将是一种对吸烟的看法与态度的改变);(2)对两个认知因素重新评价,减弱其中一个或同时改变两者的重要性或强度(如降低 x 的作用,改原认知为"吸烟对我的健康可能有一些影响";或降低 y 的作用,决心"要少抽点烟"),由于强度的减弱,不协调的程度相应变小,人会感到舒坦一些;(3)在不改变两个认知因素的情况下,增加一个或几个能弥补鸿沟的新认知或理由(如插入一种理由"抽烟可提高工作效率,个人安危是次要的";或想"世界上抽烟而长寿者不乏其例,我可能就属于这种人"等),以这种方式减少不协调,可以不改变 x 与 y,但会出现辩解性理由。有些理由常以歪曲事实为代价,所以往往有害。

继费斯廷格之后,又有许多研究者对认知失调理论进行了大量的研究,而且有关认知失调的研究被认为是20世纪60年代社会心理学蓬勃发展的一个重要标志。新的研究发现,与认知不一致的行为如果是个体自由选择做出的,不存在任何外来的压力和限制,则这种失调所引起的心理压力就非常强烈,从而会引发态度和行为的改变。但是,如果这一行为是在某种外来压力之下被迫做出的,则由此产生的心理压力就不一定非常强烈,甚至可能不会产生任何心理上的不舒适感。另外,即使个体的认知失调,但如果个体在认知中的卷入程度较低,则这种失调并不会引起个体心理上的紧张和压力感。

认知失调理论还有许多具体的研究,其方法设计的巧妙与严谨给人以不少启发,其总体理论从一种认知角度探索了态度维持与改变的机制,且可以对态度变化的原因做出局部的解释,颇有新意。然而态度的形成与改变还有许多更深层、更复杂的社会原因与理性原因(如人的价值取向和人对各种态度及其信念依据的评价等),光凭一种内部认知方面的动力倾向性的理论是无法揭开其全部奥秘的。

专栏 6 – 2

费斯廷格等关于认知失调的经典研究（一）："追随者案例"

莱昂·费斯廷格（Leon Festinger，1919—1989），1939 年入读艾奥瓦州立大学，在著名心理学家柯特·勒温的指导下从事心理学研究，1940 年获得该校硕士学位，1942 年获该校哲学博士学位，并应聘为该校副研究员。1945 年参与勒温在麻省理工学院主持的团体动力学研究。1945—1955 年，先后担任密歇根大学、明尼苏达大学、斯坦福大学以及新学院教授。主要从事人的期望、抱负和决策等研究，并用实验方法研究偏见、社会影响等社会心理学问题。1959 年获美国心理学会颁发的杰出科学贡献奖，1972 年当选为国家科学院院士。其对社会心理学最主要的贡献是 1957 年提出的"认知失调理论"。

1. 理论研究的背景与假设

1954 年一个秋天的晚上，密歇根的一位中年家庭妇女玛瑞安·克琪太太（Mrs. Marian Keech）以"自动书写"的方式突然接收到一条来自遥远的外太空的信息，告诉她世界的大部分地区都会在年底时（12 月 21 日的午夜）被一场特大的洪水冲毁，而她本人以及愿意追随她的人届时则会被一艘外星人"护卫"的飞船救走，直到地球安定了，他们再返回来重新垦植并发展新的人类。这是一个典型的"诺亚方舟"故事的现代版。作为 UFO 的爱好者，克琪太太越来越预感到她将成为现代的"女诺亚"，因为她先是接收到她死去的父亲的灵书，后来又收到"萨南达"（克琪认为就是耶稣）和他的外星人同事（即"护卫"，住在一个叫作"克拉润"的星球上）等发给她的信息。克琪太太对灾难到来时的描述是从《圣经》中剽窃了一部分，再加上一些胡乱糅杂在一起的神秘传说和自己的妄想，如说她自己是耶稣的母亲玛利亚再生；又说洪水之后会有新的山脉升起，传说中因受天谴而沉入大西洋中的古文明亚特兰蒂斯（Atlantis）将复现；还说灾难期间同时将发生由"护卫"领导的"光力"（Force of Light）和由魔王路西法（Lucifer，即撒旦）领导的"暗力"（Force of Dark）之间的战斗，当然最终是"光力"肃清了"暗力"等等。

因此，克琪太太吸引了不少的"追随者"，追随者们都相信她所提供的信息，因此围绕在她的周围，等待灾难的降临和拯救者的莅临。费斯廷格等人听说此事之后，立即成立了一个调查小组，准备对这种荒诞却千真万确的事实进行研究。调查小组的研究人员一致认为这些追随者的观念已经发生了某种改变，比如有的人辞掉了工作，并疏散了财产，另一些人则卖掉了房屋，还有的人甚至与配偶分了手。

对于一个正常的人来说，越是热烈地追随某种具有宗教崇拜性质的信念，他就会越确信他的行为活动和信仰是属于真理的。费斯廷格认为一个持有某种信念的人是很难改变的，他只相信自己的逻辑，而对他人的观点根本就置若罔闻。当持有某种信念的人将自己的生活投入其中时，别人若试图改变他的信念只会徒劳无功。人们会采用多种机警的防御手段来保护他们的信念，使之免受打击和伤害。但是，人们采取如此多种多样的防御不仅仅是限于简单地保守一种信念而已。于是费斯廷格等人提出一个假设:“假设一个人全心地相信某件事,又假设他对此信念有过某种承诺,并因之采取了不可挽回的行动。再假设他最后得到了无可否认和明明白白的证据表明了他的信念是错误的,那么会怎么样呢?这个人非但不会消沉下去,反而会更加坚信不疑地保守这种信念,甚至比以前更加确定他的信念是属于真理的。更确切地说,他甚至会更加狂热地坚信并会向其他人去兜售他的主张。”

2. 研究方法与过程

当调查小组的研究人员开始提出采访要求的时候,他们不愿意表露自己,不愿意接受采访或面谈。于是费斯廷格等人决定实施近距离观察以把握这个群体是如何在为即将来临的灾难进行准备的,以及他们所相信的灾难降临时会发生什么事。随后,费斯廷格和他的学生们带着观察任务加入了克琪太太的群体,仿佛他们自己也是这个预言的追随者。他们进入这个群体,参与其他的追随者的讨论并小心谨慎但仔细地记录他们的所见所闻。因为考虑到研究人员的记录可能只关注到那些给人印象深刻的言行,而且事后回忆难免会出现错误,另外,人们都倾向于关注那些自己希望看到的东西。为避免这些因素,费斯廷格等采用了两种办法检验他们记录的真实性。首先,任何情况下都必须要同时有至少两位研究小组的成员参与群体的聚会,这样他们可以对遗忘之前所记录下来的事情进行比较;其次,当发生任何特别有趣的事时,研究小组中的一位应该立即躲进卫生间里去记录下所发生的事情。

3. 研究结果与分析

结果当然是可以预料得到的:大洪水没有爆发,外星人自然也没有到来。第一次爽约之后,克琪太太重新估算了日期,往后推到了24日的下午6点。但在修正后的日子仍然什么事情也没有发生。克琪太太对预言失败的解释是:她说自己又收到了从“护卫”传来的新信息,表明正是这个信仰群体——“光”组织(七色光兄弟会)里的“光”们力挽了狂澜,也就是说这些追随者们拯救了地球!

群体依然存在,追随者们所做的事情表明他们对自己的信仰的热情非但没有减弱,反而有所加强了。他们开始发表演说,散发传单。克琪太太自己也制作了信息磁带,向人们解释他们的信仰,以及这种信仰如何在她接受信息过程中起到理论基础作用。

费斯廷格等人通过他们的研究指出,即使非常健康的人也可能会有保守一种清冽的、哪怕明知是错误的信念的倾向;进一步地,不但会保留如此荒谬的东西,而且会使随之而来的传播和劝慰他人改变观念和行为的欲望变得越来越迫切。为了有效地解释这种倾向,就有必要发展认知失调理论。如果人们的行动与其信仰、信念或价值观相矛盾,就会感到不舒服。但人不可能总是一致的,于是可以假设,当人们面临这样一种不一致的时候,一般会根据信念或信仰而行动;但现在的情况是信念或信仰已经失败了,那么如果行动已经发生而且不能改变了,人们就只能修正信仰以保证行动继续进行下去。这就是说如果制造了一个谎言,就需要制造一万个谎言来弥补。

费斯廷格等人通过该项研究发展了“认知失调理论”,认为“个体心理上同时持有协调和不协调两种观念,而不协调观念会产生一种动机性张力,在合适的条件下,对个体的信仰产生调节作用,使之与当下占优势的行为相一致;或者相反,改变行为以与信仰一致”。当然,认知失调并非是一种矛盾状态,就像我们同时想要获得两种不能并存的东西一样,它只是一种不适应的状态而已,是一种由信仰和行为之间的不一致所导致的具有动机性的强迫力(Motivating Force)。只要有不一致存在,我们就会感到活动受制或无意义。费斯廷格认为如果行为活动已经发生,且不能改变,我们唯一能做的就是改变信仰以适应行为,这样才可能消除失调。另一方面,社会承认和社会支持对改变认知不协调有很大影响,如适当的流言、流行、舆论和宣传教育等都会成为影响认知变化的社会支持力量。

认知失调理论并非一项多么复杂的理论,但却深刻地影响了心理学几乎所有领域对人的行为解释和研究设计的范式。费斯廷格等人的这项研究结果产生了巨大而深远的影响,不仅仅是发展了认知失调理论,而且引发了西方世界其他各领域里长期的讨论,尤其在宗教界的争论至今仍在持续,因为在一定程度上认知失调理论揭示了信众的深层心理状态,会起到消解信仰的作用。

资料来源:刘华.社会心理学[M].杭州:浙江教育出版社,2009。

(三)内隐态度改变理论

20世纪90年代中期,格林沃尔德等人在研究大量文献的基础上提出了一个新的研究领域——内隐性社会认知(Implicit Social Cognition),即过去经验的痕迹虽然不能被个体意识到或自我报告,但对个体当前的某些行为仍然会产生潜在影响。这一发现强调了无意识在社会认知中的作用,并进而提出了内隐态度(Implicit Attitude)的概念。内隐态度是指对个人当前认知、情感和行为反应产生影响的过去经验和态度形成的无意识痕迹。内隐态度的改变是近些年来众多社会心理学家关注的焦点,这里主要介绍近年来在这一领域占有突出地位的三种理论。

1.PAST模型理论

PAST模型是由杰维斯1998年首先提出的,并经过托马拉和佩蒂等人完善。这个模型扭转了态度改变研究领域的传统假设,认为当人们对同一态度客体发生态度改变时,其新旧态度之间会相互影响并产生一种矛盾的中性状态,从而影响行为,并指出行为与态度的外显矛盾实质上是由新旧态度的内隐矛盾所致。PAST模型的基本观点有三点:

(1)对旧态度否定标签的不可回想。PAST模型认为当态度发生改变时,个体会将以前的旧态度标签认定为是虚假错误的,将其处于与新态度相对立的位置。在这种情况下,只有在人们能够记住这个否定标签的时候,其旧态度才不会影响新态度,新态度才可以指导人们的行为反应。但有关研究表明,这种对旧态度的否定标签的记忆其实是很难维持的,当否定标签记忆失败时,原始的信念就能够发挥它的作用,来影响新态度和后来的行为反应。

(2)新旧态度可以相互激活。与其他态度改变模型最大的不同在于,PAST模型认为新旧态度之间有一种更为融洽的关系。因为原先的评价和新的评价都与同样的态度客体相连,使得这两者之一或两者都能够在任一时间点被激活,这将由态度客体的联结强度和否定标签的可回忆性来决定。

(3)对新旧态度不同(矛盾)的意识。人们经常意识到他们的新态度有别于旧态度,但他们是否能够从这种差异中意识到矛盾状态的存在是有待考量的。在一些态度改变的研究中发现,人们能够在新旧观点的转变中经历一些外显的冲突,这种自觉地认识到新态度与行为间的冲突的行为就可以产生一种矛盾状态的外显感觉。PAST 模型认为这种外显的矛盾状态的根源在于被否定的旧态度和被认同的新态度间未被人们意识到的冲突。因为人们不会有意识地经历这种冲突或者说对态度客体的认识不确定,所以这种情况会被定义为内隐矛盾。

2. 双重态度模型理论

威尔逊等人在 2000 年提出了双重态度模型,认为人们对同一态度客体能同时具有两种不同的评价:一种是指人们能够意识到,通过自我反省就能表现出来的外显态度(Explicit Attitude);另一种则是无意识的、自动激活的和对客体进行自动反应的内隐态度。当态度发生改变时,人们旧有的态度 A1 改变到了新的态度 A2,但同时原有态度 A1 仍然在人们的记忆中保留有痕迹,并潜在地影响着他们的认识和行为,使态度具有"双重态度"特性。根据双重态度模型,内隐态度和外显态度的分离是导致态度与行为不一致的重要原因。

3. 态度改变的新解释——APE 模型

APE 模型即命题评价模型(Associative-proposition Evaluation)是由盖伦斯基和博登豪斯 2006 年在对内隐态度研究的基础上提出的,认为内隐态度改变和外显态度改变是两种不同的心理过程,有各自不同的潜在心理机制。

内隐态度的潜在心理机制是联结加工。联结加工的一个重要概念是联结评价(Associative Evaluation),其典型特征是个体受到相关刺激会自动激活特定联结,并引起自动情感反应(Automatic Affective Reaction)。这种激活不需要很多认知能量,并且联结评价对立于真实价值观(Truth Value),即不管个人认为这一评价是对还是错,这一过程都会被自动激活。联结加工的另一个重要概念是模型激活(Pattern Activation),是指先前存在的联结结构和特定外部刺激之间的关联对特定联结的激活。例如,由刺激物"篮球"和"体育"激活的联结模式可能包含"弹跳"概念,不会包含"漂浮"概念,但由刺激物"篮球"和"水"激活的联结模式,就可能含有"漂浮"而不是"弹跳"概念。

外显态度的潜在心理机制是命题加工。它以基于演绎推理的评价判断为特征。思维系统将联结记忆中输入的信息转换成命题(如把一种消极的情感反应转换为命题"我不喜欢……"),然后通过演绎推理,来评价命题的有效性。命题评价的有效性则受其与相关命题一致性的影响。与联结加工不依赖于真实价值观不同,命题推理的加工过程往往与价值观和信念的确认有关。

APE 模型认为,导致内隐态度改变的原因有两种:一是联结结构的改变。它主要受评价性条件作用的影响,通过这种作用,引起喜欢(积极)或厌恶(消极)的刺激的作用可以转移到原先中性的刺激上。研究证明,中性态度对象与积极或消极刺激反复地成对呈现给个体,可以引导个体的内隐态度发生改变,使个体对与积极刺激伴随出现的对象给予积极的内隐评价,而对与消极刺激相伴出现的对象则给予较为消极的内隐评价。二是刺激模式的改变。当个体评价熟悉的对象时,情境线索就可以决定记忆中的哪个联结模式将被激活,因为个体对熟悉的对象形成了多方面的联结结构，因此，情境线索的改变会激活不同的联结模式，使个体发生内隐态度的改变。

根据APE模型，外显态度改变的原因有三个方面。首先，个体倾向于依据自动情感反应带来的命题进行评价，因而联结评价本身的改变可能会导致外显态度的相应变化；其次，相关命题的变化会影响个体的评价判断，因为个体在进行评价判断时会考虑相关的命题；最后，个体演绎推理遇到命题之间不一致时，会通过一定的协调策略来达成一致，协调策略的选择不同，也是导致外显态度改变的原因之一。

APE模型认为，内隐态度和外显态度的改变是相互影响和相互作用的过程，外在的影响因素可以单方面影响联结评价或命题推理，也可以同时对二者都发生影响，联结加工和命题加工之间也可能会产生相互作用。因此，外显态度改变与内隐态度改变也会相互影响，并且二者存在不同的作用模式。

第四节　态度的测量

态度测量是主要用于评价人们对于特定事物态度水平的手段或方法。一般而言，态度是个体的一种比较持久的内在结构，不能被直接观察到，但可以从人们的言行及其他方面表现出来。因此，我们可以借助一定的心理测量方法和技术来获得人们对某一对象的态度。目前，社会心理学家发展了很多测查态度的方法与技术，下面介绍几种态度测量方法。

一、态度量表法

态度量表法又称自我报告测量（Self-report measures），它是以态度问卷中一些社会事件的陈述作为刺激，引起被试的态度反应，然后依据其回答反应，给予分数或等级的评定，以确定其态度的状况。现在西方通用的有以下三种量表。

（一）瑟斯顿等距量表

瑟斯顿在《态度能被测量》一文中说，态度是某种外显行为的变量，因此可以从人的行为中予以测量。[①] 于是他跟蔡夫合作，制定了一套精确的态度测量方法，称之为“主观外显相等间距法”，该量表的编制步骤如下：

1. 选择特定的想要测量的态度对象，如对黑人的态度。

2. 通过广泛调查，提出有关态度对象的简单明了的各种问题，并以它们作为原始题目，一般为50题以上。

3. 将确定好的问题分别写到卡片上，分别制成卡片。

4. 从将要进行态度测量的群体中，随机抽取一个足够大的代表性样本，一般多达300人，以他们作为每个题目的审定人。

---

① L. L. Thurstone：*Attitudes can be measured*，*American Journal of Sociology*，1928，33；L. L. Thurstone. *The measurement of social attitudes*. Chicago：University of Chicago Press，1931.

5. 请审定人按十一点量表，即从最赞成到最反对，平均分为 11 个等级，客观、独立地评定每个题目所体现的对态度对象肯定或否定态度的程度，并按 11 个不同等级分为 11 组。如一个题目体现了对态度对象的最肯定态度，就将其放到第 1 等级中；没有明显肯定或否定，反映中性态度的题目，放入中间第 6 等级中；反映最不赞成态度的题目，则放入最后第 11 等级中。

6. 计算出每一题目上所有审定人评分的平均数，同时得出每一题目的分配曲线。这种评定过程要对每一道原始题目都同样进行，然后删除审定人认为意义模糊和审定人评分高度分散的题目，保留意义明确、评定集中或一致的题目。这些最后保留下来的题目，就构成了测定人们关于某一对象态度的瑟斯顿量表。

一般情况下，瑟斯顿量表总题目数为 20 个左右。它们通常会平均分配在各个等级上。瑟斯顿量表制成后，就可以广泛施测于评定人所代表的群体。它的计分，直接依据各个题目已经确定的量表值，答肯定计分，答否定则不计分。最后，得分越高，对某一对象的否定态度越强烈。

下面是一份由彼得森编制的瑟斯顿式的"战争态度量表"，是用来测量人们对战争所持的态度（主战、反战或是中立）的，共 20 题，现略举示例如表 6－2。

表 6－2　彼得森战争态度量表问题样例

题序	项目	分值
1.	在某些情况下，为了维持正义，战争是必要的	(7.5)
4.	战争是没有道理的	(0.2)
6.	战争通常是维护国家荣誉的唯一手段	(8.7)
9.	战争徒劳无功，甚至导致自我毁灭	(1.4)
14.	国际纠纷不应以战争方式解决	(3.7)
18.	无战争即无进步	(10.1)

如果被试只选一题，该题的分数就是他对这件事的态度分；如果选两道题，则两道题分值的均数即为态度分；如果选三道题以上，将其分值由小到大排列，以奇数项的中项分值或以偶数项中间两项分值的均数为态度分。得分越高表示越赞同战争，得分越低则表示越反对战争。

瑟斯顿量表曾被有效地运用于测量对战争、死刑、宗教、少数民族群体的态度，其优点是显而易见的。首先，它的每一个题目都有态度强度上的明确意义，而不是平均考虑与态度对象有关的各个方面，这显然是与实际生活相符合的；其次，它将每道题目的得分在态度强度的意义上汇集成了一个态度的总分，在根本上符合统计学原理；第三，被测者易于对量表进行反应，对每个题目回答是或否就行；第四，易于计分。

但瑟斯顿量表也存在着不足，首先，其测查结果，如果被试的回答是合作的、如实的，它作为调查的一种参考是有价值的，否则就靠不住。其次，它对每件事都要编制量表，需要许多评审者,要做许多调查工作才能算出各项目的得分值,要花去大量的金钱和时间,似乎并不经济。再就是它的测查在个体水平上常缺乏说服力,如两个具有不同态度的被试由于选择项目的条数相同,其所得分值可能相同或相近。

(二)利克特量表

心理学家利克特为了避免瑟斯顿量表编制过程过于复杂,使先前量表得到简化和改进,他选择了人际关系、种族关系、经济冲突、政治冲突和宗教五个态度范畴,分别设计了五个特殊的由一系列陈述问题组成的问卷。有些问题要求被试做是与否的回答,有的则允许做多种选择,大部分问题采用五点或七点量表让被试做出反应。所谓五点量表即从强烈赞同(5)、赞同(4)、尚未确定(3)、不赞同(2)到强烈不赞同(1),七点量表分为强烈赞同(3)、中等赞同(2)、轻微赞同(1)、尚未确定(0)、轻微不赞同(-1)、中等不赞同(-2)和强烈不赞同(-3)。每一个回答都附有一个得分值,于是每个被试在测试后都可以在每一态度范畴得到一个累积分数,并可与其他被试进行比较。由于最后将测量者在调查表中所得的分数加在一起,用来代表该人对某个对象的态度,分数越高表示态度越肯定,因此,这种量表又被称为总加量表。

下面(表6-3)是利克特量表中"国际主义态度量表"的问题样例。从这里你可以看到它的问题形式类似于民意测验的提问,括号内的数值供计分用,不出现在给被试的问卷上,它主要是一种观点的测查。

表6-3 利克特国际主义态度量表问题样例

2. 美国在制定移民法时应与其他国家商量吗?

是(4)　？(3)　否(2)

10. 期望消除战争是一个毫无根据的梦想吗?

是(2)　？(3)　否(4)

13. 我们应有多少军事训练?

a. 我们需要普遍的强迫军训。(1)

b. 我们需要公民军事训练营和预备军官训练团,而不需要普遍的军事训练。(2)

c. 我们需要一些训练预备军官的设备,但不需要现在那么多。(3)

d. 我们仅仅需要维持常规部队所需要的军事训练。(4)

e. 所有军事训练都应该废除。(5)

24. 反映军事训练和海军对抗演习的动画片的题材应鼓励爱国主义。

坚决支持(1)　支持(2)　不知道(3)

不支持(4)　坚决不支持(5)

资料来源:S. Penrode. Social Psychology[M]. NJ:Prentice-Hall Englewood Cliffs,1983:295。

利克特量表由于其编制过程较为简单,各题目之间的一致性较高,分数的评定也简便易行,已成为目前应用最为广泛的态度量表。它和瑟斯顿量表的相关系数达到0.80,说明它也是比较有效的态度测量工具。但利克特量表也存在一定的缺点,例如:对态度的变化没有瑟斯顿量表敏感,不同的反应模式会产生相同的量表总分;测量结果的准确性依赖于被试的反应倾向,有的被试可能以强烈的方式表达轻微的态度反应,有的则以轻微的方式表达强烈的态度反应。

近年来,利克特量表也有了一些新的发展,主要表现为:一是选择答案数量的改变,由最初的五点计分方式改为两点到七点的计分方式。二是陈述句格式的改变,陈述句可以是不完整的句子,通过被试的作答来完成句子。如"当知道老师有病时,我(1)非常高兴;(2)高兴;(3)悲伤;(4)非常悲伤"。

(三)语义分析量表

语义分析量表是由奥斯古德等人提出的采取多维度和更为间接的方法了解人们对事物态度的一种工具。其依据的前提是,态度是由人们对所给的概念(刺激)的含义(语义)组成,这个含义可通过对关联词的反应来加以决定。例如,你想测查一个人对"父亲"的态度,不必要求被试直接回答对父亲的感觉,可以提出"父亲"这个词,要求按语义分析量表中的规定画圈,即可推断出其对"父亲"的态度状况。该量表不以笼统的肯定或否定的语词(如好与坏、聪明与愚蠢)表示自己对某个对象的态度,而是要求人们用处于好与坏、聪明与愚蠢等成对语词之间的量度来表示自己的态度。在每对两极性形容词中间,从肯定的一极到否定的一极,一般分为7个量度,分别以7、6、5、4、3、2、1数字表示。其中7表示最肯定评价,1表示最否定评价,4则表示没有明确倾向的中性态度。记录被试在所有回答上的得分并累加,就可以得到关于选定对象的态度测量。得分越高,反映被测者对态度对象越肯定。

语义分析量表确定了三个不同的维度:评价维度、力度维度、活动维度。每一维度中都有几项有对极的形容词(参见表6-4)。这个表格中三个维度是不变的,维度中的项目是可变的。其中评价维度是主要的。测查时,先给被试提出一个关键词(态度对象),要求被试按自己的想法在两极形容词间的7个数字上圈选一个数字,各系列分值的总和就代表他对有关对象态度的总分,即总态度。

表6-4 语义分析测量项目表

评价量表	好	7 6 5 4 3 2 1	坏
	美	7 6 5 4 3 2 1	丑
	聪明	7 6 5 4 3 2 1	愚蠢
力度量表	大	7 6 5 4 3 2 1	小
	强	7 6 5 4 3 2 1	弱
	重	7 6 5 4 3 2 1	轻
活动量表	快	7 6 5 4 3 2 1	慢
	主动	7 6 5 4 3 2 1	被动
	敏锐	7 6 5 4 3 2 1	迟钝

资料来源:C. E. Osgood, G. J. Suci & P. H. Tannenbaum. The measurement of meaning[M]. Urbana: University of Illinois Press, 1957。

语义分析量表构造比较简单，它能测量人们对各种事物，从少数民族到政治集团，从周围各种人物到远近事件的态度。

二、投射法

这是一种利用某些材料引起被试的自由联想，而做出无拘束又不受限制的反应，从而间接地分析出投射（Projection）到其中的心理状态及有关态度的方法。

（一）主题统觉测验

这是由哈佛大学的默里所设计，其做法是给被试几张图片，请他们凭想象自编一个故事，并要求说明：(1)图中所描绘的是一个什么情境；(2)这种情境发生的原因是什么；(3)演变下去会有什么结果；(4)个人有什么感想。如有人给学生们提供一张画片，其中画有"一个孩子打开一本书在书桌后面坐着"，让被试轮流编讲故事。其中一个学生说："教室里一个男孩正在做白日梦。他想起一件往事，它比现在课堂上发生的一切更有吸引力，因而更为动心。他希望能再身临其境，但是他将有可能被老师叫起来背诵或遭到麻烦和难堪。"另一个学生说："这个男孩是一个中学生，正在进行一小时的笔试。这张卷子已做了一大半，他正竭力把它全做出来。他认为要考好必须努力学习，而且也是这样做的。事实上这里的一些题目，他见过但没学过；有些答案似乎知道但又记不起来了。于是他尽力去唤起有关的观念，但仅仅想起其中一两个题目，多数已回忆不起了。他打算继续努力尝试，直到只剩五分钟时再放弃，然后回头检查试卷。他对自己看过而没有学会回答而感到遗憾。"这两则故事实际上正是两位学生自己心态的描述。前者反映出他对学习的漫不经心和害怕老师提问的态度，后者反映出他对考试与学习持有认真负责的态度。

（二）作业投射法

这是在教育研究中常用的方法，即通过造句练习或命题作文（如出"我的家庭"、"我的班级"等题目）了解学生投射在文内的各种态度。

这个方法的优点是被试不知道研究者的意图，反应比较真实。但其缺点是评析时缺乏客观标准，容易主观，特别是在被试的反应中有许多偶然性与任意性，不一定都是其真实态度的表现，所以也极易出偏差。如果能把这个方法和平时的观察或量表法结合起来运用，就可能更有效。

三、行为观察法

这是通过外现行为推断态度的方法。研究表明，一般态度与多重行为呈正相关；态度越具体，它和单一行为也越有紧密的相关。所以对实际行为的观察，是了解态度的重要途径。这种观察并非一般观察法，它也需要讲究一定的技术。

（一）任务完成法

这是指让被试去完成有关任务，通过后果质量来确定其对这件事的态度。根据琼斯的态度对学习有过滤作用的观点，研究者们可让被试阅读几种不同倾向的材料，而后要求他们尽可能地进行回忆。依据“和自己态度吻合的材料记得更多、更好”的观点，去分析被试回忆的成绩并判断其态度倾向。若被试对带有某一倾向的材料比另外的材料记得更多、更好，则表明他更倾向于这种态度。不过记忆的好坏还涉及其他变量（记忆力、材料阅读的排列次序、难度等），应设法予以排除或加以控制。

（二）社会距离法

这是依据人对事物的态度常表现于人与事物保持一定的心理距离和物理距离而设计的一种推断方法。它是由博加德斯和梅拉比安等人设计而成的。这里有两种方式：一是量表法；二是行为观测法。

量表法是使用一种特制的量表来测查人与人之间或种族之间亲疏关系的方法。博加德斯所编制的“社会距离量表”就是其中的一种。这个量表的项目通常是按心理距离的由近到远依次排列的，如其中一题：

根据我最初的情感反应，我愿意承认黑人是属于以下分类中的一种或多种：可以结亲（1），可以作为朋友（2），可以作为邻居（3），可以在同行业共事（4），只能作为公民共处（5），只能作为外国移民（6），应被驱逐出境（7）。

括号内的数字为得分值，其大小表示心理距离的远近。要求被试在量表上做挑选，测试后得分值越大表示社会距离越大，种族态度上也越怀有偏见；反之，则表示社会距离小，没有或较少有种族歧视的态度。也有人认为，这种社会心理距离的表现并不意味着人们将怎样行动，于是有的研究者又设计了行为观测法。

行为观测法所依据的是霍尔的人际距离学观点。[①] 霍尔认为人际交往中双方所保持的空间距离是人际关系的表现。对于中产阶级来说其关系距离如下：亲密关系（父母、子女、情人、夫妻间）的距离约为 18 英寸（0.46 米）；个人关系（朋友、熟人间）的距离一般为 1.5—4 英尺（0.46—1.2 米）；社会关系（一般认识者之间）一般为 4—12 英尺（1.2 米—3.7 米）；公共关系（陌生人、上下级之间）的距离为 12—25 英尺（3.7 米—7.6 米）。实际上，这种互动中的距离也是人对事物在态度上的亲疏好恶等的一种表现。大凡引起我们喜爱的人或事，我们就愿意去接近他或它，反之令我们厌恶、反感的人或事，我们就会远离他或它。于是不少社会心理学家在研究人们对某些事（如济贫、救震等）的态度时常采用这个方法。如在人行道路边，实验助手装扮成乞丐行乞或设置挂着标语的募捐站等，并在离此目标点的不同距离处暗设分段线标志，以观察路人（不被察觉的被试）行走的线段及记录其捐助行为。结果发现，持助人态度者大多愿靠近目标点行走，捐助人数较多，而那些冷漠者大多远离或有意躲开目标点而匆匆走过，捐助者极少。

这个方法作为用来了解人们的态度的手段是比较自然而有效的，但是在分析时应注意行为与态度关系的复杂性。如一个人没有助人行为并不一定是缺乏助人的态度者，他也可能有急事、没带钱，过于简单地下断语也往往易有偏差。

① E. T. Hall: *The Hidden Dimension*, NY: Doubleday, 1969.

四、内隐态度测验

近年来,内隐态度的研究成为社会心理学研究领域的一个热点问题。随着研究的深入,内隐态度的测验方法也受到高度关注。目前,测量内隐态度的技术主要有内隐联系测验(Implicit Association Test, IAT)与Go/No-Go联想测验(Go/No-Go Association Test, GNAT)等。

IAT是由格林沃德等人提出的、具有突破性意义的内隐态度测量技术。它的出现,使态度测量完成了从传统的主要测量外显态度向可以同时测量内隐态度的一次飞跃,克服了传统态度测量存在的局限性。IAT的目标是查明各种态度客体和各种评价属性之间的自动化联结程度。其基本原理是,如果一个人内隐概念中关于某一对象与某一特定属性之间的联结紧密(如花—美丽),则辨别归类加工的自动化程度高,反应时也较短;而如果人们内隐概念中关于某一对象与某一特定属性之间的联结不紧密(如花—令人讨厌),则人们在进行辨别归类时会产生认知冲突,反应时也会较长。IAT尤其适合测量那些不受意识控制或很少受到意识控制的内隐态度,并对有关行为进行预测。IAT通常可通过专门的软件(如Inquisit)在计算机上操作来完成,强调测验的标准化。

GNAT是诺塞克和本纳吉在IAT基础上发展的测量内隐社会认知的方法。GNAT考察的是目标类别(如水果)和属性维度(如积极或消极评价)概念之间的联结强度。GNAT吸收了信号检测论的思想,只对信号进行反应(Go),对噪音不做反应(No-Go),通过信号检测论可以区分出两个指标和感觉敏感性d',其中d'的运算中包含着错误率,能有效地表明个体的分辨能力,通过对不同任务中d'值的比较,来考察个体记忆中的目标类别与不同评价间的联结强度。

GNAT包括两个试验阶段,在第一阶段,被试只对信号做出反应,在第二阶段,试验者只对噪音做出反应(此时"噪音"变为"信号")。根据击中率和虚报率计算出d'分数,表明从噪音中区分信号的能力。实验中以两个阶段d'分数作为考察指标,其原理在于如果信号中目标类别和属性类别概念联系紧密,相较于联系不太紧密或者没有联系的联结,被试更为敏感,从而更容易从噪音中分辨出信号。

测查态度应把上述方法结合起来使用,还应致力于创造新的、更为理想和完善的方法和技术。

思考题:

1. 试评述国内外关于态度概念的主要观点。
2. 简述态度的功能。
3. 如何理解态度和行为的关系?
4. 试评态度形成的理论——学习理论、诱因理论,并着重评析你认为最有说服力的一种。

5. 试分析态度改变的“劝说情境模式”。

6. 你是否有过劝说人改变态度的经验？成败如何？原因何在？

7. 你对测查态度的方法有什么新设想？

第七章　社会沟通与人际关系

社会沟通究其本质是人们之间的信息交流过程,指人们在共同活动中通过言语、副言语、表情、手势、体态等彼此交流各种思想观念、感情和知识的过程;人际关系是指人们在社会人群中因彼此交往而构成的相互联系的社会关系,其关系属于社会学的范畴。

第一节　社会沟通

搭建各种社会沟通桥梁为信息提供渠道与载体。只有沟通才能使信息传播,人们多年来习惯于在传媒中接受信息,也就是大众传媒成为社会沟通的最大渠道。近年来沟通渠道有了新的途径——互联网。

一、沟通概述

社会沟通一词最早在史书《左传·哀公九年》有记载,“秋,吴城邗,沟通江淮”。杜预注:“于邗江筑城穿沟,东北通射阳湖,西北至末口入淮,通粮道也。”其概念的表述方式是多重的:其一,在社会活动中,人们通过社会传递进行社会意识交流的行为以及过程。实质是社会意识的交流,与彼此之间的信息传递是特殊与普遍的关系。社会沟通是社会信息的传递,因而这种传递的客体比一般信息(如自然信息、生物信息、机器信息等)传递的客体要复杂得多,其传递效率取决于更复杂的因素。其二,从心理学角度看,尤其是从社会心理学角度诠释,沟通是指人们通过言语和非言语的形式交流信息(如思想、感情、知识等)的过程。其三,在管理学领域,沟通是指为实现组织目标而采取的组织内部和组织外部的知识、信息传递和交流活动,包括组织内部沟通和组织外部沟通。①

(一)沟通的含义

1. 沟通(Communication)

沟通原指开沟而使两水相通,后指信息的传递和交流。本义为通水道,通者,本为由此端至彼端,中无阻隔。如《左传·哀公九年》说:“秋,吴城邗,沟通江淮。”以后,泛指彼此相通。信息概念出现之后,又泛指信息沟通。传播学领域译为传播,社会学译为沟通,对个体讲可分为内部沟通与外部沟通,内部沟通即内向交流(Intrapersonal Communication),属于心理学研究的范围。外部沟通通常是指个体与个体、组织与组织以及个体与组织之间的沟通。依据其沟通的规模与范围,可划分为微观的人际沟通(Interpersonal Communication)、中观的

① 参见钟坚,王妙,甘敬东:《社会沟通论》,浙江教育出版社1988年版,第9—11页。

组织沟通(Organizational Communication)和宏观的大众传播或广泛沟通(Mass Communication)。

沟通最广泛地存在于人类社会,即沟通乃是人类特有的社会沟通,是人们在社会互动过程中通过彼此掌握的社会信息进行交流的行为和过程。可分为个体与个体之间的信息传递、个体与机器之间的信息传递以及借助于通信工具的信息传递。因此,将"沟通"理解为信息输入更为合适。

不同社会的主体(社会中的个人、群体、组织等)在进行信息交流、情报互通中,彼此的行为会产生一定的作用和影响。英国传播学者哈特利指出,人际沟通是一个个体向另一个个体的信息传播,双方是面对面的。

2. 沟通的意义

(1)沟通可以提供个体身心发展所必需的信息资源

沟通贯穿于个体社会生存的整个过程,社会沟通本身的目的在于实现社会沟通主体之间的信息资源共享。沟通可以为个体保持良好的人际交往关系提供保障,维护个体身心健康。

(2)人与人之间通过沟通交换信息并建立、维持相互联系

人们通过沟通丰富自己,从外界获取直接与间接经验,思想、情感得到很好交流,建立良好的社会互动,避免出现心理危机。

(3)人们通过沟通,形成自我概念

人们的自我概念是在与他人的沟通中发展起来的,通过与他人的沟通发展语言,形成自我概念,并在沟通中自身不断得到提升与完善。

3. 沟通的作用

社会沟通是社会关系的黏合剂、社会机体的防腐膏、社会系统功能的润滑油以及社会系统运行的安全阀。社会沟通可以为统一社会成员的认识与行动奠定基础;使决策更加合理、科学、有效;促进社会各部门彼此之间的协调发展;塑造良好的人际关系环境。

4. 沟通的要素

沟通过程由以下七个要素组成(见图 7-1),即信息源、信息、信息接收者、通道、反馈、障碍和背景。

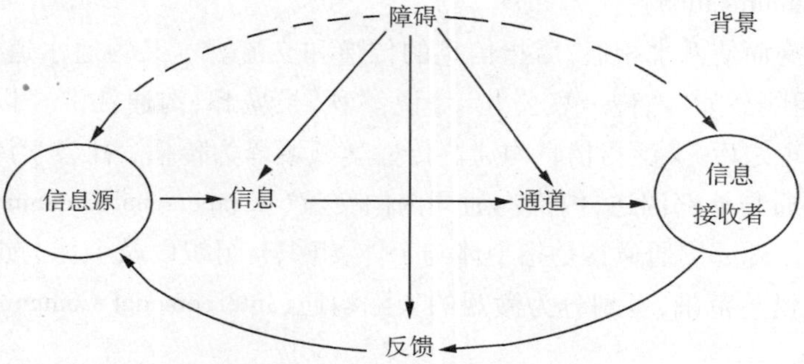

图 7-1　沟通的过程与结构要素

(1)信息源

信息源是指在沟通中拥有信息并试图进行沟通的人,即具备沟通的源泉、资料的沟通者。沟通的目的各有不同,有的沟通者是为了向他人提供信息,有的是为了影响他人,也有的是为了同他人建立某种联系等。沟通者的概念是相对的,单向沟通除外,更多的沟通都是双向的。因而,在整个沟通活动中,沟通双方角色互相变化,往往互为沟通者和信息接收者。

(2)信息

信息指沟通者掌握并试图传达给他人的信息内容,这一内容往往附加有沟通者本人的观念、态度和情感,以及人格特质。沟通者的态度、情感、观念及人格特质主要通过语音、语调、语速、附加词、语句结构以及表情、神态、动作等方式传递。这种信息有时表现很直接、很明确,即内容通俗易懂,内涵直截了当,无须思索、揣摩和推理;有时是间接隐晦的,需要深刻理解和仔细推敲、推理才能明晰其内涵。

(3)信息接收者

信息接收者指沟通过程中接收信息的人。信息接收是一个较为复杂的过程,包括一系列注意、知觉、转译和储存等心理活动。信息接收者既可以是个体又可以是群体。个体的信息接收是在单向沟通、自我沟通以及两人之间的沟通中,也可能是在群体对个体的交流或谈话中;群体的信息接收指的是多人接收信息,如正在听课的学生、听演讲的听众、群体性事件中被说服的人群等。

(4)通道

通道指沟通中信息传递的途径、方式。沟通的通道主要是个体的感觉,如视觉、听觉、味觉、嗅觉、触觉等。在日常生活中最主要和运用最为广泛的沟通通道是视觉和听觉,即人们常用的沟通是视觉沟通和听觉沟通。人们常用的沟通方式既包括面对面的直接沟通,也包括网络沟通、电话(语音)沟通、书信(文字)沟通、托人捎话(间接语音沟通)等间接沟通方式。心理学研究发现,在所有的沟通方式中,影响最大的仍然是原始的面对面的沟通方式,这是因为在面对面沟通方式中,沟通者除语言信息外,还可以通过眼神、表情、姿态、动作等向信息接收者传达更为全面的信息内容,对接收者产生更强烈的感染作用。同时,在沟通过程中,沟通者还可以观察到信息接收者完整的反馈信号,全面了解接收者对信息的反应,并可根据对方的反馈及时调整自己的沟通方式。如果对方表现出的是积极的反应,则可以继续进行沟通,如果对方表现出消极的反应,则需要随时调整沟通方式和沟通内容,只有这样才能有效提高沟通效果和最大限度地对接收者产生影响。这些要通过视觉去反馈、交流、分析,也就是人们常说的一句话:“眼睛是心灵之窗。”近年来出现的网络沟通主要包括文字沟通(博客、空间)以及视听沟通(视频)等形式,博客、空间的文字沟通仍类似于先前的书信沟通,而网络视频沟通虽然远比博客沟通要先进和全面,但和面对面沟通相比仍有许多不足。网络视频沟通者和接收者双方之间是通过观看视频画面实现沟通,这就容易给接收者造成一定的注意力转移,而面对面沟通则没有这样的中间过程;与直接的面对面沟通相比,视频沟通具有一定的距离感和间隔感,同时无法实现直接沟通的一些感情及信息传递功能,如身体接触的握手安慰、拍肩膀、递纸让擦眼泪等;同时,视频画面本身也有局限,远没有面对面

沟通的视角全面、细微,缺乏画面外线索以及背景资料等。(见图7－2)

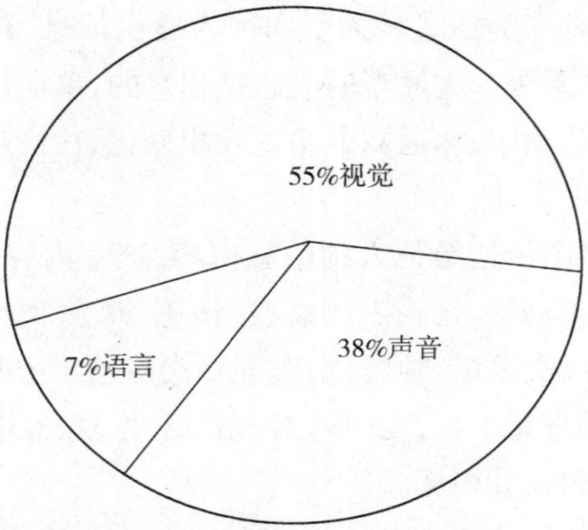

图7－2　沟通通道各渠道所占比例分配图

(5)反馈

反馈是指信息接收者对信息的反应。反馈可以反映出信息接收者对信息的理解和接受状态。根据信息接收者对信息的理解、接受状态,反馈可分为正反馈、负反馈和模糊反馈。如果反馈显示出信息接收者理解并接受了信息,如当事人对调解员所说话题饶有兴趣或者点头称是,则这种反馈为正反馈;如果反馈显示出信息没有被理解和接受,如听者一脸的茫然或直接打断说"我不懂你的意思",说明听者并没有理解信息的内容,或者听者表现出很不耐烦的神态,阻止不让再说下去,表明不同意沟通者的见解时,则这种反馈为负反馈;如果信息接收者对信息的反应处于不确定状态,即信息不够充分,接收者无法决定接受与否,这种反馈则为模糊反馈。模糊反馈并不是说接收者没有反应,接收者已经理解并接收到了信息,虽然接收者没有明确表态,但信息会对接收者产生一定的影响。反馈不一定来自对方,沟通者也可以在信息发送过程中自行获得反馈信息,比如沟通者发觉自己所说的话有误或不够准确,也会对此自行做出调整,心理学家称之为自我反馈。在自我沟通中常伴随有自我反馈。沟通属于一种交互作用,在实际的沟通过程中,沟通的双方都在不断地将反馈信息回传给对方,始终处于一种双方互相传递和反馈信息的过程,任何一方既是沟通者也是反馈者,如果一方缺乏反馈或者出现负反馈,则会造成沟通的阻断,导致沟通无法继续进行,比如对方对沟通者的说辞无动于衷甚至反感,沟通者的沟通则会以失败告终。

(6)障碍

由于文化的差异、对知识的理解不同,以及个体思维模式的偏差等多种因素,人们的沟通经常会发生障碍。沟通过程中任何环节出现问题,都会造成沟通障碍,如信息源本身信息不明确、发出者表达不清楚、信息沟通时使用的信号编码不正确、错用沟通方式、信息接收者接收信息时对信息理解有偏差等,都是造成沟通障碍的因素。

(7)背景

背景即沟通进行的环境。不同的背景,信息会被赋予不同的意义,正式场合与非正式场合的理解不同。有的话语在非正式场合中人们可以接受，认为是玩笑话，而同样的话语在正式场合说，就可能会不小心伤到人的自尊心。如人们常说的"你这人真不讲究"，在非正式场合就是一句玩笑话，指的是这个人做事情有些小气，不太得体；但在正式场合则会被认为这个人邋遢、懒散，德行有问题，很难相交及委以重任。

5. 沟通的模式

传统的社会沟通模式主要通过报纸书刊、广播电影、商品品牌以及具体的服饰物件等实现，后来增加了电视、手机、网络等。社会沟通模式的转型是在一种新型社会沟通工具——微博出现后。微博相对于传统媒体，具有信息源数以亿计、传播范围更为广泛、传播速度更迅捷等特点。曾被人们称为"微博元年"的 2010 年，新浪微博政务机构微博达 17364 个，官员微博达 15013 个，腾讯网的统计显示，全国各省都有政务微博，并且目前正在向基层各级政府和部门"铺开"。中央电视台《新闻联播》之后，播音员提醒关注中央台微博，可见现代社会沟通模式发生了本质的变化。人们更倾向于选择更迅捷、更现代化、更被大众认可的沟通模式（见图 7－3）。

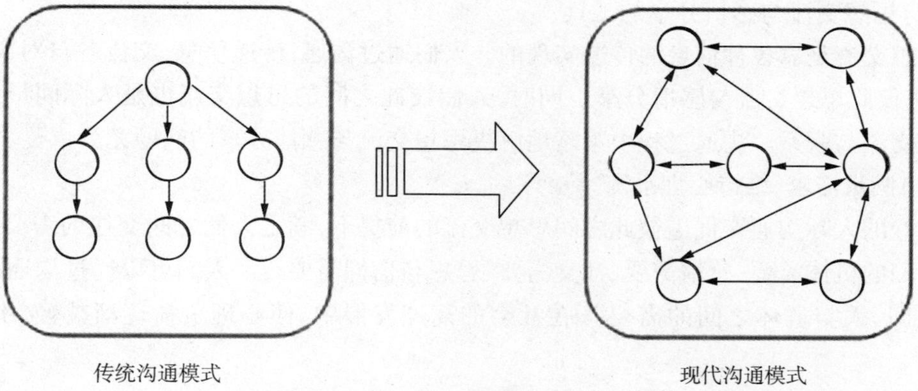

图 7－3　传统与现代沟通模式图对比

6. 沟通的主要功能

（1）获取信息的手段

人与人之间的沟通主要是通过语言来进行的，同时伴随有表情、服饰、肢体等非言语的交流，内容非常广泛，除了日常的寒暄，还有思想、感情、态度和观点等方面的交流。彼此之间的交流也是一个信息获得的过程（见图 7－4）。

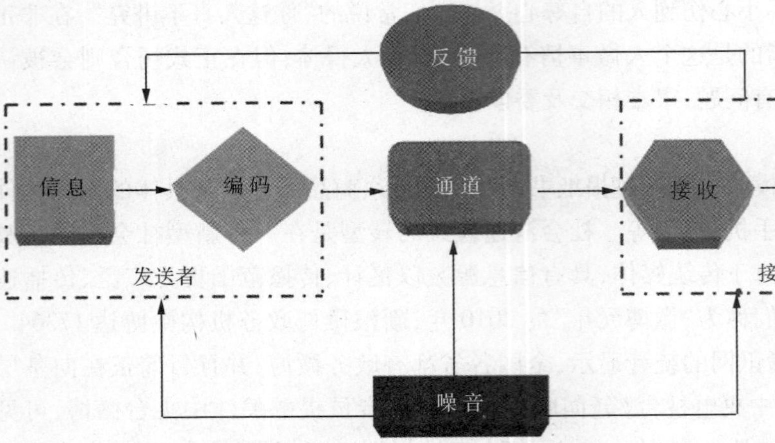

图7－4　信息沟通过程模型

(2)思想交流与感情分享的工具

思想交流是靠各种信息的传递实现的。人们通过沟通，传递信息，交流各自对事物的看法，促进彼此思想交流与感情分享。同时，人们彼此之间的思想交流也是人际间最复杂、最微妙的交流与联系。沟通过程中策略地解决思想交流与感情分享的问题尤为重要。

(3)满足需求，维持心理平衡

良好的人际沟通在促进彼此之间思想交流的前提下，满足人们之间交往的需要，恰当地表露人们的机体需要、感情需要、社交需要、思想与信仰需要等。人们可以通过沟通探讨"人与人之间、人与群体之间的需要"，在社会的高速发展中，使心理负荷逐渐减轻，维持心理平衡。

(4)减少冲突、改善人际关系的过程

在人际关系日趋复杂的今天，每天的生活和工作无时无刻不在提醒我们人际关系的重要。然而，缺少沟通或沟通不当会产生很多冲突，这使得许多人害怕与人相处，回避交往，致使工作不顺，家庭不和。学会沟通，在人际沟通中改变自己，以诚相待，学会倾听，懂得感恩，就会减少冲突，改善人际关系。

(5)协调群体内行为，促进组织目标的实现与效率的提高

与个体独立工作方式相比，群体能够克服时间紧迫、任务繁重以及个体能力有限等方面的局限性，提升工作效率。群体成员通过沟通，吸收他人的建设性观点并做出积极的沟通反馈，使得不同观点得以融合和加工，进而在群体内产生新知识和新构想，创造出最优的解决方案。

(二)沟通的类型

沟通可分为内部沟通与外部沟通，内部沟通是指个体的内向交流(Intrapersonal Communication)，它一般属于心理学研究的范畴；外部沟通是指个体与个体、个体与组织以及组织与

组织之间的沟通。在社会学领域，个体的外部沟通通常被称为社会沟通，它是指处于不同社会层次或不同社会部门的个人或组织彼此交流各自的思想、观点、情感等各种各样信息的沟通过程。

1. 社会沟通

社会沟通是指在不同的社会中主体（个人、群体、组织等）通过不同的沟通媒介进行信息交流，互通情报，从而对彼此行为产生作用与影响的过程。社会沟通的媒介可以借助于各种不同的东西，如在手机出现以前，人们彼此之间的沟通依靠的是其他一些沟通媒介，信件、电报、字条等。由于外界客观条件和个体本身主观能力的限制，人们对传统的沟通媒介依赖性有限。此时的社会沟通尚没有失去本来意义，这种沟通依然是人们获取信息的主导，在沟通目的之下展开活动，沟通领域也保持了自身的独立性。然而，随着社会的发展与进步，社会沟通不仅具有交流、传递信息等意义，同时还具有社会主流发展、媒体传播、国际交流等方面的意义。

社会沟通，在社会学研究意义上，是指社会内部的沟通，即“社会活动中人们通过社会信息传递进行社会意识交流的行为和过程”[①]。具体来说，其沟通主体包括各种组织、社会群体和社会人；沟通客体包括一切与人类社会相关的信息；沟通渠道多种多样，有正式渠道，也有非正式渠道，甚至包括手势、眼神等肢体语言。在研究重点上，社会沟通侧重于研究人与人之间的关系模式。扁平式的社会沟通机制，是构建多元化社会沟通网络的一种形式，也是形成互动式社会沟通模式的一项内容。

2. 人际沟通

在社会生活中，人们运用语言符号系统或非语言符号系统相互交流信息、沟通情感的过程，就是人际沟通。从信息论的角度来看，人际沟通的过程，就是信息交流的过程。沟通者越熟悉，沟通就越个人化。自我表露是增进人与人之间情感、发展友谊的关键途径。自我表露指在人际沟通中自愿地把自己个人信息传递给对方。自我表露的深度和广度随沟通对象而异，显然，与好朋友沟通的深度与广度都大于一般熟人或陌生人。研究发现，自我表露太多或太少都是不合适的。

（1）语言与非语言沟通

语言沟通指日常的说话交流，传统的书信、字条等，后来科技发展，又有了电脑 QQ、手机微信等工具。非语言沟通主要指体语，体语即身体语言，体语沟通就是通过身体语言实现的沟通，是非语词性的身体符号，包括目光与面部表情、身体运动与触摸、姿势与装饰、身体间的空间距离等。如图 7-5，不同的身体姿势代表了不同的意义。眼睛是心灵的窗户，是最有效的显露个体内心世界的途径。面部表情是另一种可完成精细信息沟通的体语形式。人际距离是沟通与交往时，个体身体之间的空间距离。

---

① 钟坚，王妙，甘敬东：《社会沟通论》，浙江教育出版社 1988 年版，第 10 页。

图 7－5　各种身体姿势及意义

(2)正式与非正式沟通

正式沟通的网络形态(见图 7－6):

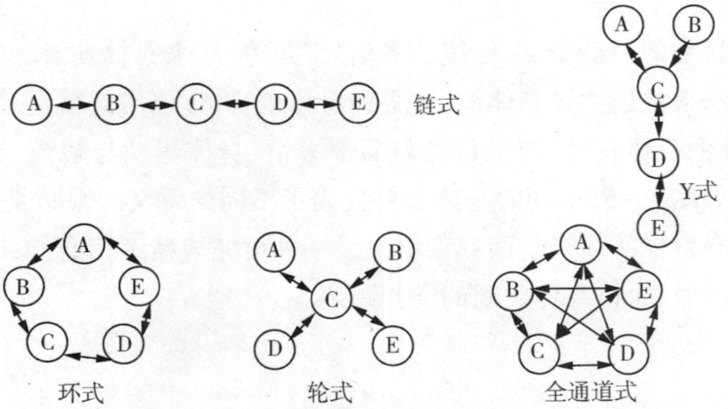

图 7－6　几种小群体正式沟通的网络结构模型图

标准	链式	环式	Y 式	轮式	全通道式
集中性	适中	低	较高	高	很低
解决问题的速度	适中	慢	较快	快(任务简) 慢(任务繁)	快
信息准确度	高	低	较低	高(任务简) 低(任务繁)	适中
领导能力	适中	低	高	很高	很低
成员满意度	适中	高	不一定	低	很高

非正式沟通的网络形态(见图 7－7)：

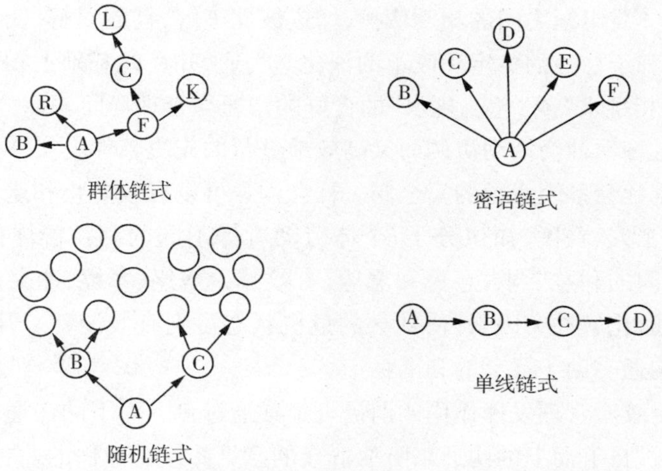

图 7－7　几种小群体非正式沟通的网络结构模型图

正式社交情境中发生的沟通称为正式沟通，如参加学术会议、节日宴会等；非正式沟通是指在非正式社会情境中发生的信息交流，如朋友聚会、家人聊天等。通常人们的沟通都是这两种沟通中的一种。正式沟通中人们往往在服饰、行为、语言等方面更规范些，会带着人格面具与人交往；非正式沟通中人们随意些，比较放松，也表现得更真实，人格面具的痕迹较少。

(3)单向沟通与双向沟通

沟通过程中以信息源与接收者的位置来区分单向沟通与双向沟通。接收者单方面从信息源处获取信息，二者位置不变是单向沟通，如车站问询处，旅客向问询处人员问询自己要乘坐的车次、时间等；信息源与接收者二者位置不断变化的是双向沟通，如人与人之间的谈话，教师授课过程中与学生的沟通等。

(4)上行沟通、下行沟通与平行沟通

沟通按照信息流动方向分为上行沟通、下行沟通与平行沟通。上行沟通是下情上达,下行沟通是上情下达,平行沟通是组织的同级(分上下级关系)之间的信息交流。

(5)现实沟通与虚拟沟通

现实沟通是沟通双方对对方的身份和角色都比较清楚。面对面的沟通是较为普遍的现实沟通方式,除此,如电话等沟通也是现实沟通;虚拟沟通主要是沟通双方比较隐匿,性别、年龄、职业等基本信息都可以是虚拟的,扮演的角色可以是沟通主体自己虚拟或想象的,身份是隐秘的、虚构的、不真实的,如网婚、网恋等。

(三)社会沟通的功能

1. 社会沟通是社会系统功能的润滑剂。社会沟通是社会持续地运行和高效工作的动力源泉,无论处于什么地位、扮演什么社会角色的个体以及群体和组织所组成的社会系统,要做到稳定运行和协调发展都必须注入"润滑剂",这也是社会沟通的动力源。社会沟通可以减少社会成员、群体及组织之间的相互摩擦,增进彼此了解,释放误解,使不同利益群体之间更加融洽,从而有利于社会的稳定和改革的深化。沟通,并在此基础上相互理解、相互体谅,职场就会出现"竞相挑水"或"轮流挑水"的良好的沟通与管理局面。

2. 社会沟通是各项社会活动协调而又高效地进行的先决条件。

3. 社会沟通是社会系统运行的安全阀。社会沟通可以有效防止和避免各种社会危机的发生,使我国社会工人、农民、知识分子、个体劳动者等不同的利益群体的利益关系得到调整,协调各群体之间的利益要求、意见和愿望,有效减少抱怨、摩擦、冲突及他们对政府的不满。通过社会沟通,化解冲突因素,使社会的危机状态得到有效调整。开展经常化、制度化和多样化的社会沟通有助于社会的和谐稳定。

4. 社会沟通是政府管理发挥作用的前提。经常通过自上而下的沟通向群众通报政府管理的情况,经常通过自下而上的沟通来听取群众的意见并接受他们的监督,将会有效地防止政府管理中各种腐败现象的发生,让群众更好地了解各级领导的工作作风,让领导更好地了解群众的呼声,深入基层了解实际情况。有效的社会沟通需要完善现行的正式沟通网络,在疏通党、政、人大、政协等信息系统中的各条信息渠道并使之各自独立地发挥作用的基础上,在这些部门建立或完善专门的信息机构;同时改革现行的沟通体制,新设或增设一些专门的信息机构。如为更加及时地做到上情下达,应该新设或增设一些新闻发布、信息传播等专门机构;为了更加准确地做到下情上传,应该新设或增设一些社会调查、民意测验等专门机构。

二、沟通的条件和影响因素

(一)沟通的条件

1. 语言与沟通

沟通的形式多样,但在日常生活中,人们沟通主要还是借助于语言,因此,沟通双方要建立共同的语言符号系统。在沟通中要了解不同文化背景的人的用语习惯以及"言外之意"。

2. 理解与沟通

沟通双方有相同的经历与生活背景,沟通的理解度越高。人们只能以自己的生活经验去理解一些事情,缺乏相同的经历,理解会产生偏差或误会。

(二)沟通的影响因素

1. 沟通双方的自我暴露

自我暴露受个体认知、性格、个性修养等因素的影响。

(1)个体认知

认知是人们对外界事物的知觉过程。在心理学中,人们将个人对他人、对他人的社会行为及其规律的感知称为社会认知。在认知他人的过程中,受认知主体与客体及环境等因素的影响,往往会发生一些认知偏差。如"以貌取人"、"先入为主"、带着"有色眼镜"去观察他人,就会产生认知偏差。

(2)个性因素

每个人的个性都不相同,导致了每个人的行为方式的不同,个性的差异会不同程度地影响沟通。

嫉妒:嫉妒是差别和比较的产物,属于一种内心情绪体验。《心理学大词典》中对嫉妒的定义是:与他人比较,发现自己在才能、名誉、地位或境遇等方面不如别人而产生的一种由羞愧、愤怒、怨恨等组成的复杂情绪状态。嫉妒心理总是与不满、怨恨、烦恼、恐惧等消极情绪联系在一起,它们共同构成嫉妒心理的独特情绪。嫉妒心理在名誉、地位、钱财、爱情四个方面表现得尤为突出,表现为综合性的明显的对抗性、明确的指向性、不断发展的发泄性以及不易察觉的伪装性等特征,因为种种嫉妒不好启齿,所以行为表现极其隐蔽,经常会以另外的形式显露出来,严重影响人际沟通。

猜疑:猜疑是一种由主观推测而产生的不信任的复杂情绪体验。猜疑心重的人疑心重、无中生有,总以为别人在算计自己,认为人人都不可信、不可交。猜疑心重的人缺乏应有的安全感,在人际交往中存在沟通障碍,易失去朋友。英国哲学家培根说:"多疑之心犹如蝙蝠,它总是在黄昏中起飞。这种心情是迷惑人的,又是乱人心智的,它能使你陷入迷惘,混淆敌友,从而破坏人的事业。"具有多疑心理的人,往往在主观上先设定他人对自己不满,带着"以邻为壑"的心理,必然把无中生有的所谓"事实"强加于人,甚至把别人的善意曲解为恶意,结果造成人际关系的紧张和恶化。

自卑:自卑是指自我评价偏低、自愧无能而丧失自信,并伴有自怨自艾、悲观失望等情绪体验的消极心理。自卑的人过分夸大自己的缺陷,总爱拿自己的短处比别人的长处比较,在人际交往中,虽有良好的愿望,但总怕遭到别人的轻视和拒绝,因而对自己没有信心,往往过分自尊,为了保护自己,行为表现非常强硬,难以让人接近,在人际交往中变得格格不入。他们多数不敢主动结交朋友,往往独来独往。

狭隘:狭隘就是人们常说的气量小或心胸狭隘。嫉妒、孤僻、猜疑等都源于狭隘心理。狭隘表现为思想狭隘和行为狭隘,思想狭隘时表现为遇到一点委屈或很小的利弊得失便斤斤计较、耿耿于怀。遭遇批评的话无法客观评述,表现出不能接受,甚至痛哭流涕。偶有失误就认为是莫大的失败、挫折,长时间寝食不安。行为狭隘表现为人际交往面窄,追求少数朋友间的"情投意合",只同与自己一致或不超过自己的人交往,容不下那些与自己意见有分歧或比自己强的人。

逆反:逆反是指人们彼此之间为了维护自尊而对对方的要求采取相反的态度和言行的一种心理状态。超限逆反是指个体在过度接受某种刺激后所做出的逃避反应。逆反心理由认知、情绪和行为倾向三者有机组成。逆反心理在认知中对逆反对象存在偏差理解及偏差评价;在情绪方面对逆反对象有反感或厌恶的抵触情绪;在行为方面对逆反对象意欲攻击。某种逆反心理一旦形成,将持续较长时间不易改变,继而表现出一定的稳定性,此种稳定性会固化人际沟通,影响沟通效果。

羞怯心理:羞怯是害羞和胆怯的统称,是指不愿意接触人,尤其是陌生人的心理。具有羞怯心理的人羞于与他人交往。不善于结交朋友,不善于在各种场合坦率地发表个人意见或评论,不能有效地与人交换意见,给人拘谨、呆板的感觉。

孤僻心理:孤僻心理是指将自己与外界隔绝开来。孤独与逃避是此种心理的两个特征。没有朋友,甚至害怕社交活动,与人交往存在封闭心态,很少与人讲话,不是无话可说,而是害怕或讨厌与人交谈。孤僻心理行为与生活挫折有关,往往是在生活、事业上遭到挫折与打击后,精神上受到压抑,对周围环境逐渐变得敏感和不能接受,于是出现回避社交的行为。

自负心理:自负的人表现为自视过高,认为自己非常了不起,别人都不行;事事从自己的利益出发,从不顾及别人;很少关心别人,与他人关系疏远;对人缺乏热情,固执己见,唯我独尊,喜欢抬高自己贬低别人,有明显的嫉妒心。自我为中心、多疑、世故等都影响人际沟通。

(3)个性修养因素

宽容、感恩、诚信、尊重等个体的个性修养因素也是人际沟通的影响因素,会不同程度潜移默化地影响人际沟通的深度和质量。

2. 文化因素

人们由于言语谈话、行为举止的风俗习惯等不同,在沟通时可能会产生各种分歧和冲突。美国《公共关系手册》指出,对外关系的交恶,十有八九不是出于利益的冲突,而是语言、文化、传统等方面的隔阂。影响沟通的文化因素包括:语言(包括书面和口头)、修养、表达能力、观念因素、风俗习惯等。

3. 社会因素

沟通双方的相互信任程度和相似程度以及信息传递者在组织中的地位、信息传递链、团体规模等结构因素也会影响沟通。

除此,在不能与他人面对面沟通的情况下,距离也是一种影响沟通的因素。空间相距太远,接触机会可能会很少,也会造成沟通障碍。

三、性格与人际沟通

1. 内向性格与人际沟通:性格内向的人不爱说话,不喜欢主动与人沟通,因此在人际沟通中比较被动,有时很难找到沟通的话题,使得沟通不畅通。

2. 外向性格与人际沟通:性格外向的人,喜欢交际,擅于沟通,在人际交往中处于主动地位,往往是沟通的主体,也是人际沟通的倡导者。

四、人际沟通的能力与策略

1. 人际沟通的能力

人际沟通的能力是现代管理者必须具备的素质之一。国内对沟通能力的研究限于言语表达能力,国外对沟通能力的研究从 20 世纪 70 年代起就引起了人们的重视。由于人际沟通能力结构的复合性(是一种综合性能力而非单一能力),人际沟通行为机制的复杂性(外部受制于特定的情境、文化和人际关系等因素,内部受制于人的目的、认知、情感、动机等因素),至今,对沟通能力的内涵和结构的理解尚未形成统一的看法。综观历史,人们对沟通能力及其结构研究有两种思路:一是自上而下的演绎,一是自下而上的归纳。前者是从理论的推演概括沟通能力的含义和成分,这种研究思路存在很大争议,主要体现在情境(Situation)及状态论(State)与特质论(Trait)之争(20 世纪 80 年代),行为表现论(Performative Competence)与过程论(Process Competence)之异(20 世纪末)。自下而上的研究思路主要是通过对实际沟通领域中所需要的能力及其重要性做调查,采用归纳的方法概括沟通能力成分。人际沟通能力水平(Level)是指个体的行为适合情境,并帮助个体实现个人或关系目标的程度。人际沟通能力的评定指标受沟通目标、沟通质量等因素影响。有学者将人际沟通能力划分为五种:理解能力、角色能力、自我能力、目标能力和信息能力。

2. 人际沟通的障碍和策略

(1)沟通是人与人之间进行信息交流的必要手段,每一个社会人都离不开沟通。人际沟通是通过一定的媒介开展的人与人之间的相互沟通。没有障碍的沟通是表达自己和理解他人的过程;表达不完整或表达不准确则说明单方面沟通有误;理解他人有偏差,则双方沟通无法进行。沟通方式上分为语言沟通和非语言沟通。聋哑人及孤独症儿童不能用语言沟通,存在语言方面的沟通障碍,聋哑人之间有手语可以进行沟通。

(2)沟通策略

文字,语调和语速,及肢体语言,这三者在沟通中的比例为文字占 7%,声音占 48%,行为姿态占 55%。沟通中有效地融合好这三者,才能称之为有感情的、真诚的沟通。通过重复对方沟通中的关键词,加以语言的修饰后,回馈给对方,使对方觉得他的沟通得到认可与肯定。注意沟通中的聆听,然后再通过语言和内容的诱导彼此交流观点。

第二节 人际关系

一、人际关系概述

(一)人际关系的定义

人际关系是人与人在沟通与交往中建立起来的直接的心理联系。人与人之间建立了各种关系,如经济、法律、道德、宗教、血缘以及心理等关系,这些关系统称社会关系。人们在生产过程中建立的经济关系是最重要的最基本的关系,与人之间建立的心理关系是一种直接的关系,它存在于社会生活的各个层面。这许多的直接的心理关系统称为人际关系。

人际关系是人与人之间在活动过程中直接的心理上的关系,或心理上的距离。人际关系反映了个人或群体寻求满足其社会需要的心理状态。人际关系的变化与发展决定于双方社会需要满足的程度。如果双方在相互交往中都获得了各自的社会需要的满足,相互之间就能发生并保持接近的心理关系,表现为友好的情感;相反,如果其中一方对另一方表示不友好、不真诚或发生不符合另一方要求的行为就会引起另一方不安,这时双方友好的关系就会终止,或发生疏远关系,或发生敌对关系。不论是亲密关系、疏远关系,还是敌对关系,都是心理上的不同距离或心理上的不同关系,不同的人际关系会引起不同的情绪体验。

可见,人际关系既是人与人之间心理上的直接关系,也是情感上的关系,具有个体性、直接性、情感性等特点。心理学家通过广泛的调查和研究发现,良好的人际关系,尤其是亲子、夫妻、亲密朋友等关键的人际关系的融洽,才是人生幸福的最重要的决定因素。幸福从某种意义上来说是一种生活态度和生活方式。

(二)人际关系模式

中国人的人际关系模式与西方不同。在人情、人伦及人缘方面,中国人在父子、兄弟等血缘关系的可能(或不可能)因素的作用下来决定自己的行动方向;中国人在进行社会互动时会在权威、伦理、资源分配等方面平均化,并在不同的变量的组合中寻求一种恰当的策略。中国人社会行动的复杂结构,由家长权威、伦理规范、利益分配和血缘关系四者的制衡关系组成,这使其社会行为不再是单一的取向,而是更加彰显人情、人伦和人缘“三位一体”。

(三)人际关系类型

1. 现实的人际关系

一方面人们在社会人际关系的基本层面上相对融洽和谐,另一方面人们对社会人际关系的现状在总体评价上又颇多烦言:某些传统的公正准则被弱化或废弃,使许多人感到茫然、困惑和失落。改革开放大潮将人们原有的超静态的生活圈打破,人们不得不面对自己还不太熟悉的广阔世界,造成了人们普遍的防范和恐惧心理,种种因素的综合作用所造成的心理效应,在相当大程度上夸大了人们对于社会人际关系现状的负面认识。中国人最可贵的个性特征——严谨、热情、守信和有责任心等受到冲击。①

2. 网络人际关系

20 世纪 90 年代中后期，学者们开始关注互联网络人际交往和人际关系，包括网络人际关系的本质、建立、特征②、性质③等研究大量涌现。在电子网络空间中，交往对象的选择具有更大的自主性，同时交往进程具有更大的可控性，人际关系具有更强的流动性与短暂性。

（四）人际关系的建立与发展阶段

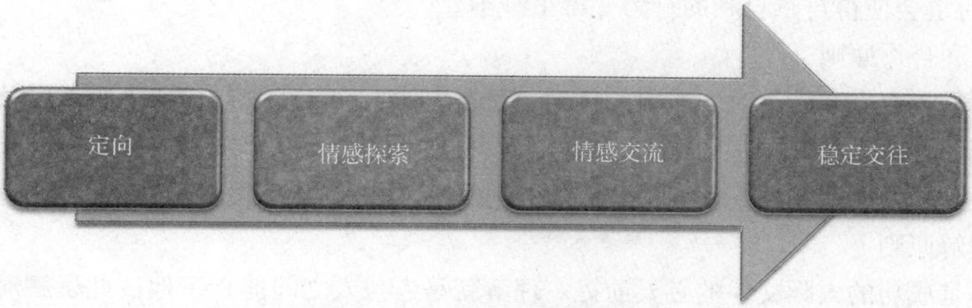

图 7－9　人际关系的建立与发展阶段

1. 定向阶段：定向阶段人们主要运用的是注意，即对一定对象的指向与集中。在注意的基础上寻求交往对象，开展初步沟通、心理相容与行为等。

2. 情感探索阶段：双方在语言沟通、行为表现、共同特质等方面寻求情感联系，随着沟通的广泛开展，此阶段的情感卷入会萌生。

3. 情感交流阶段：人际关系达到情感交流阶段，人际关系的性质发生了变化，双方建立了信任感、安全感，沟通在深度与广度方面都有了拓展，情感卷入较深。彼此有评价性的信息，双方有真诚的赞许与批评。

4. 稳定交往阶段：双方在心理相容性上进一步拓展，彼此允许对方进入自己的私密领域，沟通与自我暴露广泛而深刻。④

（五）良好人际关系的原则

1. 尊重原则

尊重包括两个方面：自尊和尊重他人。自尊就是在各种场合都要尊重自己，维护自己的尊严，不要自暴自弃。尊重他人就是要尊重别人的生活习惯、兴趣爱好、人格和价值。只有尊重别人才能得到别人的尊重。

---

① 参见喻国明，刘夏阳：《中国社会人际关系与现状调查总体报告》，《中国人民大学学报》，1993 年第 2 期。

② 参见黄少华：《论网络空间的人际交往》，《社会科学研究》，2002 年第 4 期。

③ 参见陈秋珠：《网络人际关系性质研究综述》，《社会科学家》，2006 年第 2 期。

④ L A. Peplau, et al: *Social Psychology*, Englewood Cliffs, NJ: Prentice-Hall, 1985, p: 230.

2. 真诚原则

只有以诚待人,胸无城府,才能产生感情的共鸣,才能收获真正的友谊。没有人会喜欢虚情假意、夸夸其谈而不做实事的人,用真诚的心与人交往是良好人际关系的基石。

3. 宽容原则

在人际交往中,难免会产生一些不愉快的事情,甚至产生一些矛盾冲突。此时需要人际互动双方学会宽容别人,不斤斤计较,秉持“退一步海阔天空”,“人不犯我,我不犯人”,“人先犯我,礼让三分”等人际交往原则,不因为一些小事而陷入人际纠纷,这样既不会浪费纠纷时间,同时也会使得自私自利的行为变得很渺小。

4. 互利合作原则

互利是指双方在满足对方需要的同时,又能得到对方的报答。人际交往永远是双向选择,双向互动,建立在双赢基础上的你来我往交往才能长久。在交往的过程中,双方应互相关心、互相爱护,在双方共同利益得到保障的前提下,更能深化感情。

5. 理解原则

理解是成功的人际交往的必要前提。理解就是人与人之间能真正地彼此了解对方的处境、心情、好恶、需要等,并能设身处地地关心对方。设身处地地为他人着想、善解人意的人,永远是受人欢迎的人。

6. 平等原则

平等原则指的是与人交往要一视同仁,不要嫌贫爱富,不能因为家庭背景、职权地位、外表美丑等外界因素对人另眼相看。平等原则要求待人不能盛气凌人,不能太嚣张;既不趾高气扬,也不低三下四,拥有一颗平常心。学会将心比心,学会换位思考,秉承“人与人之间是平等的”的理念进行人际关系互动。只有平等待人,才能得到别人的平等对待。

二、人际关系的理论

(一)人际关系的三维理论

社会心理学家舒茨于1958年提出人际需要的三维理论。舒茨认为人际关系的模式大致可以通过三种人际需要来加以解释,即包容的需要(关于在群体情境中个体的隶属问题),支配的需要(个体在权力问题上与他人建立并维持满意关系的需要),情感的需要(个体与他人的关系中建立并维持亲密的情绪联系的需要,即爱他人与被他人爱的需要)。这三种需要决定了个体在人际交往中如何描述、解释和预测他人的行为以及自己采取何种行为与人交往。包容需要、支配需要和情感需要的形成与个体的早期成长经验密切相关。

1. 包容需要:指个体想要与人接触、交往、隶属于某个群体,与他人建立并维持一种满意的相互关系的需要。在个体早期的成长过程中,如果社会交往的经历缺失或过少,与父母之间、同伴之间都缺乏适量的交往,儿童的包容需要就不能得到满足,就会与他人形成否定的相互关系,导致焦虑情绪,会形成低社会行为倾向, 在行为表现方面倾向于内部言语,与人交往有距离感、疏离感,拒绝参加群体活动;反之,如果个体在早期的成长经历中社会交往过于频繁,包容需要得到了充分的满足,则会形成超社会行为,在人际互动中,体现为过分寻求与人接触、寻求他人注意,过分热衷于参加群体活动等特征。因此,个体早期适当地与父母及他人交往,既不会产生交往焦虑,形成疏离感,也不会过分寻求他人注意,导致表演性人格特质。

2. 支配需要:指个体热衷于控制别人或被别人控制的需要,也是个体在人际互动中与他人建立或维持满意人际关系的需要。良好的支配需要的形成要求个体在早期生活经历中,成长在民主气氛环境里。这种民主气氛中既有要求又有自由度。个体在这样的环境中形成顺从与支配交替进行的民主型行为倾向,可以有效协调人际关系中与控制有关的问题,也能够根据实际情况弹性地确定自己的地位和权力范围。如果个体早期成长在高度控制或控制不充分的环境中,就会形成专制型的或是服从型的行为方式。一方面喜欢拥有较高的统治地位,另一方面表现为过分顺从、依赖别人,不喜欢支配别人,不愿意对任何事情或他人负责任,在与他人交往时,甘愿当配角。

3. 情感需要:指一个人爱别人或被别人爱的需要,是个体在人际互动中与他人建立并维持亲密的情感联系的需要。当个体在早期成长中没有获得爱的情感时,或没有充分满足爱的需要时,个体就会形成低个人行为倾向,行为表现为,表面上对他人友好,但在个人的情感深处,却与他人保持距离,时常避免亲密的人际关系。反之,个体在早期成长历程中,被过于溺爱,则会形成超个人行为,行为表现为,强烈地寻求爱,无论在任何方面都想要与他人建立和保持情感联系,过分希望自己与别人有亲密的关系。故而,早期生活成长中受到适当的关心和爱的个体,则能形成理想的个人行为,可以适当地对待自己和他人,适量地表现自己的情感和接受他人的情感,既没有爱的缺失感,自信而讨人喜爱,又能够依据具体情况与他人保持良好的社交距离,建立亲密的关系。舒茨的三维理论在解释群体形成与群体分解中提出群体整合原则,即群体形成的过程开始是包容,而后是控制,最后是情感。这种循环不断发生。群体分解的原则是反其序,先是感情不和,继而失控,最后难于包容,导致群体分解。

人际关系需要决定个体与其社会情境的联系,如果不能满足就会导致心理障碍及其他严重问题。但这三种基本的人际需要,在人际互动中人们有主动表现和被动表现两种形式,二者互补构成了六种基本的人际关系取向,即主动包容型、被动包容型,主动支配型、被动支配型,主动情感型、被动情感型六种。童年期的人际需要是否得以满足以及由此形成的行为方式,对其成年后的人际关系有决定性影响。

(二)社会交换理论

社会交换理论强调人类行为中的心理因素,也被称为一种行为主义社会心理学理论。它应用到人际关系领域,对人际关系的建立与发展起着重要的指导作用。

社会交换理论认为,人类的一切社会活动都归结为一种交换,人们之间的关系是在交换中结成的。代表人物布劳把社会交换界定为"当别人做出报答性反应就发生,当别人不再做出报答性反应就停止的行动"。他认为社会交换是个体之间的关系与群体之间的关系、权力分化与伙伴群体关系、对抗力量之间的冲突与合作、社区成员之间间接的联系与亲密依恋关系等的基础。布劳认识到群体之间交往与个人之间交往的共同性在于:(1)群体之间的交往与个体之间的交往都受追求报酬的欲望支配;(2)群体之间的交往也如同个体交往那样大致要经历“吸引—竞争—分化—整合”的过程;(3)公平性原则同样存在于个体交往与群体交往中。

布劳强调,社会交换是一个辩证变化的过程,在社会结构的许多层面上,会出现反复地打破平衡和恢复平衡的力量,这反映了社会结构变化的辩证特性。根据社会交换理论,人作为一个生活在社会中的个体,彼此之间必然要进行交往,这不仅反映了人类的社会属性,而且反映了个人或群体寻求满足其各种需要的心理状态。

霍曼斯交换理论提出了公平原则,即人们指望自己得到的报酬与他们付出的代价相等。霍曼斯交换理论还包括:

(1)人际交往的平等化趋势加强

社会交换理论重视参与者之间的平等关系,交换是互惠的,交换双方都希望得到利益最大化。“赔本”交换,不能维持长久;单方获利,占别人的便宜,也失去了交换的公平原则;只有在平等的交往中,交换才能达到双赢、互惠,体现人际交往中的平等性。

(2)人际交往日益功利化

市场经济是现代文明的产物,然而,市场经济的逐利性却使现代人的人际交往带上了浓厚的功利色彩,冲淡了人与人之间的感情因素,人际交往的功利意识明显增强。

(3)人际交往的理性化

“实用理性”是中国传统思想的一个特色。在过去的人际交往中,亲情、友情等各种情感是人与人之间进行交往的重要因素,无论做什么事首先考虑的是自己身边的人,“任人唯亲”是过去选人的重要标准。当今社会这种非理性的做法已经失去了市场,人际交往日益走向理性化,以家族企业为例,在职位的安排上已不再唯亲戚、朋友、老乡、同学而重用,而是根据个人的才能委以重任,“任人唯贤”成了用人的标尺。

(4)人际交往呈现契约化倾向

传统社会,尽管法律等一些明文规定会对人们的交往产生影响,但在日常生活中对人与人之间的交往产生约束力的主要还是良心、道德、舆论等一些抽象层面的“心理契约”。随着市场经济的发展,这种“心理契约”已不能满足人们交往的需要,文字形式的契约便应运而生。这种契约不管双方的社会地位如何,都明文规定双方的权利和义务,一旦有一方违背,另一方就可以根据契约规定通过一定的途径加以解决。目前,人们交往呈现的这种契约化趋势,不仅在经济领域出现,还延伸到了社会生活的各方面,如在缔结为夫妻时进行的婚前财产公证,向亲戚、朋友借钱时写的借条等,都是人际交往日益契约化的具体体现。

(三)公平理论

公平理论又称社会比较理论,是由美国心理学家约翰·斯塔希·亚当斯提出的。该理论侧重于研究工资报酬分配的合理性、公平性及其对职工生产积极性的影响,以人的动机和知觉关系的激励理论为研究范式,认为员工的激励程度来源于对自己和参照对象的报酬与投入的比例的主观比较感觉。公平理论的主要观点:人的工作积极性不仅与个人实际报酬多少有关,而且与人们对报酬的分配是否感到公平关系更为密切。人们总会自觉或不自觉地将自己付出的劳动代价及其所得报酬与他人比较,并对公平与否做出判断。公平与否的感觉影响职工个体本身的工作动机和行为。这也是公平理论研究的主要内容。亚当斯认为:职工的积极性受很多因素的影响与制约,虽然受实际报酬等因素的影响,但取决于他所感受的分配上的公正程度(即公平感),而职工感觉公平与否来源于社会比较或历史比较,即用自己所获得的报酬(包括物质上的金钱、福利和精神上的受重视程度、表彰奖励等)与自己工作的投入(包括自己受教育的程度、经验、用于工作的时间、精力和其他消耗等)的比值与他人的报酬和投入的比值进行比较。对比认为公正时,心情舒畅,工作努力;对比认为收支比率不相等时,便会感到自己受到了不公平的待遇,产生怨恨情绪,影响工作积极性。对比差距过大时,尤其感觉自己遭遇不公时,会产生报酬不足的不公平感,这种感觉越强烈,职工就越会产生挫折感、义愤感、仇恨心理,甚至产生攻击、破坏心理。极少数时候,认为自己的收支比率偏高,产生不安或感激心理。公平理论在激励个体工作积极性方面的效应主要源于个人的主观判断以及个人所持的公平标准,同时也与绩效的评定有关。因而管理人员应在激励过程中注意对被激励者公平心理的引导,使其树立正确的公平观,不盲目攀比,要按酬付劳,尽量构建公平合理的气氛,达到人力资源最优化。

三、人际关系的建立——人际吸引

人际吸引(Interpersonal Attraction)是社会心理学的重要组成部分。人际吸引是人际关系中的一种肯定形式,是人际交往的重要基础,是个体与他人之间情感上相互亲密的状态,指人与人之间持喜欢的积极态度或喜爱情感,是在合群需要的基础上发展起来的。日常生活中人际吸引形式是友谊与爱情,国外 Hartup 提出了友谊的结构和维度模型,认为一生中的不同时期,朋友交往的方式和内容不同,青少年更强调朋友之间的相互理解、信任和忠诚。国内杨宜音的研究表明,我国中学生执行的是"分享分担"规范,与集体主义价值观有关①;李淑湘等的研究表明,中国儿童、青少年的友谊特性有共同活动和相互帮助、个人交流和冲突解决、榜样和竞争、互相欣赏、亲密交往 5 个维度。徐伟等在大学生群体中将友谊与关心和支持、分享和交流、共同活动和联系,以及矛盾和冲突 4 个方面相关联。② 影响人际吸引的主要因素有接近(Proximity)、熟悉性(Familiarity)、相似性(Similarity)和个人特质。熟悉性为人际吸引提供了可能性,研究发现,人们倾向于喜欢在态度、兴趣、价值观、背景和人格上和自己相似的人。人与人之间产生人际吸引的要素是亲和、喜欢、感情等。

1. 亲和:人际交往最好的通行证。亲和的人偏向喜欢他人,以积极的眼光看他人,而不亲和的人倾向于以消极的眼光看人。亲和性(Agreeableness)是一种在社交场合愉快和包容的倾向。亲和度高的人善解人意,周到、友好、大方、乐于助人,对人性持乐观的看法,认为大多数人都是诚实、正直和值得信赖的。亲和度低的人与人交往相当谨慎,较少关心他人,缺乏同情心,多疑、不友好,喜欢竞争而不爱好合作。

---

① 参见杨宜音:《中学生友人间执行"分享分担"规范的研究》,《心理学报》,1991 年第 3 期。

② 参见徐伟,李朝旭,韩仁生:《友谊的结构研究——一项对大学生友谊内隐观的调查研究》,《心理科学》,2006 年第 5 期。

2. 喜欢：有一颗喜欢他人的心，发现他人身上的可爱、可取、可喜欢之处。另外，在喜欢的相互性原则上值得提出来的是，对一个人的喜欢并不仅仅取决于此人对自己喜欢的总量的多少，更重要的是看这种喜欢是逐渐增加的还是逐渐减少的，这就是阿伦森所提出的著名的"得—失"理论。通过实验，阿伦森发现，来自另一个人的奖励行为的逐渐增加，对于个体的影响更大，即我们更加喜欢那些对我们由不喜欢逐渐转变为喜欢的人，即使这种喜欢的总量没有一贯喜欢我们的人的总量大时也是如此。

3. 感情：感情是人类心理活动的重要组成部分，即当个体面临外界刺激时产生的比较强烈的心理反应、动作流露，包含对人或事物关切、喜爱的心情等，与人们的生活关系密切。①

四、人际关系的改善与人际互动

1. 人际关系的改善

(1)学会倾听：人们都喜欢表现自己，希望受到别人的尊重。多聆听别人说话，少表现自己，做一个认真倾听的听众，尊重他人的言辞，与人交流时不要东张西望。

(2)微笑待人：微笑是全世界共同的语言，它能传递温暖，时常给他人微笑，让他人感受到这份友好。

(3)学会赞赏他人：赞赏他人，使人感到愉快，是人际关系改善的条件。真诚地赞赏他人，否则有虚伪和逢迎的嫌疑。

(4)关心他人的困难：他人有什么困难经常去问候一下，他会认为受到了你的关注，从而愿意与你成为朋友。

(5)记住他人的名字：体现对个体的人感兴趣，尤其是第一次与人交往，一定要记住他的名字，第二次还能叫出他的名字，他就会以为他受到了你的注意，你们之间的友谊也较好建立。

2. 人际互动

人际互动(Interpersonal Interaction)就是人际相互作用。人的相互作用可能是信息、情感等心理因素的交流，也可能是行为动作的交流。互动是一个过程，是由自我互动、人际互动和社会互动组成的。人际互动专指人们在心理和行为方面的交往、交流，是社会心理学研究较多的领域，它在结构上更强调角色互动。

3. 人际互动的形式

人际互动的主要形式是合作与竞争。合作是个体与个体、群体与群体之间在具备共同的目标、实现目标的途径基本一致，以及相互信赖的合作氛围等前提下，彼此互相配合的一种行为。竞争是个体与个体、群体与群体依据一定的竞争规则、按照一定的社会规范开展的争夺稀有目标、展开输赢比拼的人际互动形式。

人际互动的哲学：人际互动的形式是合作与竞争，但在合作和竞争关系中，不同的人，在

① 参见李朝旭，姜璐璐，刘佳，等：《中国社会心理学知识体系初探——基于54本教材的内容分析》，《心理科学》，2010年第3期。

不同的时间和场合,面对不同的对象,可能会采纳不同的人际互动哲学。

(1)利人利己:助人也利己。助人一臂之力,自己也成长。

(2)损人利己:你死我活,打压他人,获得自己成长的资源。

(3)利人损己:燃烧自己,照亮别人。

(4)损人损己:鹬蚌相争,最终两败俱伤。

(5)不损人利己:无涉他人,独善其身。

(6)利人不损己:举手之劳,济人于急难。

4. 网络人际交往

网络的发展不断适应人际关系发展的需要。每天上网看新闻、聊天、发电子邮件已经日益成为21世纪人们生活的一部分,网络传播中人际关系的许多特点决定了网络对促进人际交流具有不可忽视的意义。它不仅带给人们崭新的生存方式,也直接影响了人们的人际交流方式,在拓宽人际传播渠道的同时,也对人际关系产生了深刻的影响。网络人际沟通打破了人际沟通时间和地域的局限性,为不同文化背景、不同社会阶层的人们创造了一个独特的对话空间。在网络这一虚拟的人际交往空间里,没有国家、种族、语言、文化背景、行业、社会阶层的界限,人们不必担心自己的言行举止是否规范,是否符合自己的身份,是否被他人误解。虚拟信息的交流,意见的表达、情感的抒发免除了现实人际交往中的种种麻烦。人们日常难以向亲戚朋友启齿的情感借助网络向外倾吐、宣泄。网络赋予人类交往以新的形式和内容,并在一定层面上改变了人与人、人与社会的各种关系,使得人际沟通自由、平等、开放,但网络上的人际关系不易持久,许多在现实社会中备受压抑的弱势群体,就经常借着网络来相互支持和凝聚力量,成员可以自信地在归属的团体中建立自我认同。网络传播丰富了人际交往方式。网络沟通给人际关系变化带来了沟通形式多样化、沟通范围更大、不受地域限制、沟通的成本更为低廉等优点;同时对于性格内向、自卑、日常不愿与人交往的个体提供了交往的可能,扩大了他们的人际交往圈子,有助于建立良好的人际关系;为个体不良情绪的宣泄提供了良好途径;提高了网民的自信心,激发他们的想象力和创造性;有利于提高个体心理健康水平。弊端是使现实人际关系冷漠化;对网络的利用不当可能造成上网成瘾;弱化人际交往的社会性和规则性,使传统道德受到冲击。如果将网络传播运用得当的话,那么我们将可以建立一个新型并且完善的人际关系体系,对社会的发展和进步都有重要的意义。

五、中国人的人际关系

中国人的人际关系就其发展历程来看,同西方人的人际关系区别不大。但是,从人际关系本身的特征及其影响来看,中国人的人际关系有着自身文化所决定的独特的模式。

(一)人际关系发展历程

1. 古老的中华民族一相秉承的人际关系模式在市场经济时代下发生了很大的变化。中华民族一相秉承的交往礼仪和等级秩序,悄然发生着变化,封建家长制以及严格的等级制度逐渐被民主、平等所取代。人与人之间不论夫妻、亲子都强调尊重他人人格的平等、隐私的保护、决策的平等。

2. 现代信息的传递，人际交往视野的开拓、范围的扩大、关系的复杂标示人际关系现代化。现代电子设备的应用，互联网的沟通、QQ 的应用、人人网的实名制巡游，使人们可以不出家门就同世界各地的朋友交流。出现了新的人际交往名词：QQ 空间、飞信、微信等。出现了新的语词描述，如不喜欢社交的人称为“宅男”、“宅女”。这种开放性，虽然方便快捷，拓宽了人际交往的范围，但增加了很多不确定性以及交往的虚拟性与表面化。深度交往越来越难，引发心理脆弱的个体在人际交往中的迷茫、失落、焦虑、叛逆等不健康心理。

3. 走向理性化。在过去，亲缘关系、地缘关系、裙带关系是最为重要的甚至是根本性的人际关系。在一些民营企业，尤其是一些家族企业，他们依据人情、依据亲缘关系安排职位。然而，进入当代社会，市场的竞争主要是人才的竞争，那种旧的非理性的职位安排往往成为企业发展的障碍。企业家族的性质被逐渐打破，企业中的职位会转移到职业经理人和专业技术人员的身上，不再唯亲戚、老乡、同学重用。在这一层面上来说，当代人际关系走向了理性化。这种理性化突破了亲缘和地缘的限制，使得人们可以在一个更为公平的环境下寻求自我的发展。

4. 走向功利化。随着社会经济体制的转型，当代中国建立在经济利益上的交往日益增多。人情往往以交换作为前提。自己的付出是否能得到回报，能在多大程度上得到回报。人情不再是人际交往的目的，而是成为人际交往的手段和工具。一部分人为了达到自己的目的，只结交对自己有用的人，建立功利性很强的交际圈子，这种功利性因素使得人际关系中的情感因素在减弱。然而，正是在这种功利性的驱使下，人们突破了亲戚、同乡的界限，一切以法律为依据，一切以经济和其他社会利益为依据，这使得有共同利益的人更容易建立起新型的人际关系。

（二）中国人的人际关系在当今信息网络时代下呈现的新特点

1. 网络化

在当今这个信息化时代，人们基于互联网、综合其他，形成了包容性极强的庞大的人际关系网络。互联网从最初的只能收发邮件，到后来的文字即时聊天，再到语音视频，它为人际交往提供了一条崭新的渠道。由于网络的跨时空性特点，许多人对聊天的对象往往可以轻易敞开心扉，而不必担心会有现实世界可能出现的各种后果。它使人们更容易讲出心里话，从而起到缓解压力的作用。而时至今日，网络也不再是人们观念中那个单纯的虚拟世界，很多网友已经从虚拟的交往发展到现实的交往，虚拟 + 现实的人际交往模式已经成为当代中国人际交往的最新形式。而且，随着经济水平的不断提高，交通、通信工具的不断发展，这种交往模式将越来越被人们所接受。不可否认，在网络化下发展起来的这种新的人际交往模式拓宽了人们的交往空间，虚拟实现了人们在现实中不能实现的一些愿望，但由此所引发的网络犯罪、青少年网络成瘾等问题不能不引起人们的思考。

2. 多元化

当代中国人的人际关系，早已突破了血缘、地缘、亲缘的界限，也突破了年龄、职业、阶层、性别的界限。过去所说的“代沟”越来越浅，父母与子女之间可以相互理解，亲如朋友；老人与孩子之间可以建立忘年之交；不同职业从业者之间可以自由密切往来；甚至是具有共同志向的陌生人之间都可以惺惺相惜。人们之间的交往不再附着于某个固定的群体、固定的区域和固定的形式,当代中国的人际关系呈现出了前所未有的缤纷局面。这种人际关系的多元化在一定程度上表达了人们对生活方式的丰富多彩的需求。

(三)市场经济环境下当代中国人际关系特点

1. 人际关系的等级界限逐渐弱化。

2. 以人伦为本的人际关系受到很大冲击。

3. 当代中国的人际关系具有很浓厚的功利色彩,情感的成分降低。

4. 个人主义意识增强,逃避社会和集体、冷淡人际关系的现象经常出现。

5. 人与人之间的激烈竞争冲击着传统人际交往中的礼让和谦逊的原则。同时,人际关系的网络化与信息化是当代中国人际关系发展的重要特点,人际交往的开放性与相对狭窄性的统一也是当代中国人际关系发展的一个重要特点。

专栏 7-1

大学生的人际关系问题日益突出。影响大学生人际关系的因素既有客观因素,如时空接近、态度相似、需求互补、外表相悦、个性吸引等;也有主观因素,如人际安全、人际期望、人际张力、人际报复等。导致大学生不适应环境的现状更多的是主观因素,它们对大学生心理健康的消极影响也特别严重和持久。

资料来源:赵崇莲,郑涌,李宏翰,等.影响大学生人际关系主观因素的初步研究[J].心理科学,2006,29(6):1431-1433。

专栏 7-2

人际距离:

公众距离:12—25 英尺,3.7—7.6 米;

社交距离:4—12 英尺,1.2—3.7 米;心理咨询师与求助者的距离属社交距离。

个人距离:1.5—4 英尺,0.46—1.2 米;

亲密距离:0—18 英寸,0—0.5 米。

资料来源:金盛华.社会心理学[M].北京:高等教育出版社,2005。

思考题:

1. 什么叫沟通? 沟通有什么意义?

2. 组织中,沟通有什么功能?

3. 沟通过程包括哪些环节?

4. 影响有效沟通的障碍有哪些? 如何进行有效的沟通?

5. 你认为男性和女性在沟通风格上的差异是什么?

6. 你如何理解社会心理学家舒茨提出的人际需要的三维理论?

第八章　社会影响

人是一种社会性的动物，作为社会整体的一个成员，其心理和行为必然受到各种各样的影响。许多社会心理学家对此进行了大量的研究。中国早期的社会心理学家孙本文先生提出："社会心理学一方面研究社会对于个人的影响，另一方面研究个人对社会的影响。社会和个人双方相互的影响，成为社会心理学研究的领域。"社会影响（Social Influence）是指在社会力量的作用下，引起个体的信念、态度、情绪及行为发生变化的现象。这里所说的社会力量是指影响者用以引起他人态度和行为发生变化的各种力量，其来源非常广泛，可以来自个体，也可以来自团体；可以是强制性的法律、法规，也可以是自发的流言、时尚等。本章将研究几种社会影响现象：社会促进与社会抑制、社会惰化、从众、服从等。

第一节　他人在场

社会心理学研究发现，在一个人从事某项活动的时候，如果有他人在场，他人的存在会对个体形成一种刺激，影响活动的效果，在一些场合会促进活动的完成，在另一些场合可能会干扰活动的顺利完成。我们把这两种情况分别称为社会促进和社会抑制，也常常合称为"他人在场"。

一、社会促进和社会抑制

（一）社会促进

社会促进（Social Facilitation）是指一个人从事某项活动时，由于有他人同时参加或者有他人在场旁观而使得其活动效率得到提高的现象，也称为"社会助长"。最早以科学方法揭示社会促进现象的是美国心理学家特里普利特。1897 年，特里普利特在一次偶然的机会中看到了当年官方自行车比赛的副本记录，发现比赛成绩在单独进行和与他人一起进行时有所不同。于是，他自己做了一个现场实验。他让被试在三种情境下骑车，完成 25 英里（40.2 千米）的路程。第一种情境是单独骑车计时；第二种情境是两个人一起骑车计时，但不是竞赛；第三种情境是与其他人一起骑车竞赛。结果显示，在有伙伴的情况下，比单独骑车的速度要快得多。这说明，和别人一起做同样的工作会使个体做得更好。为了检验这一结果，他又设计了一系列实验室实验。例如，他安排 40 个儿童在指定时间里尽快地转动钓鱼竿卷线轮绕线，既安排儿童单独绕线，又安排他们两两结伴绕线，结果证实儿童结伴绕线时的速度更快。这种结伴活动提高效率的现象被称为"结伴效应"。

我们也经常看到这样的现象，运动员比赛时，如果有很多观众为他加油鼓励，他往往能顺利甚至超水平发挥，所以在比赛中东道主更容易获胜。舞台上，演员的表演无人喝彩，观众寥寥无几，则表演的热情和效果大打折扣。讲台上，教师的讲授可能因为学生的热情回应而越讲越起劲。这些现象是“观众效应”在起作用，观众效应是指有人在场观看个体从事某一项活动时，会对个体产生一种刺激作用。

不管是结伴还是观众，都有可能促进活动的完成，但不是必然。有时候，结伴效应和观众效应会以另一种相反的形式表现出来，这就是社会抑制。

（二）社会抑制

这种由于他人在场或有他人参加而降低个人活动效率的现象叫作社会抑制（Social Inhibition），也称为社会干扰。如，我们写一篇文章或验算一道复杂的习题，或者学习一些新的知识时，有他人在场非常容易分心，令人拘束或烦躁，从而降低效率；新演员、新教师在台下单独练习时很熟练，可是一上台，面对众人就心里发慌，情绪紧张，失误增多。可见，在有些时候，同伴和观众就成了一种干扰因素，阻碍了活动的完成。

实验社会心理学创始人奥尔波特于 1916 年到 1919 年在哈佛大学心理实验室做了一系列有关社会促进的实验。他让大学生被试单独或者结伴从事下列复杂程度不同的活动：(1)连锁联想。实验者说出一个刺激词，被试迅速想出一个与之有关的反应词，然后，以这个反应词为新的刺激词，再联想其他的反应词。(2)删去元音。删掉若干短文中的所有元音字母。(3)转换透视。被试注视可以转换透视的立方体，迅速进行两种透视的转换，记录 1 分钟转换的次数。(4)乘法运算。让被试进行若干两位数乘法的运算。(5)写批驳文章。针对一些论述，要求被试在 5 分钟之内写一篇批驳短文。实验结果表明，在前 4 种活动中，被试在结伴的条件下都取得了比单独活动更优异的成绩，但是在写批驳文章时，单独活动的效果更好。可见，他人在场或与别人一起工作，并不总是带来社会促进，随着工作难度的增加，社会促进作用可能会变成社会抑制。

（三）社会促进与社会抑制的理论解释

他人在场为什么会产生两种相互矛盾的作用，心理学家对此做出了各种解释。

1. 优势反应强化学说

查荣克以动机和内驱力的研究成果为基础，提出了优势反应强化说。他指出一个人在动机很强烈的时候，他的优势反应能够很轻易地表现出来，而较弱的反应会受到抑制。所谓优势反应，是指那些已经学习和掌握得相当熟练、不假思索就可以表现出来的习惯动作。如果一个人从事的活动是相当熟练的，或者是非常简单的机械性动作，则他人在场则使之动机增强，活动更加出色。相反，如果他所从事的活动是正在学习的、不熟练的或需要费脑筋的，那么他人在场不会使动机增强，反而会产生干扰作用。查荣克的这一理论可以用（图 8－1）表示出来。

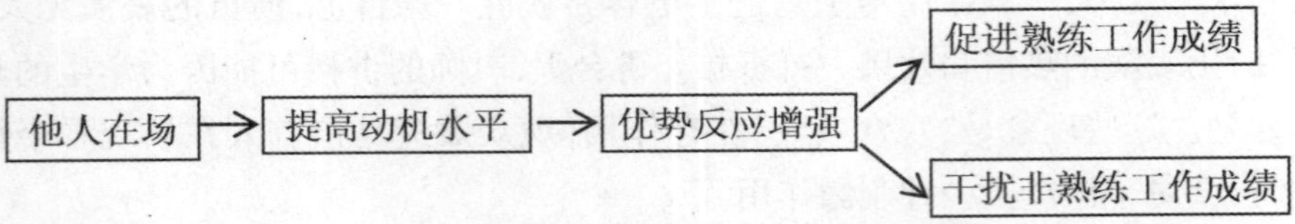

图 8－1　他人在场对个体活动的影响过程

科特雷尔让学生学习词汇的一项实验也证明了这一理论。他让被试在单独和他人在场两种情境中学习单词配对表。配对表有两类，一类是由同义词组成，诸如熟练—灵活，荒芜—不结果，学习起来非常容易；另一类是由无关单词组成，如贫困—发脾气，荒芜—最重要，非常难以学习。结果显示，学习第一类简单的词表时，他人在场有明显的促进作用；而学习第二类困难的词表时，他人在场则带来了社会抑制。

查荣克的观点认为只要有他人在场，就会影响人们的动机和活动成绩，但接下来的实验结果对此提出了疑问。科特雷尔等人设计了一项实验，要求大学生默记词汇。被试分成3组，在不同条件下学习这些词。第一种条件时，被试单独完成这项任务；第二种条件时，被试面对两个同学完成这项任务；第三种条件时，被试在两个人在场的情况下完成这项任务，但这两人的眼睛被蒙了起来，无法判断被试的成绩。结果发现，第一种和第三种条件下被试的成绩相同。而按照查荣克的观点，应该是第二种和第三种条件下的成绩相同才对。显然，查荣克的理论无法解释这一现象，于是，一些学者进一步深化和发展了优势反应强化说。

2. 评价焦虑

查荣克认为他人在场会提高动机水平，但没能说明他人在场为什么会提高动机水平，以及在什么情况下能提高动机水平。事实上，他人在场并不一定导致动机水平的提高。观众一旦被蒙上眼睛，就不会对被试的动机水平产生影响。因此，一些学者认为观众的评价是形成社会促进或社会抑制的重要原因。个体在成长过程中不断受到他人的评价，并且会逐渐关注他人的评价，争取获得他人对自己的好评。他人在场激发了行为者的被评价意识，从而提高了动机水平。这种对评价的关注，被称为“评价焦虑”（Evaluation Apprehension）。

他人评价与动机水平之间的关系受到下列因素的影响：

（1）活动者觉知被评价的程度

一般来说，活动者觉知被评价的程度越高，其动机水平就越高。有学者用实验证明了这一点。实验者让被试用小棍子把一个球从某装置的下方拨到上方。这是需要一定技巧的工作。实验在三种情境下进行：在第一种情境中，被试可以看到自己的得分、其他被试的得分和操作情况，即每个人都可以得到别人的“直接评价”；在第二种情境中，被试看不到别人的操作，只能看到别人的得分，即获得“间接评价”；第三种情境，被试既看不到别人的操作，也看不到别人的得分，即每个被试的操作都“无评价”。结果发现，直接评价条件下，被试操作成绩最差，说明他们的动机水平大大提高，对复杂活动造成了抑制作用。而间接评价和无评价条件下的操作结果没有什么差别。这表明，动机水平提高到何种程度，依赖于活动者觉知他的操作正在被别人评价的程度。

(2) 评价者的身份和态度

一般来说,评价者越具有权威性,活动者的动机水平越高。一个演员,面对评委和面对观众,其动机水平是不一样的。对青年人来说,如果评价者是同龄异性,对其活动有较大影响,动机水平明显提高。这其中有性的吸引力在起作用。从态度上看,评价者越是正襟危坐严肃认真,对活动者的影响就越大;如果评价者漫不经心,则影响较小。

(3) 活动者的年龄和个性特征

活动者的年龄、气质、性格、情绪等方面的差异,受他人在场的影响也有差异。从年龄上说,儿童更在乎他人的评价,十分希望得到他人的肯定,有他人在场时,其动机水平比成人提高得更为明显。从性格上说,易受暗示、内向、谨小慎微、独立性差、缺乏自信的人对他人在场更为敏感些。从气质上看,胆汁质和抑郁质的人比多血质和黏液质的人更在乎别人的看法。另外,不同情绪状态下,他人在场对活动者的影响也不尽相同。

3. 注意力转移说

有心理学家从注意力分散与转移的角度来解释社会促进与社会抑制。该理论认为,当一个人在从事一项工作时,他人在场会造成注意力的分散和转移。如果从事不熟悉或难度加大的任务,需要高度集中注意力才能完成,此时分散注意力就会干扰工作的进度;如果从事熟练或简单的任务,工作者已经达到"自动化"程度,不需要全部的注意力,此时分散注意力不会降低工作效率。

二、社会惰化

社会惰化(Social Loafing)又称为社会懈怠,是指个人与群体其他成员一起完成一件事情时,会降低个人活动积极性,个人所付出的努力比单独完成时偏少的现象。法国人林格曼做了一个拔河比赛的实验,他发现随着人数的增加,每个人付出的努力程度会逐步下降。在研究中他让被试用力拉绳子并测拉力,实验包括三种情境:单独、3 人组和 8 人组。结果表明,独自拉时,人均拉力为 63 千克;3 人一起拉时,人均拉力 53 千克;8 人一起拉时,人均拉力只有 31 千克。

其他相关研究结果表明,社会惰化不但在拔河、鼓掌、叫喊等体力任务中出现,在智力任务中也会出现。

为什么会出现社会惰化现象呢?威廉姆斯、哈克斯和拉塔内在 1981 年的研究中设置了三种不同的实验情境,让被试单独大喊或在群体中大喊。一种实验情境是,让被试相信他们的表现总是可以被辨别出来的;在第二种情境中,则让他们相信只有当他们单独一人时才能被辨别出来;第三种情境则让他们的成绩永远不会被鉴别出来。结果显示,当被试觉得他们的努力在群体中不能被辨别出来时,成绩最差。由此证明当个体认为只有群体的成绩可以被识别,而个体的贡献不被识别时,社会惰化就会发生。因此,社会心理学家通过研究证实,出现社会惰化的原因,是个人的评价焦虑减弱,评价焦虑减弱使其对自己行为的责任意识下降,行为动力相应降低,从而导致努力程度下降。

卡洛和威廉姆斯为了解释社会惰化,对 78 个研究进行了元分析,提出了群体努力模型

(Collective Effort Model, CEM)。他们认为群体任务中个体的努力程度主要取决于两个因素:(1)个体认为他个人的努力对成功完成群体任务的重要性或必要性的大小;(2)个体认为群体成功的价值大小。当个体认为自己的工作会“淹没在群体之中时”就会在群体中松懈下来,没有人知道他们做得好不好,他们也不可能为自己的行为负责。因此,当群体规模越大时,社会惰化程度就越高。

如何减少社会惰化现象呢?我们可以使用一些方法:(1)单独评价。即不仅公布整个群体的成绩,而且公布每个成员的成绩,让成员感到自己的努力和成绩是可以被单独评价的。如威廉姆斯等的研究所示,如果让被试相信自己的行为效率和努力程度可以被鉴别出来,即使与群体一起完成一项工作,也不会产生社会惰化现象。(2)提高群体成员的责任心。使群体成员中的每个个体了解不仅自己是努力工作的,群体中的其他人也和自己一样努力。(3)控制群体规模。群体规模越大,社会作用力越分散,社会惰化就越严重,因此,在群体共同完成一项任务时,要注意控制群体规模不要太大。除了上述方法外,以群体整体成功为目标的奖励导向,增加工作本身的挑战性,增加群体的凝聚力等都能有效地减少社会惰化,提高群体工作效率。

专栏 8-1

体育比赛中赢得胜利的有利条件

1998 年,法国国家足球队击败巴西国家足球队赢得了世界杯冠军。胜利是否与在法国比赛有关呢?社会心理学家评估了主场比赛相比于客场比赛具有的各种优势。

研究表明,在竞争性比赛中,运动团队在主场比在客场发挥得要好。在美国和欧洲不同团队体育项目都记载了这种“主场优势”。例如,一项研究发现,无论是职业足球、棒球、橄榄球比赛,球队在主场赢的比率都高于其他场次。这种主场优势在篮球比赛中更为明显:职业队在主场赢得了胜利中的 65%,但非主场的比赛只赢了 35%。对 1976—1977 的美国职业篮球联赛的分析显示,即使是比赛排名最后的球队,主场也取得了胜利中的 60%。而即使是最终的冠军在客场的表现也相对不好。Schwarz 和 Barsky 得出结论,主场作战是球队表现的重要因素。

为什么在主场表现得比较好呢?这里有很多原因。对主场的熟悉和没有旅途的疲劳可能就是原因。在有些案例中,裁判可能会更偏向于主队。领地优势可能起到部分作用:主队可能由于是在他们自己的场地上,所以做得更好。从动物的领地行为来看,动物在自己的地盘争斗比在对手的地盘更有优势。这种领地优势的感觉也会提高人们的成绩。

主场比赛的最后一个优势是观众。在主场比赛比在客场拥有更多的拥护者。因此,运动团队在主场比赛时感觉到来自球迷的赞扬和支持。而客队感觉到受抑制,感觉到不被观众支持,甚至还有敌意。根据 Schwarz 和 Barsky 的研究,当观众的鼓励持续一段时间,并且在地点上集中时,观众的支持更为有效。这就能解释为什么室内比赛(例如篮球,观众席很紧凑)比室外比赛(例如棒球,观众席很大)主场优势更明显。

Baumeister 和 Steinhilber 发现了与主场优势相反的现象。他们认为当球队快要赢得冠军的时候,在支持的观众前比赛会增加他们的自我关注,从而影响他们的发挥。最后决定性的比赛在主场进行,会使球员接近“窒息”。为了验证这一假设,他们统计了美国职业篮球比赛的记录。发现在赛季初的比赛与以前的研究类似,主场更有优势。而到了赛季的后半段,球队在主场上的表现反而要糟糕。例如,在赛季初的两轮比赛中,60% 主场球队取得了胜利,而赛季的最后一轮比赛中,只有 41% 的主场球队赢得了胜利。因此,研究者认为,主场比赛一般是有优势的,但当赢得胜利的压力过大时,主场也会转变为劣势。这一结论后来受到很多研究者的质疑。Schlenker 和他的助手分析了近年来体育比赛的记录,得出结论,认为没有证据表明争夺冠亚军的比赛主队会表现为劣势。他们认为,无论是赛季初的比赛还是最后的冠军争夺战,如果要赢得比赛,没有比主场作战更好的了。

资料来源:S. E. Taylor, L. A. Peplau, D. O. Sears. 社会心理学:第十版[M]. 谢晓非,等,译. 北京:北京大学出版社,2004:343 - 344。

第二节　从众、服从与顺从

在社会生活中,从众、服从和顺从是个体接受社会影响的几种主要的方式。

一、从众

(一)从众的概念

究竟什么是从众?是否很多人喜欢喝茶,你也喜欢喝茶,就表明你在从众?又如公共场所禁止吸烟,抽烟者都自觉到吸烟区去抽烟,这是一种从众行为吗?大多数社会心理学家会同意,这些事例都不属于从众的范畴,群体在行为或态度上的一致性不一定就是从众,那么如何界定从众?综合社会心理学家的研究,我们认为,从众(Conformity)又称相符行为,是指群体成员在行为或信念上的改变,这种改变是真实的或想象的群体压力的结果。它在日常生活中是非常普遍的现象。如开会形成决议时进行举手表决,少数派由于多数人举手的压力而赞成多数人的意见等。“人云亦云”、“随波逐流”也都是从众的最好写照。

(二)从众的经典研究

社会心理学关于从众行为的实验研究很多,其中最为经典性的研究是谢里夫和阿希的实验。

1. 谢里夫的研究

谢里夫最早利用“游动错觉”现象设计了一个实验,因为人们常常在暗室里把静止不动的光点当成移动的。他要求被试者在暗室里各自独立估计一个实际静止不动的光点的移动范围,研究个人反应如何受群体反应的影响。谢里夫发现,当被试分别在暗室里单独估计光点的移动距离时,各人判断的差异极大,如有的被试估计光点移动了 2 英寸,而有的被试则估计光点移动了 7 英寸,这是由于被试在缺乏可供参照的背景条件下,分别建立了自己独立的参照系统。而当许多被试在暗室里一起估计时,差异量变得很小。显然,这是因为受到他人估计的影响而产生的结果,被试以别人估计的距离作为自己判断的参考依据,建立了共同的参照系统和准则规范,从而表现出从众行为。

2. 阿希的研究

阿希认为,谢里夫实验中的被试之所以从众,与谢里夫的实验是在一种模糊的情境中进行,被试对于正确答案十分不确定有关。那么当人们处于一个明确的情境中时,还会从众吗?为此,阿希设计了一个研究从众的独特方法。

在实验中,共有 7 名被试,其中 6 人是实验者的助手(即假被试),只有一人是真正的被试,真被试被安排在倒数第二个回答。实验材料是 18 套卡片,每套两张,一张画有标准线段,另一张画有比较线段(见图 8-2)。几个被试围桌而坐,面对两张卡片,依次比较判断 A、B、C 三条线段中的哪一条线段与标准线段等长。实验要求被试大声说出他所选择的线段。18 套卡片共呈现 18 次,前几次判断,大家都做出了正确的选择,从第 7 次开始,假被试故意做出错误的选择,实验者观察被试的选择是独立的还是从众的。显然,这是一个非常容易判断的题目,只要视力正常的人都能看出正确答案是 B。

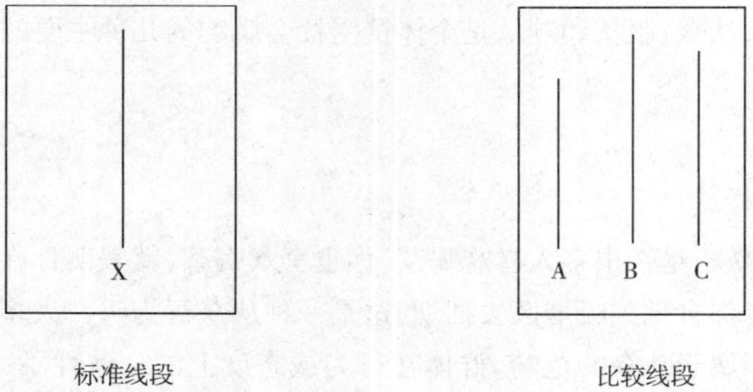

图 8-2　阿希的从众实验材料

由于判断起来很容易,被试单独判断的准确率超过 98%,因此阿希预测,从众的被试不会很多。但结果是,从众行为的数量相当可观。总体而言,被试平均在 3 次回答中有一次会附和助手的错误答案,76% 的被试有一次从众行为发生。

实验结束后,实验者个别访问被试,询问错误选择的原因,从被试的回答中,实验者可以将错误归纳为三种类型:

(1) 知觉的歪曲。被试把他人(假被试)的反应作为自己判断的参照点,根据别人的选择来指导自己选择"正确"的答案。

(2) 判断的歪曲。被试对自己的判断缺乏信心,认为多数人总比个人要正确些,发生错误的肯定是自己。在这种情况下的从众最为普遍。

(3) 行为的歪曲。被试虽然确认自己是对的,错的是其他多数人,但在行为上却仍然跟着多数人做出同样的错误选择。

后来，很多学者在不同的国家和地区重复了这个实验，实验都证实了从众现象的普遍存在，当然，从众行为还是存在文化差异的。

（三）从众的原因

人们从众主要有两个原因：一是为了做正确的事情；二是为了被喜欢。

1. 信息影响：渴望正确

从众的一个重要原因是其他人的行为通常能够提供十分有用的信息。这就是所谓的信息影响（Informational Influence）。每个人都有获得正确信息以确定恰当的行为方式的愿望。例如，一些报纸和杂志登载的健康指导上说牛奶可以补钙，每晚喝一杯牛奶，还有利于睡眠，于是大家纷纷订购牛奶。基于信息影响而产生的从众倾向依赖于情境的两个维度：人们认为群体掌握的信息程度以及人们对自己独立判断的信心。人们越相信群体的信息，越重视群体的观点，就越容易与群体保持一致。而任务越困难，刺激越模棱两可，人们对自己的判断越没有信心，也就越容易从众。

2. 规范性社会影响：渴望被喜欢

从众的第二个原因是人际关系的需要。人们有渴望被接受，希望获得其他人的赞同，并避免与其他人发生对立的愿望。这就是规范性影响（Normative Influence）。人们通常希望别人能够接受并喜欢自己，并能友好地对待自己。当人们在为获得社会接纳而改变自己的行为方式，使其符合群体的规范与标准时，规范性影响便起了作用。而由规范原因所引发的从众行为，并不是因为需要正确的信息来源，而是为了不让自己陷入孤立的困境或者遭到排斥。

在阿希的实验研究中，问题很简单，正确答案也显而易见。参与者并不需要从其他人那里获得信息作为判断的依据。但这时，规范性压力发挥了作用，即使在其他参与者都是陌生人的情况下，对成为孤独的异议者的强烈恐惧还是会引发人们的从众行为。与信息影响相比，规范性压力常常会导致人们公开顺从群体的信念和行为，但人们内心并不一定接受。

规范性社会影响在我们日常生活中的很多层面发挥作用。其中，时尚就是规范性社会影响的一个例证。

专栏 8－2

一种规范性社会影响：暴食症

克兰德尔对从众与饮食失调的关联非常感兴趣，曾针对暴食症做过相关研究。暴食症的特点是周期性、阶段性的暴饮暴食，然后又通过禁食、呕吐、腹泻等方法来清除这些食物。

克兰德尔的研究对象是来自两所大学女生联谊会的成员。研究发现，首先，每一个联谊会对于暴饮暴食都有自己的一套社会规范。在其中一个联谊会中，团体的规范是，吃得越多越受欢迎；而在另一个联谊会中，最受欢迎的是那些既不过分无节制，也不是从不暴饮暴食的女性。

那么，暴饮暴食是规范性社会影响的一种运作方式吗？是的。克兰德尔通过对女生一学年的测试研究发现,联谊会的新成员也必须接受并顺应朋友的饮食模式。也许,最初的从众行为是受信息影响,是新成员向团体学习如何控制体重的一种方法。但是,接下来规范性社会影响取而代之,女生必须使自己暴饮暴食的行为服从联谊会和朋友的标准。如果不采取这样的行为或者与其他人做法不同,女生很快就会不受欢迎甚至遭到排斥。

资料来源:阿伦森,等.社会心理学:第5版[M].侯玉波,等,译.北京:中国轻工业出版社,2007。

(四)从众的影响因素

影响从众行为的因素或条件大体可以从群体因素、情境因素和个人因素三个方面来分析。

1. 群体因素

(1)群体规模。从众行为与群体规模(Group Size)密切相关。阿希的实验改变了群体规模的大小。他发现2人比1人压力大,3人比2人压力大,4人与3人大致相似,人数增加到4人以上,并不能增加从众行为。于是他认为,在实验条件下,假被试在3人或4人时,被试从众效果最好(见表8-1)。如果假被试人数过多,反而容易露出破绽,并不能增强实验效果。可以认为,在真实的社会生活中情况有所不同,如果赞成某一观点的人越多,或采取某一行动的人越多,那么社会压力就越大,越容易使人们发生从众行为。

表8-1　群体人数与从众效果

群体规模（假被试人数）	1	2	3	4	8	16
平均从众次数	0.33	1.53	4.0	4.2	3.48	3.75
被试人数	10	15	10	10	50	12

米尔格拉姆等人曾经让其实验助手在一条热闹的街道上仰头看对面楼房第62层的窗户,当1人仰头看时,过路人停下来看的只有4%;当5人仰头看时,过路人停下来看的上升到16%;当10人仰头看时马上升到22%;当15人仰头看时,则达到了40%(见图8-3)。

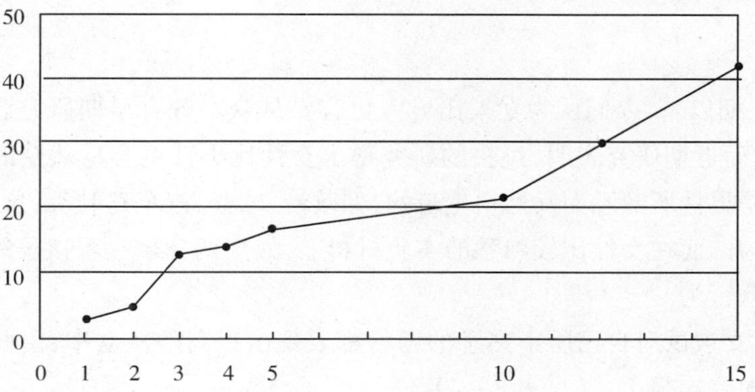

图 8－3　群体规模与从众

(2)群体凝聚力。群体凝聚力是指群体成员相互之间吸引的程度。凝聚力不同的群体对成员从众行为的影响也是不同的。实验研究证实群体的凝聚力越强,群体成员之间的依恋性、一致性及其对群体规范的从众倾向就越强。研究者发现,当群体成员之间相互吸引时,群体中多数成员的行为都会导致少数人极大的从众行为;相反,如果群体是一个松散的群体,群体成员分歧较大,则群体中的从众行为就会大大下降。

(3)群体的一致性。在阿希的数次实验中,故意让一个假被试提出异议,当被试面临的不是全体一致的意见的时候,被试的从众行为急剧下降,更值得注意的是,即使这位提出异议的人回答错误时,仍然会减低从众现象。这是因为这位持不同意见者大大缓解了被试们所面临的从众压力,对其他人起了支持与鼓励的作用。

(4)个体在群体中的地位。个人地位的高低会在群体结构中得到反映。群体中处于较低地位的群体成员,常常感到来自高地位者施加给他们的从众压力,而高地位者能影响低地位者,使之屈从于群体规范,是因为高地位者被认为有权力、有能力奖惩低地位者。此外地位高的成员自信能干、经验丰富、能力较强、信息较多,而地位低的成员很难影响到他们。一般来说,群体中的个体地位越高,越有权威性,就越不容易屈服于群体压力。反之,地位越低,就越易发生从众行为。

2. 情境因素

(1)信息的模糊性。要求被试判断的客体越是模糊不清,就越增加从众行为的可能性。在阿希实验中,如果 A、B、C 三条线长短相差无几,则被试的从众性大。多伊奇等人对阿希的实验加以改变,要求被试凭记忆做出判断,结果被试的从众行为大为提高。

(2)刺激物的内容。如果刺激物的内容是不涉及原则问题的,无关紧要的,人们较易从众;而如果涉及伦理、道德、政治等原则问题,人们不太容易从众。

(3)从众行为的公开性。在阿希的实验中,被试的从众行为是公开的,若是采取匿名的方式,则从众行为就会减少。多伊奇在实验中观察了被试在当众和私下两种情境下的从众行为。结果发现前者为30%,后者为25%。由此可见,匿名(Anonymity)情境降低了群体压力,削弱了被试的孤立感。可以说,从众行为公开程度越高,人们做出的独立行为就越少,从众倾向就越大。

3. 个人因素

(1)性别。长期以来,人们认为女人比男人更容易从众。曾有早期研究表明,女性的从众率高于男性,然而近期研究表明,过去的研究得出女性比男性更容易从众的结论,是因为选择的实验材料是男性所熟悉而女性很生疏的,如政治、球赛、汽车驾驶等,这会使女性表现出较多的从众行为。而在女性比较熟悉的实验材料上,如烹调、服装、看孩子等等,男性则会表现出较多的从众行为。

实验表明,男女被试对自己所不熟悉的题材都表现出很高的从众率,由此可见,两性之间在从众行为方面差异很小。(见表 8 - 2)

表 8 - 2 男女两性在不同题材中的从众量(%)

被试	题材			平均
	男性熟悉的	女性熟悉的	中性的	
男	34.15	43.05	39.65	38.95
女	42.74	34.55	39.10	38.80

(2)个性特征。个人的智力、自尊心、自信心以及社会赞誉需要等个人心理特征与从众行为密切相关。智力低下者,接受能力较差,自信心较低,思维灵活性不够,易产生从众行为。有较高社会赞誉需要的人,比较重视社会对他的评价,希望得到他人的赞许,因此也容易出现从众倾向。有学者比较了在焦虑量表测验上得分高低的情况,发现高焦虑者从众性较强。

二、服从

(一)服从的概念

服从(Obedience)是指个体根据社会要求、群体规范或他人意愿而做出的行为,这种行为大多是在外界压力的影响下被迫发生的。这里所说的外界压力包括两种情况,一种是在有组织的群体规范影响下的服从,例如遵守交通规则;一种是对权威人物命令的服从,例如下级服从上级等。

服从与从众之间有共同点,也有区别。服从和从众都是在社会或群体压力下的行为。对从众行为而言,个体虽然不是出于本意去做,但确是自愿按其他人的要求去做的,从众更多的是参照社会舆论;而服从是个体不愿意去做,但又不得不做,服从是执行社会或群体的明文规定或权威人物的命令。服从往往没有经历态度的改变。

(二)米尔格拉姆的服从实验研究

米尔格拉姆在美国耶鲁大学进行的服从实验是最具有影响的社会心理学研究之一。其服从权威的经典实验,取得了令人震惊的结果,并引起了广泛的讨论。

米尔格拉姆首先在报刊上登广告,招募受试者,结果有 40 名市民应招,他们是 20—50

岁之间的男性，从事各种不同的职业。通常情况下，社会心理学家实验研究的对象多为大学生，而米尔格拉姆的实验却以社会普通人群作为被试，其实验被试选择的广泛性使得研究结论具有更为广泛的意义。实验被试被告知将参加一项研究惩罚对学习效果影响的实验，他们两人一组，用抽签的办法确定一人扮演老师（真被试），另一人扮演学生（假被试）。老师的任务是朗读配对的关联词，学生则需要记住这些词，然后老师提出某个词，让学生在给定的4个词中选择一个正确的，如果选错了，老师就按电钮电击学生。

在实验室里，作为老师的被试坐到一台巨大的控制台前，上面有30个电钮，每个电钮都标有它所控制的电压强度，从15伏依次排列到450伏。电钮每4个一组，各组下面标有弱、中、强、特强、剧烈、极剧烈、危险等字样，最后两个电钮下面用"XXX"表示。学生则被安排在另一间屋子里的椅子上，让真被试看到"学生"被用带子固定到椅子上，并在其手腕上绑上电极。"老师"看不到"学生"，相互之间通过电信保持联系。

实验开始之前，实验者请"老师"接受了一次45伏的示范电击，虽然实验者说这个电击很轻微，但实际上已使被试感到难受了，目的是让其了解他将要给学生施加的电击是什么样的感觉。

在实验过程中，"学生"故意频繁出错。"老师"按照实验者的指示，每错一次就增强一次电击。从15伏到75伏，"学生"没有反应，随着电压的不断增高，"学生"开始叫喊怒骂，哀求讨饶，再后面猛击桌子，踢打墙壁，最后停止叫喊，似乎晕厥过去。实际上，作为"学生"的那个人并没有受到任何电击，他的呻吟、喊叫等反应都是事先安排好的录音。在整个实验过程中，实验者一直督促被试继续进行实验："请继续"，"实验必须进行下去"，"你必须继续下去"，并一再强调一切责任由实验者承担，与被试无关，让其放心。在这种情况下，是否会有人把电压升至450伏呢？结果是，有260个被试（占65%）服从了实验者的命令，不断加大电击等级，直到450伏。有一个文质彬彬的被试，在实验进行到21分钟时，内心冲突十分厉害，浑身抽搐，张口结舌，扭动双臂，嘴里不停地说着："让我们停止实验吧！"但是，他还是服从了实验者，把实验进行到了最后。当然，也有14个被试（占35%）进行了反抗，拒绝执行命令。（见图8－4）

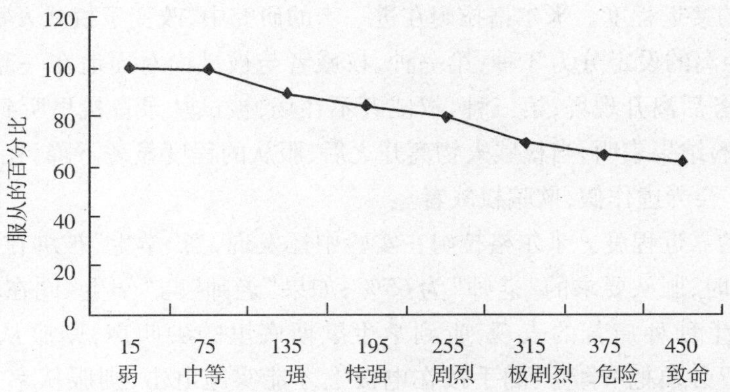

图8－4　米尔格拉姆的服从实验

米尔格拉姆的这个实验，在西方学术界引起了强烈的反响。一方面，有人认为这个实验赤裸裸地暴露了人的服从特性。另一方面，有人猛烈抨击这个实验，认为这种实验是违反道德的，会使被试体验到极大的良心谴责，生理和心理受到摧残。

如果进一步探讨这个问题，我们会发现，人们不会无条件地服从权威的一切命令。在涉及政治、道德等问题的时候，是否服从权威，绝不单纯取决于服从心理，而是取决于个人的世界观、价值观和政治立场。

（三）影响服从的因素

米尔格拉姆的实验结果让我们深思，人究竟在什么情况下会服从，什么情况下会拒绝服从？影响服从的因素有哪些？米尔格拉姆及一些学者经过进一步研究，认为与服从有关的因素有以下几方面。

1. 命令者的权威性

命令者的权威性对于被试的服从行为有很大的影响。权威人物更容易被他人所接受。在米尔格拉姆的实验中，发出指令的是耶鲁大学一位很有名望的心理学家，他宣布这个实验研究是一个非常重要的科学问题，这种权威身份增加了被试服从的可能性。米尔格拉姆通过进一步实验，验证了这一结论。在实验中，实验者向被试介绍实验目的及程序，当具有权威身份的实验者被事先安排好的电话叫走，然后由实验者助手接替了他的角色，而接替者像实验者那样命令并督促被试施行电击。在这种情况下，服从到最后的被试比例降低到了20%。这说明，高度的权威才能带来高度的服从，否则会降低服从的比率。

2. 服从者的道德水平和人格特征

服从者本人的道德水平对其服从行为有很大的影响，尤其在权威的命令违反了社会道德准则时，是否服从命令，与服从者的道德水平有关。米尔格拉姆采用科尔伯格的道德问卷对被试进行了测试，结果表明，道德发展水平直接与人们的服从行为有关，即个人道德水平越高，越倾向于按自己的独立价值观办事，服从权威的可能性越小。

3. 情境因素

（1）权威者的接近程度。米尔格拉姆在进一步的研究中，改变了权威人物和被试之间的物理距离，这种距离的设定分为3种：第一种，权威者与被试面对面地在一起；第二种，权威者向被试交代任务后离开现场；第三种，权威者不在场，被试从录音机里听到权威者事先录好的指导语。实验结果表明，当权威人物离开之后，服从的程度显著下降，在第二、第三种情况下，有的被试还会弄虚作假，欺骗权威者。

（2）受害者的靠近程度。米尔格拉姆在实验中还发现，当“学生”被绑在隔壁的房间里，与“老师”不见面时，服从要求的“老师”为65%；如果“老师”与“学生”同在一间房子里，比如让老师看到学生种种痛苦的表现，听到学生歇斯底里的尖叫声，则服从的数量降低至40%；如果“老师”必须把“学生”的手按在电极上才能实施电击，则服从率会进一步降低。可见，一个人对他人的伤害越直接，他感受到的压力就越大，做出伤害别人行为的可能性就越小，服从率就越低；反之，当一个人不是直接对他人造成伤害的时候，他感受到的压力相对较小,对别人做出伤害性行为的可能性就越大,越容易服从。社会心理学家分析,这一发现有着令人不安的现实意义。现代武器技术已经发展到控制武器发射的人丝毫不用接触受害者,只需要在室内按下电钮,这就意味着情境压力变小,这个时候人们更容易服从权威的命令,其后果不言而喻。

米尔格拉姆进一步研究发现,当被试看到其他人不服从的情形,服从就减少了。社会支持显著增加了人们对权威的反抗。这可能是因为,看到其他人不服从后,被试觉得如果他们继续进行电击,他们就要对行动后果负责。

专栏 8-3

动物的服从行为

猴子是如何学会服从的?有6只猴子被关在同一个笼子里,在笼子顶部有一个链条,一端用来悬挂香蕉,另一端用来与淋浴器喷头相连。当1只猴子伸手去拉香蕉时,所有的猴子都会被淋浴器喷出的冷水浇湿,而猴子是不喜欢水的。过不了多久,6只猴子就都知道这个香蕉是不能碰的。

之后,从6只猴子里取走1只,并放入1只新的猴子。而新来的猴子看见香蕉就想尝试拿到,但当它往上爬时,其他5只猴子会制止它的行为。不久,这只新来的猴子也知道香蕉是不能碰的,它必须服从另外5只猴子的命令。然后旧成员被依次取出,同时新猴子被不断放入,每放入1只新猴子的同时,都取出1只原来的猴子。每次新猴子想取香蕉的时候,这样的教训都会重新上演一次。很快,最初在笼子里的6只猴子全都被替换出去,而香蕉依然完好无损。虽然后来的猴子从没有被冷水淋湿过,但它们从不去询问不能碰香蕉的原因,它们只管服从。

"猴子实验"是西点军校进行的一项经典实验,它确切地说明了士兵们是如何学会服从的。不假思索地把一些自己已有的体会教给他人,并且让他人绝对不能违反,这就是服从。

资料来源:崔丽娟,才源源.社会心理学 解读生活 诠释社会[M].上海:华东师范大学出版社,2008。

三、顺从

(一)顺从的概念

顺从(Compliance)是社会影响的重要方式之一,是个体接受他人的请求,并使他人请求得到满足的行为。

顺从与从众和服从的区别:从众和服从行为是群体与个体或群体与群体的关系,而顺从行为是个体对个体的影响,是单一行为针对单一要求的改变。顺从和服从的区别在于:从有无强制性来看,顺从来自他人的请求,是非强制性的,而服从来自他人的命令,是在巨大的外界压力作用下产生的行为,带有某种强制的特征;从发生者与接受者来看,服从的命令者与服从者之间往往存在规定性的社会角色,如老师与学生、上级与下级,而顺从的请求者与顺从者之间并没有规定性的社会角色关系的束缚,各种人际交往之中都可以产生顺从行为。顺从与从众的根本区别在于:顺从在行为符合外界要求的同时,顺从者在思想上、态度上并没有随之改变。也就是说,放弃原来的意见,屈从于群体压力,附和大家意见的,是从众行为;保留自己的观点,只是为了符合群体或他人的期望做出权宜性的行为改变,是顺从行为。

(二)促进顺从的技巧

如何促使他人顺从?社会心理学家对此进行了深入的研究,提出了几种增加顺从的有效策略。这些策略主要是从推销过程中发展演化而来的,但现在其应用范围已不仅仅局限于推销领域。

1. 登门槛技巧

登门槛技巧(Foot-in-the-door Technique)原意指推销员只要把脚踏进人家的大门,最后就能成功地让人家买他的东西,实现推销的目的。社会心理学家将登门槛效应应用到心理学领域,泛指在提出一个较大要求之前,先提出一个小的要求,从而使别人对较大要求的接受性增大的现象。“登门槛”效应又称为“得寸进尺效应”。最先采用实验方法验证登门槛效应存在的社会心理学家是弗里德曼和他的助手。他先让助手访问郊区的一些家庭主妇,请她们为了美化环境,在窗户上贴一些小标记或为了维护交通安全在请愿书上签名,这些都是小而无害的要求,主妇们都接受了。两周后,实验者再次访问这些主妇,要求她们在今后两周时间里在门前草坪上竖一块并不美观的呼吁安全驾驶的广告牌,这是一个大要求,同时实验者也访问了一些以前没有访问过的家庭主妇,提出同样的要求。结果发现,答应了第一项请求的人中有55%接受了这项要求,而在那些第一次没被访问的家庭主妇中只有17%的人接受了该要求。可见,先提出小要求增加了对方接受大要求的可能性。

心理学家普利纳和其助手研究发现,如果直接提出要求,多伦多城郊仅46%的居民愿意为癌症协会捐款,但若分两步进行,先请人们佩戴一个宣传纪念章,第二天再请他们捐款,愿意捐款的人数几乎增加一倍。那么,登门槛技巧为什么能加强人们顺从他人的倾向呢?社会心理学家认为,人们都有保持自己形象一致的愿望,一旦表现出助人、合作的言行,即便别人后来的要求有些过分,人们也愿意接受。

2. 门前技巧

门前技巧(Door-in-the-face Technique)也被称为“留面子”技巧,与登门槛技巧相反,是指人们拒绝了一个较大的要求之后,对较小要求接受的可能性会增加的现象。西奥迪对此进行了研究,他先要求大学生每周抽出2小时的时间参加一些青少年的活动,这是一件费神的工作,而且由于大学生没有那么多的时间,几乎所有的大学生都拒绝了。接着,研究者又提出了第二个小要求,问他们是否愿意参加“一次”这样的活动,结果50%的大学生接受了这一要求;而没有经过大请求的控制组只有不到16.7%的人同意了后面的小请求。那些拒绝了第一个大要求的学生认为不接受小要求会损害自己富有同情心、乐于助人的形象,所以会欣然接受第二个小要求,愿意做些让步,给别人留点面子,因此这一技巧又称为“留面子效应”。

社会心理学家认为,门前技巧效应产生的原因在于人们内心深处的内疚感。值得注意的是，门前技巧的使用必须满足三个前提条件：第一，最初的要求必须很大，要避免人们因拒绝而对自己产生消极的推论；第二，两个要求提出的时间间隔不能过长，过长的话内疚感就会消失。这一点与“登门槛技巧”不同，后者具有长期性；第三，两个要求必须由同一个人提出，如果换了其他人，门前技巧效应不会出现。

3. 低球技巧

低球技巧（Low-balling Technique）的具体做法是先提出一个小要求，待别人接受这个小要求后马上提出一个别人要付出更大代价的要求。这同样是从推销策略中引申出来的社会心理技巧。例如，在商品销售中，商家一开始往往把价格标得很低，等到顾客同意购买后，又用种种借口加价。研究证实，这种方法可以使人最后接受较高的价格，但如果一开始就标出较高的价格，顾客就难以接受。低球技巧和登门槛技巧虽然都是两步式渐进策略，先提出小要求，再提大要求，但两者之间是有区别的。其区别在于，登门槛技巧的两个要求之间有时间间隔，而低球技巧没有。登门槛技巧的两个要求之间没有直接的联系，而低球技巧的两个要求之间是直接相关，且密切联系的，是围绕同一件事情提出来的。

4. 折扣技巧

折扣技巧（The That's-not-all Technique）的做法是先提出一个大要求，在对方回应之前赶紧打折扣或给对方其他一些好处。和门前技巧不同的是，折扣技巧不给对方拒绝大要求的机会，往往通过折扣、优惠等方式诱导对方接受这一大要求。

布尔格用实验证明了折扣技巧的有效性。研究过程如下：实验者在校园里卖蛋糕，先把一块蛋糕和两块小甜饼包装在一起卖，并告知其价值为75美分。在这种条件下，有40%的人最终购买了蛋糕。而利用折扣技巧时，人们首先被告知每块蛋糕75美分。稍后，又被告知这75美分除了可以购买一块蛋糕之外，还能额外获赠两块小甜饼。在这种条件下，73%的人最终购买了蛋糕。

5. 引起注意技巧

引起注意技巧（The Pique Technique）也是引起顺从行为的技巧。这种技巧主要基于这样一种观念：人们有时会在没有对要求进行思考之前就拒绝了该要求。在现代社会的许多城市中，经常会有乞丐向行人要钱。很多人对于不断遇到乞讨行为感到厌烦，因此常常是看也不看继续赶路，根本没有对这种乞讨行为进行任何思考就拒绝要求。

心理学家Michael等认为，要想获得乞讨成功，乞丐就必须以某种方式引起行人的注意，进而引起他们对乞讨行为的思考，增加其对乞讨行为做出顺从反应的可能性。为了研究这种引起注意技巧，一些心理学工作者进行了实验，到大街上找行人要钱。实验分两种情况进行，一种是常见的乞讨：“可怜可怜我，给点钱吧。”另一种运用引起注意技巧，实验者采用了一种新奇的方式乞讨：“给我17美分吧”或“给我37美分吧”。与实验者的设想一样，新奇的乞讨方式激发了行人的兴趣，行人更多地对乞讨行为做出反应，新奇的乞讨方式也增加了乞讨人的被接受程度和值得同情感，在这种情况下约有75%的行人进行了施舍；而对常见的典型乞讨则只有23%的行人进行了施舍。采用新奇方式乞讨所得到的钱的总数要高于一般的乞讨所得到的钱数。

第三节　模仿、暗示与感染

一、模仿

模仿是一种普遍的社会现象，从个体无意识的动作，到衣食住行，以及风度、行为方式、工作方法，乃至于整个社会生活的风俗、习惯、礼仪等，都存在这一现象。

（一）什么是模仿

模仿是指在没有外界控制的条件下，个体自主地仿效他人行为而活动的过程。模仿有如下特征：一是非控制性，模仿不是由他人或社会控制的行为；二是表面性，模仿是对他人行为的模拟、仿效，而非对榜样内心世界的认同，仅仅是对他人行为的再现；三是相似性，模仿者发生的行为与榜样行为相似。如，有的女中学生看了电视剧《还珠格格》后，就按照小燕子的行为方式待人处事。模仿是学习和习惯形成的方式之一，也是社会影响、人际相互作用的重要方式。

模仿只能是对外显行为的模仿，而不能是对他人的内隐心理的模仿。一个人的深刻情感体验就无法模仿。例如，高贵的气质、潇洒的风度就很难模仿。因此，有人说培养一个贵族需要几代人的努力。当模仿达到内在的更深层次时，个体就表现出认同了。对个体来说，模仿是其实现社会化的一种手段；对整个社会来说，模仿可以促进社会的整合和发展，有利于建立和维持社会关系。

模仿可以分为有意模仿和无意模仿两大类。有意模仿是自觉地学习他人行为，在理性指导下进行仿效的行为。有些有意模仿是盲目模仿。即模仿者并不理解他人行为的意义，也不知道他人为什么要这样做，“东施效颦”就是这样一个例子。当然，也有一些模仿，是在懂得他人行为意义基础上的模仿，譬如到一个陌生的人家做客，怕自己举止失当，就会格外注意模仿别人。一般情况下，有意模仿者了解他人行为的意义，了解自己的行为与他人行为的差异，会不断调整自己的行为以与他人相仿。这是人类学习的一条重要途径。无意模仿是模仿者在没有意识到自己行为意义的情况下，不知不觉地仿照他人的行为。这种模仿大多是由于模仿者生活在一个特定的环境中，长期受影响而不自觉地模仿他人。

当然，模仿受到许多因素的影响，如年龄、地位和类似特质等。一般地说，模仿行为在年龄较小、地位较低的以及具有相似人格特质或生理特点的个体中，更容易产生。

（二）关于模仿的研究

法国社会心理学家塔尔德最早对模仿进行了研究。作为一名研究犯罪行为的法学家，塔尔德非常重视模仿在犯罪活动中的重要作用。他由于撰写了《模仿规律》而名声大振。在他的著作中，他把模仿视为犯罪的基本规律，并且用模仿来解释诸多社会现象。他在该书中，为模仿制定了这样三条亚定律：(1)下降率，即下层阶级具有模仿上层阶级的倾向；(2)几何级数率，即在没有干扰的理想状态下，模仿行为将以几何级数的速度增长；(3)先内后外律，即个体对本土文化及其行为方式的模仿与选择，一般总是优先于对外域文化及其行为方式的模仿。塔尔德与鲍德温等人都把模仿看成一种先天的倾向，他们认为用本能来解释人类的各种活动的观点是错误的，它把人类活动降低到动物的水平。他们过分夸大了模仿的作用，犯了那个时代常犯的崇尚“单一理论”的错误。

同本能说相对立的理论是社会学习论。这种理论的代表人物有米勒、多拉德和班杜拉等人。米勒用白鼠做实验，或以儿童为被试进行实验，都得到同样的结果：模仿是后天通过强化习得的。班杜拉作为模仿研究领域最重要的理论家，肯定了模仿是后天学习的结果，但是他不同意米勒的简单说法。他指出强化与行为有关，而与学习无关。他通过实验发现，成年人的攻击行为如果受到奖赏，小孩就会模仿这个成年人，这就是说强化与小孩的模仿“行为”有关。实验者后来告诉这些小孩说，如果他们能表现出成年人那样的攻击行为，就可以得到很高的奖金，于是，所有的小孩都成功地再现了成年人的攻击行为，这就是强化，与小孩的“学习”无关。

班杜拉等人还通过一项有趣的实验发现，孩子们倾向于模仿有权威的成年人。实验者把被试组成一个个的3人群体，3人中一个是上幼儿园的小孩，还有一男一女两个成年人，构成类似一个核心家庭。两个成年人中的那个男人（或者女人）有权力决定另外两个人谁能玩那些诱人的玩具。这种关系就造成两个成年人的地位不同：一个有权威，一个没有权威。实验表明，无论是男孩还是女孩，他们都倾向于模仿那个有权威的人，而不管这个人是男的还是女的。

二、暗示

（一）暗示的概念和种类

暗示是社会影响的主要形式之一，是指采用含蓄、间接的方式，发出某种信息，以此来对他人的心理和行为产生影响的行为。暗示不需要讲道理，关键是让对方不假思索地接受。暗示同命令和指示、劝导和教育是有明显区别的。

暗示可以是语言的、行动的、表情的，也可以是某种符号的。商店里新到了一批时令服装，橱窗里摆了一个穿上新服装的石膏模特儿，你看到了，这对你就是符号暗示；你看到一些人在商店里排队买这种衣服，这对你又形成行为暗示；某人买衣服后喜形于色，这对你又形成表情暗示；而某人买了衣服后赞不绝口，说价廉物美，这是语言暗示。但是这些符号、行动、表情和语言，都没有直接“号召”你去买衣服，只是用含蓄的间接的方法达到这种效果。发出暗示的人，有的是有意的，有的是无意的。在上面讲的例子中，用商品模特儿进行暗示，显然费了商店职工的一番苦心；而顾客排队买衣服等形成的暗示则是无意的。

1901年，美国社会学家罗斯在《社会控制》一书中首次提出了“社会暗示”的概念。此后不久，俄国心理学家别赫捷列夫进一步阐述了暗示在社会生活中的意义。

在社会心理学的研究中，人们根据不同的标准将暗示划分为不同的类别。最常见的划分是社会心理学家孙本文在其《社会心理学》一书中所做的划分。他把暗示分为四类。

1. 直接暗示

凡是将某一事物的意义直接提供给对方，使其迅速而无意识地加以接受的暗示，称为直接暗示。其特点在于直截了当，不仅迅速，而且被暗示者不会对信息产生误解。“望梅止渴”就是直接暗示的例子。曾有一位化学教师向学生出示了一个玻璃瓶，并告诉学生瓶内装有一种恶臭的气体会很快散发开来，他将把瓶盖打开，谁闻到恶臭气味请即举手。说完，就打开瓶盖。15 秒钟之后，坐在前排的很多学生都举起了手；1 分钟之后，又有 3/4 的学生都“感到了”气味。实际上，瓶子里并没有恶臭气体存在，它只是一个空瓶子而已。在这里，化学教师将“瓶中装有恶臭气体”的意义提供给学生，由于他的身份的缘故学生们便迅速而无意识地接受了，这样便发生了暗示作用。

2. 间接暗示

这是一种主要的暗示手法，即暗示者不显露动机，不明确指明事物的意义，而是将这事物的意义间接提供给对方，使其迅速而无意识地加以接受。据说，美国某市图书馆工作人员，发现一些青年喜欢阅读低级趣味的小说，他十分担忧，于是设法在这些小说封面和背面加一标签，介绍说，此类书籍尚有某书某书等。而他所介绍的书籍都是健康小说。不久，工作人员发现这些青年都开始阅读此类健康小说了。后来他又设法再去介绍内容更优的小说。而青年的阅读兴趣变得更加健康起来。间接暗示一般不会使接受者产生心理抗拒，所以其效果往往大于直接暗示。

3. 自我暗示

暗示信息来自本人，称为自我暗示。自我暗示对自身可以产生积极的作用，也可以产生消极的作用。一个人的自信心其实就是自我暗示。当一个人在面临具有挑战性的工作时，如果能够看到自身的力量，并且有勇气来承担这一任务，那么他能很好地完成任务，如果缺乏自信心，则往往做不好工作。

自我暗示对个人的心理和生理有着重要的影响。比如某人怀疑自己吃饭时误吃了一只苍蝇，非常恶心，焦躁不安，以致得了病，无法康复。医生用致吐的药使他呕吐，在呕吐的物质中偷偷放入一只苍蝇。病人见后心情马上愉快起来，病也就好了。

4. 反暗示

反暗示也是暗示，是指暗示者发出的刺激引起受暗示者性质相反的反应。中国古代的笑话“此地无银三百两，隔壁王二不曾偷”就是一例。在现实生活中，“声东击西”、“欲擒故纵”、“请将不如激将”等也都利用了反暗示的作用。

（二）影响暗示效果的因素

影响暗示的因素很多，一般可将这些因素划分为以下几点。

1. 受暗示者的年龄与性别

有学者曾经做过这样一个实验，他让助手向 27 位儿童做了 5 分钟演说，然后离去。实验者问儿童，刚才这位先生哪一只手拿着帽子？其实他的助手演说时一直戴着帽子，但其中有 24 个儿童回答说，他是用右手（或者左手）拿帽子了。可见，在一些充满暗示性的问题上，儿童非常容易接受暗示。这与儿童知识少、经验少、缺乏思考力、容易轻信他人有关。

但从另一方面看，年龄越小的儿童又越不会被暗示。由于年龄小、知识经验少、切身感受亦少，因而无法接受暗示，暗示效果无从产生。我们曾做过一个暗示实验，发现年龄越大，暗示镇痛效果越好，尤其是老年人，他们在生活中对于酸、胀、麻等本体感觉有体会，故当作伴针刺时，暗示镇痛效果就大些；年轻人（包括少年）由于无此体会，故不能发生暗示作用。由此可见，暗示的效果在与年龄有关的同时，和暗示内容与该年龄段本身的相关性还有联系。

暗示的效果表现出性别差异。美国学者勃朗曾研究过暗示的性别差异，发现女子比男子更易接受暗示。许多社会心理学家指出，由于女子富有感情，当情绪高涨时最容易受外界影响，较易受暗示。另外，女子受的教育不同于男子，女子往往对男子表示顺从，较易受暗示。罗斯指出，若女子在社会上与男子具有同样的社会地位，参加同样的社会活动，这种暗示效果的性别差异就会小很多。

2. 受暗示者的心理状态

研究发现人们在疲倦时易受暗示，精神振作时则不然；人们对于毫无经验的事物易受暗示，对于具有充分了解的事物则不然。人们对于喜好的事物或习惯的行为易受暗示，反之则不然。一般而言，意志坚强者或感情冷漠者均不易受暗示。可见，心理状态对暗示效果存在一定的影响。

人格的倾向性也与受暗示的效果有关。从独立自主的倾向来看，一种人缺乏主见，随波逐流，他们容易接受暗示者的影响；另一种人独立性很强，他们往往具有反暗示性，反对顺从，反对压服，特别是当知道（意识到或猜到）他人企图施以暗示影响的时候，更不会接受暗示，所以暗示者施加的暗示就不起作用。

3. 当时的情境

人们是否接受暗示，往往与当时的情境有关。奥尔波特指出，人们往往屈服于多数人的意志。

社会心理学家穆尔曾做过一项有关暗示的实验，内容是关于学生的语言及道德行为的判断。在第一轮实验中，主试对学生不做任何暗示。在第二轮实验中，内容与第一轮实验相同，只是告诉学生说，多数人都已给出答案，并告知答案。然后比较实验结果发现：学生中改变自己原来的答案而选择多数人意见的人数与坚持自己原来意见的人数的比例为 5:1 。

4. 暗示者的影响力

人们在社会生活中相互发生影响，但有人影响力很大，有人则很小。罗斯指出，凡是最有影响力的人，就是最有力量的人。罗斯指出 9 种影响力与所属的 9 种阶层和阶级，后有学者又补充 1 种。（参看表 8－3）

表 8－3　暗示者的影响力

影响力	数量	年龄	体格	神圣	思想	地位	金钱	灵感	学问	门第
所属阶层	群众	老者	壮士	教士	哲学家	官员	资本家	先知先觉	专家学者	贵族世家

拥有上述10种情况中任一种的人都具有影响力,其产生的暗示作用最大。生活中确有这样的情况,同样一句话,出于有社会地位的人,比普通人说更有效果。

5. 暗示刺激的特点

暗示效果大小与暗示者出示的刺激特点有关。一种刺激经过多次反复,更易发生效果。有些商业广告往往连续刊登,甚至终年不停,其他如标语、座右铭等,若能经常出示,总会发生暗示作用。刺激若能从多方面发出,则其暗示效果更大。有些商业广告不仅反复刊登,而且同时刊登在几种报刊上,甚至同时登载在几个城市的报刊上,暗示效果尤佳。总之,任何暗示刺激,其表现的范围愈广,区域愈大,分量愈多,而又不断反复,其暗示效果必然愈大。

暗示刺激的特殊性或具有新奇性都较易使暗示发生作用。人们对于环境中的事物,总是注意其特殊的或新奇的方面,容易接受其暗示。

三、感染

感染是指个人的情绪反应受到他人或群体的影响,个体对他人或群体的某种心态的无意识、不自觉的遵从。感染具有下面几个特征:(1)感染这一社会影响的实现并不通过使受感染者接受某种信息或行为模式,而是通过传播某种情绪状态实现。(2)感染者和被感染者可以相互转变,两者的情绪影响在社会感染过程中反复循环和强化。因此,感染不同于模仿和暗示,是双向乃至多向的相互影响。(3)发生在较大团体内的感染,由于情绪的反复循环和震荡,可能引起更为强烈的、冲动的情绪爆发,甚至导致一些非理性的行为发生,如球迷斗殴等。

感染是人类社会中普遍存在的一种影响方式,当参与者的态度、信仰、价值观、年龄、性别等条件十分接近时,个体乃至群体的感染就十分容易发生。

第四节　时尚、流言与舆论

一、时尚

(一)时尚的定义及其分析

时尚(Fashion)亦称流行,是一种普遍的社会心理现象,指社会上新近出现的或权威人物倡导的事物、观念、行为方式等被人们接受,进而迅速推广之后又消失的过程。时尚总是带有时代的特点、时代的风貌。瓦勒士指出,许多社会生活内容都有流行的因素,如服装、建筑、汽车、发型、饰品、居室设计甚至休闲方式等等。时尚表现为三方面的含义:(1)人们对某种生活模式的随从和追求,涉及范围十分广泛;(2)被相当多的人随从和追求的某种生活方式;(3)在一个时期内的社会现象,过了这个时期之后就不再流行。

时尚可以根据表现程度和持续时间的不同,分为时髦、热、时狂三种类型。

时髦是时尚或流行的一种典型表现,是偏离传统行为而倾向于当前新颖入时的生活方式。它发端于少数人身上,以后逐渐为人效仿。在现实生活中它常指时尚的初始阶段。

当不少人都来赶时髦时,它就成了“热”。“热”是一种短期流行的生活方式。对于为什么要采取这种方式,要达到什么目的,人们并没有认真思考,只是受到他人的暗示,凭一时兴趣来模仿,因此“热”难以持久。

时狂(Fad)是时尚的狂热表现,是热情追求某种生活方式而缺乏理智的倾向。相传17世纪在荷兰曾发生过郁金香时狂。当时许多荷兰人,不论穷人还是富人都不事生产,而以高价买入郁金香为荣。当人们认识到郁金香并无特殊价值时,便出现了竞相抛售的局面,致使花价陡跌。一大批无法卖掉手中用重金购买的郁金香的花主们,顷刻间成了穷光蛋。时下,社会上有些青年对某些歌星、影星的迷恋几乎达到了狂热的程度,出现了一批所谓的“追星族”、“粉丝”和“发烧友”,这正是时狂的表现。

(二)时尚的特点

时尚的特点表现为:

第一,新奇性。这是所有时尚项目最显著的特征。一个新近出现的现象必须具有新、奇、特三个特点,才能与众不同,被人们所追随,这是时尚、流行的基础。

第二,时效性。时尚的时效性体现在其扩展与蔓延的速度很快,消失的速度也很快。例如,社会上曾一度流行开发儿童智力的玩具——魔方,一时间在全国各大城市十分流行,发展得特别快,但没多久,它就在市场上销声匿迹了。在现代社会,电影、电视、杂志,尤其是互联网等传播工具日渐普及,大量的宣传媒介也加速了流行的兴衰。不过,不同流行项目的时效性有所不同,比如服装的流行相对来说,有一定的持续性,而流行歌曲、玩具之类,其兴衰速度较快。

第三,周期性。时尚虽然持续时间短,但其变化出现周期性的反复。今天时髦的事物,一段时间之后也许就变成陈旧的东西;而今天已经陈旧的事物一段时间之后可能又被看作是新的。美国学者克鲁伯就曾研究过妇女时装的变迁,他发现1844年至1919年这段时间里,时装的变化大约每5年到25年就会出现一个循环。当然,现在妇女时装的变迁速度要快得多。

第四,常态性。人们追求某种生活方式呈“常态曲线”。追求新奇、时髦事物的开始总是少数人,大多数人是随从者。当大多数人加入流行行列时,少数人又去创导新的流行项目了。社会上某些有地位的人往往处于流行的领导地位。如果一种风尚发生在权威身上,则其流传速度更快。

(三)时尚的社会心理机制

时尚不具有社会强制力,因此,人们追求时尚更多是为了满足心理上的种种需要。

1. 从众与模仿

人们为什么会发生模仿行为呢?在20世纪初,以塔尔德和麦独孤为代表的一些社会学家和心理学家把模仿看作一种先天倾向。塔尔德用模仿来说明流行这一社会心理现象。他说,1个人创始,99个人学样。风俗是对过去事物的模仿,时尚就是对现在事物的模仿。麦独孤认为,人类有一种天然的冲动去照样做其他人的行为。而行为派则强调模仿是社会榜样的影响,可以通过学习榜样的行为而发生。不管模仿是先天倾向还是后天习得的,它都是客观存在的,是人们追随流行与时尚的心理机制之一。人们对时尚事物的模仿分为虔诚性模仿和竞争性模仿,两者都是赶潮者模仿领潮者,前者的目的是出于对模仿者的尊敬,后者是为了要赶上或胜过被模仿者。除了模仿,从众也是流行和时尚的心理机制之一。麦独孤认为,人类有合群、服从的本能,为了与周围人保持一致,避免处于孤立状态,会选择从众或服从行为。流行和时尚一旦传播开来,便形成一股社会力量,这股力量作为群体的追求目标会对人们造成无形的压力,人们为了求得与大众的一致,会先后步入赶潮者的行列,成为流行和时尚推波助澜的大众力量。

2. 求新欲望

人类本能地具有对新鲜事物的渴望,以及对陈旧事物的厌弃的基本心理倾向。这种心理倾向与追求时尚有着密切的关系。麦独孤、托马斯等社会心理学家均指出“求新”与“好奇”是人的本能需求。而流行和时尚本身的新奇性特点恰好以其不断变化的新面目来满足人们的这种需求。

3. 自我防御与自我展示

社会地位较低,受到种种束缚或自卑的人,往往用追求某种时尚的方式来进行自我防御。于是,他们或者为了发泄自己被压抑的感情而追求流行,或者为了克服自己的劣等感而追求华丽的流行项目。例如,美国黑人的社会地位很低,他们特别喜欢最新流行的奇特华丽的服装。又如,不受同学和老师欢迎的学生,总想用些流行的新奇词语、标新立异的行为来消除自己的自卑感。这些都是为了自我防御。

当然,更多的人是为了“张扬个性”、“标新立异”而追求流行和时尚,他们认为这样可以表现自己的个性、品味、地位,有助于个人魅力的提升,在这种动机下追求流行和时尚是为了自我显示(或自我展示)。

从时尚的社会心理机制可以看出,人们在追求时尚的过程中,既要求同于人,又要求异于人。当一个流行项目刚刚兴起之时,人们为了标新而追求流行,当该项目广为传播时,人们因趋同而追求流行,当该流行项目持续一段时间,变得司空见惯、毫无新意时,人们又产生厌弃心理,开始追求其他一些新颖的事物,于是,新一轮的流行又开始传播。求同和树异这一对互为矛盾的心理动机,使得人们在社会生活中相互模仿、相互追逐、相互竞争,简而言之,人类的心理欲望充满矛盾性,这使得流行和时尚具有了不稳定性和变动性。

二、流言

(一)流言的定义及其分析

流言是指相互传播的关于某现实社会问题的不明确的消息,一般是口头的、非形式化的和非官方的。流言和谣言不同,谣言一般都怀有恶意,其目的就是造成某种恶果。而流言则往往由于无意的讹传所致,流言有时也会造成很严重的后果。两者的区别在于动机不同,其共同点是,它们都缺乏明确而可靠的事实根据,但都能广为传播。所以,人们常将二者放在一起讨论。

导致流言产生的因素十分复杂。按照奥尔波特的观点，流言的产生与事情的重要性和信息的模糊程度有关，用下式表示：

流言强度 = 事情的重要性 × 情况的模糊程度

也就是说，流言的产生需要具备两个基本条件：一是多数人对某一事件关心或感兴趣；二是大家都缺乏该事件的相关信息。在传播渠道不畅的情况下，人们急于了解事情的真相，那些街谈巷议、毫无根据的断言、“小道消息”就会乘虚而入，填补信息不明造成的空白。

在出现水灾、地震等自然灾害的时候，在出现战争、经济恐慌和政治动乱的时候，大家的情绪激动不安，正常的信息沟通渠道又可能中断，因此，流言会比较多。一个国家进行改革的时候，打破了人们习惯的生活工作方式，一部分人会产生一种难以名状的忧虑和恐惧感，此时也容易出现流言。

（二）流言传播过程中的特点

奥尔波特提出了流言讹传的三大特点，它也是流言讹传的主要原因。

（1）锐化，也叫磨尖。即传播者对传给他的信息断章取义，在信息传播过程中遗漏掉许多信息，使信息越来越失真。

（2）调平，也称削平。是指突出某些具体细节或把传给他的信息的某些情节进行重新编排，这就使得流言进一步失真。

（3）同化。是指传播者根据自己的经验，对传给他人的信息进行润色，使之更能符合他的态度和需要，这使流言的内容与原来的事实相距甚远。

三、舆论

（一）舆论的定义

舆论（Public Opinion）又称社会舆论，它实质上是对社会存在的反映，是众人对普遍关注的社会事件或社会问题公开表达的一致意见，或者说是信息沟通后的一种共鸣。它反映了公众的知识水平、道德水平、价值取向、需要和期望。舆论包括自上而下的舆论和自下而上的舆论两种，前者是政府部门通过大众传媒的大力宣传而形成的，如电视台的“全国质量万里行”活动；后者是非官方、无组织、自下而上自发形成的，如群众的“医疗改革”呼声。

（二）舆论的特征

作为大众心理之一的舆论具有一系列的特征。

（1）为多数人赞成与支持。舆论作为一种公众意见，为多数人赞成与支持；相反，社会上某种意见，未能取得人们的赞成与支持，那么这种意见不能称之为舆论。例如，社会对于当前房价问题、教育问题等的看法，是为许多人所赞成的，故可以说其是代表社会的舆论。

（2）舆论总是涉及社会的安宁与幸福的问题。它总是针对社会上出现的某些特殊现象，这些特殊现象违反社会固有的风俗传统、伦理道德，不利于社会的安宁与幸福，于是人们会做出种种议论。例如，我国一些地方出现了小辈虐待老人的情况，引起人们的关注，人们纷纷提出老年人的社会保障问题，在社会上形成了一种关心老年人的舆论。

(3)舆论含有合理性。舆论的形成是需要经过一个时期的酝酿与讨论的,其合理的部分被采纳。

(4)舆论的有效性。某种意见能否成为舆论,取决于这种意见能否产生社会影响,能否推动或阻碍社会上的某种行为。

(5)舆论不是政府的意见。政府提出的公告、宣言、政策等往往是充分研究社会上流行的舆论之后提出的,提出之后政府也密切关注社会对它们的舆论,以便必要时及时修改。

(6)舆论的多元化。由于社会群体的多样性与复杂性,社会舆论不可能完全一致,而是多元化的。人们对于所发生的某种事件不可能有一致的舆论,往往是“公说公有理,婆说婆有理”,这样就形成不同的舆论。例如,由于两代人之间有差距,老一代有老一代的舆论,年轻一代则有年轻一代的舆论。不同阶级、不同党派、不同群体,由于所持的立场、观点与方法不同,根本利益不同,他们对于社会上发生的事件明显地会形成不同的舆论。

(三)舆论的作用

舆论的形成可以大致分为三阶段。第一阶段,问题的发生。这是舆论形成的最初阶段。第二阶段,引起议论。人们对特殊事件和行为的关注,引起社会上的大讨论,议论中可能还会夹杂种种情绪。这是舆论形成的一个重要阶段。第三阶段,意见的归纳与综合。在众多的意见中,能符合大多数人愿望的意见,逐渐成为主流,最终成为社会舆论。

古人言,“得民心者存,失民心者亡”,“得道多助,失道寡助”。这里讲的“民心”、“道”实质上就是公众的意见,即舆论。舆论有以下几方面的作用。

1. 舆论的制约与监督作用

舆论既然代表大多数人的意见,就可以产生一种社会控制力量,约束每个人的言论和行动。有时,一个行为失检的人在集体舆论下会有所收敛。在公共场合下的矛盾与冲突,在人们一致的舆论下也会较快解决。所以,正确的、健康的舆论能够团结群众,鼓舞群众,阻止不道德的言论和行为发生。

2. 舆论的鼓动作用

人们常说进步的舆论往往可以成为革命运动的先导,只有舆论先行,才能发生伟大的革命运动。同样,要进行反动活动,也要制造反革命舆论,“文革”时期,最早流行的“怀疑一切、打倒一切”、“老子英雄儿好汉”等口号就是为陷害一大批知识分子和老干部而做的舆论准备。

3. 舆论的指导作用

当人们从事某些活动时,舆论对行为有指导的作用。例如对环境保护的问题,过去许多人不了解、不重视,经过各种传播媒介的舆论宣传,人们逐渐认识到环保的重要性,特别是洪水、沙尘等自然灾害频频发生,促使人们的态度有了很大变化,行为上也趋于积极。再如对电影、电视片的欣赏,舆论也起着指导的作用。

舆论的作用和重要性显示出,在群体、组织和社会的各个领域,形成一种正确、健康的舆论,反对和抵制错误、不健康的舆论是至关重要的。可以预料,随着社会经济发展水平的提高和政治民主化的进一步扩大,舆论的积极影响将会越来越大。就消极方面而言.不健康或错误的社会舆论具有负面的控制、指导和协调作用,特别是少数人在认识上的错误会影响大多数人,抑或大多数人的错误意见压制少数人的正确意见,从而会造成严重的后果。

第五节 集群行为和去个性化

一、集群行为

(一)集群行为的概念

集群行为(Collective Behavior)是指一种相当数量的群众自发产生的、不受正常社会规范约束的狂热行为。集群行为也称为群集行为、群众行为和集体行为,这种行为与人们通常意义上所说的群众行为和集体行为是有区别的。"集体行为"是指一种有组织的活动,如班级组织的义务劳动。而集群行为则是人们自发产生的一种无组织、无指导、无计划的活动。而"群众行为"没有限制,范围过宽。

集群行为有许多表现形式,布朗把它分为四类:(1)侵略性集群行为,如暴乱行为;(2)逃避性集群行为,如当某个城市出现非常严重的传染性疾病时,群众纷纷逃离该城;(3)获取性集群行为,如群众在物价上涨时抢购和囤积商品的行为;(4)表现性集群行为,如信奉宗教的群众狂热的情绪和行为表现。

概括起来讲,集群行为有以下几个特征。

1. 情绪支配性

集群行为的每个参加者的情绪都异常激动,参加者处在狂热状态之中,行动完全被激情所支配。他们没有方向,没有目的,而且缺乏理智的考虑,盲目行动,完全不考虑其行为的后果。

2. 迅速接受性

集群行为的参加者相互传递的每一种信息都会被迅速接受,并迅速引起反应,他们不愿意怀疑,也不会怀疑这些信息的真实性。比如,当一个人因激动而喊出一句口号时,附近的人也跟着喊,起初是几个人喊,以后逐渐感染,最后成为聚集者的一致口号。

3. 容易越轨性

狂热的人们聚集在一起,由于缺乏理智,行为往往不受正常社会规范的约束,他们容易心血来潮,做出各种违反常规的行为,扰乱社会秩序。

(二)集群行为的理论

1. 反常行为理论

反常行为理论由克特·兰和格莱迪斯·兰提出,又称兰的理论。他们认为,集群行为是这样形成的:要有一群人聚集在一起,既无法辨认彼此的地位和角色,又能直接互动。而且这些人必须要受到心理刺激,并产生情绪感染,使感情达到所有参与者所共有的顶点,个人感到自己被群体淹没了,成了身份不明的人,社会规范准则等社会约束力对他们而言,已不能产生约束的效果。更为严重的是,参加者感到只有打破社会规范,做出反常行为,才会获得在场人的赞许,而且可以避免惩罚。也就是说,个人感到和在场的人群精神一致,不会承担责任,这样就免除了自我罪恶感,于是人们放纵自己,抛弃通常的社会控制。这样的社会情境为破坏性的行为提供了环境,最后必然导致集合在一起的许多人以同样的方式做出反应,爆发集群行为。

2. 紧急规范理论

这是由特纳和基利安提出来的。他们认为,集群行为的发生,是在场的人在情绪感染和行为模仿下,发现了可以指导他们的行为规范,这样才使整个人群的行为统一起来。这里所说的规范并不是通常意义上的社会规范,而是在人群情绪激动的紧急场合下,人们因不知所措而形成的,它指导人们应付意外情境下的行为。如,商场突然失火,顾客们惊慌失措,一时不知怎么办,这时如果有人向出口跑去,顾客们也会一窝蜂地向出口跑去,这就是在失火紧急状态下的行为规范。

紧急规范理论认为,集群行为的发生并不仅仅受到情绪感染和模仿的影响,还受到参加者自身的认知和评价的影响,人们认知到了在意外情境下的行为规范,即哪一种行为是规范、是正确的,从而出现一致性的行为。但是这种理论并没有解释,为什么总是出现破坏性规范以及集群行为中去个性化的现象等问题。

二、去个性化

去个性化一词来自西方社会心理学的著作,从字面上看,往往容易使人产生误会,认为群体使个人丧失了个性。那么什么是去个性化呢?

(一)去个性化的概念

去个性化(Deindividualization)是指群体中的人们感到自己被淹没在群体之中,丧失了对自我的控制,失去了通常的所谓个性感,并进而丧失了他们的个人身份。研究表明,在群体的庇护下,人们极易处于去个性化状态,即表现出无自知性,行为与内在标准不一致,自制力低,放弃对自己行为的控制,导致人们可能加入到重复的、冲动的、情绪化的,有时甚至是破坏性的行动中去。这种现象在集群行为中表现得尤为突出。由于群体对个人行为的促进作用,个人在群体中敢于做独处时不敢做的事情。比如,在观看一场足球比赛时,足球场上球迷的挑衅闹事等。

为什么人们会不顾社会准则而做出这样的事情?去个性化的实验研究首先开始于费斯廷格。他和他的同事们于1952年设计了一个实验:让一些人批评他们的父母。一组在课堂上产生行为,每个成员都具有高辨认性;另一组具有低辨认性,他们在一间昏暗的教室里进行这种活动,并且每个人都套上一件布袋装,只露出鼻孔和眼睛。费斯廷格认为,小组成员越是互相认不出来,对个人的约束力就越小,去个性化的程度就会越高,从而也就敢于批评自己的父母。实验结果证实了这一点:低辨认组的被试对自己的父母批评较多,而高辨认组的被试则对父母的批评较少,且不激烈。

在去个性化的研究中,津巴多做出了突出的贡献。他以女大学生为研究对象,观察她们在去个性化情境下以及可辨认情况下电击陌生人的行为。在实验过程中每 4 人为一组,一些小组的被试被安排在灯光明亮的房间里,每个人胸前都戴上标有自己名字的卡片。另外一些小组的被试被安排在昏暗的房间里,身着布袋装,不佩戴名片,使成员产生去个性化。结果证实,与没有去个性化的被试相比,那些去个性化的被试对受害者施以了更长时间的电击。当然,"受害者"并未真的被电击,其哭喊挣扎是假装的。

津巴多还把受害者的形象作为自变量加以改变,一个受害者看起来是个举止文雅、乐于助人的妇女,另一个受害者看起来是个十分爱挑剔、以自我为中心的妇女。实验显示,在没有去个性化的情况下,被试对那个看起来文雅的妇女电击时间短,对那个看起来尖刻的妇女电击的时间长;而在去个性化的条件下,被试对这两个妇女都进行了更长时间的电击。

（二）去个性化的原因

津巴多不仅在实验室里,而且还在现场实验中验证了群体中人们去个性化的现象。津巴多和他的助手在纽约大学附近的一个热闹区域,放置了一辆看上去被丢弃的汽车,并拿掉了贴在汽车窗玻璃上的行车执照,还打开了汽车引擎盖子。一天之后,这部汽车很快被拆毁了,电瓶、汽油桶、轮胎等能被拿走的汽车零件都被拿走了。而把这辆汽车放在一个人口较少的城市,汽车则没有被拆掉。津巴多等人认为,城市人口密集地区较人口稀疏地区存在更高的去个性化,即会有更多的人会违反社会行为规范和准则。

为什么在群体中会产生去个性化现象?可能的原因如下:

(1)匿名性。个人在群体中肆意地破坏社会准则,是因为个体觉得自己是一个匿名者,外人不知道自己的庐山真面目,因而做出违反社会规则的行为不会被人发现。这样就使个人做出了平常不敢表现出的行为。我们也会发现,当士兵穿着同样的衣服,拿着同样的武器时,他们产生了匿名感,在战场上表现出更残酷的行为。

(2)责任分散。一个人在单独行动时,往往能从道德伦理和社会准则的角度考虑自己的行为,尽力避免让自己受到舆论的谴责或法律的制裁。可是在群体中,责任会落在群体的头上,个人不必承担群体行为的责任,"法不责众",个人责任感大大降低,这就产生了责任分散效应。

(3)群体的淹没性。群体中成员的活动往往不是以个人的身份出现,而是以群体的形式出现,具有群体的意义,个体就被群体淹没了个性,而且群体成员越是无个性特征,他们的自我感觉越少,行为也就越缺乏自我控制。可以说,犯罪群体规模越大,其成员越容易丧失自我意识,从而做出不道德与反社会的行为。

思考题:

1. 什么是社会促进和社会抑制？对社会促进和社会抑制现象的理论解释有哪些？
2. 如何减少社会惰化？
3. 分析从众的原因及其影响因素。

4. 什么是服从？米尔格拉姆是如何研究服从现象的？

5. 促进顺从的技巧有哪些？

6. 明确暗示的定义、分类及影响因素。

7. 明确时尚的概念及特点。

8. 什么是舆论？举例说明社会舆论形成的过程。

9. 结合实例谈谈流言是如何产生的。

10. 什么是集群行为？它有哪些特征？

11. 简述去个性化现象的含义与原因。

第九章　群体心理与行为

在社会生活中，个体生活在群体之中，通过群体与社会发生联系，群体在社会关系体系和结构中具有特殊的地位。个体在不同的时间、场合属于不同的群体，群体的规模、类型、结构和功能对其成员有不同的影响。同时，个体的身份、角色和特点也会反作用于群体，对群体产生或大或小的影响，这样就构成了群体与个体的相互作用。因而，群体和个体在心理方面的相互影响，特别是个体在群体影响下的心理活动规律，一直以来都是社会心理学研究的重要课题之一。

第一节　群体心理概述

"物以类聚，人以群分。"群体是不同个体按某种特征结合在一起的共同体，群体中的个体共同活动、相互交往。个体生活在群体之中，通过群体与社会发生关系，通过群体活动达到参加社会生活并成为社会成员的目的。个体不仅从属于许多群体，在不同群体中占据一定的地位，扮演着一定的角色，而且会反作用于群体，对群体产生或大或小的影响。

一、群体的界定

（一）群体的定义

在生活中，同一个电影院中的观众、挤在公交车上的一群乘客可以构成一个群体吗？群体就是一群具有共同目标且一致遵守的人吗？当个体被组织起来后，群体就构成了吗？社会心理学家正是在思考上述问题的基础上，确定一些基本特征后对群体进行了界定。

肖认为，群体是由两个或更多相互作用和相互影响的人组成的。按照肖的定义，同一个电影院中的观众、同一公交车上的乘客是不能称之为群体的。虽然人们机械地组合在一起，但这仅是一个集合，而不是真实的、互动的群体。

贝克在其所著的《社会心理学》一书中，概括介绍了对群体的不同界定：群体的概念的关键是它所有成员彼此之间必须以一种可以观察到的和有意义的方式相联系；个体间的互动使人们成为一个群体；为一个共同目标而努力奋斗的一批人组成了一个群体；越来越多的研究者认为，群体是具有所有上述含义或是具有更多含义的一种混合体。

根据上述对群体的不同界定，我们可以对群体的定义做一综合概括。群体（Group）又称团体，是一群具有同一目标和规范的个体相互影响、相互作用、协同活动的集合体。

（二）群体的特征

群体应该具备以下几个特征。

1. 群体目标与群体规范

任何一个群体必须具有群体目标(Group Aim),群体内成员有着共同的兴趣,并为实现群体目标而做出自己的努力。同时,群体总是以不同的形式要求每一个成员遵守一定的群体规范,以保证实现目标。

2. 群体意识

群体中每个成员都具有群体意识(Group Consciousness),能够意识到自己是群体的一员,且意识到其他成员的存在,能与其他成员建立起相互依存的关系与情感。且群体成员之间有必要的交流与沟通,如果成员之间在心理上没有多大联系,那么它就称不上是群体,只能被称为一堆人或一群人。

3. 群体分工

群体中每一成员都在群体内占有一定的地位、扮演一定的角色、执行一定的任务,这就是群体分工(Group Division)。例如,某个企业性的群体总有厂长、经理、供销、采购、工人等等分工,成员各司其职,使企业顺利运转。

二、群体的分类

群体是多种多样的,依据不同的标准,可以把群体划分为不同的类型。常见的划分有以下几种。

1. 正式群体与非正式群体

正式群体与非正式群体的划分最早是由美国心理学家梅约在霍桑实验中提出的。正式群体(Formal Group)是指根据定员编制、章程或其他正式文件而建立的群体。正式群体结构明确,并规定好成员的地位和角色,明确提出各成员的权利和义务,具有良好的群体规范。企业、工厂、学校等都是正式群体。

非正式群体(Informal Group)是指自发形成的、无正式规定的,成员的地位与角色、权利与义务都不明确,也没有固定编制的群体,主要满足人们的某种生活需要,并带有明显的情感色彩,以个人好感为基础。形成非正式群体的原因有三个:一是在某种利益或观点上具有一致性;二是由于具有共同的价值观或者共同的兴趣、爱好;三是有相似的经历或背景。如同学会、老乡会等。由于非正式群体以感情为纽带,以爱好为基础,所以有着较强的凝聚力和对成员的吸引力。

社会心理学的研究与生活实践表明,在正式群体中总会有各种非正式群体,非正式群体在一定程度上会影响正式群体,其影响可能是积极的,也可能是消极的。当正式群体的目标和规范与其成员的个人需要不一致时,非正式群体的存在可能会成为正式群体发挥作用的障碍。

2. 成员群体与参照群体

按照群体成员对于该群体的心理向往程度,可以把群体划分为成员群体和参照群体。成员群体又称隶属群体,是指个体为其正式成员的群体,如个人所在球队、小组、班级、学校等等。参照群体(Reference Group)是指个体自觉接受其规范和准则,并以此来指导自己行为的群体,它是人们心仪的群体,它的价值和规范体系常常是个人的目标或标准。参照群体也称为榜样群体,如先进班级、优秀球队等等。参照群体对于群体成员既可能有积极的影响,也可能有消极的影响。在一个人的心目中,常常会出现两个或更多的参照群体。如果这些参照群体的规范、准则及目标是一致的,那么,对个体会起到增强行为动机的作用以及良好的示范作用;反之,则会引起个体内心的动机冲突和斗争。

在现实生活中,常有些青少年表现出越轨行为,原因就是他们把犯罪团伙当作自己的参照群体,将他们的行为规范和准则当作自己的行为标准。因此,人们要加强对参照群体的研究,以便查明个人内心的参照群体,使正确健康的群体规范转化为个人的行为标准。

3. 大型群体与小型群体

大型群体(或大型团体)(Large Group)是指群体成员之间只是以间接方式取得联系的群体,如通过群体的共同目标、通过各层组织机构等使成员建立间接的联系。大型群体还可以进一步分为不同形式、不同层次的群体。如可分为国家、民族、阶级、阶层等群体,也可分为社会职业群体、人口群体、社区群体等,还可以分为观众群体、听众群体。上述大型群体都可以作为社会心理学的专门研究对象。

小型群体(或小型团体)(Small Group)是指相对稳定、人数不多,成员间有面对面的直接接触和互动的群体。在小型群体中人们都相互熟悉,相互交往。其规模不能少于2人,但一般不超过40人。

家庭、工作小组、班级等都可以看作小型群体。一个人可以同时参加几个小型群体。在那里,每个人根据自己的愿望与需要与他人交往。

小型群体是社会心理学家很感兴趣的研究课题。在群体心理研究史中,有许多心理学家,如莫德、奥尔波特、勒温、谢里夫、梅奥等人,都是以小型群体的研究为起点的。库兹明把小型群体的独特性确定为人际关系和责任依从关系的统一,其目的在于解决有社会意义的问题,因此他侧重注意作为群体形成的主导因素的社会公益活动,而不是个人间交往的特点。

4. 松散群体、联合群体和集体

苏联社会心理学家彼得罗夫斯基通过多年的研究和实践指出,根据群体发展的水平和群体成员之间关系密切的程度把群体划分为松散群体、联合群体和集体。松散群体是指人们仅在空间与时间上结成的群体,其成员之间并没有共同活动的内容、目的和意义,如病房中的病人、刚搬进新房里的邻里。松散群体进一步发展,很可能形成联合群体。联合群体或合作群体是指通过共同活动,而逐渐凝聚成为有共同活动目的的、有组织的集合体。各个成员认识到彼此都属于同一个社会共同体,群体内部互相吸引日益明显。在这样的群体中,每个成员的地位由本人所参加的共同活动的程度以及所做出的贡献来决定,但在群体中情绪心理关系仍然占主导地位。

5. 假设群体和实在群体

假设群体是指虚拟的、现实中并不存在的群体。假设群体是根据统计的需要而把具有某一特征的人组织在一起而形成的,比如心脏病患者、具有高级职称者等等。实在群体是指现实生活中实际存在的群体,是社会心理学主要的研究对象。

群体类型的划分还有很多种,可以根据研究者的研究需要来划分群体的类型。

三、群体的功能

群体是个人和社会的中介,群体的功能可分为对个人的功能和对组织的功能。群体若想有成功的表现,不仅要满足成员的各种需求,还必须有效地完成组织目标。

(一)对组织的功能

群体对组织的功能是指完成组织交付的基本任务。一个较大的组织要想有效地达到目标,必须要分工合作,把工作任务分配给较小的单位去进行。群体的作用就在于承担这些任务并力求完成它。

(二)对个人的功能

群体对个人的功能是指满足个人的心理需求。个人有多种需求,有的可以通过工作来满足,有的需求则可以在群体中得到满足。其需求可概括如下:

安全的需求。个体参加群体活动,可以减少孤独感和恐惧感,获得心理上的安全感。

交往的需求。个体在群体中可以与其他群体成员保持各种形式的联系,获得友谊、关心和帮助等。

满足自尊心的需求。在群体活动中,受到别人的欢迎和尊重,获得一定的地位,都将使自尊心得到满足。

满足自我确认的需求。个人通过置身群体中获得社会身份,明确自己在社会中的地位。

心理学家认为,任何一个群体的功能都可以从这两个方面加以衡量。这二者是相互制约、相互促进的。一个群体只有有效地完成其基本任务,更多地创造物质和精神财富,才能最大限度地满足其成员的基本心理需求;而群体成员的心理需要得到满足,他们才能充分发挥其为群体目标奋斗的积极性,进而推动群体的发展。

第二节 群体规范与压力

一、群体规范

(一)群体规范的概念

群体形成以后,为了保证群体目标的实现,群体需要有一定的行为准则来统一制约其成员的思想、信念与行为,这种用来约束群体成员的行为准则就是群体规范(Group Norm)。群体规范从广义上讲包括法律、道德、制度、文化、风俗、语言等;从狭义上讲包括常规、公约、守则等,涉及的内容十分广泛,其中既有明文规定的,也有无明文规定的。这些行为规范与标准也许与一些正式颁布的条文不一致,但由于群体规范是在群体成员的共同活动中形成的,一经形成便是一种公认的社会力量,特别是当它内化为个体的心理特质和内部观念时,实际上就实现了个体的社会化,可见个体社会化的一个重要影响因素即群体规范。

(二)群体规范的分类

一般,绝大多数群体都有规范,群体规范的内容十分丰富,这些规范有的是明确的,有的是暗含的。按照其性质大致可以划分为以下几种类型。

1. 正式规范和非正式规范

这是心理学家常用的划分方法。正式规范是指群体内明文规定的规章制度,比如学生不能无故旷课等等。非正式规范是指群体成员约定俗成的、无明文规定的行为准则,风俗、习惯就是非正式规范。只要大家同意,它便成为一致的态度,非正式规范的作用有时比正式规范还要大。

2. 所属规范和参照规范

所属规范是指成员参加的群体即他们所归属的那个群体的规范,一个人的行为首先要受他所属群体的规范的约束。参照规范是指个体除遵守前者外,又将其他群体的规范作为自己的行为准则。个人虽然属于某一群体,但却将另一群体的规范视为自己行为的榜样。对参照规范的遵守有的是自觉的,有的是不自觉的,是经过长期影响,通过暗示、模仿来实现的。

3. 专制型群体规范和民主型群体规范

前者往往是领导者意志的产物,容易脱离被领导者的实际,大家不是自愿遵守规范,各成员联系不紧密,惯于推卸责任。民主规范则与之相反,大家愿意自觉遵守,成员之间较为团结,相互尊重和体谅。但有时专制型的群体规范在开展某些工作时,会使任务目标更明确,也会使任务目标更容易尽快得到完成。

4. 一般的社会规范和反社会的规范

在社会所承认的群体里,一些规范体现了社会要求,我们可将其视为一般的社会的规范。而在一些不为社会所承认的群体里,存在着反社会的规范,这是指那些有害于社会公共利益的犯罪群体的特殊规范。

(三)群体规范的功能

群体规范对群体内每个成员都发挥着作用,约束着群体成员的行为,并维护群体的生存和发展。群体规范的作用一般有以下几方面。

(1)群体规范制约着每个成员的行为,保持群体的一致性。群体规范影响各个成员的行为,使各个成员保持感情和认知上的一致,维护群体的整体性和持续发展。群体规范一方面从外部制约着成员的思想、信念与行为方式,另一方面又从内部为成员提供了彼此认同的依据,从而从内外两方面促使成员与群体保持一致。

(2)评价、判断的功能。群体规范是成员行为的准则,因此,群体成员可以通过它对各种事物和言行做出肯定或否定的判断。群体规范就成为成员认识事物、判断是非的共同的心理参照系。由于不同的群体有着不同的群体规范,所以对同一种行为不同的群体将做出不同的评价。比如盗窃、打架为人所不齿,但在反社会规范的群体中却被视为"正当"和"勇敢”的行为。

(3)行为定向功能。人与动物不同。群体规范作为引导个体行为的指南,为个体划定活动范围并规定日常行为方式,使个人了解,个体在社会中为满足个人的各种各样的需求和目标时,应该做什么、不应该做什么以及怎么做。

二、群体压力

(一)群体压力的形成过程

群体规范形成以后,群体借助群体规范对其成员形成一种心理上的强迫力量,这种力量就是群体压力。群体压力(Group Pressure)是指群体对生活在这个群体中的成员的特有的约束力。但该压力并非像权威的命令那样,由上而下地强迫个体与群体相一致,而是通过大多数人的意见左右个体的行动。虽然群体压力不具有强制性,但群体的这种作用使个体在心理上很难违抗。因此,群体压力改变行为的效果常常比权威改变行为的效果更好。

群体对个体的压力和个体对群体压力的感受有一个逐渐发生、发展的过程。黎维特分析了群体压力的形成过程。

第一阶段,辩论阶段。每个群体成员都可以根据自己的立场自由发表意见,同时听取其他成员的意见,经过一番讨论,渐渐分成多数派和少数派。少数派在此时已感到某种群体的压力,但是群体的气氛允许据理力争,个人或少数派就因此继续辩论,希望大家能转变观点而同意自己的意见。

第二阶段,规劝阶段。一般情况下,多数派不会轻易改变自己的主张,而会劝告少数派接受多数派的意见,并且重新陈述或补充一些理由,此时,少数派感受到的群体压力越来越大,一些人便放弃了原来的观点,顺从大家的意见。

第三阶段,攻击阶段。经过规劝,相当一部分人放弃原有观点而归属多数派;但也有个别人不肯妥协,依然固执己见。此时,大家就会对这种人发动攻击,如说他不合群、破坏团结等等,此时个人会感到极大的压力,无法坚持自己的意见,但有可能为了顾脸面不愿在此时屈服,这样就形成了双方的僵持局面。

第四阶段,心理隔离阶段。经过前面三个阶段后,对于那些不改初衷,仍然固执己见的人,大家便开始断绝与他的交往,孤立他。此时个人要么最终服从群体的决定,要么因为无法承受孤独或压力而离开这个群体。

因为群体压力的情况各异,群体对个体的某一选择肯定会有不同的看法。比如,当群体正在做出错误决定时,某个成员虽据理力争也不能改变大家的意见,但他也并不就此屈从于群体压力,而是坚持真理。当后来事实证明他的意见是对的时候,人们就会崇敬他。如果某个群体的决定是正确的,而某个成员却坚持相反的意见,他在群体压力下离群而去,人们可能会说他执迷不悟。有时,群体的决定无对错之分,比如,大家去某地旅游,是先去甲处还是先去乙处,就不具有对错的性质。但是,在这种情况下,群体的决策依然会给个体带来心理压力,引起他内心的冲突,还有可能引起群体内部关系结构的改变。

总之,对群体压力的态度和由此引起的行为,要具体情况具体分析,不可一概而论。

(二)群体压力的意义

人们对于群体压力的看法是多种多样的。有人认为群体压力抹杀个性,也有人认为个性的表现和才能的发挥必须在群体中才能满足,还有人认为问题的关键在于这种约束和限制的范围和程度。实际上,每个人都不能离开群体而生活,你不是生活在这个群体,就是生活在那个群体,没有这种限制就会有那种约束,社会对人的制约很大一部分就是通过群体来完成的。群体压力对群体至少有以下两种积极的意义。

第一,在群体压力下产生的一致行为,有助于完成群体的任务。

第二,在群体压力下所产生的一致行为,有助于增加个体的安全感。一个人需要他人精神上的支持,个体只有在群体中才能免于孤独和恐惧。个体获得群体多数人的接纳、赞同和支持,才有安全感。

群体压力维护了群体的团结,有助于群体任务的完成。当然,群体既要用合作的群体成员来推进群体任务的完成,也要允许具有独到见解的人发挥其创造性,这样才能最大限度地发挥群体的功效。

第三节　群体的合作与竞争

一、群体凝聚力的含义与功能

群体凝聚力(Group Cohesiveness)也称内聚力,是指群体在其规范的基础上,使群体成员情感共鸣、价值定向相同或行为保持一致的内在聚合力量。也有人把群体凝聚力解释为群体成员的吸引力。它包括两个方面:一是群体对成员的吸引力;二是群体成员彼此之间的吸引力。

群体凝聚力对群体及其成员发挥的作用,主要表现为增强群体的控制力和稳定性,提高群体成员的自信心和安全感,影响群体的工作效率等。

1. 增强群体的控制力和稳定性

在凝聚力较强的群体中,成员之间人际关系良好,大家都愿意留在自己的群体中,害怕被排斥或拒绝,因而容易接受群体的监督与控制,遵守群体规范,努力完成群体规定的任务,从而实现群体的稳定性。

沙赫特研究了凝聚力强度显著不同的两个群体,让两个群体的成员各自讨论解决一个问题。讨论过程中有 3 名实验助手也作为群体成员,他们扮演了不同的角色。其中一名故意表示赞同群体的意见;一名故意先发表不同的意见,而后同意群体的意见(从众者),另一名则自始至终坚持不同于其他成员的意见(异议者)。实验结果表明,上述两种群体的许多成员都试图改变异议者的初衷,他们好言相劝,一旦发觉异议者坚持自己的观点,就对他不理不睬,甚至将他排斥于群体之外。凝聚力强的群体,排斥现象更为严重。

2. 提高群体成员的自信心和安全感

在强凝聚力的群体中,成员之间目标一致,观点统一,关系融洽,从而成员在心理上增强了自信心与安全感。成员对自己所属的群体以及对自己的评价也会随之提高,从而更加热爱自己所属的群体,将群体作为自己的后盾与"靠山"。

3. 影响群体的工作效率

由于凝聚力使群体能控制成员的行为,因而对群体的工作效率有很大影响。研究表明,群体凝聚力与群体工作效率并不总是呈正相关。沙赫特将被试分为 5 个组,控制不同的实验情境:(1)强凝聚力 + 积极诱导;(2)强凝聚力 + 消极诱导;(3)弱凝聚力 + 积极诱导;(4)弱凝聚力 + 消极诱导;(5)对照组。凝聚力的强弱由指导语的控制而产生,积极或消极的诱导用群体其他成员的名义写的纸条传递给被试,积极诱导要求增加生产,消极诱导则要求减少生产。各组的生产任务是制作棋盘。对照组在没有上述两种控制的条件下从事生产劳动。实验分两个阶段进行,第一阶段共 16 分钟,对 4 个实验组被试都不进行诱导,只给以中性纸条;第二个阶段共 16 分钟,每个实验组的被试都收到 6 次诱导。研究结果表明,实验的第一阶段,各组成绩并无差异,而在实验的第二个阶段,凝聚力的强弱和不同的诱导产生了明显不同的效应,从而使群体生产率产生了明显的差异。积极诱导能够提高生产率,尤其对强凝聚力的组作用更大,该组成绩最好;而消极诱导则会降低生产率,其反作用也很大,尤其对弱凝聚力的组,该组成绩最差。这一研究结果显示,强凝聚力的群体受诱导影响的倾向更大。(见图 9 - 1)

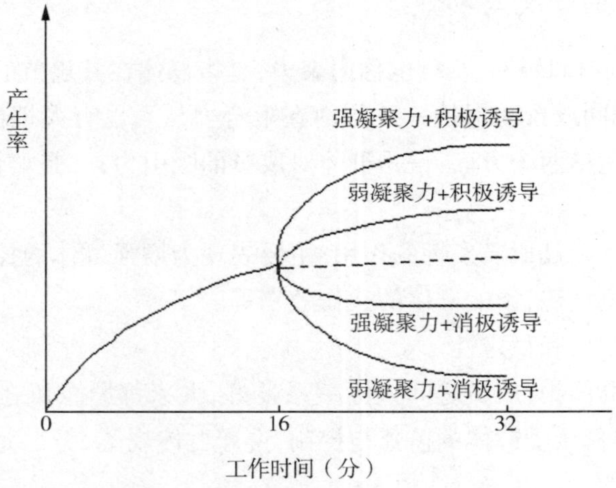

图 9 - 1　群体凝聚力与生产率的关系

上述结果说明,要提高任何一个群体的工作效率,除了提高群体的凝聚力外,还要对群体成员加以正确引导。如果引导失误,则群体的凝聚力越强,群体的工作效率会越低。

二、影响群体凝聚力的因素

群体凝聚力的高低受到许多因素的影响,其中主要有:

1. 群体的目标

群体成员对群体目标是否赞同,即个人目标与群体目标是否一致,直接影响着群体的凝聚力。成员赞成群体目标,才会对群体产生认同感,为实现群体目标而共同奋斗,才会大大提高群体凝聚力。反之,成员不赞成群体目标,各成员目标互不关联,各行其是,这就必然大大减弱、降低群体凝聚力。

2. 群体成员的同质性或互补性

同质性是指成员在兴趣、爱好、动机、价值观等方面的相似或类同。在一般情况下,成员在某个或某些方面的同质会使成员感到彼此接近,相互产生好感,因而能增强凝聚力。互补性是指具有异质性的成员在某些方面的互相补充、渗透、交融。在多数情况下,群体成员是异质的,如果具有异质性的群体成员在知识、能力、性格等方面能够彼此取长补短,互相帮助,也会增进成员间的感情,增强群体凝聚力。

3. 满足成员需要的程度

群体成员在物质和精神方面都有各种各样的需要。一般说来,群体对成员各种合理需要的满足度越高,群体的凝聚力越大。

4. 群体的成熟程度

群体自身要经历一个发展周期,从不成熟走向成熟,群体特别是正式群体的成熟程度,将直接影响群体成员完成任务的成功率。在群体成熟的过程中,如果群体出现了失败,必然会影响士气,影响到群体的凝聚力。随着群体的成熟,成功率不断提高,群体的凝聚力会不断提高。

三、合作与竞争

(一)合作与竞争的概述

在社会生活中,合作与竞争是最常见的互动方式。在群体中,成员既可以彼此合作,为群体成员的共同利益而协调行动,也可以相互竞争,为实现自己的目标而进行活动,将个人利益放在首位,努力表现自己的超人之处。

合作(Cooperation)是人们为了实现共同目标而形成的群体共同活动。这样的目标往往是个人通过努力无法实现的。合作的意义包括:(1)相互帮助。参与合作的所有成员的某些行为是可以互相代替的。例如,工厂某车间的小组生产同一种产品时,如果一个成员无法完成预定任务,其他成员可以代替他完成任务。(2)相互鼓励。小组成员为实现共同目标而产生彼此肯定的情绪。如果组内某一成员通过自己的努力,使小组的目标越来越近,则其能受到其他成员的拥护与欢迎,其他成员会对他加以表扬和鼓励。例如,足球守门员接住了对方的球,会受到其他队员的欢呼,其他队员会为他庆贺。(3)相互支持。在合作中,如果群体成员的行为能促进共同目标的实现,则成员彼此之间抱着积极支持的态度,接受并支持这一成员的行为。合作有两种形式:多人合作一件事,每人承担同一件事的一部分,这叫分工;几个人相互补充,共同完成同一活动这叫互助。分工互助是群体内部合作的两种具体行为方式。

有效合作必须具备两个条件:一是相互合作的各方面有着共同的目标和利益,这是有效合作的主观条件；二是相互合作的各方加强领导和组织工作，这是有效合作的客观条件。人们常说，“众人拾柴火焰高”、“三个臭皮匠顶一个诸葛亮”，这都说明了合作的重要意义。合作不是许多人的简单聚合，而是众多人的有机结合。人们通过合作，取长补短，既可以充分发挥自身优势，又可弥补自身的缺陷。这就为人们在竞争中取胜提供了前提。

合作之外，还有竞争。如期末考试或智力竞赛上的成绩排名、体育运动竞赛、各种评优评奖等，这些都是竞争行为。竞争（Competition）是个体或群体为实现自己的目的而进行的力图胜过或压倒对方的行为活动。其积极的作用是能使人振奋精神，奋发进取，促进社会进步，提高社会生产率。其消极作用是挫伤双方积极性，使有限的资源难以发挥最佳效益，造成个体间或群体间的不团结，不利于人际关系的建立与发展。

竞争与合作是相辅相成、密不可分的。合作行为中有竞争，例如，篮球运动员为了本队取得胜利而相互合作，但每一个队员都想自己能投篮得分，越多越好，为本队的胜利做出最大的贡献，因此其中又包含了竞争；竞争行为中也有合作，例如，象棋比赛中双方竞争十分激烈，但深入分析可以发现，双方都需要认同并遵守象棋比赛的规则，没有这一层次上的合作，比赛就无法进行。竞争是社会活动不可缺少的一种动力，同时可以促进合作。因此，无论是一个人，还是一个群体、一个国家，都是在合作中发展，在竞争中长大的，合作与竞争不能偏废。

（二）关于合作与竞争的实验研究

在社会心理学中，关于合作与竞争的实验很多，其中最经典的实验有鲁斯等人的“囚犯困境”实验、弗里德曼的“赌博游戏”实验、米纳斯等人的“鼓励合作”实验、道奇等人的“卡车运输”实验等。这些实验都证实了在合作与竞争中，人们更倾向于优先选择竞争的行为。

1. 道奇的实验

美国社会心理学家道奇在1960年设计的实验中，要求被试两人一组，分别做甲乙两家运输公司的经理。两人的任务都是使自己的车辆以最快的速度从起点到达终点，速度越快赚钱越多，道奇要求他们尽可能多地赚钱。每人都有两条路线可选，一条是个人专用的但是较远的通道；一条是近道，是两人共用的，但路很窄，每次只能通行一辆车。（见图9－2）

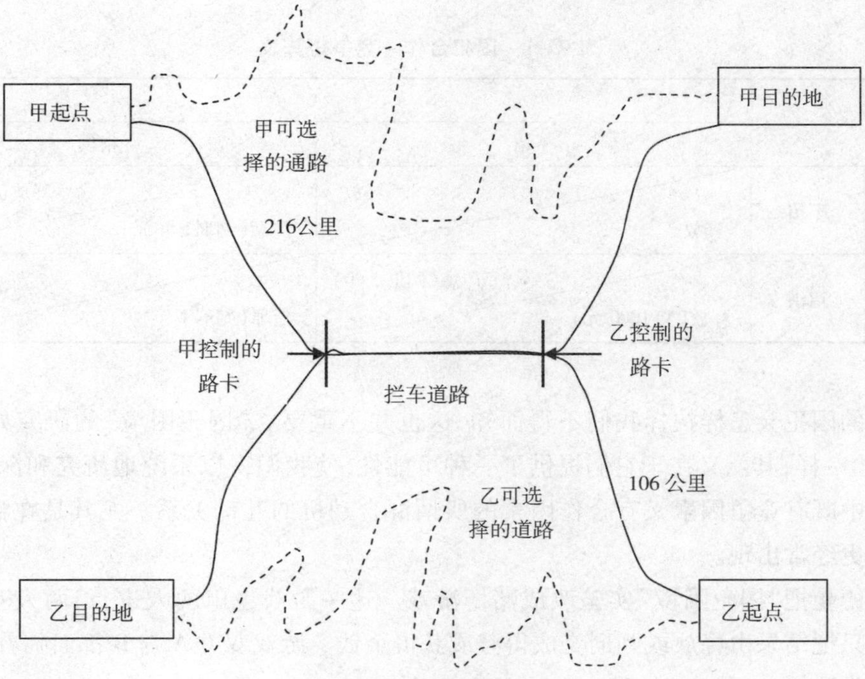

图 9-2　卡车运输路线图

十分明显，两人轮流走近路比走远路少费时间，为了多赚钱双方应该合作，轮流走近路，只有合作才是上策。然而实验的结果表明，双方都力图抢先通过，结果狭路相逢，谁也不肯让步。

道奇根据实验指出，合作的特点不仅在于各方对于为实现共同目标而相互依赖、相互帮助有所认识，而且还在于每个人都对他人采取积极的态度。竞争的特点则在于，一方面各方都清楚地知道自己需实现的目标，另一方面每个人都对自己的竞争对手采取消极冷淡的态度。

2. 鲁斯的实验

鲁斯的实验是许多被称为"囚犯困境"实验中最早的一个。鲁斯探讨的也是在相互作用的双方既有利害冲突、又有共同利益的情况中，人们究竟是采取合作还是竞争行为的策略问题。实验不准被试相互交谈。

在"囚犯困境"实验中，A、B 两人被控犯有共同的罪行，两人被分别监禁，并面临招与不招两种选择。如果两人都不招就都被释放；一人招而另一个不招的话，招供的人不仅能获得自由，而且可以得到 1000 元奖金，不招供的则将被严惩。如果两人都招，就都被定罪，但是可从轻判处。在这种情况下两人应该怎样，是合作抑或竞争？倘若两人都不招供，则对两人都有好处，这就是合作，合作对两个人来说都是最好的结局。然而这种合作是不稳定、不可靠的。如果选择了有损他人而有利自己的方案，这就是竞争。如果两人都做"损人利己"的盘算，两人都招供，结果两人就都会被判刑。（见表 9-1）

表 9－1　囚犯合作－竞争矩阵表

		A	
		不招	招供
B	不招	释放 / 释放	释放(奖 1000 元) / 严惩(判刑 5 年)
	招供	严惩(判刑 5 年) / 释放(奖 1000 元)	定罪(判刑 1 年) / 定罪(判刑 1 年)

真正的囚犯会怎样抉择我们不得而知,这也并不重要。“囚犯困境”的研究如同“卡车运输”实验一样,其意义在于它们提供了一种可能性,使我们得以系统地研究和深入地理解日常生活中既有竞争因素又有合作因素的所谓混合动机的互动关系。尤其是在群体中,这种关系就更经常出现。

弗里德曼把“囚犯困境”实验改成赌博游戏。这一游戏也由两人进行,两人互不讲话。这一游戏只把结果由释放或判刑变成得分或获得金钱。游戏双方 A 与 B 都面临着合作或竞争两种行为选择。(见表 9－2)

表 9－2　赌徒合作－竞争矩阵表

		A	
		合作 X	竞争 Y
B	合作 X	+10 / +10	+15 / −15
	竞争 Y	−15 / +15	−5 / −5

规定 A、B 都选 X,则每人得 10 分。而一人选 X 另一人选 Y,则选 Y 者得 15 分,选 X 者输 15 分。如果两人都想多赢分而让对方多输分,同时选 Y,则两人都输 5 分。

实验结果表明,双方都有强烈的竞争倾向,在全部被试的人中只有 1/3 的人选择合作。另外 2/3 的人即使知道合作稳得高分,对双方都有利,还是选择带有冒险性的竞争。

3. 明南斯的实验

明南斯提供的是没有合理的理由作为支持竞争策略的实验模式(见表 9－3)。在明南斯的实验中,选择 X,即选择合作的策略总是较好的,是能得高分的。如果 A 选 X,B 选 X,则 A 得 4 分,即使 B 选 Y,A 得 1 分也比选 Y 好。若 A 选 Y 则不是得 0 分就是 3 分。对于 B 来说,选 X 不是得 4 分就是得 1 分,选 Y 则得 3 分或 0 分。然而即使合作可以稳得最高分,大多数被试还是宁取竞争而不合作。因为对多数人来说他们并不是为了多得分,而是要战胜他人。

表 9－3　有利于合作的矩阵表

		A	
		合作 X	竞争 Y
B	合作 X	+4 / +4	+3 / +1
	合作 Y	+1 / +3	0 / 0

（三）影响竞争与合作的因素

合作或竞争行为的选择受许多因素的影响。其中主要包括情境的奖励结构、交流信息、互惠性和个性特征。

1. 奖励结构

群体成员社会依赖的性质决定了情境的奖励结构。当一个人的获得意味着另一个人的损失时，就形成了一个竞争性的奖励结构。在奥运会的比赛中，只有一个人可以获得金牌，在很多游戏规则中获胜的只有一方，这种情境就是竞争性共存。在这种情境中要想取得胜利就必须选择竞争。与之相对的，是合作性共存，这是一种合作奖励结构的情境，群体成员之间的相互关系是正性的，如一支足球队的 11 名队员需要通力合作才能赢得比赛，他们之间即为合作性共存的模式。第三种模式为个体化的奖励结构，即个人的结果彼此独立互不影响，某个个体的结果不会对其他个体造成影响。

通常情况下，个体面对的奖励模式都是混合的，个体可以选择竞争或者合作。在“卡车运输”实验和“囚犯困境”实验中大部分被试都遇到了竞争的奖励结构，但这不能最大化自己的收益。

2. 交流信息

“囚犯困境”的实验表明，假如双方不相互隔离，而是拥有沟通信息的机会；再假如彼此说的话都是可信的，那么，这种混合动机把情境改变成利害一致的关系就不困难了。由此可见，交往双方相互之间的信息交流具有重要的作用。首先，信息交流提供了相互了解对方行为意图的可能性。交往双方各自说明打算做什么，怎么做，解释自己的行为动机，就使对方减少了判断错误。其次，相互沟通信息也有助于增进友好的感情，增加相互信任，这对于促进双方的合作是极其有益的。

然而不幸的是，在现实生活中，当出现分歧、发生冲突时，人们不是增加沟通，而是减少甚至取消信息交流。互不沟通使双方互不信任，从而导致分歧进一步加大，双方关系更加恶化。

3. 互惠性

互惠性是人类社会乃至动物世界的一种普遍规则，在选择合作还是竞争时也是如此。别人与我们合作，放弃一些他们的利益，我们也会给予其相应的回报。最初的竞争会引发更多的竞争，而最初的合作有时会带来更多的合作。研究表明，最有效的策略就是做出比对方多一点的让步，这样可以强化对方的合作意愿。这样做的前提是对方的本意是合作性的，而非竞争性的，否则试图合作的一方就会被利用。

4. 个性特征

一个人的个性特征，对于他对别人倾向于采取合作行为抑或竞争行为的影响很大。在个性特征中，性格和能力的影响作用最为明显。争强好胜的人倾向于在各种活动中与别人竞争。这样的人往往宁可单干也不愿意合作。富有自制力、谦虚退让的人较易于同别人合作；而多疑的人则难于同别人合作。成就需要强、成就动机高的人，时时处处与别人比，有更强烈的超出别人的愿望，这种人与他人相处，倾向于选择竞争。人们之间的能力差异，是导致人们相互竞争的原因之一。但是，研究表明，人们只倾向于与自己能力大致相仿的人竞争。这类情况正是促成在异质群体里，在由能力高低不同的成员组成的群体里，产生更多、更好的合作行为的原因。

第四节　群体决策

群体作为整个社会的一个单位，要不断地应付和解决各种问题。当群体面临问题时，大家出主意，想办法，寻找解决问题的策略。

一、群体决策

群体决策（Group Decision）是指群体对未来的方向、目标、原则和方法所做的决定并加以实施的活动，即群体的讨论、选择与决议。群体决策一般经过发现和诊断问题、确定决策目标、提出可供选择的解决方法、分析可选择的方法，并做出决定以及提供反馈等阶段。每一个环节都是由群体成员集体开动脑筋，积极思考，共同讨论。因此，在很多情况下，它比个人决策更有效。群体决策的积极作用表现在：

第一，群体决策可以减少偏见。群体成员通过讨论，充分发表不同意见，使大家对问题有了较全面的认识和理解，减少了片面性。

第二，群体决策可以满足成员的自尊心并增强其责任感，提高决策效率。由于拥有发言权和决策权，群体成员的自尊需要在决策过程中得到满足，同时也增强了其执行群体决策的责任感，提高了执行决策的效率。

第三，群体决策可以加强成员间信息的沟通，改善群体内人际关系，增进了解和信任，有助于群体目标的达成和任务的完成。

第四，一些研究者将群体决策与个人决策相比较，发现群体决策解决复杂问题比个人决策效果好，准确性高。在群体中每个人可分工去解决复杂问题的某一部分，然后统一结果，交换意见。个人决策则不具备这种能力。

从整体效果而言,在多步骤问题的解决方面,群体决策效果常优于个人决策。在具体情况下,决策效果将依赖于任务的性质、群体成员的品质、某些人的才能,甚至时间等因素。社会心理学家发现,群体往往会做出有偏差的决策。

二、冒险性转移

群体和个体面临挑战时,哪一个更富于冒险精神呢?人们在社会生活中常会碰到面临选择的情况,要么选择风险小、报酬低的机会,要么选择风险大、报酬高的机会。例如,一个准备报考研究生的大学四年级学生,是选择一所水平低、容易考上的学校,还是选择一所高质量、很难考上的学校呢?这里的问题是,究竟是个人决策富于冒险性,还是群体决策富于冒险性。已有的研究表明,群体决策往往会比个体决策更加冒险。在群体讨论中,不同的看法会趋于统一。人们趋于统一所得出的观点往往比他们从原始观点所得出的平均值更倾向于冒险。群体倾向于获利大但成功率小的行为。原来倾向于谨慎从事的个体集合成群体后,倾向于冒险的现象便被称为"冒险性转移(Risk Shift)"。这种现象表明,当人们集合在一起时,比他们单独活动更富于冒险精神。研究者们发现,在日常生活中,在国家的内政外交中,都有类似的现象。

关于冒险性转移的原因有以下几种解释:

首先,责任分散。这种观点认为,群体决策冒险的结果将由群体共同承担,即责任由于分散到各个成员身上而减小,减少了成员对不利后果的恐惧,从而导致人们做出冒险性的决策。

其次,文化价值论。这种观点认为,是否采取冒险行为要看人们所处的文化背景是推崇冒险行为还是推崇谨慎行为。在西方社会中,竞争激烈,强调个人的发展与表现,电影、戏剧、故事中的英雄人物往往都是些大胆、勇敢的人。所以,人们在群体互动中,为了表明自己并不比别人胆小,就倾向于更冒险的行为。1971 年,一位研究者要求乌干达被试填写选择两难问卷,结果发现他们特别谨慎小心,在群体的情况下也是如此,这证明了冒险行为的文化差异。

最后,领导者影响论。小群体中,如果恰恰有一些极富冒险精神的领导型人物,那么其他成员受到他们的影响,也倾向于冒险。

以上提到的对冒险性转移的三种解释只有文化价值论最能说明群体极化现象。

三、群体极化

大量的研究表明,群体决策比个体决策更容易走极端,即群体极化(Group Polarization)。群体极化是指群体成员中已有的思维倾向得到加强,比成员个人决策的倾向更极端,使一种观点或态度加强到具有支配地位的现象。

按照群体极化假设,群体讨论会使群体的态度倾向朝两极方向运动,使不同意见之间的距离加大。具体表现为:如果人们先前的倾向是冒险的,则群体决策更具风险;如果人们先前的倾向是保守的,则群体决策更为谨慎。

群体极化在日常生活中普遍存在,尤其在一些重大的商业、军事和政治领域中,群体极化的影响更是巨大的,既有积极的作用也有消极的作用。而如何避免群体极化的消极影响,避免决策的极端化,是今后社会心理学家需要深入研究的课题。

专栏 9－1

群体决策的共同知识效应

当小组就一项议题进行讨论时,通常小组成员对问题有不同的知识基础和观察角度。实际上,小组之所以能够做出比个体更明智的决定,原因之一就是小组成员能够把个人的知识汇聚在一起,深入讨论后最终达成小组决定。

假想某大学心理学系从三名候选者中确定一名讲师人选的过程。系里所有的教职人员听一次候选者的讲座,阅读候选者的履历以及推荐信。每位教职人员会对候选者进行一次单独的会谈,询问与其背景、经验和兴趣相关的大量问题。最后在大家一起做出最后决定时,每个人对候选者的信息都有了一些相同的了解,但也有一些信息是个人独有的。譬如,一名教工也许了解到某位候选者刚获得了一项教学奖,另一位可能了解到某位候选者打了两份工以支付研究生学费,第三位教工可能知道一位候选者中文十分流畅,希望以后能进行跨文化的研究。为了做出最佳选择,每位教职人员必须分享自己所获得的独特信息。但是小组真的会进行这样系统的信息分享吗?

为了回答这个问题,社会心理学家请不同背景的被试参与决策过程的研究。在这样的一个研究中,大学生被试首先阅读对竞选学术职位的三位候选者的描述,然后三人一组进行讨论。在另一个研究中,给三人一组的医生医学案例要求其共同做出诊断。在两个研究中,小组的所有成员都获得了一些共同享有的信息和一些个人独有的信息。为了做出一个明智的决策,所有的信息都是重要的。研究者对小组的讨论进行编码,以确定分别有多少讨论时间花在共有信息和独特信息上。

其结果和另外一些研究的结果同样明确:小组成员花了更多的时间讨论共有信息。因为在共有信息上花费的时间过多,小组成员没有能够很好利用那些对决策可能十分重要的独特信息。Gigone 和 Hastie 据此得到结论为:小组讨论做出的决策并不比把个体决策简单平均后的结果高明。小组成员可能利用了小组讨论的机会确证自己最初的观点。因此虽然小组有做出更明智决策的潜力,但是小组未必能够实现这种潜力。

资料来源:[美]S. E. Taylor, L. A. Peplau, D. O. Sears. 社会心理学[M]. 第 10 版,谢晓非,谢冬梅,张怡玲,等,译,北京:北京大学出版社,2004:327－328。

思考题：

1. 什么是群体？群体的特征有哪些？群体的种类有哪些？
2. 什么是群体规范？群体规范有哪些功能？
3. 什么是群体凝聚力？分析影响凝聚力的原因。
4. 竞争与合作的关系及影响因素是什么？
5. 群体决策的意义是什么？
6. 什么是冒险性转移？如何看待这种现象？

第十章 爱情、婚姻与家庭

社会心理学一直是心理学学科领域中最为重要、最有活力的一门学科，具有很强的实践性。近年来，社会心理学的相关研究成果也颇为丰富，对于亲密关系及主观幸福感的研究较多。而不论是亲密关系，还是主观幸福感，都与爱情、婚姻和家庭有着密切的关系。

第一节 爱情

"生命诚可贵，爱情价更高，若为自由故，两者皆可抛。"这一经典的诗句反映出了爱情的高贵。爱情，自古以来就是心理学家一直感兴趣的话题。几乎所有的文化中都有很多广为流传的爱情故事。对爱情的研究也从未停止过。

一、爱情的概念

不同的社会对爱情有不同的看法。总的来说，对爱情的观点存在四个维度：文化价值观、性爱、性取向和婚姻状况。古希腊人认为爱情是一种疯狂的事，而与婚姻毫无关系。在中世纪，未婚骑士和已婚贵妇之间的爱被看作是理想的、无性的征服。现代观念的爱和婚姻始于 17 世纪。现在绝大多数的文化都相信人是为爱而结婚的。

自古以来，爱情就有很多定义。行为学家华生认为爱情是一种由性感带的刺激引发的天生的感情。精神分析学派的创始人弗洛伊德则认为，对性结合的欲望是情感的中心，当这种欲望被限制的时候，作为这种挫折的补偿，人们就会将其他人理想化并坠入爱河。弗罗姆认为爱是一种工具，用来减少人的分离感和孤独感。Rubin 将爱情定义为一种指向他人的态度，这种态度使人以特定的方式思考、感受和行动。Swenson 认为爱情就是行动，例如赠送礼物、共同活动和袒露私密信息。Centers 认为爱情就是人们在与他人互动被回报时引起的反应。Skolnick 将爱情定义为一种由情感、想法和文化表征建立起来的建构的体验。Lasswell 用情感、生理唤醒和认知的术语来定义爱情。我国学者认为：爱情是人际吸引的一种，可以说是身心成熟到一定程度的个体对异性个体产生的有浪漫色彩的高级情感。①

爱情，在心理学上至今也没有统一的界定，各位心理学家从自己的理论基础出发，对爱情进行了阐述，关注的角度大不相同。

---

① 参见郭念锋：《心理咨询师》（基础知识），民族出版社 2005 年版，第 169—173 页。

二、爱情的特点

1. 依恋

陷入爱情的双方在孤独寂寞时,会高度特异地寻求自己恋人的伴同与慰藉。

2. 关怀与奉献

陷入爱情的双方会彼此高度关注,认为照顾对方是自己的责任,表现出对对方无微不至的关怀与无私的奉献,容忍对方的一切缺点与不足。

3. 独占性和排他性

爱情与其他感情不同,爱情是独占的,不能与其他人共享的。喜欢则不具备这种排他性。

专栏 10-1

日久生情——多看效应

20 世纪 60 年代,心理学家查荣茨做过这样一个实验:他向参加实验的人出示一些人的照片,让他们观看。有些照片出现了二十几次,有的出现十几次,而有的则只出现了一两次。之后,他请看照片的人评价他们对照片的喜爱程度。结果发现,参加实验的人看到某张照片的次数越多,就越喜欢这张照片上的人。他们更喜欢那些看过二十几次的熟悉照片,而不是喜欢只看过几次的新鲜照片。也就是说,多看增加了喜欢的程度。

资料来源:蒋先润,邱丽丽. 心理操纵术大全集[M]. 南昌:江西人民出版社,2010:141-142。

三、爱情的理论

爱情这一古老的话题自 20 世纪 70 年代被广泛研究以来,不同的心理学家提出了不同的看法,现简要介绍一下比较有代表性的理论。

1. 爱情三角理论

这是美国心理学家罗伯特·斯腾伯格提出的爱情理论,认为爱情由三个基本成分组成:激情(Passion)、亲密(Intimacy)和承诺(Commitment)。激情以身体的欲望激起为特征,激情的形式常常是对性的渴望,但是从伴侣处得到满足的任何强烈的情感需要都属于这一类别;亲密是指在爱情关系中能够引起的温暖体验,包括热情、理解、交流、支持及分享等特点;承诺包括将自己投身于一份感情的决定及维持感情的努力。

在爱情三角理论中,激情、亲密和承诺被看作描述两人分享的爱情三角形的三个边,每个成分的程度会由浅入深,所以爱情三角形可能会有各种不同的形态。实际生活中,爱情三角形可能会有数不清的形态,为了大家理解清晰,我们只介绍几个相对纯粹的,即当三个成分强弱不同时而产生的类型:

(1)喜欢

当亲密程度高,而激情和承诺非常低的时候,就会产生喜欢。喜欢常常发生在关系亲密的友谊中。

(2)迷恋

迷恋中有着强烈的激情,但是缺乏承诺,也不亲密。当人们对不熟悉的人有强烈的欲望时,往往就是这种体验。心理学家斯腾伯格就承认他曾经对一个女生深深地迷恋,但他认为这仅仅是激情。

(3)空洞的爱

亲密关系中只有承诺,而没有亲密和激情。在西方文化中,这种爱往往存在于激情退去的关系中,在这种关系中既没有激情也没有亲密。在一些包办婚姻的关系中,也存在这种空洞的爱。例如,在我国封建社会,最开始的婚姻关系往往都是空洞的爱,但这不一定是关系的最末阶段。

(4)浪漫的爱

当亲密和激情都比较高时,就是浪漫的爱。也有人认为浪漫的爱是喜欢和迷恋的结合。处在浪漫关系中的人经常会做出承诺,但是斯腾伯格认为承诺并不是浪漫的爱的基本特征。例如,很多人在旅行中有美丽、浪漫的邂逅,但是这种关系也会伴随旅行的结束而终止。

(5)伴侣的爱

亲密和承诺的程度较高时,就会形成伴侣的爱。这种爱一般在长久而幸福的婚姻中较为常见,在最初激情退去后,就是这种高度的亲密和永久的承诺了。

(6)愚昧的爱

只有激情和承诺那就是愚蠢的体验。在激情中两个人闪电结婚,但对彼此大都并不是很了解和喜爱。这样的爱是有风险的。例如,当今社会很多人闪婚闪离,不仅钱财损失大,自己也心力交瘁。

(7)完满的爱

当亲密、激情和承诺都以适当的程度存在时,人们体验的就是完满的爱。这种爱也是很多人都寻求的一种理想的体验。在很多人的爱情关系中,这种爱或许一时存在过,但是要想长久地维持下去,就比较难。

斯腾伯格提出的爱情三角理论,比较形象地描述了人们的爱情关系。爱情的三个成分会随着时间的推移而发生变化,所以往往在一段关系中,人们会经历各种不同类型的爱情。在三个基本的成分中,激情往往是最难控制的,发生得快,消失得也快,很多时候,人们很难有意识地掌握这些变化。斯腾伯格的理论提出后,有很多人对这一理论进行了论证。目前,人们指出亲密、激情和承诺这三个成分在爱情关系中是同等重要的,但是它们比三角理论所表述的表现出更高度的关联。还有三角理论所界定的爱的类型,在现实生活中也未必如此泾渭分明。这一理论,为研究不同类型的爱情提供了一个非常有用的框架,无论这个理论是否完全正确,它确实说明了在婚姻关系中很多种不同类型的爱(见图10-1)。

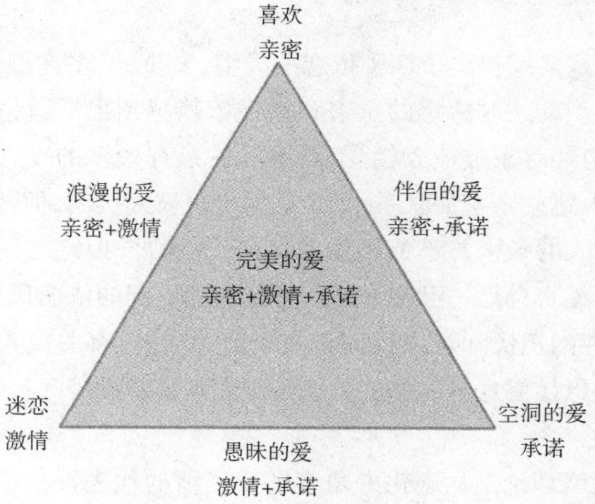

图 10－1　斯腾伯格的爱情三角理论

2. 爱情色轮论

加拿大社会学家约翰·艾伦·李使用爱情故事卡片分类的方法对大量文学作品及受访者的情感经历进行分析，归纳出爱情态度的三原色为：浪漫、游戏和友谊。这三种颜色的不同组合，构成了六种爱情态度的类型，它们分别是：

（1）性爱：又称为浪漫爱情，有着很强的身体成分，情欲爱人可能会受外表强烈的影响，相信一见钟情，容易发生性关系。

（2）游戏之爱：将爱看成没有承诺的游戏，游戏之爱的人善变，可能同时会有几个伴侣或者努力尝试同时拥有几个伴侣。

（3）伴侣爱：这种爱引导人们轻看强烈的感情而寻找真正的友情，进而逐渐发展为承诺。这种爱也可称为对家人强烈的爱。

（4）现实爱：也可称为实用之爱，兼具游戏之爱与伴侣之爱，现实爱的人比较冷静地站在实用主义基础之上，不带激情地寻找逻辑上与自己最为般配的伴侣。

（5）占有爱：也称狂热之爱，兼具情欲之爱与游戏之爱，要求高，占有欲强，充满生动的想象和沉迷。

（6）奉献爱：也称无私之爱，兼具情欲之爱与伴侣之爱，给予、利他而毫不自私，将爱看成一种责任，以对方为中心，为求对方的快乐不断付出且常不要求回报。

3. 爱情依恋论

John Bowlby 最早提出儿童的依恋理论，认为依恋是寻求与某人的亲密并当其在场时感觉安全的心理倾向。Hazan 和 Shaver 首先提出成人爱情关系中的情感联系也可以被理解为一种依恋关系，从而发展出爱情的依恋理论。该理论认为，爱情关系与亲子依恋的情绪及行为的动机都受到同一生物系统的控制，是自然选择的产物，是为了提高生存的概率。二者有许多相似之处，如寻求与情侣的亲密关系，与伴侣相处时，个体会感受到安全与舒适，分离时会感到焦虑等。

依恋研究专家巴塞洛缪提出了四种依恋的类型:安全型、多虑型、恐惧型和超脱型,用以描述成人依恋。安全型的人对情感的亲密和相互依赖感到很舒适;多虑型的人因为过于依赖他人的承认,所以急切寻求被他人接受,对人际关系有较多的投入;恐惧型的人由于担心被抛弃,而避免与他人建立亲密的联系,尽管他们也想被人接纳,但他们害怕这种亲密关系;超脱型的人感觉与别人的亲密并不值得焦虑,会自我满足,拒绝与别人的相互依赖,并不是真正关心别人是否会喜欢自己。巴塞洛缪认为这四种不同的依恋风格可以从两个维度加以区分:对自己遭到抛弃的担忧和对亲近的自在程度。当前,有关成人依恋类型与婚姻成功、亲密关系质量以及理想伴侣意向的相关关系等研究均有新进展。

4. 性策略理论

Buss 提出的性策略理论是从进化的角度解读爱情的代表性理论。依据该理论,在进化过程中,男女为获得资源或配偶,并最终成功生育后代,各自面临的"适应性问题"是不同的。在解决这些不同问题的过程中,出现了有性别差异的择偶偏好或行为方式。男性和女性分别进化出了不同的"性策略",包括短期策略及长期策略。Buss 等人的研究发现:在不同种族和人群中,尽管存在着地区、文化、种族,以及宗教信仰等方面的差异,但是所有男性更强调自己将来配偶的身体吸引力和年轻化,而女性则更重视将来配偶的经济实力、进取心和勤奋等特征。

5. 集束理论

Davis 认为,友谊关系中的喜爱可以理解为八个主要方面:欢乐、互助、尊敬、放松、接纳、信任、理解、交心。爱情除了包含以上所有方面之外,还包括两个集束:激情与关怀。

激情集束包括:迷恋对方、性欲、排他三种成分;关怀集束包括:在各种争论中始终是对方的拥护者或主要辩护者。因此,Davis 认为爱情等于喜欢再加上激情与关怀,爱情是一种特殊的友谊。

6. 情感双因素理论

情感双因素理论(Two Factor Theory of Emotion)由美国心理学家沙克特和辛格提出,因此又叫作沙克特－辛格理论(The Schachter-Singer Theory)。这一理论提出后被广泛接受。该理论认为情感主要由生理唤醒(Physiological Arousal)和认知因素(Cognitive Factor)所决定。不同情绪的生理反应是比较相似的,如恐惧、开心、紧张的时候,心跳都会加速,但是由于人们对这些反应的理解不同,就会体验到不同的情感。所以,情感双因素理论就认为,爱情是生理唤起和认知相互作用的结果。如哈特菲尔德认为激情爱的实质是个体的紧张和唤起的状态被贴上了"爱情"的标签。

7. 伊莱恩·哈特菲尔德的爱情有关理论

伊莱恩·哈特菲尔德根据社会交换理论将爱情分为激情之爱(Passionate Love)与伴侣之爱(Companionate Love)。她认为激情之爱是:"一种整个心思几乎都被另一个人占据的强烈情绪状态。"而伴侣之爱的发展,主要建立在尊重、相互了解和对彼此爱情的信心之上,并不伴随着极大的情绪起伏,它带给人的是一种温暖、亲密和会心的感受。它的特点是在这种爱情关系中的二人，彼此自我揭露的程度都很高，可以看到对方真正的一面，不会将对方过度理想化从而造成后来的失望，因此关系也较持久。

哈特菲尔德认为，激情之爱的形成必须具备三个条件：一是他（她）必须生活在一个充满爱情的世界里。二是要有“合适”的对象出现，“合适”可以指外表迷人，也可以指头脑清晰、富有教养和具有稳定的职业。三是必须体验“爱”的生理唤醒。

8. 国内的爱情理论

国内心理学家对爱情的理论探讨较少，鄢静的研究发现，中国文化背景下的成年人的爱情心理结构有四种成分：亲密关系、激情、责任感和忠贞，与斯腾伯格的理论较为一致。李朝旭等人则依据激活扩散模型，用“爱情”一词作为刺激，让大学生被试进行自由联想，再进行系统聚类，结果发现中国大学生的内隐爱情观包括五个方面：伦理与责任、浪漫体验、冲突及痛苦、理性、朋友式关爱。从联想强度上看，浪漫、冲突等排在伦理与责任之后。对于爱情，我国大学生更多地联想到道德伦理与婚姻家庭，体现了爱情的社会理性，浪漫体验的平均联想强度仅次于伦理与责任，体现了爱情的个体感性。受传统文化的影响，我国的青年在爱情的表现上显得更为传统、中庸一些。

四、影响爱情的因素

影响建立爱情关系的因素有很多，一些常见的因素包括各种人际吸引的因素，如外貌吸引力，个人的人格特征、经济条件、相似性等，还有一些家庭因素、社会文化，甚至是性别因素。

1. 文化

随着全球化经济的步伐不断加快，跨文化的沟通和交流也越来越多，甚至出现很多跨国婚姻。但是不可忽视的是，在爱情中，文化是一个非常重要的影响因素。

在一项对 166 种文化的分析中发现：89% 的人都抱有浪漫爱情的观念，这种观念通过男女之间的调情和私奔等行为反映出来。但是在一些包办婚姻的文化中，爱情的出现是在婚姻之后而不是婚姻之前。另，北美地区的人们，特别是女性，在选择婚姻对象时，依然会受到对方经济条件、家庭背景、社会地位等方面因素的影响。

2. 性别

男女在爱情体验中，往往表现得不一样。但是值得注意的是，两性之间对爱情的理解、婚姻的选择等一些问题，相同时多于不同。男性和女性都能体验到各种不同的爱，男性和女性依恋类型的比例也较为一致。我们普遍认为女性体验的感情更为浓烈和多变，但是研究人员在浪漫感情的衡量方面，很少发现男女之间有任何不同。

但是男性和女性在爱情方面还是有些不同的。例如，男性比女性更倾向于拥有更为浪漫的态度。男性会比女性更有可能认为爱一个人就足够了，其他的都不重要。男性比女性更有可能会“一见钟情”。在爱情中，女性更偏向于实用型而男性更容易偏向游戏型。有研究表明，在谈到爱时，女性变得比男性更为谨慎。女性对爱谁更有选择性，较慢地感受到激情，将感情限制在拥有相对较高的智慧、地位和其他好品质的伴侣身上。对于这样的一种现象，不同理论学派给出了不同的解释，如持进化主义观点的研究者认为女性对爱的对象更为谨慎，因为她们养育后代的投资比男性更大。而在社会文化模型下的研究者则认为女性更大的选择性归因于他们在多数社会中较低的传统社会地位，根据这样一个观点，挑选社会地位较高的男性可以帮助她们获得更多的社会资源。

五、爱情与喜欢

爱情与喜欢的区别主要体现在以下几个方面：

1. 依恋

爱情双方在体验到孤独时，会高度特异地去寻找自己恋人的陪同和安慰，而喜欢的双方不会出现该现象。

2. 利他

爱情的双方会彼此高度关注，感到有责任让对方快乐和幸福，并且对对方的缺点表现出高容忍。在爱情中，即使曾经是最自我中心和自私自利的人，也会表现出某种程度的理解、宽容、无私和奉献。

3. 亲密

恋爱的双方不仅对彼此有高度的情感依赖，也会有身体接触的需求。性是爱情的基础，也是爱情的核心成分。

一般来说，社会化水平较高的成年人能区分喜欢和爱情，但相当一部分的青少年，不能很好地区分爱情与喜欢。

专栏 10－2

心动并不一定就会是真爱：吊桥效应

在美国曾经进行过这样一个实验，实验者让很多男性走过一座位于高处且看上去非常不安全的吊桥，然后让他们和同一位女性见面，结果约有八成男性表示见到的那位女性非常有魅力，知道这是为什么吗？

这就是有名的“吊桥效应”，原因是大部分男性把横渡吊桥时因为紧张所致的口渴感，以及心跳加速等生理上的兴奋误认为性方面的冲动，自以为对那名女性产生了兴趣……其实处在惊险、刺激和危机场景里的女人更容易赢得异性的青睐，好多美国大片里就经常使用这一招，比如飙车的时候、比如枪战的时候、比如冒险的时候，貌似娇弱的女人出现在这种另类的场景里，会给人留下更深刻的印象。

资料来源：吊桥效应[EB/OL]. http://baike.com/view/685639.htm？fr = aladdin。

六、爱情的发展阶段

1. 选择与评估

男女双方在某一群体中选择交往对象时，主要考虑交往的收益和成本，以及相互抵消后的收益。如果收益超过自己的期待，那么对方会成为自己追求的目标。这种收益不仅指物质上的，还包括心理上的慰藉。

2. 互惠

在此阶段，双方尽量交换收益，既为对方奉献，也从对方那里获益。如一起聊天、互相关心帮助、互赠礼物等。但在这一阶段，避免进入对方的隐私领域。在交换中，双方互惠，亲密度增加。

3. 承诺

在这一阶段，双方认为从对方那里得到的收益比从其他异性那里得到的收益要大，因此停止与其他异性的交往，双方关系相对固定，开始一对一地频繁交往。

4. 制度化

随着关系的继续发展，亲密度不断增加。双方都觉得自己离不开对方，又担心对方离开自己，希望能通过契约将双方关系制度化，如订婚、登记结婚等。契约关系具有排他性，使双方彼此忠诚。

专栏 10－3

罗密欧与朱丽叶效应

心理学家德斯考尔等人在对爱情进行科学研究时发现，在一定范围内，父母或长辈干涉儿女的感情，会使这对青年人之间的感情加深。就是说如果出现干扰恋爱双方爱情关系的外在力量，恋爱双方的情感反而会更强烈，恋爱关系也会变得更加牢固。这种现象就被叫作罗密欧与朱丽叶效应。

资料来源：李雯. 实用心理学(II)[M]. 北京：企业管理出版社，2009:59。

第二节 婚姻

从浪漫的爱情到最终步入婚姻殿堂，这是大部分情侣都梦想的事情。然而在当今社会里，婚姻关系表现出一系列的问题：如闪婚闪离、奉子成婚、离婚等等。

一、婚姻的概念

婚姻是男女结成夫妻关系的行为，是家庭成立的基础和标志。婚姻是按照一定的法律、伦理和习俗规定而建立的。夫妻关系是一种特定的人际关系和社会关系，因此它具有一定的社会性。

婚姻质量作为生活质量的一个重要方面已越来越受到重视。婚姻质量几年来在理论界也没有一个统一的定义。目前国外研究婚姻质量的学派主要分为两个，一个是个人感觉(Individual Feeling)学派，另一个是婚姻调试(Marriage Adjustment)学派。个人感觉学派认为婚姻质量主要是主观感受，是个体对自己婚姻的幸福和满意程度的主观感受与体验。而婚姻调试学派则认为婚姻关系体现在夫妻之间关系的结构特征和这种特征的统计表现，包括夫妻对婚姻关系的调适性质、方式、频率、效果等。还有人将这两种理论学派统和，认为高质量的婚姻不仅表现在夫妻之间关系的融洽，还表现在个体主观上对配偶及双方有较高的满意度。影响婚姻质量的因素很多，也很复杂。社会学家和心理学家为此构建了许多不同的模型。一般来说，影响婚姻质量的因素可以概括为三大类，一是生理因素、二是社会文化因素、三是心理因素。

二、夫妻关系的类型

1. 爱情型

该类型是指夫妻双方是以爱情为基础结合的。爱情型还可进一步分为两种类型：一种是由美貌与性吸引而导致双方结合的。这种类型会有一定的风险，爱情会随着外貌及性魅力的逐渐减退而减少，如果缺乏其他基础，或不能过渡到以双方人格相似性为基础的爱情，那么这种婚姻迟早会产生危机。另一种就是人格相似型夫妻。夫妻双方是以人格的相似性或互补性为基础而结合的。由于人格具有相对稳定性，不像外貌等容易发生变化，因此这种类型一般能使婚姻平稳而幸福。

2. 功利型

这种类型的婚姻是以爱情之外的家庭背景、学历、财产、工作、社会关系等条件为基础的结合。当双方收益与成本基本平衡时，婚姻能够持续，双方感到满意。但如果双方的收益与成本不平衡时，往往会导致危机；其次，由于夫妻关系的理性色彩浓厚，所以难以享受爱情，夫妻关系紧张时，往往一方容易寻找婚外情，最终导致婚姻关系破裂。

3. 平等合作型与分工型

平等合作型的夫妻双方平等分担家务，分工型则是根据双方各自特点分工，料理家务。这两种类型的共同点是双方均承担自己的角色，又对彼此有相应的期待，都承认双方在家庭中的价值，有强烈的责任感，家庭生活比较和谐稳定。

4. 建设型

该类型的夫妻双方在共同目标下努力工作。他们有成家立业、养育子女等共同的目标，并依据这些目标密切合作。达到目标后又树立新的目标。生活中勤奋务实，家庭消费理性。在实现共同目标的过程中，理解生活的意义，使婚姻关系发展。但这种类型的夫妻也会出现危机，其一是精神生活可能不丰富，很多夫妻往往在实现目标后，会有空虚感。其二是一方可能变得满足后继而懒散，以致出现裂痕。

5. 惰性型

这种类型的夫妻迅速对婚姻失去兴趣，他们不能发现婚姻中需要解决的问题，不愿进行建设性尝试,只希望按照既有方式生活。不紧张或冲突,但也没有乐趣,以至于觉得婚姻生活无趣而产生一系列婚姻问题。

6. 失望型

该类型夫妻在新婚时会非常努力地建立美满的婚姻生活,对婚姻存在过高的期待,但不久便发现,婚姻生活中存在诸多不如意。当理想和现实出现较大落差时,对婚姻和另一方的表现感到失望。

7. 一体型

这种类型的夫妻在漫长的共同生活中,互相体贴、合作,在人格上彼此适应,融为一体。双方均把对方看成"自己"的一部分,相敬如宾、心心相印。这种类型的婚姻关系较为稳定、美满。但当一方离去时,另一方寂寞难耐。

三、影响婚姻质量的社会心理因素

20 世纪 70 年代,Campbell 提出,在影响幸福感的 15 个方面中,婚姻和家庭占有非常重要的位置。良好的婚姻质量,不仅预示着更高的主观幸福感,也预示着更好的心理健康水平。近年来,国内外有很多关于婚姻质量的研究。总体概括一下,影响婚姻质量的社会心理因素主要有以下几点。

1. 夫妻互动因素

(1)夫妻沟通

"沟通"是建立亲密关系的基础,现在社会中大龄男女青年越来越多,而"剩男剩女"在寻找伴侣的过程中,普遍提出的一个要求就是要有共同语言。而共同语言是沟通的基础。依据社会学习理论,夫妻关系是彼此的交流方式和沟通方式的产品。已有研究提出了夫妻之间的三种沟通模式:①建设性沟通模式,夫妻双方通过共同讨论、相互理解和协商解决问题;②相互回避沟通模式,夫妻双方都回避问题,拒绝讨论问题;③要求 - 退缩沟通模式,是指夫妻其中一方(要求者)通过抱怨、指责和批评另一方,要求对方改变,或者试图和对方讨论婚姻中存在的问题,而另一方(退缩者)却保持沉默、试图终止讨论或转移话题、回避冲突甚至离开冲突现场。

我国学者申瑞娟的研究表明:"第一,性别、年龄、结婚年数、收入水平等人口学变量在夫妻的婚姻质量上具有显著差异,差距越大对婚姻质量的影响越明显,造成离婚的几率也越高;第二,婚姻沟通对婚姻质量的影响较大,双方都为建设性沟通的夫妻婚姻质量明显高于其他夫妻组合类型,离婚率也较低;第三,在婚组与离婚组的婚姻沟通模式存在显著差异,在婚组更多地采用建设性婚姻沟通模式,建设性婚姻沟通模式有利于婚姻质量的提高,离婚组更多地采用双方回避沟通模式,双方回避婚姻沟通模式可以预测离婚。"①张锦涛等人的研究表明:"①夫妻间的沟通以建设性沟通为主,双方回避和要求/回避型沟通较少;丈夫感知到的婚姻质量总体上优于妻子感知到的婚姻质量。②夫妻双方在沟通模式和婚姻质量的感

① 申瑞娟:《婚姻沟通对婚姻质量及离婚的影响研究》,西南大学,2012 年。

知上具有一致性,在沟通模式中的两个和婚姻质量中的三个分量表上的得分不存在显著差异。③夫妻间建设性沟通可以显著地正向预测自身感知到的婚姻质量;而双方回避和要求/回避型沟通则显著地负向预测自身感知到的婚姻质量。④在控制了丈夫、妻子感知到的沟通模式对其自身婚姻质量的主体效应之后,丈夫感知到的沟通模式可以显著地预测妻子感受到的婚姻质量;然而妻子感知到的沟通模式并不能显著地预测丈夫的婚姻质量。"①

西方学者研究发现,积极的、高质量的沟通方式与婚姻满意度和稳定性高度相关;消极的沟通方式则与离婚率正相关,并能预测离婚结果。婚姻不幸家庭比婚姻幸福家庭存在更多的消极沟通方式。沟通方式是婚姻质量有力的预测因素。

因此,想维持良好的婚姻关系,有效的沟通是必不可少的。在冲突发生时,双方以建设性的交流方式表达自己的想法是非常重要的。

(2)情绪表达与调节

情绪表达和情绪表达冲突影响着婚姻关系中伴侣间的互动质量。通常,良好的情绪表达对个体的社会适应及身心健康有积极影响,如果情绪压抑就会引发情绪障碍或者身心疾病。情绪表达和调节对婚姻质量有重要的影响。婚姻关系中伴侣间的相互依存程度远远高于其他人际交往,伴侣在表达情绪时可能体验到更大的压力和困惑。越亲密的婚姻关系,伴侣对亲密的渴求以及维持现状的动机越强烈,这反而会制约伴侣间的情绪表达,最终影响到婚姻质量。自尊可能是造成伴侣间情绪表达不畅的一个主要因素。如梁亮的研究表明:低自尊的人会导致高情绪表达冲突,且这种高情绪表达冲突不利于伴侣的情绪表达和婚姻满意度;自尊通过情绪表达及情绪表达冲突影响婚姻满意度;男性的情绪表达冲突会高于女性;男性的自尊通过情绪表达冲突影响婚姻满意度的间接效应更明显。

不同婚龄的夫妻双方在情绪表达和调节的过程中的方式方法都是不一致的。方晓义等人做的关于情绪自我调节与婚姻质量的研究表明:新婚夫妻自我情绪调节困难处于较低水平,婚姻质量处于较高水平,其自我情绪调节困难能负向预测自身和伴侣的婚姻质量。

在夫妻交往的过程中,情绪表达起到了很重要的作用,尤其是在中国这种高情境沟通文化背景下,情绪所传达的信息直接影响着婚姻质量。夫妻双方应结合自身的性格特点找到一个合适的情绪表达方式,有不良情绪时应及时调节,这样才可以维持良好的婚姻关系。

(3)婚姻冲突

婚姻冲突在婚姻生活中是不可避免的,一般婚姻生活中,婚姻冲突的来源主要有金钱问题、感情危机、家务琐事、对子女的教养问题、价值观差异还有领导权威的模糊等等。很早就有人对婚姻冲突的问题进行了研究,但现有研究的结论尚未达成一致。如有研究认为婚姻冲突对婚姻满意度有破坏作用,它是导致婚姻不满意、分居和离婚的显著预测变量。但也有研究显示应该重新评估冲突在婚姻中的作用。在预测婚姻满意度方面,冲突的作用很小,甚至有研究认为冲突对婚姻满意度有某种促进作用。

杨阿丽、方晓义等人做了一项关于婚姻冲突、应对策略及婚姻满意度的研究,结果显示:

---

① 张锦涛,方晓义,戴丽琼:《夫妻沟通模式与婚姻质量的关系》,《心理发展与教育》,2009 年第 2 期。

“1)夫妻报告的前三项冲突是:家务琐事、不良习惯和交流解决问题方面。在家务琐事、交流解决问题和孩子方面,妻子报告的冲突显著多于丈夫;妻子报告的双方回避应对显著多于丈夫。2)人际关系冲突和工作方面的冲突分别对妻子和丈夫的婚姻满意度有显著预测作用;双方都报告人际关系方面的冲突对对方婚姻满意度有显著预测作用,但妻子报告的人际关系冲突对丈夫婚姻满意的预测作用更大。”①可见,选取合理的解决婚姻冲突的方式是良好婚姻质量的一个根本保证。

2. 个体因素

(1)依恋类型

根据前文所提到的关于亲密关系建立的依恋理论,夫妻之间的依恋大致可划分为四种类型:安全型、多虑型、恐惧型和超脱型。Brennan,Clark 和 Shaver 把巴塞洛缪的四种类型从焦虑和回避两个维度加以区分,焦虑即个体对可能与情侣分离或被情侣抛弃的担心程度;回避即个体所选择的与情侣的亲密程度及个体在心理和情感上的独立程度。在此基础上编制的“亲密关系经历量表”可以测量成人的婚姻依恋程度,依据在这两个维度上得分的高低可以划分婚姻依恋的类型。

研究表明,依恋焦虑或依恋回避水平高的个体更可能结束关系。依恋焦虑和依恋回避程度都比较低的个体对婚姻关系的信心比较高,在出现婚姻障碍时会高度重视并积极探索解决问题的方法,从而提高婚姻的质量。妻子的消极依恋能负向显著预测自评的婚姻质量,而丈夫的消极依恋对自评的婚姻质量没有显著影响。有研究认为在依恋类型和婚姻质量的关系中存在第三个变量,即归因方式在个体的依恋风格对婚姻质量的影响中起到了中介作用。在婚姻出现问题的归因上,妻子比丈夫表现出更多的消极归因。丈夫的依恋风格虽然不能显著地预测妻子感受到的婚姻质量,但是其归因方式可以显著地预测妻子感受到的婚姻质量;但是妻子的归因方式并不能显著地预测丈夫的婚姻质量。总之,普遍的结论发现成人的安全型依恋程度越高,其报告的婚姻满意度越高。

(2)人格特征

贾黎斋利用艾森克人格问卷对人格进行研究,结果表明:人格维度的精神质、神经质、内外向及掩饰都与婚姻质量有着密切的关系,高精神质和高神经质的个体容易导致夫妻冲突而降低婚姻质量;低精神质和低神经质的个体利于夫妻互动和良好家庭关系的建立。高外向性和高掩饰性有利于夫妻互动和良好的家庭关系的建立,并减少夫妻冲突。个体的人格特征对自身和配偶的婚姻质量都有影响。

不仅个人的人格特征对婚姻质量有一定的影响,性格间的组合对婚姻质量也有影响。叶明志等人采用 Locke-Wallace 婚姻调适测定及艾森克人格问卷对广州 689 对中年夫妻进行调查研究,发现中间型性格男性与内向型性格女性组合的家庭婚姻满意度最高,其次是性格同属中间型的男女组合的家庭,最低的是性格同属内向型男女组合的家庭。程灶火用中国人婚姻质量问卷和艾森克人格问卷对 234 对夫妻进行调查研究,结果表明,夫妻人格相似

① 杨阿丽,方晓义:《婚姻冲突、应对策略及其与婚姻满意度的关系》,《心理学探新》,2009 年第 1 期。

或互补跟婚姻质量没有必然的联系，但情绪稳定、善于沟通和能够适当掩饰的夫妻的婚姻质量较高。

3. 社会文化因素

社会层面包括家庭背景的相似、共同的宗教信仰与活动、教育程度的适配、职业地位的满足、朋友亲戚的交往、社交活动等，与经济层面都属于社会牵连面，受到外在影响多，故有的学者将其称为“功利因素”。结合我国的国情，将其概括如下：

(1)现代社会城市中婚姻家庭的稳定性降低。当今社会，物质生活极大丰富，但社会的竞争压力大，经济压力大。夫妻为了良好的生活质量，不断地努力工作，在这个过程中，往往就会忽略了家庭的经营。社会中出现了一些影响家庭稳定的现象，如为了买房假离婚，最终可能就会假戏真做。

(2)注重婚姻质量与幸福感受，中老年离婚人数增加。随着社会变迁，人们在择偶观、生育观、夫妻关系、离婚观、性观念等方面都发生了巨大变化，一些人在进入中老年乃至退休后选择离婚。这表明，人们越来越注重对婚姻质量的追求与幸福的感受。

(3)女性经济独立、地位提高及家庭内部不平等关系对婚姻稳定性的影响。传统的婚姻家庭观念是“男主外、女主内”。在过去的几千年里，中国女性的地位一直都比较低。随着社会的不断进步，很多女性也拥有了自己独立的事业，甚至比男性更能承担养家糊口的角色。这些变化都对婚姻关系的稳定性造成了一定的影响。

(4)多样化的家庭模式。传统的家庭模式为“一夫一妻”制，及“核心家庭”。在一夫一妻制的核心家庭中，三口之间最为稳定，夫妻之间的角色明确。但是在社会中的部分家庭里，夫妻是与长辈生活在一起的，这样的家庭角色混乱，还有社会中凸显的“婆媳关系”等问题，严重影响了婚姻质量。甚至在“社会宽容”下，一部分“有钱人”堂而皇之地在家里过起了一夫多妻的生活，这都严重影响了婚姻的质量。

总之，影响婚姻质量的因素远远不局限于此。综合国内外许多研究者的研究报告可以发现，影响婚姻质量的因素还包括夫妻的价值观念、婚姻期望、职业类型、年龄与婚龄、对生活目标和道德行为的一致性、生活事件、配偶理解程度、经济安排、性生活、兴趣爱好等等。

三、离婚

离婚是比较常见的一种婚姻解体的方式。在婚姻存续期间，由于经济、生理、心理、社会等因素的影响，导致婚姻关系失调，当矛盾发展到极致，婚姻功能丧失时，夫妻双方只能依据法律程序结束婚姻关系。

2013 年 6 月 19 日民政部发布《2012 年社会服务发展统计公报》，公报显示，2012 年共依法办理离婚手续的有 310.4 万对，增长 8.0%，粗离婚率为 2.3‰，比上年增加 0.2 个千分点。依法办理结婚登记的有 1323.6 万对，粗结婚率为 9.8‰，比上年上升 0.1 个千分点。2012 年离婚率的增幅超过结婚率增幅，离婚率呈逐年递增的趋势，增长势头超过结婚率。民政统计数字显示北京、上海的离婚率已超过 33%。从年龄结构看，22—35 岁人群是离婚主力军。从全国范围看，居首位的是北京，离婚率高达 39%。其次是上海、深圳、广州、厦门等地。哈尔滨的离婚率排在全国第十名。不同的国家离婚率的差异比较大。在玻利维亚、菲律宾和西班牙，每年离婚的人口仅占总人口的0.01%。美国离婚率则较高，达到4.7%。

乔治·莱文杰提出了一个能概括导致亲密关系破裂的因素模型。有三类因素影响着亲密关系，第一类是吸引力，吸引力因亲密关系提供的回报（如令人愉快的伴侣关系、性满足、安全感、社会地位等）而增强；并因这种关系的成本（烦恼、时间、精力及经济的投入等）而减弱。第二类是有其他可能的选择。“其他的选择”包括有其他的伴侣或者自由的单身，抑或是对事业成功的追求。第三类是亲密关系的周围的许多障碍使得亲密关系难脱离，例如现今社会中很多人都过着貌合神离的夫妻生活，其中一个因素就是由于来自社会、双方父母家庭的压力，甚至离婚需要付出的成本，宗教信仰，道德等其他因素都会使得亲密关系得以维持。一般来说，伴侣间越有吸引力、其他选择的吸引力越小、制约越强大，夫妻就越有可能生活在一起。

导致婚姻破裂的因素有很多。卡尼和布拉德伯里曾提出了婚姻的不稳定模型。他们认为某些人带着持久的弱点走入婚姻，这些弱点可能包括原来家庭内的不幸经历、教育水平低、适应不良的人格特征、社交技能差或对婚姻态度不端正等等，当这些弱点遇到婚姻的压力事件时，如果处理不当就会导致婚姻的不稳定甚至是离婚。

社会心理学研究者根据对离婚案例的统计分析，得出了大致一些通常的离婚原因：

（1）结婚年龄较低的夫妻容易离异。有很多处在青春期的少男少女，由于青春期的生理和心理的发展，产生了感情，这些少男少女并没有成熟的自我意识及对他人客观的判断，一到成年就马上步入了婚姻生活，这样的往往比较容易离异。

（2）因未婚先孕而结婚的夫妻，即“奉子成婚”。婚姻生活对个体来说是一个全新的阶段，步入婚姻生活的青年需要一段时间适应，在还没有适应好婚姻生活的时候，家庭中就多了一个新的生命，一系列的生活上的变化，往往会使青年男女适应不良，导致离异。

（3）短时相识就结婚的夫妻，即“闪婚”。由于彼此不够了解，婚后发现双方共同点很少，也容易离异。

（4）因为经济原因导致离婚的。“贫贱夫妻百事哀”，经济基础决定上层建筑，婚姻是建立在一定的物质基础之上的，当经济出现问题时，感情就必然会受到影响。

（5）门不当户不对。中国传统婚姻一直秉承“门当户对”的思想。这里的“门当户对”内涵更为丰富了，不仅指家里的经济背景，从小的生活环境，还包括二人相似的生活经历及受教育经验，甚至是工资收入等。很多“门不当户不对”的夫妻，生活的时间长了，过了最开始的甜蜜阶段，就会爆发出很多冲突，最终会导致离婚的结局。

（6）父母离过婚的，子女也容易离婚。子女受家庭教育的影响是非常大的，父母离异，会使得子女对婚姻的态度产生偏差，再由于一些单亲家庭中子女的性格问题，也容易导致离异。

（7）不良社会风气对婚姻生活的影响。当今社会，夫妻双方人际交往范围较大，交际日益增多和广泛，受社会不良风气的影响，婚外情等外界诱惑增多，使一些人逐渐迷失方向，丧失伦理道德，削弱了对婚姻和家庭的责任感，逐渐贪图美色享受，使婚姻关系中充斥着欺骗，第三者和婚外情等一系列问题,导致夫妻关系恶化并最终走向离婚。

(8)对性生活不满意的,容易离异。

除以上所阐述的,造成离婚的原因还有很多。离婚后,不仅原配偶之间的生活会改变,孩子的生活也会改变。所以婚姻并不是游戏,需要我们去努力经营。婚姻就像一朵美丽的花,需要我们用心去呵护和灌溉。

专栏 10－4

走向分居的步骤

20 世纪 80 年代,巴克斯特,达克,李分别提出了一对夫妇走到离婚所经历的步骤。虽然,他们各自的观点和具体的应用有所不同,但总体来说他们的模型都包括了五个步骤。一般来说,夫妇走向分居的步骤如下:

1. 发现问题

三个模型都以发现问题为开端。这个阶段既可能是夫妻对各种各样忧虑的逐渐认识,也可能是突然的、引人注目的一次事件。

2. 暴露不满

不快的人随后表明他的不满。此时,不满的一方会直接或间接地表明想要脱离关系的愿望。这一阶段的普遍感情包括:震惊、愤怒、伤痛,甚至是解脱。

3. 协商

一旦知道了是什么问题,就会协商。在这个阶段,研究者发现,如果提出者一直表达不满,那么伴侣可能会接受终止关系。然而,被放弃的一方往往不愿意终止关系,也许会许诺改善关系和给予更多回报。在这个阶段中,夫妇可能会努力修复关系。不管怎样,最终,夫妇对他们的关系都会达成一致的决定。

4. 转变

一旦达成决定,关系就需要转变。对于夫妻来说,比较常见的就是一方到一个新的地方居住。两人互动的频率、性质和持续时间方面以及由关系决定的方式上将会有所变化。这时,夫妻的疑虑不在集中在未来的关系上,而是集中在各自的未来上。这个阶段,个体身体和心理的紧张源于失落感和地位的改变。哀伤的过程可能开始了。

5. 掩饰伤痛

这个阶段的目标就是把这段曾经的亲密关系抛在脑后,熬过去。这个阶段个人的工作主要是认知阶段的,往往人们要用自己的认知方式将过去的一段亲密关系合理化,以便整理记忆,更好地生活。

综上所述,我们可以说通常情况下,一段亲密关系的破裂要经历这几个阶段。但是在现实生活中,有些婚姻是以特异的方式终止的,就好像婚姻关系的破裂并不是一夜之间的事,一般来说,从发现不满到破裂大约经历 30 周的时间,但有一些结婚十余年的老夫妻要花更长的时间来考虑婚姻,三年、五年甚至是八年。

资料来源：[美]莎伦·布雷姆，罗兰·米勒，丹尼尔.珀尔曼，等.亲密关系[M].第3版.郭辉，肖斌，刘煜译.北京：人民邮电出版社，2007：320－322。

第三节　家庭

一、家庭的概念

家庭作为社会的细胞，是人类最早的社会关系之一，是最基本的社会群体。人类从爱情到婚姻，最终建立家庭。家庭是由婚姻关系、血缘关系及收养关系构成的。

二、家庭的功能

20世纪70年代以来，有关“家庭功能”问题的研究一直没有停止。对家庭功能的定义也并未统一，但都是建立在家庭功能的理论基础之上。就当前有关家庭功能的研究，概括起来主要有两种：一是结果取向的家庭功能理论；二是过程取向的家庭功能理论。

1.结果取向的家庭功能理论

(1)环状模式理论

美国明尼苏达大学的奥尔森等人提出的“环状模式理论”，具有较大的影响。该理论认为家庭功能是家庭系统中家庭成员之间情感联系、家庭规则、家庭沟通以及应对外部事件的有效性，它包括家庭亲密度、家庭适应性和家庭沟通三个维度。家庭亲密度，指家庭成员之间情感联系的程度；家庭适应性，指家庭系统对随家庭处境和发展阶段的不同而出现问题的应对能力；家庭沟通，指家庭成员的信息和情感的交流方式。根据家庭亲密度和适应性的程度可以将家庭类型分为16种，包括4种平衡型、4种极端型和8种中间型。[①]

①平衡型家庭：在亲密度和适应性程度上都是适中的。家庭成员之间不过分依赖，又能共同商讨、共同决策、共同活动，与家庭成员之外的人也能保持较好的联系与活动。在适应性程度上，成员之间角色明确，家庭没有强制的规定，家庭氛围民主、和谐。研究表明，我国大多数家庭属于平衡型，这说明我国的家庭功能良好。

②极端型家庭：在亲密度上呈现出两种极端的状态。要么是成员之间彼此互相依赖，没有自己的生活空间，成员彼此过于亲密，很少有家庭之外的朋友，个人兴趣也完全在家庭生活上，没有除此之外的爱好。要么就是成员之间彼此感情疏远、冷漠，各自忙碌自己的事情，通常不会向其他家庭成员寻求支持和帮助。在适应性程度上也出现这种极端的现象，要么就是处理问题非常权威，极具控制性，很少协商解决问题；要么就是家庭规则比较混乱，角色分配变化无常。总之，极端型家庭在亲密度和适应性上的得分要么过高，要么过低，不利于

① 参见方晓义，徐洁，孙莉，等：《家庭功能：理论、影响因素及其与青少年社会适应的关系》，《心理科学进展》，2004年第4期。

家庭成员关系的健康发展。

③中间型家庭:亲密度和适应性这两个方面中的一个处于极端水平,而另一个方面水平适中。这种家庭经过适当的调整,就可向平衡型家庭过渡,以达到良好的家庭功能。

环状模式理论对于家庭功能的研究具有一定的积极意义,从一定的角度对家庭功能进行了划分。但同时也具有一定的问题,如有的研究者认为该理论将家庭过于详细地分类,在实际应用中对家庭的指导作用太小。环状模式理论最初假定家庭实现其基本功能的结果与其亲密度和适应性之间是一种非线性关系,亲密度和适应性程度过高和过低都不利于家庭功能的发挥。后来,大量的研究对该理论提出了质疑,奥尔森根据一些研究对自己的模型假设进行了修订,将其修改为三维线性模型理论。经过20多年的发展和完善,该理论现主要应用于家庭功能研究、临床评估、训练、婚姻和家庭治疗等领域。

(2)Beavers的系统模式理论

Beavers等人于1977年提出了家庭系统模式理论。他们认为,家庭系统的能力越强,家庭功能的发挥就越好。Beavers的家庭系统模式理论从两个维度考察家庭功能:一是家庭在关系结构、反应灵活性等方面的特征,与家庭功能发挥的效果之间呈线性关系;二是家庭成员的交往风格,与家庭功能发挥的效果之间呈非线性关系,处于两个极端的向心型交往和离心型交往均不利于家庭功能的发挥,家庭成员常会出现适应障碍。根据第一个维度,可以将家庭分为五种类型:障碍型、边缘型、中间型、适当型和最佳型。其中,适当型和最佳型家庭为健康家庭。障碍型、边缘型和中间型家庭根据其成员间的交往模式又可以分为不同的种类。①

2.过程取向的家庭功能理论

(1)McMaster家庭功能模式理论

McMaster家庭功能模式理论侧重于评价家庭功能的各项具体内容及其实现的效果。McMaster家庭功能模式理论认为,家庭的基本功能是为家庭成员生理、心理、社会性等方面的发展提供一定的环境条件。该理论将家庭的基本功能分为六个维度,分别是问题解决、交流、角色、情感反应、情感卷入和行为控制。②

(2)家庭过程模式理论

"该理论是Skinner等人于1980年提出的。它把和家庭相关的不同概念有机地结合在一起,形成了一个全面而清晰的家庭功能的概念与结构。家庭过程模式理论认为,家庭的首要目标是完成各种日常任务,包括完成危机任务。每项任务都需要家庭一起去应对。在完成任务的过程中,家庭及其成员得到成长,并使家庭成员之间的亲密度得到增进,维持家庭的整体性,发挥好家庭作为社会单位的各项功能。该理论提出了评价家庭功能的7个维度:任务完成、角色作用、沟通、情感表达、卷入、控制和价值观。任务完成是核心维度……其他6

① 参见方晓义,徐洁,孙莉,等:《家庭功能:理论、影响因素及其与青少年社会适应的关系》,《心理科学进展》,2004年第4期。

② 王继堃等:《McMaster模式家庭功能评价及家庭治疗》,《临床精神医学杂志》,2011年第4期。

个维度围绕在任务完成的周围。”[①]该理论假设在家庭中完成各种任务，每一个家庭成员都被赋予一定的角色，要想完成任务就要进行沟通，有沟通就自然有一定的情感表达，情感表达可以阻碍或促进成员的角色担当进而影响到家庭任务的完成。家庭成员相互的卷入程度对家庭任务的完成也有一定的影响，控制则是家庭成员相互影响的过程，最后家庭任务的确定及完成任务的方式则受到家庭的价值观、家庭背景及家庭内部的规则的影响。总之，这7个维度有机地联系在一起，共同来评估一个家庭的功能是否良好。

家庭过程模式理论与 McMaster 家庭功能模式理论不同。前者不仅列出了家庭功能的主要维度，还强调维度之间是如何相互影响的，后者并没有从不同的水平来加以评价；家庭过程模式理论从个体、整体和相互关系三个水平对家庭功能进行评价，而且将家庭作为一个更大的社会系统，强调家庭成员的价值观和家庭规则。

三、家庭的结构

家庭结构（Family Structure）是指由有血缘、姻缘和收养关系的成员所形成的不同类型的生活单位。[②] 家庭结构包括两个基本方面：

1. 家庭人口要素

按人口数量对家庭进行分类，一般来说，人口较多的即称为大家庭，人口较少的即称为小家庭。在早期人类社会，曾有过群婚形式，其后又出现对偶婚，这一现象使得一个家庭内可能包括多对配偶及其所生的子女。与后来的一夫一妻制家庭相比，原始形态的家庭成员较多，可以称为大家庭，例如曾经的家庭公社。最初的一夫一妻制家庭是父权家长制家庭，它由若干数量的自由成员和非自由成员在家长的统治下构成。也就是说，家庭中不仅包括有亲缘关系的成员，还包括一定数量的奴隶。相对来说，这种家庭规模也较大。当时的生产力水平低下，所以大家庭较为盛行。随着社会生产力的发展，家庭规模开始有变小趋势。20世纪以来，由于人们开始自觉地节育，家庭规模进一步缩小。根据百度百科的资料，1970 年全世界户均 4.47 人，其中发达地区户均 3.40 人，发展中地区户均 5.16 人。并预测到 1985 年全世界平均每户人口约为 4.20 人，其中发达地区户均 3.06 人，发展中地区户均 4.82 人。

2. 家庭模式要素

(1)按家庭中配偶的对数可分为：多夫多妻制、一夫多妻制、一妻多夫制和一夫一妻制家庭。

(2)按参与和决定家庭事务的权利可分为：父权家庭、母权家庭、舅权家庭、平权家庭。

(3)按家庭传袭系统可分为：母系家庭、父系家庭、平系家庭、双系家庭（同时属于父族和母族）。

(4)按家庭成员居住地可分为：妻居家庭、从夫居家庭、单居制家庭。

---

① 方晓义，徐洁，孙莉，等：《家庭功能：理论、影响因素及其与青少年社会适应的关系》，《心理科学进展》，2004 年第 4 期。

② 王跃生：《农村家庭结构变动及类型识别问题——以冀东村庄为分析基础》，《人口研究》，2010 年第 2 期。

(5)按家庭的代际层次和与亲属的关系把家庭分为:

①核心家庭:由父母和未婚子女所组成的家庭;这种家庭是现代最为常见的一种家庭模式。

②主干家庭:由父母和一对已婚子女组成,比如由父、母、子、媳所组成的家庭。

③联合家庭:由父母和两对或两对以上已婚子女所组成的家庭,或者是兄弟姐妹婚后不分家的家庭。

④其他家庭:以上三种类型以外的家庭,如单亲家庭等。

四、家庭生命周期

家庭生命周期(Family Life Cycle)是反映一个家庭从形成到解体呈循环运动过程的范畴。美国学者P.C.格里克最早于1947年从人口学角度提出比较完整的家庭生命周期概念,并对一个家庭所经历的各个阶段作了划分(见表10-1)。

表10-1　家庭生命周期

阶段	起始	结束
①形成	结婚	第一个孩子的出生
②扩展	第一个孩子的出生	最后一个孩子的出生
③稳定	最后一个孩子的出生	第一个孩子离开父母家
④收缩	第一个孩子离开父母家	最后一个孩子离开父母家
⑤空巢	最后一个孩子离开父母家	配偶一方死亡
⑥解体	配偶一方死亡	配偶另一方死亡

家庭生命周期概念对于社会心理学及心理咨询等学科有较大意义。因为婚姻、生育、死亡这些人口过程都发生在家庭中,而这些过程对个体的心理有明显的影响。现有的研究结果显示:家庭生命周期理论对夫妻矛盾的发生、夫妻冲突的解决以及家庭消费等等均有显著影响。

从爱情的发生到以婚姻为承诺,最终组建家庭,这一过程都是我们生活中不可或缺的一部分。维持和谐而又美满的家庭生活,是每个人最终的愿望。在这个过程中,需要我们好好去经营。

思考题:

1. 简述爱情三角理论。

2. 简述爱情色轮论。

3. 论述影响婚姻质量的社会心理因素。

4. 评述环状模式理论。
5. 试比较 McMaster 的家庭功能模式理论与家庭过程模式理论。
6. 按家庭的代际层次和与亲属的关系把家庭分为哪几种？
7. 简述爱情依恋论。

第十一章　文化与社会心理

关于社会心理学的学科属性，以往学术界多关注其“社会”与“心理”的要素，认为社会心理学是社会学与心理学的交叉学科。近年来，人们对社会心理学逐渐有了更新的认识，认为社会心理学是一门建立在社会学、心理学以及文化人类学等母体学科基础上的边缘学科。这种新思潮强调了文化人类学也是社会心理学的母体学科之一，于是“文化”这一概念逐渐成为关乎整个社会心理学知识体系的新要素。

第一节　文化与社会心理的一般概述

文化作为社会心理学领域一个逐渐被人关注的新要素，正在成为研究的一个新的热点，那么什么是文化？文化的基本内涵是什么？文化对社会心理究竟有什么样的影响呢？

一、文化的基本内涵

文化是一个比较模糊的概念，不同的学科对它有不同的理解，据统计，有关文化的各种不同的定义至少有二百种。虽然不少哲学家、人类学家、社会学家、历史学家以及语言学家一直努力试图从各自学科的角度来界定文化的概念，但还是很难给它下一个严格而精确的定义。所以，很长一段时间文化也没有获得一个公认的、令人满意的定义。

笼统地说，文化既是一种社会现象，同时又是一种历史现象，是人类在社会历史发展过程中长期创造的物质财富和精神财富的总和。具体地说，一个国家或民族的地理、历史、文学艺术、风土人情、传统习俗、生活方式、行为规范、思维方式以及价值观念等都是文化。

文化是复杂而多样的，概括起来主要由精神要素、语言和符号、规范体系、社会关系和社会组织以及物质产品等要素组成。

（一）精神要素

精神要素主要是指哲学、宗教、艺术、伦理道德以及价值观念等精神文化，其中价值观念是精神文化的核心。精神要素是所有文化要素中最有活力的部分，是人类创造活动的动力和源泉，也是人类区别于动物的根本。价值观念作为精神文化的核心，是社会成员对各种事物、行为以及可能做出的选择等进行评价的标准。这个标准存在于人的内心，并通过其行为取向及对事物的评价、态度等反映出来。人的价值观念决定着人们赞赏什么、追求什么以及选择什么样的生活方式和目标。另外，价值观念也通过人类所创造的一切物质和非物质的产品得以体现。如产品的种类、式样和用途，无不反映着创造者的价值观念。

（二）语言和符号

语言和符号具有表意性，是文化的载体，是人类在交往活动中借以交流和沟通的工具，同时也是文化积淀和贮存的手段。凭借语言和符号人类才能沟通互动，而文化的创造正是在人类的语言和符号的沟通互动中完成的。文化的传播也是通过语言和符号进行的。人类只有使用语言和符号从事生产与社会实践活动，才能创造出丰富多彩的文化。

（三）规范体系

规范是价值观念的具体化，是人类为了满足需要而设立或自然形成的行为准则。规范具有外显性，了解一个社会的文化往往是从认识其规范开始的。规范有约定俗成的，也有明文规定的。如风俗就属于约定俗成的，而法律条文、群体的规章制度等就属于明文规定的。人类社会的各种规范规定了人们活动的方向和行为方式，也规定了语言符号使用的对象和方法。各种规范之间是相互联系、相互渗透、互为补充的，它们共同调整着人们的各种社会关系。

（四）社会关系和社会组织

社会关系是社会中人与人之间关系的总称，它是各文化要素产生的基础。社会关系层次繁多，其中生产关系是各种社会关系的基础。其他各种各样的社会关系都是在生产关系的基础上产生的。这些社会关系既是文化的一部分，又是创造文化的基础。社会组织是实现社会关系的实体，社会关系的确定要有社会组织的保障。一个社会要建立诸多社会组织，如家庭、工厂、公司、学校、教会、政府、军队等，来保证各种社会关系的实现和运行。社会关系和社会组织紧密相连，成为文化的重要组成部分。

（五）物质产品

物质产品是生产活动的结果，是文化的有形部分。经过人类改造的自然环境和由人创造出来的一切物品，如饮食、服饰、建筑、工具、器皿、水坝、公园等，都属于物质形态的文化。这些物质产品无不凝聚着人的观念、需求、智慧和能力等。这里需要明确的是，自然存在物并不属于文化，只有经过人类加工制作出来的产品才是文化。例如，石头不属于文化，而石器才是文化；水不属于文化，而水库才是文化等。

二、文化对社会心理的影响

文化与社会心理之间有着重要的联系。每一个社会都有与其适应的文化物质，并直接影响着个体或群体的人格及行为方式。文化的本质在于非物质方面，即价值、规范及信仰的系统，也就是行为和思考模式。所以社会心理离不开文化，而文化本身也蕴含了社会心理，文化是一个民族世世代代社会心理的凝聚。从广义上讲，社会心理也是一种社会文化现象，跨文化社会心理学把人置于特定的文化情境中进行考察，着重研究文化作为一种因素对人的心理和行为的影响与调节作用。

随着传播媒体、交通工具以及经济全球化的发展，我们进入了文化多元的时代，人们的生活范围得到了空前的扩展。这些变化使文化与价值观对人的影响变得不可避免。作为社会影响的一种，文化对我们心理与行为的影响体现在自我概念、社会关系、儿童养育、人际沟通等方面。

（一）自我概念

在不同文化中，人们的自我概念有显著差异。例如，有研究发现，在自我描述中，美国人对自己的特质较为看重，而中国人更关注情境。经过进一步的研究，研究者提出了这两种现象分别对应着个人主义和集体主义。

（二）社会关系

社会关系也与文化有关。相比北美的大学生，中国香港地区的大学生每天只与少数人交谈，但是每次交谈的时间较长。也有研究发现在集体主义占主导地位的社会中，雇主与雇员之间更倾向于团结一致，人们尽量通过尊重他人来维持这种和谐关系。在这样的社会中，人们不会直截了当地指出他人的过错，而是委婉地、间接地表达对他人的忠告。在这样的社会中，每个人都不是一个孤岛，人们的自我结构属于依赖型。

（三）儿童养育

文化也决定着人们对待孩子的方式。在个人主义的文化中，父母从小就注重培养孩子独立思考的能力。孩子到了青少年阶段，就有权决定自己的事情。但对集体主义的文化的人而言，父母倾向于教孩子学会如何去了解他人，与他人合作以及如何与他人交往，父母会指导孩子甚至决定孩子的事情。

（四）人际沟通

人们的人际沟通方式也与文化有关。不同文化背景下的沟通差异主要表现在人们对一些问题的看法上。以中国人与美国人之间的交往为例，大多数美国人喜欢直接沟通，有什么要求都直接提出来；而中国人更喜欢通过暗示或者第三者转述等间接方式来表达自己的想法。在发生人际冲突时，中国人往往会控制自己的情感，使其不外露；而美国人更倾向于直接表达自己的情绪。谦虚是中华民族的传统美德，但有时候这种谦虚让人分不清真假；而美国人会比较真实甚至夸大自己的优点，如果你恭维一个美国人，说他的孩子很聪明，他可能会告诉你他的孩子简直就是个天才。

三、文化对社会心理影响的一般性功能

（一）文化对社会心理的导向功能

文化的导向功能是指文化可以为人们的心理和行动提供方向与可供选择的方式。文化影响着人的交往行为和交往方式，文化也影响着人的实践活动、认识活动和思维方式。社会文化是一个指挥棒或者方向盘，社会文化要求什么，提倡什么，崇尚什么，人们就会追求什么。当今是开放的社会、变革的时代，文化全方位多渠道地交流，多元化的文化形式兼容并蓄，形成了不同性质文化庞杂影响的全新文化环境。人们在这种多元化的全新文化环境中，通过文化共享，可以知道自己的心理和行为是否符合某种文化氛围，在特定的文化环境中，什么样的心理和行为在对方看来才是恰当的并可以引起积极回应的，从而选择有效的行动

以适应特定的文化环境，这就是文化对行为的导向作用。

（二）文化对社会心理的辐射和传续功能

社会文化是一种无处不在的辐射源，社会文化以种种方式，沟通人们的思想感情，融合人们的理想信念、作风和情操，以顽强的再生力，对世世代代产生辐射作用。从世代发展的角度看，如果文化能向新的世代流传并获得认同，即下一代能同化共享上一代的文化，那么文化就有了传续功能。

（三）文化对社会心理的整合功能

文化的整合功能表现在它对于协调群体成员的行动所发挥的作用方面。社会群体中的每个成员都是独特的行动者，他们的行为往往是基于自己的需要并根据对情景的判断和理解进行的。如果人们能够共享文化，利用文化这个中介进行沟通交流，那么人们就能够消除隔阂从而进行有效的合作。在人类文化形成的漫长过程中，文化始终发挥着整合人类群体生活，确定个体在群体之中的角色知觉与角色地位，为人类社会的行为提供规范和导向的作用。不仅如此，文化还调整着人类彼此之间的互动，力图达到一个整体的效果，使人类的整体生活达到一种和谐。通过文化的整合，那些社会发展过程中体现出来的优质文化战胜了劣质文化，先进文化淘汰了落后文化，文化的进步带动了人类文明的进步和心理的发展。作为文化所施行的控制，与人类通过法律法规等的制定、执行来完成的控制有所不同，是通过过潜移默化和无形的“软约束”来完成的。每个种族的文化都有一整套相对稳定的价值系统，文化的整合性就在于不同文化的价值系统中的人们有着若干相同的行为规范和准则，从而在生活方式、思维方式及心理素质与人格结构方面表现出了明显的趋同性。

第二节　文化模式对社会心理的影响

近年来，文化进入了心理学研究的视野，心理学研究中对于文化现象的关注，以及在研究中采取文化的视角，日益成为心理学研究的趋势。这意味着文化已经成为心理学理论与研究的一部分，或者说成为了心理学研究中的一种基本视角。于是，作为新研究取向的文化心理学便应运而生。

一、文化心理学的兴起

文化心理学是心理学的最新研究领域之一，文化心理学作为一门涉及面很广而又颇具特色的交叉学科，具体是研究什么的呢？文化心理学的产生背景、发展过程以及对当前社会心理学研究的影响又是怎样的呢？

（一）文化心理学的基本含义

文化心理学是研究心理和文化之间相互影响关系的学科，它是以文化意义为研究对象，研究文化与心理和行为的关系，凸显心理学的人文性质与人的心理和行为的文化性质，强调以人为中心来进行心理学研究和构建心理学理论大厦。心理与文化的相互建构是文化心理学的基本观点和研究内容,例如研究文化传统与社会活动的调整、表达、传递以及渗透和影响人类心理生活的方式等,它涉及主观与客观、自我与他人、心理和文化、个人和生活环境等诸多领域的内容。其主要目的在于揭示文化和心理之间相互整合的机制。

研究心理学中文化的性质与意义的实质在于探讨心理与文化之间的关系,所以文化心理学的特征不仅是把文化纳入研究中,而且是把其放在中心位置,以文化与心理关系为基本内容建构心理学基本理论与研究,客观地揭示人类文化与心理的相互作用及相互联系,这是文化心理学的主要研究任务。

"文化心理学有三个相互关联的分析系统:第一个系统是人,有着独特的生物学上的组织和特殊的历史经历的人;第二个系统是社会,更精确地说,是一定社会和文化中的局部的社会结构(如家庭或其他组织);第三个系统是符号意义上的文化。每一个系统都是一个组织化的和动态的复合体。人、社会结构和文化符号三个系统互相渗透,彼此相互生成。社会结构同时也是符号系统;个人身份部分地由他在一个或多个社会系统中的角色和地位所构成;个人的意义和目标从可获得的文化符号的指令表中形成,同时,文化符号系统则依靠人和社会结构来体现。比如,家庭有一系列固定的角色和位置,有一个文化价值体系来明确不同地位的家庭成员的想法和适当的关系、角色、义务和期待,并使之具体化。而社会结构的规定范围则反映了一个文化或亚文化的符号化了的价值。例如,男性和女性、年轻人与老年人、血缘的和姻缘的关系等的不同点(或相似点)都是文化价值的体现,这种文化价值被隐藏在了家庭的社会组织结构中。文化心理学正是通过这三个系统来分析、研究作为文化存在的人及其心理的特点,探讨文化对人的心理生成和意义生成以及心理与文化、社会的交互作用。"①

(二)文化心理学兴起的背景

文化心理学是20世纪末刚刚兴起的心理学新取向,它的兴起在很大程度上是为了消除主流心理学所存在的问题,使心理学的发展摆脱困境。

文化心理学作为通过文化来考察和研究人的心理行为的一个心理学分支,其发展至今只有三十几年的历史,但其起源最早可追溯到冯特的民族心理学,冯特认为对高级心理过程的研究必须求助于民族心理学,通过对语言、神话和风俗习惯等社会产物的分析,可以从中推演出高级心理过程的基本规律。冯特心理学的这种文化学传统在时代的实证科学的洪流中并未得到光大。由于当时西方主流心理学急于借助自然科学属性摆脱哲学范畴自立门户,以致心理学的文化意识被忽视,心理学中文化的声音日渐衰微,却不可避免地导致了西方种族中心主义,这引起了许多心理学家的不满。人们开始思考心理学与文化之间的关系,文化心理学正是在这样的背景下诞生的。

1982年,卡克首先使用了现代意义上的"文化心理学"一词,他下的定义言简意赅:研究个体与社会、文化之间的相互作用的学科。1986年和1987年,在芝加哥分别召开了文化与人的发展专题研讨会和文化情境下的儿童专题研讨会,斯汀格勒等根据这两次研讨会的成

① 丁道群:《文化心理学的兴起》,《心理学探新》,2002年第1期。

果编辑出版了《文化心理学：比较人类发展论文集》，文化心理学开始以它自己公开的名字作为一个现代新学科而出现。

综观心理学的发展历程，新的心理学取向的建立，在很大程度上都是发现已有的心理学取向特别是主流心理学存在的问题，对之加以批判并力图解决它们的结果。例如人本主义心理学、认知心理学等是通过对当时占主流地位的行为主义心理学的批判而产生并发展起来的；当今后现代心理学、全球化心理学等的兴起则建立在对现今主流的实证心理学的否定的基础上。从文化心理学的基本观点来看，其理论体系在很大程度上能弥补主流科学心理学的不足，使心理学体系更加完整。

（三）文化心理学的研究对象

文化心理学作为一门新兴科学出现于20世纪六七十年代，中国台湾地区的心理学家余安邦教授认为，文化心理学的发展经历了三个重要阶段。在各个发展阶段中，文化心理学的研究对象有着明显的不同。

文化心理学发展的第一阶段为20世纪70年代以前，在此期间，人类学家戴沃斯和希普勒提出了文化心理学的概念。他们对文化心理学的理解等同于心理人类学或文化与人格学派。此时的文化心理学将追求人类共同与普遍的心理机制作为研究的目标，研究者假设人类有统一的心理机制，并试图从不同文化中寻找这种普遍心理机制存在的证据。在这一阶段，文化本身并未成为研究对象，而是作为标定某种心理机制出现在某种文化中的一种标签。

文化心理学发展的第二阶段为20世纪70年代至80年代中期，这个时期研究者开始认识到共有心理机制假设的局限性，开始关注社会文化背景对人类心理的影响。研究者发现由于所处社会文化系统的差异，人们的同一心理现象存在着截然不同的含义和表达方式。因此，这时的文化心理学开始重视心理行为与文化母体或本土文化的联系，试图从特定的社会文化角度对人的心理与行为进行考察，运用特定文化的观点和概念解释人的心理行为的性质，心理活动及变化。在这一阶段，文化已经被视为决定个体心理行为的重要因素。此时的研究开始考察特定社会文化环境对个体心理行为形成的意义。

文化心理学发展的第三阶段为20世纪80年代中期以后，这个阶段的研究强调文化与心理的互动关系，强调社会实践活动的文化内涵和个体主观建构活动。认识到人们的意义建构与实践活动不仅建构了社会文化世界，同时也建构了自己心理行为世界。此时的社会文化系统不再是客观的外在环境，而是一个可以理解与建构的主观意义系统。在这一阶段，文化被看作内在于人的觉知、理解和行动中，并与心理成为相互建构的整体，认识到社会文化的内涵有赖于人们的理解方式，而心理生活的内容也受到社会文化的制约。

（四）文化心理学对社会心理学研究的影响

文化向度被纳入社会行为的考察范围，使得社会心理学关于社会行为的研究进入了一个广阔的领域。米德对于新几内亚三个原始部落文化的研究告诉我们，一个社会的男性和女性以什么样的方式行动，完全看这个社会中的文化是如何对他们提出要求和有什么期待的。米德的研究使“在此之前完全不被注意的文化环境的重要性，现在纳入了人们的思考范围，变成他们精心观察的对象”。本尼迪克特通过对世界更大范围内文化模式的研究，提出了在不同文化模式中存在着不同的行为标准的观点。在被米德誉为“20 世纪第二季最伟大的著作之一”的《文化模式》一书中，本尼迪克特指出，在某些社会中被看作异常行为的人，到了另外某个社会，可能就会被看作是正常的，这不但在未开化的社会是如此，在现代社会中也是如此。

种种文化心理的研究成果表明，文化是社会行为的最根本的决定因素，无论是社会群体中的相互作用还是个体对于一定社会事物的反应，都是受制于某种特定的文化的。因此，由于文化的不同，在不同的社会里便存在着不同的行为模式。同样，一个社会中由于拥有某种共同的文化（如习俗），其成员便对某类特定的事物作出相对一致的反应。文化心理学的发展对于社会心理学来说至少有以下两方面的启发意义：“第一，在某一特定社会中所获得的关于社会行为的结论不能简单地推及到整个人类社会；第二，社会心理学必须将建立在文化模式基础上的社会行为模式纳入自己的研究视野，这既是正确把握社会行为本质的需要，更是建立完整的社会心理学学科体系的需要。”①

二、文化模式

文化对人的心理与行为的影响越来越受到社会心理学工作者的重视，但文化毕竟是一个笼统、泛化的概念。究竟该怎样具体研究文化对人的心理与行为的影响呢？在国内外的相关研究中，文化模式被研究者当作一个较为妥当的切入点。

（一）文化模式的含义

文化模式，通常就是指一个民族在特定的环境中创造、累积的各部分文化内容之间彼此联系而成的系统的文化结构表现。

文化模式是相对于个体行为来说的。人类行为的方式有多种多样的可能，这种可能是无穷的。但是一个部族、一种文化在这样的无穷的可能性里，只能选择其中的一些，而这种选择有自身的社会价值趋向。选择的行为方式，包括对待人之生死、青春期、婚姻的方式，以至在经济、政治、社会交往等领域的各种规矩、习俗，并通过形式化的方式，演成风俗、礼仪，从而结合成一个部落或部族的文化模式。

各种文化特质通过整合才能成为协调一致的模式。各民族或国家之间有着不同的文化模式，其对不同国家和民族的个体也产生了不同的影响，形成了各自独特的社会心理与行为。

（二）两种典型的文化模式

在关于文化与心理关系的相关研究中，个人主义与集体主义是当前国内外学者都非常重视的两种文化模式。

---

① 马广海：《文化研究的社会心理学意义》，《山东大学学报（哲学社会科学版）》，1999 年第 4 期。

个体主义、集体主义的概念最早是由郝夫斯特从跨文化心理学的视角提出的。在 20 世纪六七十年代，郝夫斯特以美国 IBM 公司的来自几十个国家的公司雇员为被试，对其士气及精神状态进行了研究。通过因素分析划分出四个维度，将其中之一命名为个体主义和集体主义。而后文化心理学家哈里·特里安迪斯经过近 30 年对文化差异的研究，提出了个体主义、集体主义理论，并在 1995 年，出版了《个体主义与集体主义》一书，总结了他自己几十年来以及其学生和其他跨文化心理学家的研究成果。

1. 个体主义与集体主义的概念

西方文化强调个体意识、个体行为、个体发展和个体实现，心理学家们把这种以个人为中心的主流意识和行为统称为个体主义。个体主义文化强调个人需求优先于集体需求，倾向于松散的社会关系，习惯将注意的焦点放在个体身上，强调个体的独特性、独立性、自主性，个人与集体的相互依赖性较弱，认为个人价值至高无上，强调个体与他人和群体的不同。在个体主义文化中，社会是一个由个人组成的集合，因此个体主义文化注重的是个人的个性、独立、自主、权利、竞争、个人成就以及情感的公开表达，主张个人凭借自己的聪明才智、知识技能和勤奋努力，按照自己的意愿和理想取得财富、进步、地位和成就，往往以个人成就作为评价一个人的重要标准。

而东方文化则强调集体需求优先于个人需求，个体是集体中的一员，要服从大局、顾全大局，统一意识和行为，心理学家们把这类主张个人从属于社会、个人利益服从集体利益的文化特征称为集体主义。集体主义文化强调集体、民族、国家的利益是至高无上的，习惯于将注意的焦点放在群体或社会水平上，强调集体利益的最大化，重视人际之间的相互依赖、融洽和睦的关系以及个人对社会的义务、职责和在社会中所扮演的角色等等。集体主义倾向者强调集体是价值的主体，以集体社会制定的规范、社会赋予他们的职责义务为先，集体利益高于个人利益，个人意识服从集体意识。人们愿意将集体利益凌驾于个人利益之上，着重强调他们与集体社会成员的关系。需要明确的是，集体主义并不否认个人利益，而是把个人利益和集体利益结合起来统筹兼顾。认为只有集体利益的最大化才能使个人利益得到最充分的满足。“覆巢之下，安有完卵”便是集体主义文化思想的具体体现。

郝夫斯特认为个体主义和集体主义是民族或国家的一种特性，而非个体的。如西欧、北美等西方国家的文化是典型的个体主义文化，而中国、日本和印度等东方国家的文化则是典型的集体主义文化。

2. 个体主义与集体主义的区别

个体主义文化和集体主义文化在以下几个方面存在着明显的差异：

(1) 自我的概念不同

个体主义与集体主义文化在对自我概念内涵的理解上是有较大区别的。个体主义文化的自我指的是一种自由独立人的自我，而集体主义文化的自我则是指与集体有更多关系的自我。个体主义文化将个人看作社会的中心，并站在个人的自我角度对问题进行观察和分析。在这种文化模式下，个人的自我被看作是独立自主的，既不同于他人同时也独立于群体和社会。个人所做出的决定是以自我的特性和能力为参照系，更多地考虑个体内在的特征和价值，而不是社会的要求和群体的期望。个体主义文化要求人们成为独立的自我，并确立自我区别于他人的独特性质。集体主义文化的自我并非独立的，而是与集体中的成员相互依赖、互相关联的，集体主义的自我更强调与他人之间的种种社会关系，而不是截然区分的界限，强调每一个自我都是所在群体（如家庭）的一员。个人所做的决定通常以集体要求和社会规范为首要参照，而自我的内在特性、价值和个体的潜能则是次要考虑的。换言之，集体主义文化下的自我是群体和社会的一个有机组成成分，并非一个独立的、有着固定疆界的精神实体。

概括地讲，西方个体主义文化模式认为人就是个人本身，不应当也不应该受制于任何其他的人和组织。而东方集体主义文化模式认为，人是群体的一部分，应该而且必须受到别人或组织的影响和制约。

（2）行为目标的性质不同

个体主义文化中的个人目标高于集体目标，而集体主义文化中的集体目标高于个人目标。个体主义文化中的个体最重要的是确立自我不同于他人的独特品质，个体行为的目标是以个人的需求、权利等为动力实现个人内在的潜能与价值，因而当个体的行为目标同群体目标发生冲突时，首先考虑的是个人的价值和目标的实现。而集体主义文化中的个体和他人之间是相互依赖的关系，个人的自我仅仅是群体的一个组成部分，只有同他人组成相互依赖的群体才是完整的，因而个人行为的目标是怎样与群体的目标保持一致，在维护群体的一致性方面做出贡献，而不是弘扬自我的独特性或个人的自我实现。当个体目标与群体目标出现不一致时，个体更倾向于放弃自己的目标，或者群体的规范迫使个体放弃自己的目标，以维持群体的团结一致。

（3）行为的决定因素不同

个体主义文化强调个人态度对行为的指导作用，而集体主义则强调角色规则对行为的指导作用。在个体主义的文化模式中，个人的态度、需要和权利等被认为是决定行为的首要因素。而在集体主义的文化模式中，人们更关注群体的目标和利益，社会的需要、规范、道义与责任等才是首要考虑的行为决定因素，而个人的态度、需要和权利则是第二位的。所以有研究者指出，在集体主义的文化条件下，预测行为倾向的最有效因素是社会规范、角色和社会地位，而在个体主义的文化条件下，预测行为倾向的最有效的因素则是个人态度。

（4）社会关系的重要性不同

在个体主义文化的社会中，人们并不看重社会关系，所以人与人之间的距离比较远，各群体组织中的社会关系也比较松散，个体在各组织中扮演的角色都是以其个人的兴趣、需要和自身发展为前提的。个体主义者更在意个人的利害得失，因此，其行为的出发点首要考虑的不是社会关系，而是个人收益和损失的反复权衡。即便需要维护各种关系也是基于维护个人利益的目的。面对个人利益和社会关系的冲突，个体主义者更倾向于放弃关系，而保护自己的利益。

而集体主义文化则不同，由于集体主义者的自我不是独立的和自主的，而是与他人相互依赖共同构成了一个紧凑的群体，所以人们是以自己所属的社会群体或通过自己与特定社会群体的关系明确自己的身份。因而在这种文化下，人们更重视社会关系，注重与他人之间的和睦相处、互帮互助与团结合作，并努力适应各类社会群体，尽量与社会群体保持良好的关系。集体主义强调为责任感和社会联系维持各种关系，所以集体主义文化下的人们在利益和关系的冲突面前，可以为关系而牺牲自己的利益。

三、两种文化模式对心理与行为的影响

在不同的文化模式下，社会风俗、行为规范和儿童养育实践的熏陶，对个体的心理和行为产生了不同的影响。

（一）认知方面

不同的文化模式导致不同的自我概念。不同的自我概念对认知产生深刻影响，使得个体中心倾向的人和集体中心倾向的人在认知方面产生明显的差异。①

首先，集体主义文化下的个体形成的是相互依赖的自我概念。这种自我概念促使个体把选择性注意指向自我与他人的关系，比个体主义者更注意他人对自己的评价。在关于自我的知识和他人的知识的组织加工方面，集体中心倾向的人所运用的是更为情景化、具体化的加工策略，而个体中心倾向的人更倾向于按照一般的特性和一般的能力来认识自我和他人。

其次，个体主义文化影响下的个体自我是自身能力和特质的体现。他们在一切可能的场合向他人展示自己独特的一面，喜欢张扬自我，而不会轻易接受他人的主张。因此，个体中心倾向者的思维更富有批判性，对他人观点常持怀疑态度，更倾向于对他人的观点进行评价并善于表达怀疑。而集体中心倾向者的思维中怀疑的一面要弱于接受的一面。研究表明，由于不同文化的影响，集体中心倾向者与个体中心倾向者在思维类型上存在明显的差异：集体中心倾向者更擅长整体思维和辩证思维，较少使用范畴和形式逻辑，而个体中心倾向者更擅长分析思维，更多地注意事物的细节，更倾向于使用逻辑规则来理解事物。

（二）情绪方面

文化模式对人的情绪也具有影响作用，这种影响主要反映在情绪的表达是自我中心的情绪还是他人中心的情绪。自我中心的情绪是指由个人内在的特质所引起的情绪，如当个人需要、目的、希望和能力等这些内在特质受阻，或者对这些内在特质满意和证实个人内在特质时所表现出的愤怒、沮丧、骄傲和自豪等，便是自我中心的情绪。他人中心的情绪是指主要由他人作为主要对象所引起的情绪，如当个体对他人的敏感、采纳他人观点或试图促进相互依赖的关系时所表现出的同情、腼腆、害羞、内疚、崇敬等，都是与他人有关的情绪体验，便属于他人中心的情绪。也就是说，个体主义文化中的个体更擅长体验自我中心的情绪，其情绪更多地是由个人主体性所引起的，反映的是个人的内部世界。而集体主义文化中的个体擅长体验他人中心的情绪，其情绪更多地根植于社会价值的评估，更多地由个体与他人的

① 参见叶浩生：《文化模式及其对心理与行为的影响》，《心理科学》，2004 年第 5 期。

关系所引起，反映的是外在现实。另外，与个体主义文化相比，集体主义文化不鼓励个体在公众场合直接表达情绪，认为抑制情绪更符合社会规范。

（三）动机方面

动机同文化模式有着较为紧密的联系。在个体主义的文化条件之下，个人最大的动机是实现自我，使自我成为不同于他人的独立实体。其行为动机的性质都是个体取向的，满足的是个人成就和自我的需要，增强的是个人的独立自主特性。因此，个体主义者的动机往往与个人内部的需要、意愿或者特质、能力有关，如提高自尊、获得成就、提高声望、逃避认知冲突等等。而集体主义文化条件下的个体，相互依赖的自我概念使得其行为动机的性质与个体主义者明显不同，更多的是社会取向的，如为他人所接受、实现群体（如家庭或国家）的目标、建立和谐的人际关系、逃避批评等等。集体主义者的动机结构反映了一种对他人的可接受性、适应他人的要求与限制自我的需要与欲望，而个体主义者的基本动机结构则反映了他们内部的需要、个人的权利和才能，包括承受社会压力的能力。①

（四）人际关系方面

在个体主义的西方文化社会里，人际距离比较疏远，人际关系也比较松散平淡，关系紧密的人际交往圈也很小，如仅局限于夫妻之间，人际之间的影响力和控制力也很有限。正因为如此，西方人对待圈子内和圈子外的人似乎没有太大的差别。比如美国人在帮助朋友和帮助一般人的态度及行为上差别比较小。受集体主义文化影响的东方人则不同，他们更注意周围的人，对自己的行为可能对别人产生的影响更敏感，考虑得更多。在东方文化中，每个人都有一个小圈子，如配偶、子女、父母、兄弟姐妹、亲戚和密友等，通过和这些人的情感上的交流，达到自己情感上的平衡，并调整和改变自己的认识与行为，获得对行为的判断标准。在这个小圈子里，人与人的关系是最紧密的，是相互影响和相互制约的。研究表明，东方人对待这个小圈子里的人和对待圈子外的人是有显著不同的：圈子里的人之间更容易产生相互体谅、相互信任、相互支持、相互保护的态度和行为，如帮助的行为常产生在圈子内的人而不是圈子外的人。

在家庭关系方面，由于个体主义文化突出个人的自由和发展，强调独立自主，所以西方人亲情比较淡薄，对家庭缺乏容忍、宽容和牺牲精神，尤其很少讲究对长辈的孝道。其优势是个人发展和个人成就方面比较突出，个人的创造性和能动性得到了充分的发挥，个人的潜力得到了发展和认可的机会。但是人际关系表层化、实用性和非情感的特征，导致美国成为世界上枪杀犯罪率最高的国家，老年人也是社会上最孤独和被冷漠的一个群体。而集体主义的东方文化强调人与人之间的关系，强调宽容与忍让，尤其讲究亲情和对长辈的孝道。优点是通常人的不平衡的情感可以通过与圈内朋友或家中亲人的交流得到疏解和补偿，孤独感大大减少，家庭中各成员之间的亲情也比较浓厚。尤其老年人一般都能得到儿孙辈应有的尊敬和照顾。但东方文化中紧密的家庭关系和社会联系又使个人的行为和判断极多地受

---

① 参见叶浩生：《文化模式及其对心理与行为的影响》，《心理科学》，2004 年第 5 期。

限于他人的影响和左右，缺乏独立思维和创新意识，而且易产生依赖性和自我满足。

四、两种文化模式的融合

文化本身是由自己的传统、历史、民族性、习惯等多种因素形成的，各种文化都有它的长处和短处，所以很难用统一的标准来衡量两种文化模式孰优孰劣。但是，随着经济全球化的日益深入发展，随之而来的文化全球化的呼声也越来越高。传统意义上的东方集体主义和西方个体主义在世界不同文化模式中都有体现，只是存在的程度和表现形式不同。在文化全球化的语境下，理想的文化模式既不是西方的个体主义，也不是东方的集体主义，而是介于集体主义和个体主义之间的一种新型文化模式。诸多的心理学研究成果都在支持两种文化的融合。

大量的研究成果显示，人类相互的关心、友爱和帮助，人与人之间的依赖关系是从一出生就产生的。对婴儿的研究表明，即使对婴儿提供良好的物质生活，没有吃穿这些基本需要的问题，但缺乏人与人之间的接触和爱抚，仍然可能造成婴儿的不健全成长，乃至死亡。婴儿的同情心理，几乎是一出生之后就产生的。即使是刚出生的婴儿，听到别的婴儿的哭声，也会产生沮丧的情感。而从对一到二岁的儿童成长的研究成果来看，一个显著的行为特征就是帮助别人。相当一批学者认为，看到别人受到损害而不能帮助别人，并由此而产生的罪恶感是天生的，带有强烈的遗传特征。对成人的心理学研究表明，孤独和社会的分离意识对人的体力和心理都会产生破坏性的影响，甚至会导致毁灭性的后果。

从对家庭和家庭关系的研究可以看出，一个健康的家庭来自于吸取两种文化的优点。心理学的研究认为，家庭的复杂性体现在“分离”和“融合”这两个不同但却有着紧密联系的部分。西方文化强调分离，而东方文化强调融合。就家庭而言，分离指的是在一个家庭中，每一个成员自由地追求自己的奋斗目标。丈夫和妻子，虽然组成了一个看来似乎紧密的家庭结合体，但是每一个人都有一些只属于自己的东西，都有发展自己的需要。父母与子女的关系也是如此。父母应当理解子女的个人发展目标，子女也应当尊重父母的兴趣和价值。每一个家庭的成员都是一个独立的不同的个体。而融合是指家庭成员的每一个人又都应当能够意识到家庭中其他成员的个人目标，并以互相帮助、互相鼓励的形式去实现这些个人目标，即使这些个人目标与家庭的总体目标似乎不符，或者几乎是相悖的。

如果一个家庭只有分离而没有融合，那么家庭每个成员都有自己的目标并为之独立奋斗，但缺乏爱和相互的支持。孩子可能目标宏大，学习成绩很好，但却不幸福。如果一个家庭只有融合而没有分离，那么子女会有很多的爱和支持，却没有挑战和压力，因而子女虽然满足和自我感觉良好，但却没有更大的进取心、更远的生活和工作目标。这里应当指出的是，很多父母以自己的兴趣和目标决定子女的奋斗目标，而不是以子女的个人兴趣和目标为前提。在多数的情形下，即使这些子女取得了成绩，但他们也会缺乏自信心和安全感，也不会感到真正的满足和幸福。

在人的发展和成长过程中，共存着两个不同的却相互联系着的行为特征。一方面，人们在寻求着建立人际间的关系，并借由此种关系得到依赖、信任和安全；另一方面，人们又在不断地寻求自我独立、自我满足和幸福。这两个方面是相互依存的,一方面的发展会促进另一方面的发展。良好的人际关系会给自己带来更多的满足和幸福,而建立良好的人际关系,又依赖于成熟的个性特征,包括独立的判断和行为。因此,我们需要个体主义与集体主义两种文化模式的有机结合,这种新型的融合两者优势的文化模式对我们才是最有益的。

第三节 中国文化视野下的社会心理学

由于心理学被中国人看作一种舶来品,所以心理学与中国传统文化的关系被长期忽视,中国传统文化中所蕴含的心理学意义也无人重视。而实际上,从心理学的历史渊源来看,心理学的第一故乡是中国,而中国传统文化本身也是一种充满了心理学意义的文化。因此,我们十分有必要重新审视中国传统文化,认真研究中国文化中所蕴涵的心理学思想,这对当代心理学的发展有着十分深远的意义。

一、中国文化与心理学

中国上下五千年的历史长河,造就了我们现在称之为“传统文化”的思想体系,而儒、释、道是中国文化的三大支柱,这三大传统文化思想体系影响着中国乃至世界心理学的发展。

(一)中国文化对心理学的影响

心理学诞生于西方,其主要的发展力量迄今为止也一直在西方,心理学的基本构架,包括心理学的基本概念、心理学理论及各种心理学研究方法等几乎都是在西方文化背景下建立起来的。但是随着西方对中国文化的逐渐了解,中国文化对西方心理学乃至西方心理学的研究者们逐渐产生了广泛而深远的影响。

美国心理学家马斯洛的人本主义思想就有着中国文化的烙印。马斯洛本人是东方哲学书籍的爱好者并深受中国道家思想的影响。马斯洛人本主义心理学思想中“自我实现”的主张,正是在借助于东方文化的基础上提出来的。伴随着人本主义心理学所倡导的个人潜能运动,东方文化中传统的禅思与冥想技术也逐渐被西方心理学所借鉴,并深深地影响了西方人的心理与行为的发展。

西方心理学中另一个深受中国文化影响的是“超越性心理学”,它是人本主义心理学的发展。1980年,沃尔斯等人主编了超越性心理学教科书《超越自我》。在书中,作者将超越性心理学定义为旨在发展一种与健康和幸福有关的人类体验和行为的心理学。他们倡导整合西方的科学与东方的智慧来实现人类的潜能。10余年后,他们又出版了续篇《超越自我之路》。作者们在这新版的超越性心理学中强调了超越性作为超越个体的整体性意义。超越性心理学所反映的思想恰恰类似于中国文化中所提出的人心与道心相结合的“天人合一”的境界。

瑞士心理分析家荣格是20世纪著名的心理学家,他的心理学思想充分反映了中国文化对西方心理学的意义与影响。荣格在卫礼贤的帮助下充分感受了中国文化的精蕴。他被博大精深的中国文化所深深地震撼了。维尔海姆的工作也给他带来了一种足以从根本上改变其世界观的中国文化基因。

弗罗姆的著作《禅与精神分析》是他从东方文化中获得灵感的切实体现，他对道家的人格和思想充满了向往。弗洛伊德也曾在他的著作中借用或者引用过中国文化并表达过对中国文化的向往。

加德纳是目前美国认知心理学的主要代表，他的研究和理论皆表现出一种对于中国文化心理学的呼应。他本人曾访问过中国，随后发表文章详细描述了他所感受的中国文化及其影响。1989 年，他又出版了《敞开心灵：中国对解决当代教育困境的启迪》一书，更加全面地论述了他从中国文化中所获得的心理学意义。

高尔曼是一位重要的“东方心理学家”。他曾经深入地研究佛教心理学，对于中国文化，尤其是道家的心理学思想传统尤为倾心。当代“原型心理学”的主要发展者希尔曼对于中国文化及对于所受中国文化的影响充满感慨与感激。他本人曾说，中国的太极图就是一种永恒的原形，永远都散发着启迪人心的灵光。当国际分析心理学会前主席托马斯·科茨博士及秘书长默瑞·斯丹博士等 5 人代表国际分析心理学会在 1994 年访问中国的时候，所演讲的题目便是《中国的道与分析心理学》。

1995 年 8 月，在瑞士苏黎世举行的第 13 届国际分析心理学会议中，来自世界各地的 500 多位分析心理学家，都是中国文化的仰慕者。他们中大部分人都是把对中国文化的学习和理解作为自己心理学发展的一个基础。

利策玛博士是国际著名的汉学家，曾任爱诺思基金会（Eranos Foundation）主席超过 30 年。“爱诺思”这个名字在西方具有东方的象征性意义，是中国文化影响西方心理学家乃至整个西方文化的纪念碑。爱诺思的创始人奥尔加·弗罗贝－卡普泰因夫人，最初正是由于对《易经》的兴趣，才邀请一些《易经》学者和著名汉学家聚会，为爱诺思的发展奠定了基础。每年都要举行的“爱诺思圆桌研讨会”，早已成为国际上东西方文化交流的重要活动，也是中国文化影响西方心理学以及影响世界的见证。①

（二）中国文化对我国社会心理学的影响

社会心理学本土化，无疑是中国文化影响我国社会心理学发展的一个有力证据。

大量的研究表明，生理差异和文化差异都导致了东方人的心理特点与西方人的不同，越来越多的学者认识到，西方的社会心理学不能替代中国本土社会心理学来描述和解释中国人的社会心理和社会行为。要想研究中国人的心理和行为必须建立中国人自己的社会心理学。换言之，心理学研究本身就应该也必须在本国产生。符合本土文化的特色和风格，所建构的心理学理论才能有效地说明和分析本国人的心理与行为，进而才能在跨文化研究的基础上建构全人类的学说，对世界心理学有所贡献。因此，中国社会心理学界兴起了一股引人瞩目的学术思潮——社会心理学本土化。心理学的本土化是指在存在文化差异的情况下，基于本国的社会文化、历史背景对现有的西方心理学理论中的合理成分不断进行改造、发展，使其融入本国社会文化并有效地指导、解释、预测受本国文化环境影响的大众的心理活

① 参见高岚，申荷永：《中国文化与心理学》，《学术研究》，2000 年第 8 期。

动和行为。

本土化的根本方向和目标就是完善中国本土心理学,建立自己的社会心理及行为的知识体系。浓墨重彩的文化性是本土心理学的突出特征,也就是说本土心理学的概念研究和理论假设要根植于特定的本土文化,无论是研究者还是研究对象都要具有同一的本土文化背景。研究内容也应该是本土文化中的特定心理与行为,理论和解释要在本土文化知识体系的框架中进行,研究方法反映的是本土文化传统的心理生活的意义,干预策略是为了发展个体在特定文化圈中特定的心理功能。所以不论是从研究对象的选择上,还是从研究的内容、过程和结果上来看,本土心理学都体现出极高的文化解释性特征。

社会心理学本土化是文化差异的必然产物,是心理学发展不可阻挡的趋势。中国台湾和香港地区更是相对超前地开展了心理学本土化运动。20 世纪 80 年代初,台湾地区以杨国枢为代表的心理学家和香港地区以杨中芳为代表的心理学家就率先提出了心理学研究的中国化问题,并对中国人的心理与行为进行了理论探讨和实证研究。20 世纪 80 年代中期,受海内外心理学研究本土化运动的影响,中国大陆的社会心理学工作者也开始关注和探讨建立中国特色社会心理学的体系问题。在经过大量的学术讨论后,工作者逐步达成社会心理学研究必须中国化的共识,并对社会心理学中国化研究的方法、路径和研究对象等进行了具体探讨,取得了一些具体的研究成果。随着本土化研究成果的不断积累,中国特色社会心理学体系最终必将成功建立起来。

二、中国文化视野下的社会心理学发展

中国社会心理学思想的产生、形成与发展,有几千年的悠久历史。虽然这种心理学思想在当初并没有明确的表述与理论概括,但却积淀在文字、图画、音乐、舞蹈和各种历史文献中。

如果打破西方科学心理学的固有框架,尝试着用中国本土文化传统的思维方式对这些历史文献进行理解,那么我们不难发现中国独特的本土心理学的发展轨迹。中国本土心理学既有丰富的传统文化内涵,又有系统的理论概念解说,还有独到的调节身心的技术方法路径,可以说独辟蹊径地形成了一整套完整的修身养性、提升心理生活境界的系统理论和假说,并始终贯穿于本土民众生活的各个层面和角落。

中国古代的许多思想家都曾提出过丰富的社会心理学思想,宏观理论方面有人贵论和性习论,也就是对人性的探讨;微观理论方面有人格心理学思想、心理治疗理论等各个方面。

人贵论的核心思想是,人在世界万物中是最为尊贵和伟大的,老子、董仲舒、王充、朱熹等人都表达过这种观点。这种思想在心理学方法论思想上的特殊意义在于,把人放在研究对象的基点和核心位置上,避免各种还原论的倾向。性习论,即探讨人性形成、发展及变化中遗传和环境关系的问题。中国古代就重视儿童教育的社会化和个性化,孔子就强调"言传身教",非常重视模仿在品德形成中的作用。

杨春晓对中国古代人格心理学思想做了总结,认为古代人格心理学思想主要有三大方面,即人格形成思想、人格分类思想、人格鉴定思想。其中,人格形成思想主要有三种观点,

即染积说、差异说、阶段说。人格分类思想则分别以孔子、荀子、刘劭等人以及《黄帝内经》为代表。孔子从德行、智能和气禀三个方面对人格进行分类，提出了人格类型说。从德行上，孔子将人分为君子和小人两种；从气禀上，孔子将人分为狂、狷和中行三种；从智能上，孔子将人分为上智、下愚和中人三种。《黄帝内经》对人的划分则是从两方面进行的，一是秉持以阴阳之气的多少，把人分为太阴之人、少阴之人、阴阳和平之人、少阳之人、太阳之人；二是从五行的角度，把人分为金、木、水、火、土形之人。前者重于心理，后者重于生理，两者相互搭配，形成25种复合型人。人格鉴定思想则有孔子的“听观法”、庄子的“九征法”、鬼谷子的“揣情术”、韩非子的“知人术”、《吕氏春秋》的“八观六验法”、王充的“以言观心法”、诸葛亮的“知人七法”、魏徵的“六观法”、李翱的“相人之术”，以及一些通过书画产品来分析人格的方法。

中国古代的社会心理学思想有许多涉及心理治疗理论，如道家思想、禅宗的冥想等等。道家常常强调人的自我意识，人需要依靠自己的力量提高自身自知自控的能力，治愈自己因为自我调控水平不高而出现的一些心理疾病，如焦虑、忧郁、强迫症等功能性神经症。

道家认为自我意识是自我认知与自我评价，是正确地认识自己活在世上的意义。这同今天流行的存在主义是不谋而合的，也正是因为道家这种强调人具有高级自我意识的思想，使得其具有了心理治疗的意义。此外，道家强调要正确地认识规律，如果不能正确地认识外部刺激，就不能采取正确的应对方式，从而出现过度焦虑、过度抑郁、悲伤的情绪，不能从根本上保持自我的心理平衡。道家还强调节制欲望、知足知止，合理地调整自己的期望目标，保持宁静、恬淡的心态。这些都是心理自我调适的好办法，同时也发展出了许多心理治疗的技术。

此外，乐国安总结了中国古代在社会交往、社会认知和群体心理方面的社会心理学思想。关于社会交往，孔子主张多交朋友，孟子主张交友应该与人为善。而协调人际关系方面，孔子认为应该进行心理换位，自己不想做的事不要强加于人；孟子则主张以德服人。在社会认知方面，孟子认为可以采取直接观察法，如通过观察对方的眼神和行为去认识他人，还可以利用间接推测法，通过了解对方的朋友来认识对方。而群体心理方面，中国古代的社会心理学思想家认为，群体活动中一定要讲究“人和”，同心同德对于群体活动的成功具有非常重要的意义。总的说来，中国古代的许多思想家都对社会心理学进行了探讨，只是这些探讨往往都是以思辨和推测为特征的。

三、中国文化中的社会心理学问题

中国文化有着悠久的历史，有着不同于西方文化的独特色彩。与西方重物、重智、重差别、重科学精神的个人本位的外求文化相比，中国文化是人的文化，是重情、重统一、重人文精神与伦常本位的内省文化。中西方文化品性的差异决定了中国心理学研究的本土化取向。也就是说中国心理学应该在中国文化的框架下进行本土研究，应以中国文化的视角来研究中国人的社会心理问题。

(一)中国人的社会化

1. 社会化的含义

按照现代社会心理学的解释,社会化是个体通过与社会的交互作用,适应并吸收社会的文化,成为一个合格的社会成员的过程。对于这个过程,中国传统文化向来特别予以重视,只不过中国的先哲没有用"社会化"一词,而是用了一个颇具中国文化特色的字眼:做人。所谓"做人",是指一个自然人通过自身的努力而转变成一个社会人,成为一个合格社会成员的过程。

中国传统文化认为,个体在诞生之初充其量只是一个自然人。此种自然人虽然具备人的形体,不过,因为没有修德,没有开智,并不具备人心或人性,还不能叫作真正的人。真正意义上的人是指合乎一定社会文化要求的社会人。《孟子·公孙丑上》曾说:"无恻隐之心,非人也;无羞恶之心,非人也;无辞让之心,非人也;无是非之心,非人也。"由此可见,中国文化认为,人是有德性的动物,德是成"人"的依据。德是做"人"的最起码要求,人无德就不可被称为人,有德有道方可做人。可见,现代社会心理学里所讲的个体社会化问题,在中国传统文化里,也就是所谓的"做人"问题。由于人主要是靠自己做出来的,而不是天赋的,所以,中国人实际上将人的社会性作为确定一个人是"人"的主要依据。

2. 社会化的理论

中国文化里的社会心理学主要有三种观点:一是性习论,二是慎染说,三是童心失说。相对而言,性习论突出了个体心理社会化的"结果",即"性与习成";慎染说突出了环境在个体心理社会化中的作用;童心失说则较细致地描述了个体心理社会化所经历的三个历程。

(1)性习论

性习论最早出自《古文尚书·太甲上》。据其记载,"习与性成"一语是商代伊尹告诫初继王位的太甲时所说的,意即习形成的时候,一种性也就和它一起形成了。这就是俗话所讲的"习惯成自然"。在"习与性成"的概念提出之后,我国历史上许多思想家、哲学家和教育家都对这一理论进行了研究和探讨。

孔子首先对"习与性成"的理论进行了继承和发展。孔子说:"少成若天性、习惯如自然。"意思是说,少儿时期养成的习惯就像人的天性一样牢固很难改变。这句话表明了孔子对"习与性成"理论的赞成。孔子又说:"性相近也,习相远也。"孔子在这里既肯定了遗传因素在人的个性心理形成过程中的自然基础作用,同时又强调了环境和教育对于人的个性心理的决定作用。

战国末年的荀子在孔子"习与性成"的研究基础上,提出了"化性起伪"和"积伪"的学说,进一步发扬了"习相远"的思想。荀子非常重视后天学习的意义,认为"人之性恶,其善者伪也"。指出人的恶是天生的,而善是后天的,人们只有努力学习,才能改恶为善。荀子的观点强调了人性是可以改造的,同时也强调了学习是人化恶为善的力量。

东汉时期的王充也阐述过"习与性成"的思想,王充把"习与性成"理解成善恶是可以互变的。他在《论衡·率性》中说:"夫人之性犹蓬纱也,在所渐染而善恶变矣。"又说:"善渐于恶,恶化于善,成为性行。"

到了明代,王廷相又开始了“习与性成”的研究。王廷相非常重视“习”的作用,他说:“婴儿在胞中自能饮食,出胞时便能视听,此天性之知,神化之不容已者。自余因习而知,因悟而知,因过而知,因疑而知,皆人道之知也。父母兄弟之亲,亦积习稔熟然耳。”这里的“悟”、“过”、“疑”也都属于习的性质,婴儿出生后的一切,包括父母兄弟之间的感情都是积习而成的。

(2)慎染说

慎染,即小心熏染。慎染说是谨慎对待环境和教化对个体品性的影响的一种观点。“近朱者赤,近墨者黑”一语,就是对这一观点的形象说明。

在中国思想史上,慎染说几乎得到了大家的一致认同。如以主张人心本具善端说闻名于世的孟子在《告子上》一文中就认为环境对个体品性的形成与发展影响巨大:“富岁,子弟多赖;凶岁,子弟多暴,非天之降才尔殊也,其所以陷溺其心者然也。”在孟子看来,尽管人人都具有共同的善端,但由于每个人所处的环境不同,其所形成的品性也会有所不同。这表明孟子已认识到环境对人的品性的形成具有一定的影响。因此,在个体社会化的过程中要尽可能地为个体创造一个较理想的外部环境。

荀子虽然主张人性本具恶端说,但他也赞成慎染说。《荀子·劝学》说:“蓬生麻中,不扶而直。白沙在涅,与之俱黑。兰槐之根是为芷。其渐之滫,君子不近,庶人不服,其质非不美也,所渐者然也。故君子居必择乡,游必就士,所以防邪僻而近中正也。”这段话明明白白地告诉人们,既然什么样的环境造就什么样的品性,一个有德的君子就应主动为自己选择一个好的环境。告子主张人性无善无不善说,所以,依告子的观点,某些人之所以为善人,另有一些人会成为恶人,全是后天习染的结果。

慎染说中,尤以墨子的观点最具代表性。墨子以素丝和染丝为喻,来说明人性及其在教育下的形成和改变。有一次他见染丝而颇有感慨:“染于苍则苍,染于黄则黄,所入者变,其色亦变,五入必,而已则为五色矣。故染不可不慎也!非独染丝然也,国亦有染。”在墨子看来,首先,人性不是先天所成,生来的人性不过如同待染的素丝。其次,下什么色的染缸,就成什么样颜色的丝,即有什么样的环境与教育就能造就什么样的人。因此,必须慎其所染,择其所染。

既然个体所处环境的好坏与其品行的发展息息相关,好的环境易使人养成好的品行,而坏的环境易使人养成坏的品行,那么,个体就应善待环境和教化,以便利用好的环境和教化来塑造出良好的品行。所以墨子主张通过“有力者疾以助人,有财者勉以分人,有道者劝以教人”建立一个民众平等、互助的“兼爱”社会。因此,通过教育使天下人“知义”,从而实现社会的完善。

(3)童心失说

这一观点由李贽提出。李贽的“童心”,其实是新儒家学者先天性善论的继承和发挥。他说,所谓“童心”就是“绝假纯真最初一念之本心”。这种“本心”是最纯洁的,未受一切污染的,因而也是最完美的,是最具一切美好的可能性的。“童子者,人之初也;童心者,心之初也。”“本心”实则是人的个性和主体价值的自觉。如果丧失了这种自觉的“本心”,那么,人就失去了个体价值,人就不再能以一个真实的主体而存在:“若失却童心,便失却真心。失却真心,便失却真人。人而非真,全不复有初矣。”

李贽在《童心说》中首先对“童心”做了界定,认为人与生俱来的真心是童心,童心至真至善,是一个人的真我。那么,人本有的童心为什么又不能在每个现实的人中得到体现呢?换句话说,为何在现实生活中有那么多人的“我”是一个假我,有那么多人喜欢弄虚作假呢?李贽认为这是由于这些人失去了童心。一个人只有保持童心,才能做一个真人;反之,一个人一旦失去童心,就变成了假人,说假话,做假事。用心理学的眼光看,李贽能认识到“我”里有真我与假我的区别,能较正确地剖析一个人真我丢失的历程,进而呼吁人们要保持真我以做真人,此思想至今仍有价值。

(二)中国人的自我观

1. 自我的含义

自我是个体对自己存在状态的认知,也可以说是个体对自身及自身与周围世界关系的认知,也称作自我意识或自我概念。自我概念由自我认识、自我体验、自我调节等组成,贯穿着个体的整个经验和行动,并把个体表现出来的各种特定习惯、能力、思想、观点等组织起来。

中国文化对中国人“自我”观的影响非常深刻,因此中国的自我观有着本土的鲜明特色。我们的祖先一开始并没有自我的概念,而是人我不分的。直到偶然的原因使他们突然意识到了人我之间的区别,于是便努力设法将自己与他人区分开来,逐渐地也将某些物品看作是自己独有的,在未经自己允许的情况下,别人是不可以染指的。那么在“原始共产主义”生活方式的人类早期,这样做的结果必然不会被大多数人所接受,于是就造成了一些争论和冲突。某些个体为了保护自我的利益,自然就会拿起武器来抗争,如果抗争胜利,包括自我利益在内的自我就得到了巩固;而如果抗争失败,就意味着失去自我(包括自我利益),而为他人所控制。自我概念就是在这种不断的抗争中逐渐发展起来的。在这一过程中发展出来的自我概念里,“我”与“非我”之间的界限是非常清晰的,自我之外都是“非我”,这是最原始的自我的含义。后来,随着社会的发展,“我”的含义也得到了丰富,逐渐引申出了反映个体自身或自己的“个体我”以及反映自我与社会关系的“社会我”。

2. 自我的内容

现代西方社会心理学中关于自我的内容,常见的观点有两种:一是将自我分为生理我、心理我和社会我;二是将自我分为现实我和理想我。而由中国文化熏陶出来的自我,其内容更为复杂,主要包括以下几个方面。

(1)人前我与人后我

人前我指在公共场合或众人面前表现出来的我,人后我指在私下场合或极少数人面前表现出来的我。人前我像演戏,一般是将自己最好的一面展现给他人看,依社会规范的要求行动,朝他人期望的方向努力,希望给他人留下好印象。人前我往往是一个人“做”给别人看的,而不是发自内心的。人后我则真实得多,一般会依照自我的真实想法行动,而不是像人前我那样需要不断地严格要求自己,给自我戴上一幅假面具。

(2)大我与小我

大我是指代表多数人利益的自我,而小我则是指代表少数人乃至个人利益的自我。大我与小我的内容是可以变化的。中国文化历来赞同牺牲小我保全大我的做法,认为“没有国哪有家,没有家哪有我”。因此,凡是追求大我而不惜牺牲小我的做法,都会受到中国文化的赞许;相反,凡是只知道追求小我而不顾大我的做法,都会受到中国文化的谴责。

(3)公我与私我

公我代表公家或公共利益,私我代表私人或小集团利益。公我与私我也是相对而言的,例如,当私我仅代表个人利益时,代表其家庭利益的我就称为公我;当私我代表家庭利益时,公我至少代表家族利益;当私我代表家族利益时,公我就代表社会乃至国家利益。在处理“公”与“私”的关系问题上,中国文化的主流态度是“尚公抑私”。受传统“公”、“私”观念的深刻影响,中国人在处理公我与私我的关系时,必然也是力倡牺牲私我成全公我的做法。

(4)表我与里我

表我指个体表现出来的自我,有真伪之分;里我指个体藏在内心的我。因为里我潜藏于心,所以若不以一定的言行流露出来,别人便无法知晓,故而里我全是真的。中国人的表我与里我常常是不一致的。其典型表现是外圆内方、外儒内道、外儒内法等等之类的双重人格,并且这种双重人格往往是可以随时随势而转变的。不过,在中国,许多人认为,一个人具有双重人格不见得是坏事,反而是会做人的表现。假如由于种种原因,一个人在某一时期产生双重人格,虽会令其心理上感觉不舒服,但在一般情况下,这个人大都能通过心性修养来自我调节而不至于产生心理疾病。多数情况下,人们往往是得意之时行儒家或法家之术,失意之时行道家之术。这非但不会让人产生分裂型人格,反而会成为其维护心理平衡的重要方法。

3. 中西方自我的差异

(1)“自我”含义上的差异

中西方文化所讲的自我在含义上是不完全相同的,这主要表现在两个方面:一是含义的大小有差异。一般而言,西方文化中自我的含义是指真正意义上的个体自我,即个体对自身的认识与反省。而中国文化对“自我”的界定在内涵上要比西方宽泛得多,中国人所讲的“自我”,不仅包含个体我,还包含着形形色色的社会我。二是西方人对自我的理解侧重于自己对自己的独立认识;而中国人则强调从人与人之间的关系来理解自我,在中国人心中如果没有了与他人的交往,那么也就没有了自我。

(2)自我结构上的差异

中西方人讲的自我在结构上也有差异。这主要表现在三个方面:

第一,中国人的自我在结构上除了包含一般的自我内容如我的名字、职业、性格等外,更强调同他人的关系,如同父母、好朋友、同事等之间的关系。而西方人讲的自我往往是真正的、独立的自我,不包括同父母、好朋友、同事等之间的关系,只包括他自己。

第二,中国人深受儒家文化人性本善思想的影响,注重人与动物的差别。所以在中国人“自我”的观念里,受至善原则支配的“超我”的成分占有很大的比例,而受现实原则支配的

"自我"的成分较少,至于受快乐原则支配的"本我"的成分基本上可以排除。西方文化中基督教的原罪论相信人性本恶,承认"本我"的存在,受其影响,所以在西方人的"我"的观念里,"本我"、"自我"和"超我"三分天下,认为一个正常个体的本我、自我和超我三者之间要协调发展。

第三,中国人论自我,重在讲身体我和理想我,很少讲心理我和现实我。而西方人论自我,重在讲心理我和现实我,很少讲身体我和理想我。

(3)研究自我角度的差异

中西方人在研究自我的角度上也表现出较大差异。西方文化讲究分析思维和主客二分式思维,而且一向推崇个人主义,所以西方人在研究自我时选取的是个体的角度,并对自我进行了二元的划分。如将自我分为身体自我与精神自我、理想自我与现实自我、主体自我和客体自我,以及有意识的自我与无意识的自我等。而中国文化擅长整体思维和辩证思维,因此中国人对自我的诠释也反映了这种整体观,例如将"我"的身心视作一小宇宙,将"我"与周围环境视作一大宇宙,站在整体的角度来剖析这两个宇宙及其相互关系。同时,中国传统文化一向推崇群体至上,重视伦理道德,所以,中国人所理解的自我通常是"关系中的自我",即在人与自然、个体与群体的相互关系中所表现出的自我。古代中国人对自我的探讨并不是为了认识自我的规律,而是希望通过反省自己的言行是否合乎仁、义、理、智、信等道德伦理标准来提高自己的道德修养。

(4)无我与重我的差异

从总体上来看,中国人多讲究"社会我"或"无我",更重视自我与他人或者社会的关系,而并不提倡过于突出自我。中国文化这种对"无我"的推崇使中国人富有极强的奉献和牺牲精神。正是由于强调这种"无我",才使中国人一向有"舍己为人"、"舍生取义"、"为朋友两肋插刀"的英雄气概以及"以天下为己任"、"先天下之忧而忧,后天下之乐而乐"、"追求天人合一"的高尚情怀。而西方文化则不同,它是关注自我、重视自我的。所以西方人多讲个体我,显示出重我的特色。虽然西方文化对个体我的看重有利于西方人形成独立自主的自我,但西方文化太注重张扬个体我,不太重视社会我,由此带来的一些负面影响也是有目共睹的。

(5)对自我最高境界追求态度上的差异

中国文化一直非常注重修身,就是不断地提高自我的素质,中国人对个体自我修养的提高有着不懈的追求,力图达到一种最高的精神境界,而这种自我修养的最高境界就是天人合一。即提倡将自己的内心从各种物质的与非物质的束缚中解放出来,达到一种"万物与我齐一"、"心灵自在"的最高人生境界。追求这种最高人生境界是中国文化尤其是中国传统文化的一大特色。在中国文化中,从儒家到道家乃至佛家的思想,追求的都是这种最高的人生境界。相比之下,西方只有人本主义心理学派对此做过一些探索。如马斯洛在对自我实现者的研究过程中发现,几乎所有的自我实现者都经常谈到他们曾经历过一种神秘体验,马斯洛称之为"高峰体验"。

（三）中国人的尚和心态

中国人是"尚和"的，"和"是中国人处世的核心。中国人的"尚和"心态渗透在对人对事的诸多看法中，尤其体现在与人交往和人际关系处理方面。"和"字的含义很丰富，但中国人在平衡人我关系及群我关系时所表现出来的尚和心态中的"和"，其主要含义是谐调、团结、适中、相安、平息争端，多具褒义，如和谐、谦和、温和、和睦等。从现代社会心理学的视角看，"和"的概念类似于社会心理学中讲的合作、和谐人际关系等概念。中国人是非常重视人际关系的，而且崇尚"和"的处事观，认为"和"是构建与平衡人与人之间关系的根本原则。中国人在人际交往中遇到矛盾时推崇通过"和"的理念来解决问题，以"和"为贵，以"和"为美。"尚和"已经成为中国人的一种集体的潜意识。这一点可以从古代的一些俗语中得到验证，如"和气生财"、"家和万事兴"、"二人同心，其利断金"、"天时不如地利，地利不如人和"等，这些俗语无不体现着中国人的"尚和"心态。

这种"尚和"心态使中国人在处理人际关系方面表现出以下特点。

1. 真诚谦和

"和为贵"，待人真诚谦和是中国人倡导的处事原则。在汉语中，描述一个人接人待物的态度好时，多用"温和"、"柔和"、"平和"、"谦和"或"一团和气"等词语来形容；描述一种团结、良好的人际关系时，多用"和一"、"和谐"、"和平"、"和合"、"和洽"等词语。在待人态度上，中国人推崇的最高境界是"民胞物与"：即将每个人都看作自己的同胞手足，将万事万物看作自己的朋友与伙伴，将整个宇宙看作一个和谐的大家庭，所谓"四海之内，皆弟兄也"。因为要想别人对自己友善，自己首先就要对别人友善，进而中国人提倡在待人的态度上要遵循平等与友爱的原则。正如儒家所提倡的"爱人者，人恒爱之；敬人者，人恒敬之"。从这里面也可看出中国人在人际交往中的尚和心态。

虽然中国人提倡"和"，讲究人与人相处要和谐，但并非要求"同"，而是要坦诚相见、"和而不同"。所谓"和而不同"是指在人际交往中能够与他人保持一种和谐友善的关系，但在对具体问题的看法上却不必苟同于对方。在日常生活中，人们对某一问题持有不同的看法，这是极为正常的。真正的朋友应该通过交换意见、沟通思想而求得共识，即使暂时统一不了思想也不会伤了和气。真正的朋友交往并不寻求时时处处保持一致，而是要容忍对方有其独立的见解，并且不隐瞒自己的不同观点，这才算得上赤诚相见、肝胆相照。

2. 畏争心理

中国人由于尚和，明白"和"的积极效应以及"不和"带来的严重消极效果，所以对争斗是比较忌讳的，害怕失去和谐的人际关系。中国人认为争斗是有害的，会影响人际关系，会影响自己的形象，也会使自身的利益受到影响。比如"冤冤相报何时了"、"兄弟不和邻里欺"、"家有一心，有钱买金；家有二心，无钱买针"等民间谚语就是警告人们不和与争斗会带来不良后果。另外家喻户晓的"鹬蚌相争，渔翁得利"的寓言故事也警示人们，如果为了区区小事而进行争斗，结果只能是两败俱伤，对双方都没有好处，却让第三者占了便宜。由于担心失和会带来诸多灾难，所以中国人多有畏争的心理。在现实生活中，许多人在为人处世中遇到矛盾时，大都选择忍让，尽可能避免与人争斗，以使自己在别人心目中的形象不受破坏，保持与他人和谐的人际关系。

3. 喜欢从众

这里的从众就是我们平常所说的“随大流”，是指个体在实际存在或想象存在的群体的影响与压力下，放弃自己原有的观点，改变自己的态度与行为，向与大多数人相一致的方向变化的现象。随大流是中国人非常普遍的一种处世方式，中国人在为人处世时，往往表现得既不愿为人先，也不希望落人后，而是乐于处在大多数人的中间。在日常生活中，中国人的“随大流”现象可以说随处可见，而中国文化也对“随大流”的做法持肯定态度。这从民间流行的一些俗语中就能体现出来，比如说“树大招风”、“人怕出名猪怕壮”、“枪打出头鸟”、“人随大众不挨骂，羊随大群不挨打”、“上游冒险，下游危险，中游保险”等。中国人之所以喜欢随大流，是因为随大流不仅不易引起人际关系紧张，而且让人有安全感。随大流即便错了，也是大家的错，而不是“我”一个人的错，由此可能会逃脱惩罚，毕竟“法不责众”。

4. 善于忍让

由于中国人尚和，提倡人与人之间应和谐相处，所以在人际交往中出现矛盾冲突时，大多数的中国人不会急于去跟人一争高下，而是倾向于选择宽容与忍让，目的是为了保持和谐友善的人际关系。中国文化并不把忍让当成一种懦弱的表现，反而认为忍让是一种修养，是一种美德，忍让甚至被看作不计眼前得失、顾全长远利益的大智大勇的表现。中国人认为只有忍让才能不因小失大，化干戈为玉帛。在古代文化中，有很多提倡忍让的俗语，所谓“忍一时风平浪静，退一步海阔天空”、“有理让三分，冤家也成亲”、“小不忍则乱大谋”、“得饶人处且饶人”、“忍字头上一把刀，为人不忍祸自招，能忍得住片时刀，事过方知忍为高”等等都是对宽容忍让的大力倡导和宣扬。

(四)中国人的人情与面子

讲人情、爱面子是中国人的典型特征，是中国人在社会生活中表现出来的十分普遍的社会心理现象。人情与面子，是中国人在日常人际交往中的中介。人情，是指人与人的情谊，如亲情、友情等；面子，在中国人心目中，往往代表一种尊严、声望和地位。爱面子的人希望通过别人的认可和尊重，获得自尊心上的满足和人格上的尊严。人情和面子是密切联系在一起的，所以会经常被合起来称为“情面”。由于中国人的人情、面子情结，所以中国人与西方人的人际交往有着不同的运行模式。

1. 强调面子的人情交往

中国人的人际关系的基本样式是人情。它是在血缘关系的基础上和儒家伦理的规范下发展出来的一种带有社会交换性的社会行为。中国人的交往方式与西方社会有着明显区别，西方人通常是以权利和义务的交换为交往内容的契约交往，而中国人更倾向于人情交往。人情交往实质上强调的是施与报的隐形交换，通过这种隐形交换达到一种相对平衡的状态。中国人在传统社会生活中，往往是通过人情来保证人际关系的稳定与和谐。在人情的作用下，每个中国人都有一张自己独有的关系网，网中有家族血亲，有人情世故，有各种利益关系。

在重人情的人际交往中，追求面子更是中国人一个重要的生活目标。因为人们爱面子，所以，深知什么事情做了是没面子、丢面子的；什么事情做了是有面子、争面子的。面子既是加强道德标准的社会戒律，又是维持个人道德完整的内部保证。同时，面子又是人际关系和谐与否的重要条件，它直接关系到人际关系的方向和程度。人际交往中，中国人往往以对方给不给自己面子，给自己面子的多少来判断对方对自己的接纳程度，进而对彼此关系进行认知和评价。面子对中国人意义重大，因此中国人为了获得积极的印象与正面的评价，特别强调面子，会倍加爱护与极力维护面子。

2. 人情交往中的差序格局

差序格局一词是社会学家费孝通老先生提出的，旨在描述亲疏远近的人际格局，如同水面上泛开的涟晕一般，由自己延伸开去，一圈一圈，按离自己距离的远近来划分亲疏。每个人都有一个以自己为中心的圈子，同时又从属于以优于自己的人为中心的圈子。

中国人重情，且中国的人情是一种以血缘关系为基础的人情，人们对人情的理解和操作一直受到家族主义的影响。这种人际之间的差序是以自我为中心，即围绕着个人或一定群体的利益而建立的，这种关系格局从自我出发而具有明显的亲疏远近之分，构成人情上的差序格局。以自我为中心的差序格局，实际上是以家族血缘关系为中心，在此基础上形成的人际关系，具有排他性。在人际交往中，一般是关系越靠近家族血缘关系，就越容易被人们接纳，也就越容易形成友好、亲密的人际关系，越是远离家族血缘关系的，就越容易被人们排斥，就会形成疏淡的人际关系。

3. 人际交往中的礼尚往来

礼尚往来是中国人际交往中的一大特色，人情不仅是一种社会情感，而且是一种可以进行交换的资源，中国人情关系也便具有了一种交换行为，所以常有“送人情”、“还人情”的说法。人情交往，有来有往，礼尚往来，才会长久维持。但人情交往中的礼尚往来与一般意义上的社会交换行为是不同的，它暗含着一种“回报”的含义。这里的回报是一种不完全对等的交换，意味着接受回报的人下一次的付出一定要大于回报人上一次的付出。正所谓，人敬我一尺，我敬人一丈。这种不对等的社会交换行为不会像对等社会交换那样，可以随时因互不拖欠而终止，反而会使接受回报的人由于得到多于付出的回报而产生心理上的亏欠感，由此引发接受回报的人在下一次互动中更多地付出，从而使中国人的交往更具有延续性。

随着市场经济的发展，礼尚往来越来越趋于形式化和物质化，人情不再是真实的情义或心愿，而成为一种“表示”，一种象征，从而构成中国特有的社会交换方式——人情消费。所谓人情消费，是指人与人之间正常交往中的感情投资，即日常生活中人与人之间用于人情往来的各种费用支出。礼尚往来的人情消费是中国古老的传统，也是一种沟通人际关系的有效方式。在中国社会，人情消费具有加深情感和促进交往的功能。但是随着人们生活水平的提高和交往范围的扩大，需要维系的亲情、友情、乡情等范围也在扩大，致使不少人或家庭被人情消费所累，背负上不能承受的人情债。

（五）中国人的思维方式

从文化心理学的角度看，一种文化之所以有自身的特色，就其成因而言，在于思维方式的差异，因为思维方式是民族文化心理传统的深层结构。思维方式是个体看待事物的角度、方式和方法，是一种观察、分析、解决问题的模式化、程式化的心理结构，它对人们的言行起决定性作用。从现代信息科学的意义上说，思维方式是主体从外界获得信息、加工信息进而形成新信息的途径和方法，是思想、观念、意识、理论、方案等一切软件的生产方式，即精神产品的生产方式。作为东方文化典型代表的中国人，其思维方式有何特点呢？

1. 善用整体思维

善用整体思维，这是中国人思维方式的一大特色。中国人善于采用整体的、全息的、系统的方法，而不是局部的、解剖的、分析的方法。中国人的整体观念根源于对自然界的朴素认识，即按照自然界的本来面目把它当作一个整体来观察。这种整体思维模式的特点是：认为世界（包括自然界和人类社会甚至整个宇宙）自产生之日开始便是一个有机整体，在这个整体之中，有许多相互关联和相互作用的子系统与部分，它们一直处于不断变化之中，因此，若想认识世界乃至世界上的任何事物，适宜的视角是用联系的、整体的观念看待问题，强调事物之间的关系与联系，主张将事物内部矛盾的两个方面"合二为一"，进行通盘考虑，而不喜欢从局部、从细节上把握事物。

中国人的整体思维体现在很多方面，如在天人关系上，主张天人合一，在中国人眼里，人与大自然、社会是一个整体；五行之金、木、水、火、土构成一个相生相克的整体，对应于人体的肝、肾、脾、心、肺，其也是一个整体；中医的整体疗法，辨证施治，认为一些穴位包含了整个人体的信息，这也符合宇宙中任何一点包含整个宇宙全部信息的全息理论。

2. 推崇辩证思维

中国人崇尚辩证思维，是从世界是普遍联系的、变化的与复杂的观点出发，来看待矛盾的，认为任何事物与事物之间以及任何事物当中都蕴含着相辅相成的矛盾，处理这种矛盾的最佳方法与态度是将事物的正反两个方面结合起来考虑，认为矛盾双方是你中有我、我中有你、亦此亦彼的对立统一关系，而不是非此即彼的完全对立关系。

中国人的辩证思维包含着三个原理：矛盾观、变化观及中和观。矛盾观认为世界上的一切事物都是由对立面构成的矛盾统一体，没有矛盾就没有事物本身；变化观则认为世界永远处于变化之中，没有永恒不变的事物，也没有永恒不变的真理；中和观则体现在中庸之道上，认为任何事物都存在着适度的合理性，所以认识事物要保持中正、不走极端，为人处世和待人接物要调和折中、不偏不倚。中国人的思维核心是承认对立双方可以互相转变。在古典书籍中有不少类似的论述，如"祸兮，福之所依；福兮，祸之所伏"、"物极必反"、"塞翁失马，焉知非福"、"正复为奇，善复为妖"等。

3. 偏好直觉思维

直觉思维是指不受某种固定的逻辑规则约束而直接领悟事物本质的一种思维形式。中国人偏好直觉思维，重视直观内省和直觉领悟，不太讲究实验论证和理论分析，往往不经过严密的逻辑程序，而是通过静观、体认、灵感、顿悟的方式，直接而快速地把握事物的内在本质和规律。悟性是直觉思维的核心，中国古代有代表性的文化儒、道、释三家都非常注重直觉体悟宇宙本体，力求达到天人合一境界。提倡靠直觉、灵感、顿悟来领会其深奥的道理，而不是用概念和语言去描述，也不用逻辑推理去论证。即所谓的书不尽言，言不尽意，只可意会，不可言传。如《论语》靠直观的自然知识证明道德规范；孟子主张“尽其心者，知其性也，知其性，则知天矣”，由心的内省以领会宇宙的根本规律。道家认为自然是一个整体，只可感觉、体验、领悟，而不可分析；先秦悟性的典型代表庄子认为道不可言，言而非道，主张以无知无欲无思之心去直觉体悟宇宙本体。佛教的禅宗主张顿悟，相信顷刻之间便可恍然大悟、豁然达理，“一闻言下大悟，顿见真如本性”，力求排除语言文字对思维的束缚，在超时空、非逻辑的精神状态下实现绝对超越，进入佛性本体境界。直觉思维对中国哲学、文学、艺术、美学、医学、宗教等领域都产生了深远的影响。

第四节　文化认知神经科学的兴起

认知神经科学的研究旨在阐明认知活动的脑机制，即人类大脑如何调用其各层次上的组件，包括脑细胞、脑组织和全脑去实现各种认知活动。认知神经科学已经发展了二十多年，日臻成熟。进入21世纪后，研究的热点正往更加交叉的方向发展，加入了社会与文化的研究，发展出了新的研究方向——文化认知神经科学，其成为最前沿的交叉学科之一。

1. 文化认知神经科学的含义

十多年前，认知神经科学家开始使用核磁共振成像来研究文化现象，此后，随着这一领域的研究增多，开始形成一种新的学科——文化认知神经科学。

文化认知神经科学是一门新兴的交叉学科，它通过整合文化心理学、遗传学、神经科学的理论和方法，研究心理、神经以及基因形成过程中的文化差异，并阐明这些过程及文化特质与生物机制之间的双向互动作用。具体地说，文化认知神经科学是研究文化特质是如何对神经生物机制和行为进行塑造的，以及研究人脑的文化能力是如何产生并传递的。由于神经活动是人的心理与行为的基础，而文化和遗传因素都会不同程度地对神经活动产生一定的影响，因此，只有把文化、心理、神经、遗传这些多层次的理论和实证研究进行整合分析，才有可能实现对人类心灵与行为本质的全面理解。

文化认知神经科学的目的是用文化、心理、神经、遗传协同互动的观点来解释特定的心理与行为现象。文化认知神经科学在知觉、记忆、情绪及其社会认知等心理学研究领域取得了一系列重要进展。文化认知神经科学对于促进科学与人文两种文化的融合有着独特的示范意义，同时也有利于促进不同文化族群之间的交流和理解。

二、文化认知神经科学的产生背景

文化与大脑的研究分属于人文与科学两个截然不同的领域，二者之间有着巨大的差异。在科学与人文融合对话的第三种文化的语境下，各种整合跨越自然和社会两大科学领域的理论与方法的综合科学研究正蓬勃兴起。文化认知神经科学就是这样一门通过整合多种学科的理论和方法发展起来的综合科学。其产生自然离不开其他学科的发展。

（一）文化心理学的发展是文化认知神经科学的首要科学背景

文化认知神经科学的产生和发展直接受益于文化心理学的一些研究方法、技术和研究成果。

第一,文化心理学研究确定了能够影响人类心理与行为的各种文化特质,为文化认知神经科学的研究奠定了理论基础。

文化特质是人类社会最重要的多样性特征之一,文化心理学在研究各种文化特质方面取得了显著的进展。荷兰学者吉尔特·霍夫斯塔德区分了文化的五个维度:集体主义与个体主义;不确定性规避;权力距离;长期取向与短期取向;男性主义与女性主义。文化心理学建立的具有文化适应性的行为测量标准,可以测量不同文化背景中的心理现象。已有大量研究证实,集体主义与个体主义的文化维度在行为水平上对人类的自我概念、动机、知觉、情绪和认知等各种心理过程都会产生影响。另外,文化心理学研究还借助整体与分析性的认知方式来识别东西方人的思维方式差异。这些研究成果无疑都为文化认知神经科学的研究和发展提供了良好的理论基础。

第二,文化心理学所创建的一系列用来研究文化对行为的影响的新方法,如行为调查、情境抽样、文化启动等,为文化认知神经科学的研究提供了技术上的支持。

行为调查法是一种有效的测量文化特质的手段,常用来建立和验证文化价值观调查,如测量个体主义和集体主义。行为调查研究发现,生活在不同文化价值体系中的个体在完成行为调查时会表现出不同的反应偏差风格。比如,集体主义者习惯使用李克特量表的中间点选项,倾向于表现出温和的趋中偏差;而个体主义者通常使用李克特量表的端点选项,倾向于表现出极端的偏差。文化认知神经科学把个体行为的文化差异定位到神经功能的文化差异上,用它们来探索这些反应偏差的发生机制。

情境抽样法是另一个重要的研究手段。在跨文化实验中使用情境抽样法,可以确保实验刺激具有跨文化的特定意义,能够精确地揭示行为的文化差异。

文化启动是颇具特色的文化心理学技术。所谓文化启动,就是采用文化相关刺激使个体产生与文化相关联(相同或相反)的认知、情绪或者行为反应。当前文化启动研究中使用最多的当属文化符码启动。文化符码启动范式通过含有大量文化内涵的典型符码(如自由女神、林肯、米老鼠等)的呈现,使被试产生对于某文化的印象,然后要求被试通过书写、口头表达等方式深化对这一文化的理解。启动完成之后,要求被试进行相应的任务。文化心理学家创立的文化启动技术可以实现对单一或多文化个体的文化价值系统的操控,进而解释文化价值观塑造行为的动态机制。

(二)人类神经科学是文化认知神经科学的第二个科学背景

最近几十年来,人类神经科学在直接或间接测量人脑活动及其相关行为的手段方面获得了空前的发展。新的脑科学技术可以在无创伤条件下分析完整的大脑,对人脑进行特异性分析、功能定位以及研究神经生物、神经化学等各种机制之间的互动与关联。综合运用各种神经科学的技术和工具,可以对文化特质与大脑功能之间相互作用的关系机制进行有效的分析与解释。其中最有价值的研究工具当属可以记录大脑在文化情境下脑活动变化的各种非侵入性神经科学技术。这类神经技术主要有功能性磁共振成像(fMRI)、正电子发射层描记术(PET)、经颅磁刺激(TMS)、脑电图(EEG)、脑磁图描记术(MEG)、事件相关电位

(ERP)等。利用这些先进技术可以把神经结构与心理功能的定位及其文化差异表现出来，从而能够有效地揭示文化特质、神经机制、心理活动之间的复杂关系。

总之，文化心理学和人类神经科学等领域的发展为文化认知神经科学研究奠定了坚实的基础。在汇聚和整合这些领域的理论、技术、方法的基础上，文化认知神经科学将深入探讨基因、大脑、心理与文化之间的相互建构。

三、文化认知神经科学的研究成果

文化认知神经科学作为近几年兴起的一个交叉学科，在认知神经科学的框架内，开展了丰富的关于大脑如何促进文化传递的研究。在社会认知心理学研究领域取得了一系列重要进展。

（一）文化对自我研究的影响

社会认知神经科学强调从社会、认知和脑神经三个分析层面的交互作用上来探究解释人的心理现象。其立足于社会层面的分析旨在从个体行为动机与社会因素来解析心理现象；立足于认知层面的分析是用社会层面现象的信息加工机制来解析心理现象；立足于脑神经层面的分析则通过认知过程的脑机制来解析心理现象。受社会认知神经科学的影响，文化认知神经科学关于自我的研究也是在社会、认知和脑神经三个分析层面上进行的，其研究成果也不同程度地体现在这三个层面上。

1. 基于社会层面的自我研究

自我实际上是一种文化的产物，因而文化对自我的形成有着重要影响。心理学家马库斯和北山在自我概念研究成果的基础上提出了自我构念的概念。自我构念同自我概念一样都是指个体在成长过程中不断发展起来的对自己的认识与理解，但是自我构念更强调以国家或民族文化的影响为基础，主要是指个体如何理解个人与他人的关系。马库斯和北山提出不同文化决定人们形成不同的自我构念，并对东西方文化下的自我构念进行了区分，将其分为独立型自我与互依型自我。他们认为西方文化观是强调自我认同的，因此促使个体产生了独立型自我，这种自我具有自我倾注的特点，通过关注自我并发现和表达自身独特的内在特质而保持自我的独立性，对自己的注意多过他人（包括亲密他人，如母亲）。相比之下，东方文化更重视基本的社会联结，重视人与人之间的社会关系，这样更容易形成互依型自我，此类自我对重要他人的信息更为敏感，强调关注他人并努力与他人保持和谐的互动关系。

华人心理学家在中华文化的背景下对自我进行了研究，将本土化作为主要研究策略探讨了中国人自我的相关概念。最具代表性的是现代社会心理学家杨国枢提出的自我四元论。杨国枢认为人类与环境的互动主要体现为两种基本模式：社会取向和个人取向。西方人与环境的互动模式主要是个人取向，而华人与其生活环境互动的模式则以社会取向为主。杨国枢进一步将华人的社会取向分成四种次级取向，即关系、权威、家族及他人取向。这四种次级取向代表了华人在不同社会生活场所中与对方的互动方式。

2. 基于认知层面的自我研究

在认知层面上，有学者研究发现，中国香港大学生与北美大学生关于自我的认知有着明显的不同。在被试进行自我描述时，香港大学生描述的自我通常包含更多责任而较少提到权利，而北美大学生则正好相反，他们描述的自我更多地提到权利而较少提到责任。还有研究者用囚徒困境研究不同文化启动下人们的合作行为，研究发现，当中国文化知识被激活以后，被试会表现出更多的与朋友合作的行为。

我国学者朱滢进行过一项有关记忆自我参照效应的研究，研究结果显示，中国人的自我参照加工与母亲参照加工的记忆成绩没有明显的差异；而西方的研究表明，美国人的自我参照加工的记忆成绩显著高于母亲参照加工的记忆成绩。这说明中国人的自我概念是互依型的，而西方人的自我概念是独立型的。①

3. 基于脑机制层面的自我研究

随着自我理论的不断发展和完善以及认知神经科学技术的进步，有关自我的研究已经不仅仅局限在社会层面和认知层面，在脑机制层面上的自我研究正逐渐崭露头角，并取得了一系列的研究成果。

(1) 自我面孔识别的脑机制

由于东西方文化的社会环境有着很大的不同，所以生活在不同文化背景下的个体在自我面孔的加工机制方面也存在不同。东方文化中的互依型自我更强调与他人之间关系的重要性，而西方文化的独立型自我更重视自我认同，因此，不同文化背景下的个体在对自我面孔加工的关注程度上可能存在差异，西方人会更多地将注意投向自己而不是他人，所以他们对自我面孔加工比他人快而且准，在行为上表现出较强的自我面孔优势效应，而东方人的自我面孔优势效应则表现得较弱。

为了检验自我面孔识别认知神经过程的不同模式与自我构念之间是否存在因果关系，研究者使用自我构念启动程序激活个体的某些文化知识，以此研究自我构念在面孔识别文化特异性神经活动中的作用。在不同的自我构念启动程序之后，研究者在被试进行自我面孔和他人面孔朝向判断的过程中对其进行扫描，以此检验文化启动对自我面孔识别神经机制的调节作用。结果发现，在反应时上，自我构念启动对自我与熟悉面孔加工过程的影响有显著差异。被试受到独立型自我启动后，对自我面孔的反应时要快于熟悉面孔。而接受互依型自我启动后，对自我面孔的反应时则慢于熟悉面孔。这个结果证明了之前的假设，即独立型自我对自己的关注多于对他人的关注，而互依型自我对重要他人的信息更为敏感。

一些行为和脑成像的研究也表明了文化对自我面孔识别的认知神经机制会产生影响。西方文化背景下的独立型自我在行为表现与神经机制上均表现出自我与他人之间的分离，即在面孔识别中增强了自我与他人之间的区分。而东方文化背景下互依型自我对社会环境以及自我与他人间的社会联系更为敏感，所以表现出对熟悉的他人面孔赋予了比自我面孔

① 参见朱滢，隋洁：《社会认知神经科学——一个很有前途的交叉学科》，《心理与行为研究》，2004年第2期。

更多的社会显著性。

(2)自我人格特质加工的脑机制

近年来关于自我概念的脑成像研究对自我人格特质的神经表征问题表现出越来越强的兴趣,对自我信息加工过程的神经机制进行了探索。其中一个研究重点是探讨自我人格特质在大脑中的表征区域。研究者一般采用自我参照任务,要求被试对自我和一个公众人物的人格特质进行判断,通过比较这两种判断过程中的大脑活动来确定并内省与自我特质相关的神经活动。研究发现,思考自己的人格特质会引发诸如内侧前额叶(MPFC)和楔前叶等多个脑区的激活。

那么自我和他人在MPFC上的表征是否也受到文化经验的影响呢?研究者对此进行了探讨。研究者分别以东西方文化背景下的个体为被试,让他们进行自我、母亲和公众人物的人格特质判断,并对其进行fMRI扫描。研究表明,较之公众人物的判断,东西方的被试在进行自我特质判断时均出现MPFC活动的增强。然而,两组被试在对亲密他人的神经表征方面却出现了差异。对于西方被试而言,他们在母亲判断与公众人物判断的MPFC活动强度上并未表现出有什么不同,但他们在自我特质判断引发的MPFC激活则高于母亲判断任务,这表明了西方被试自我表征和母亲表征在MPFC上的分离。而东方被试对母亲的神经表征模式与西方被试截然相反。东方被试的母亲判断与自我判断的MPFC活动在强度上并没有显著差异,他们的自我判断和母亲判断在MPFC上的表征在一定程度上是相似和重叠的。而母亲判断任务在东方被试脑中引发的MPFC激活要显著高于公众人物判断任务。这些脑成像证据表明,表征与自我有关的亲密他人在神经基础上存在着文化变异。

自我概念的神经表征同样受到宗教文化的影响。基督徒在进行自我特质判断时会激活与推断他人心理相关的背内侧前额叶(DMPFC)。因为DMPFC被认为参与了对自我相关刺激的评价和再评估,以及对他人心理状态的推断过程。在特质判断任务中,基督徒被试使用背内侧前额叶区分自我和他人,而非宗教信徒则利用腹侧前额叶完成这一过程。因此,宗教文化同样也可以对自我人格特质表征的神经基础进行调节。

总之,无论从哲学思想还是心理过程的角度讲,自我概念在不同文化间均存在着显著差异。近年的跨文化脑成像研究为自我加工的认知神经过程存在文化变异提供了证据。这种自我在神经表征上的文化差异无论在知觉领域还是在精神领域都是显而易见的。东方文化环境对个体间联结的重视导致了自我与亲密他人在神经表征上的融合。而西方文化中独立型自我的主导地位促成了自我与他人在神经表征上的分离。脑成像研究提供的证据证明不同文化中自我的经验与概念化方式存在差异。自我加工机制受到的文化影响反映了大脑内在的可塑性,以及社会认知的情境依赖性。文化认知神经科学的研究结果表明,社会文化环境使得加工自我与他人的心理过程及神经活动具有特异性模式。①

(二)文化对社会知觉的影响

在各种社会知觉中,文化对知觉及其神经基础产生了相应的影响。研究文化对社会知

① 参见韩世辉,张逸凡:《自我概念心理表征的文化神经科学研究》,《心理科学进展》,2012年第5期。

觉的影响的文化认知神经科学的成果主要体现在以下几个方面。

1. 对他人情绪的识别

对他人情绪状态的感知和识别是个体社会知觉的一项重要内容,人们就是以这种对情绪的感知和识别为主要来源参照来获得他人行为和环境信息的。情绪表达是即将发生行为的信号或标志,如一个人表达愤怒时可能就预示着即将对愤怒对象进行攻击。那么特定文化中的成员对于同文化成员的情绪是否有选择性识别的能力呢?这是心理学家们非常感兴趣的一个课题。国外学者利用元分析技术,从多文化角度考察了有关面部情绪识别这一行为。这些研究分析结果表明,情绪识别具有显著的文化特异性。相对于其他文化而言,个体更善于识别同文化成员的情绪表达。文化适应导致了个体知觉系统对同文化成员情绪表达的独特调节。

心理学家为了研究面部情绪识别中的这种文化特异性的神经基础,以本土日本人和美国人为被试进行了一项 fMRI 研究。研究者向所有被试呈现了日本人和美国人的各种面部表情,如恐惧、愤怒、喜悦以及无表情状态等。从行为水平上看,相对于其他文化,无论是美国人还是日本人都能更快、更精确地判断自己文化中人的情绪。研究者们根据神经成像研究发现,和异文化的恐惧表情相比,同文化的恐惧表情能诱发双侧杏仁核更强的活动,脑活动的结果验证了这种文化特异性的存在。研究证明文化影响社会知觉,神经机制促进了这种影响。

2. 对社会地位的感知

个体感知他人的社会地位主要依靠标志社会地位的两种线索,这两种线索分别是支配性信号和从属性信号。支配性信号标志个体社会地位较高,而从属性信号则标志个体社会地位较低。这两种线索是很容易通过个体的表情和肢体动作传达出来的。尽管这些线索具有很大程度上的跨文化一致性,但是东西方文化在对这些线索的价值评估方面仍然有着很大的差异。一般而言,西方文化鼓励支配性,而东方文化则鼓励从属性。

当不同文化背景下的个体感知其他从属或支配型的个体时,知觉者的大脑会对刺激的文化价值或意义进行表征。换言之,知觉者一旦看到从属或支配型的人,就会不自觉地意识到其文化所反映的从属或支配型的价值观。中脑边缘奖赏系统作为脑区的特殊神经回路会参与这些价值观的表征,并最终激发行为甚至是复杂的社会行为。因此可以说,文化对从属型或支配型行为的影响通过中脑边缘奖赏系统得以实现。

弗里曼等学者以美国人和本土日本人为被试进行了一项 fMRI 研究。在扫描过程中,研究者向被试呈现两类人像轮廓图,即这些人像轮廓图是从属型的和支配型的,但所呈现的这两类人像轮廓图只保留关于社会身份的非语言信息,而去除了文化身份线索。扫描后,对被试进行问卷调查,要求被试评定趋向于从属或支配的行为倾向(如:“我让他人自己作出的决定”或者“我把自己的意志强加给别人”)。研究表明,日本人的从属行为倾向表现明显,而美国人的支配行为倾向表现得更强。神经影像学的研究结果表明,在日本人中,中脑边缘奖赏系统对从属型刺激的反应要强于对支配型刺激的反应。而在美国人中,情况恰恰相反,相对于从属型刺激,中脑边缘奖赏系统对支配型刺激表现出更强的反应。因为,对他人从属或支配性的知觉引起了个体中脑边缘奖赏系统相应的反应,这些反应与个体所处文化背景中所鼓励的行为价值取向相一致,所以可以说,这些脑区的反应幅度预测了个体承担相关社会行为的倾向。该研究证明了文化对社会行为倾向的调节是借助中脑边缘奖赏系统来完成的。

3. 对社会群体的评价

文化塑造社会知觉的另一种方式是个体对相关社会群体的内隐联想。社会心理学研究认为,这种内隐联想会促使知觉者对某一社会群体成员产生自动的评价。例如,美国文化中长期隐藏着对黑人群体的内隐偏见。当知觉者面对某个新的黑人个体时,文化中潜藏的有关黑人的内隐偏见很可能会被激活。

坎宁汉等人的一项 fMRI 研究以美国白人为被试,采用阈下呈现的方式向被试呈现黑人和白人的面孔,同时用 fMRI 对被试的大脑活动进行测量。研究发现,向被试呈现黑人面孔比呈现白人面孔更强地激发了杏仁核反应,这反映了知觉者在文化中习得的对黑人的内隐偏见所形成的自动加工过程。菲尔普斯等人的研究也证实了这一结论:美国白人对黑人面孔的杏仁核反应程度与个体持有的对黑人的内隐偏见相关。总之,在不同文化背景下所习得的群体态度赋予了社会知觉者一种对相关群体成员的自动评价反应,而在这一自动评价过程中,杏仁核起到了反应中介的作用。

4. 对他人心态的推断

心理学研究者一向认为推断他人心理状态的能力是具有跨文化普遍性的,之前的研究似乎也支持这一结论,但近期的一些研究却证实了文化对知觉者推断他人心理状态的能力是存在影响的。

研究者分别以美国人和日本人为被试进行了察眼读心的研究。察眼读心是一种从眼睛推断他人的心理状态的测量方法。在察眼读心的测量任务中,向被试呈现若干眼部图片和若干描述形容词,这些形容词既包括描述他人心理状态的词,也包括不是描述他人心理状态的词。然后让被试选择描述图片中与个体心理状态最合适的形容词。研究发现,美国被试在对白种人察眼读心的任务测量中表现出更好的成绩,而日本被试则在对亚洲人察眼读心的任务测量中表现得尤为出色。这一研究结果也在神经活动中得以体现。研究表明,美国被试当以美国人为心理推断目标时,知觉者会表现出更强的双侧颞上沟激活,而在推断日本人的心理状态时则无此反应。日本被试的表现也具有类似性,他们在完成以日本人为心理推断目标的测量时,也表现出了更强的双侧颞上沟激活。这说明文化为知觉者赋予了一种推断他人心理状态的文化调节能力,文化有助于推断同文化中他人的心理状态。因此,相对于异文化的心理状态而言,对同文化心理状态的推断具有更强的生态性意义。①

四、文化认知神经科学的发展意义与未来展望

文化认知神经科学研究的兴起是心理学和神经科学史上具有标志性意义的重大科学事

---

① 参见刘将,葛鲁嘉 :《文化对知觉及其神经机制的影响:来自文化神经科学的证据》,《山东师范大学学报(人文社会科学版)》,2011 年第 5 期。

件。文化认知神经科学超越了传统学术界限，为揭示人类多样性的本质提供了一个全新的契机，为研究文化与大脑的关系提供了一个综合、兼容的视角，使得把社会文化现象与神经生物现象进行整合的研究成为现实。文化认知神经科学对基础和应用研究至少存在以下两方面的借鉴与启示。

一方面，文化认知神经科学的思路和理念有利于促进自然科学与社会科学的融合。神经生物现象与社会文化一直分属于自然科学和社会科学两个不同的研究领域，二者之间存在着概念和方法的分裂。而文化认知神经科学为整合自然科学和社会科学提供了一个富有启示性的研究框架。文化认知神经科学充分整合了人类学、心理学、遗传学以及神经科学等自然科学和社会科学的理论知识与方法经验，开启了自然科学与社会科学的对话合作之门。文化认知神经科学超越了自然科学与社会科学的分裂与对立，为实现心理学的科学和人文两种取向的统一提供了有意义的启示。

另一方面，文化认知神经科学的研究成果有利于促进不同文化族群间的沟通和理解。全球化的发展使得世界范围的文化交往互动空前频繁，不同文化族群之间相互依赖、相互影响的程度也日益加深，文化认知神经科学的研究成果对不同文化族群之间的互惠共存将起到促进作用。文化认知神经科学将为文化多样和族群平等的社会公共政策的制定提供科学依据。在制定公共政策时，一方面要充分尊重不同文化族群间的差异性，另一方面还要确保不同文化族群间的公正和平等。同时，文化认知神经科学的研究使得公共政策的制定可以建立在严谨的科学基础之上，同时可以充分考虑人类文化多样性的价值伦理，进而促进不同文化族群的优化共存与和谐发展。

文化认知神经科学正处于起步发展的阶段，虽然取得了一些可喜的研究成果，但是对诸如文化 - 基因、文化 - 大脑、文化 - 大脑 - 基因等这类文化与生物机制间双向关系的研究还缺乏足够的实证研究证据，而且也没有建立文化与生物机制之间关系的精确理论模型，所以文化认知神经科学的发展道路还很漫长。在实证研究方面，文化认知神经科学融合了自然科学和社会科学两个截然不同的领域，其研究的问题、方法和技术迥然不同，其实验研究中方法、技术的具体适应性和契合性是文化认知神经科学必须直接面对的问题。在理论研究方面，文化认知神经科学应在对文化、心理、大脑、基因等多个层次综合分析的基础上，着眼于建立对四个水平的一致性解释，寻求建构统一的文化认知神经科学的全局性“元理论”。

专栏 11 - 1

中国人自我表现的特点

1. 重礼节。中国人特重礼节，俗话说：“油多不坏菜，礼多人不怪。”这就是这种心理的一种反映。中国人重礼节的具体表现之一，就是特别重视长幼尊卑之序，提倡在适当的“场合”做适当的“行为”。

2. 怕“出格”。它指一个人在自我表现时，惧怕与多数人持有不一样的心态。中国人在自我表现的过程中，往往有怕“出格”的心态，所以“人怕出名，猪怕壮”、“枪打出头鸟”、“不敢为天下先”便成为许多中国人做人的座右铭。中国人在自我表现时不爱“出格”，于是常常将“标新立异”的做法视为“异端”而予以抨击，这从一定意义上说限制了中国人求异思维的发展。中国人怕“出格”的心态或许也是一种从自然界里观察得来的做人的智慧，因为在自然界里，“树大”往往是“招风”的，在一片树林里，假若有一棵树长得比其他的树都高，大风一来，往往是这棵树先遭殃。

3. 好兜圈子。也可以说是爱含蓄。它指中国人喜欢用模糊性的语言或间接的方式来表达自己的主张、要求或优点。中国人在与人交谈时，常用一些带有一定模糊性或弹性空间的词语。一些看起来非常普通的词语，在特定的环境里也可能具有特殊的含义。这就是所谓的“一语双关”或“锣鼓听音，听话听声”。由于中国人喜用间接的方式表达自己的想法，使得中国人讲话常留有余地，这样既可以将自己的真实想法隐藏起来，也可以避免将锋芒直指某个人。中国人的含蓄，就其积极方面的意义讲，它对于中国人保持和谐的人际关系、避免正面冲突、保留一点“私人空间”与维持对方的尊严等都有一定的价值；就其消极方面的意义说，它加大了人际间理解的难度，也加大了误解的可能性。也需指出，因为中国人含蓄委婉，不习惯表露自己的情绪与情感，所以，真心的感激并不一定能被那些曾帮助过他的人所感觉到。

4. 表里不一。与好兜圈子密切相关的是表里不一。在自我表现方式上，中国人一向有表里不一的特点。诸葛亮在《知人性》一文中说：“夫知人之性，莫难察焉。美恶既殊，情貌不一，有温良而为盗者，有外恭而内欺者，有外勇而内怯者，有尽力而不忠者。”认为人表里不一致，很难对他人的心思进行鉴定。自我表里不一在中国人的日常生活中也随处可见。如，当乙到朋友甲的家中去玩时，主人甲一般会招呼乙，如请乙坐，乙一般口中会说“不坐、不坐”，其实心中很想就座。甲若懂得人情世故，会搬来一个凳子让乙坐。中国人自我的表里不一有一定的文化根源。中国文化对“自我”存有近乎梦想的期望，希望人人皆可成尧舜，这个修养过程对每个中国人而言虽“责无旁贷”，但异常漫长艰辛，于是易流于形式。因此，个人内在的“私我”可以是一个完全未经雕琢的“自己”，一有机会就会表现出来，使“自我”具有两面性。

5. 内外有别。中国人一直深受儒家思想的影响，所以中国人对他人关系的认识有一个显著的特点：内外有别。中国人喜欢将所接触的人分为自己人与外人两种类型，对自己人不但会表现得非常友善、信任，而且能倾心交谈，同时也希望得到自己人的关心、爱护；而对外人则愿意与其保持一种距离，信奉“为人且说三分话，不可全抛一片心”的处世格言。中国人在待人接物时，往往是内外有别，亲疏分明。

6. 推崇自制。中国人比较含蓄内敛，所以很强调自我克制，无论是在知觉和感情方面，还是在个性和意愿等方面，中国人都会通过自我克制来适应或顺应外界环境。

7. 喜欢自谦。谦虚一向被中国人视作一种优良品德。“谦受益，满招损。”这是中国人的至理名言。中国人推崇自谦的心理不同于西方人推崇自我表现与个人英雄主义的心理，因此，在中国，一个人自我表现太多，常给人一种骄傲、虚荣、肤浅、没有涵养的感觉。然而，过于自谦，有时也给人一种虚伪、骄傲的感觉。

8. 崇尚自强。中国人崇尚自强，奖掖进取的精神。《易经》里一句“天行健，君子以自强不息”的名言，不知曾鼓舞了多少中华儿女。

资料来源：中国文化心理学[EB/OL]http://wenku.baidu.com/link？url=5HoZTr3t40Xea9yrRSC-kRSRO28IetlSQ5frPB6e9SRSC2ddKfUI39mVUA5H_ELP4GzqO8AQXD8dvq4CNha_LIcOWzw4Wd5tW41KTgHDQ8_。

思考题：

1. 文化对社会心理的影响主要表现在哪几方面？
2. 什么是集体主义模式和个体主义模式？两种模式对社会心理的影响是什么？
3. 什么是文化心理学？文化心理学产生的背景是什么？
4. 中国文化对心理学有什么影响？
5. 中国文化中的社会化理论有哪些？
6. 中国文化中的“自我”包含哪些内容？
7. 中国人的尚和心态对处理人际关系有哪些影响？
8. 中国人的思维方式有什么特点？
9. 文化认知神经科学的含义和产生背景是什么？
10. 文化认知神经科学主要有哪些研究成果？

参考文献

一、专著

[1] 俞国良. 社会心理学[M]. 北京:北京师范大学出版社,2006.
[2] 乐国安. 社会心理学[M]. 广州:广东高等教育出版社,2006.
[3] 金盛华. 社会心理学[M]. 北京:高等教育出版社,2005.
[4] 沙莲香. 社会心理学[M]. 北京:中国人民大学出版社,1992.
[5] 侯玉波. 社会心理学(第二版)[M]. 北京:北京大学出版社,2007.
[6] 董奇. 心理与教育研究方法(修订版)[M]. 北京:北京师范大学出版社,2004.
[7] 陈向明. 质的研究方法与社会科学研究[M]. 北京:教育科学出版社,2000.
[8] 俞国良等. 社会心理学前沿[M]. 北京:北京师范大学出版社,2010.
[9] E. 阿伦森. 社会性动物(第九版)[M]. 上海:华东师范大学出版社,2007.
[10] 斯蒂芬·弗兰佐. 社会心理学(第三版)[M]. 葛鉴桥,等,译. 上海:上海人民出版社,2010.
[11] 乐国安. 社会心理学理论[M]. 兰州:兰州大学出版社,1997.
[12] 威廉·S. 萨哈金. 社会心理学的历史与体系[M]. 周晓虹,邵迎生,罗教讲,等,译. 贵阳:贵州人民出版社,1991.
[13] 安德列耶娃. 社会心理学[M]. 南开大学社会学系,译. 天津:南开大学出版社,1984.
[14] 北京大学哲学系,外国哲学史教研室. 古希腊罗马哲学[M]. 北京:三联书店,1957.
[15] R. 阿隆. 社会学主要思潮[M]. 葛智强,胡秉诚,王沪宁,译. 北京:华夏出版社,2000.
[16] 冯钢,王小章. 社会心理学课程新编[M]. 杭州:浙江教育出版社,2004.
[17] 阿伯特·班杜拉. 社会学习心理学[M]. 郭占基,周国韬,韩向前,等,译. 长春:吉林教育出版社,1988.
[18] 彼德·布劳. 社会生活中的交换与权力[M]. 孙非,张黎勤,译. 北京:华夏出版社,1988.
[19] 钱铭怡. 心理咨询与心理治疗[M]. 北京:北京大学出版社,1994.
[20] 叶浩生. 西方心理学的历史与体系[M]. 北京:人民教育出版社,1998.
[21] 章志光. 社会心理学[M]. 北京:人民教育出版社,1996.
[22] 郑杭生. 社会学概论新修(第三版)[M]. 北京:中国人民大学出版社,2003.
[23] 时蓉华. 社会心理学[M]. 杭州:浙江教育出版社,1998.
[24] 时蓉华. 新编社会心理学概论[M]. 上海:东方出版中心,1998.
[25] 克莱德·克鲁克洪等. 文化与个人[M]. 何维凌,高佳,何红,译. 杭州:浙江人民出版

社,1986.
[26] 鲁洁. 教育社会学[M]. 北京:人民教育出版社,2001.
[27] 佐斌. 社会心理学[M]. 北京:高等教育出版社,2009.
[28] 朱启臻,张春明. 社会心理学原理及其应用[M]. 北京:中国社会出版社,2002.
[29] 菲利普 · 津巴多,迈克尔 · 利佩. 态度改变与社会影响[M]. 邓羽,肖莉,唐小艳,译. 北京:人民邮电出版社,2007.
[30] 戴维 · 迈尔斯. 社会心理学(第 8 版)[M]. 北京:人民邮电出版社,2005.
[31] 刘薇琳. 社会心理学理论与实践[M]. 昆明:云南大学出版社,2004.
[32] 屠文淑. 社会心理学理论与应用[M]. 北京:人民出版社,2002.
[33] 吴建平. 社会心理学[M]. 北京:中国农业大学出版社,2005.
[34] 肖旭. 社会心理学[M]. 成都:电子科技大学出版社,2013.
[35] 袁秀珍,杨六栓,孙国俊. 社会心理学导论[M]. 郑州:郑州大学出版社,2006.
[36] 赵中天. 社会心理学[M]. 北京:中共中央党校出版社,2001.
[37] 全国 13 所高等院校《社会心理学》编写组. 社会心理学(修订版)[M]. 天津:南开大学出版社,1995.
[38] 吴江霖,戴健林,陈卫旗. 社会心理学[M]. 广州:广东高等教育出版社,2004.
[39] 沙莲香. 社会心理学(第二版)[M]. 北京:中国人民大学出版社,2006.
[40] 李建明. 社会心理学[M]. 北京:人民卫生出版社,2007.
[41] 孙时进. 社会心理学导论[M]. 上海:复旦大学出版社,2011.
[42] 郭念锋. 心理咨询师(基础知识)[M]. 北京:民族出版社,2005.
[43] 周晓虹. 现代社会心理学——多维视野中的社会行为研究[M]. 上海:上海人民出版社,1997.
[44] 孙晔,李沂. 社会心理学[M]. 北京:科学出版社,1988.
[45] 林孟平. 小组辅导与心理治疗[M]. 上海:上海教育出版社, 2005.
[46] 郑全全,俞国良. 人际关系心理学[M]. 北京:人民教育出版社, 1999.
[47] 黄希庭. 人格心理学[M]. 杭州:浙江教育出版社,2002.
[48] 段鹏. 传播学基础历史、框架与外延[M]. 北京:中国传媒大学出版社,2006.
[49] 毕耕. 网络传播学新论[M]. 武汉:武汉大学出版社,2007.
[50] 谢念湘. 心理咨询与治疗实务[M]. 哈尔滨:黑龙江教育出版社,2011.
[51] 戴维 · 迈尔斯. 社会心理学[M]. 侯玉波,乐国安,张智勇,等,译. 北京:人民邮电出版社, 2006.
[52] J. L. 弗里德曼等. 社会心理学[M]. 高地,高佳,译. 哈尔滨:黑龙江人民出版社,1984.
[53] 桑德拉 · 黑贝尔斯,里查德 · 威沃尔. 有效沟通[M]. 李业昆,译. 北京:华夏出版社, 2002.
[54] 阿伦森等. 社会心理学[M]. 侯玉波,等,译. 北京:中国轻工业出版社,2005.
[55] 泰勒,佩普劳,希尔斯. 社会心理学(第十版)[M]. 谢晓非,等,译. 北京:北京大学出版

社,2004.
[56] 郑雪. 社会心理学[M]. 广州:暨南大学出版社,2004.
[57] 刘永芳等. 社会心理学[M]. 上海:上海社会科学院出版社,2004.
[58] 郭景萍. 情感社会学:理论·历史·现实[M]. 上海:上海三联书店,2008.
[59] 莎伦·布雷姆等. 亲密关系[M]. 郭辉,肖斌,刘煜,译. 北京:人民邮电出版社, 2005.
[60] D. M. 巴斯. 进化心理学:心理的新科学(第二版)[M]. 熊哲宏,张勇,晏倩,译. 上海:华东师范大学出版社,2007.
[61] 俞国良,辛自强. 社会性发展心理学[M]. 合肥:安徽教育出版社,2004.
[62] 许岗. 近看东西方——一位美籍华裔学者的感悟[M]. 合肥:安徽人民出版社,2006.
[63] 汪凤炎,郑红. 中国文化心理学[M]. 广州:暨南大学出版社,2004.

二、学术期刊

[1] 赵菊,佐斌. 人际关系互动中人际特质的环形模型探索[J]. 心理学探新,2013(1).
[2] 王芳,刘力,许燕,等. 社会心理学:探索人与社会的互动推动社会的和谐与可持续发展[J]. 中国科学院院刊,2011(6).
[3] 刘毅. 当代西方社会心理学研究的三种倾向[J]. 西北师大学报(社会科学版),1999(5).
[4] 孟维杰. 从认知心理学到认知神经科学:范式检讨与文化自觉[J]. 南京师大学报(社会科学版),2012(3).
[5] 渠改萍. 符号互动理论述评[J]. 太原大学学报,2010(3).
[6] 沙莲香. 关于社会心理学学科性质的思考[J]. 社会心理科学,2006(1).
[7] 韩向明,韩燚. 简论社会心理学的知识体系[J]. 山西大学学报(哲学社会科学版),2011,(2).
[8] 张世富. 面向 21 世纪的社会心理学——回顾与展望[J]. 昆明师专学报,1995(3).
[9] 方文. 欧洲社会心理学的成长历程[J]. 心理学报,2002(6).
[10] 方文. 社会心理学的演化:一种学科制度视角[J]. 中国社会科学,2001(6).
[11] 乐国安. 评现代认知心理学[J]. 中国社会科学,1990(5).
[12] 周晓虹. 现代社会心理学的危机与后现代社会心理学的兴起[J]. 江苏社会科学,1994(4).
[13] 佟丽君. 论霍曼斯的人际交往理论[J]. 求是学刊,1997(1).
[14] 杨春晓. 中国古代人格心理学思想[J]. 心理学动态,1997(3).
[15] 沙莲香. 二次战后美国社会心理学的发展与我国社会心理学建设[J]. 社会学研究,1986(6).
[16] 钟斌. 论中国古代心理治疗方法[J]. 心理科学,2004(1).
[17] 雷冬梅. 社会化理论中需要进一步研究的几个问题[J]. 甘肃理论学刊,1999(2).
[18] 周晓虹. 试论当代中国青年文化的反哺意义[J]. 青年研究,1988(11).

[19] 周晓虹. 文化反哺:变迁社会中的亲子传承[J]. 社会学研究,2000(2).
[20] 齐丽平,李琼英,荣梅. 社会化过程中青少年成长发展的主要特点与影响因素[J]. 山东省青年管理干部学院学报,2010(3).
[21] 袁振国,朱永新. 试谈个体政治社会化的意义及过程[J]. 社会学研究,1988(1).
[22] 张向葵,张林,赵义泉. 关于自尊结构模型的理论建构[J]. 心理科学,2004(4).
[23] 魏运华. 父母教养方式对少年儿童自尊发展影响的研究[J]. 心理发展与教育,1999(3).
[24] 黄希庭,尹天子. 从自尊的文化差异说起[J]. 心理科学,2012(1).
[25] 董妍,俞国良. 自我提升的研究现状与展望[J]. 心理科学进展,2005(2).
[26] 刘肖岑,桑标,窦东徽. 自我提升的利与弊:理论、实证及应用[J]. 心理科学进展,2011(6).
[27] 蒋索,邹泓,胡茜. 国外自我表露研究述评[J]. 心理科学进展,2008(1).
[28] 冯晓杭,张向葵. 自我意识情绪:人类高级情绪[J]. 心理科学进展,2007(6).
[29] 张爱卿. 论人类行为的动机——一种新的动机理论构理[J]. 华东师范大学学报(教育科学版),1996(1).
[30] 王艇,郑全全. 自我决定理论:一个积极的人格视角[J]. 社会心理科学,2009(2).
[31] 刘丽虹,张积家. 动机的自我决定理论及其应用[J]. 华南师范大学学报(社会科学版),2010 (4).
[32] 姚琦,乐国安. 动机理论的新发展:调节定向理论[J]. 心理科学进展,2009(6).
[33] 林桦. 自我决定理论——动机理论的新进展[J]. 湖南科技学院学报,2008(3).
[34] 王雁飞,朱瑜. 利他主义行为发展的理论研究述评[J]. 华南理工大学学报(社会科学版),2003(4).
[35] 风笑天. 青年婚配类型与夫妻关系——全国五大城市 1216 名已婚青年的调查分析[J]. 社会科学,2012(1).
[36] 李朝旭. 斯腾伯格爱情的三角形理论述评[J]. 广州师院学报(社会科学版),1996,3.
[37] 林艳艳,李朝旭. 心理学领域中的爱情理论述要[J]. 赣南师范学院学报,2006(1).
[38] 叶明志,温盛霖,王玲. 夫妻性格组合与婚姻质量关系探讨[J]. 中国心理卫生杂志,1999(5).
[39] 程灶火,谭林湘,赵勇,等. 夫妻个性组合与婚姻质量[J]. 中国心理卫生杂志,2006(4).
[40] 贾黎斋. 夫妻人格及人格维度组合与婚姻质量关系[J]. 郑州大学学报(哲学社会科学版),2009(4).
[41] 杨阿丽,方晓义. 婚姻冲突、应对策略及其与婚姻满意度的关系[J]. 心理学探新,2009(1).
[42] 张锦涛,方晓义,戴丽琼. 夫妻沟通模式与婚姻质量的关系[J]. 心理发展与教育,2009(2).
[43] 梁亮,吴明证. 婚姻关系中的情绪表达和情绪表达冲突[J]. 应用心理学,2009(4).

[44] 侯娟,蔡蓉,方晓义.夫妻依恋风格、婚姻归因与婚姻质量的关系[J].应用心理学,2010(1).
[45] 方晓义,徐洁,孙莉,等.家庭功能:理论、影响因素及其与青少年社会适应的关系[J].心理科学进展,2004(4).
[46] 马广海.文化研究的社会心理学意义[J].山东大学学报(哲学社会科学版),1999(4).
[47] 高岚,申荷永.中国文化与心理学[J].学术研究,2000(8).
[48] 丁道群.文化心理学的兴起[J].心理学探新,2002(1).
[49] 卜长莉."差序格局"的理论诠释及现代内涵[J].社会学研究,2003(1).
[50] 叶浩生.文化模式及其对心理与行为的影响[J].心理科学,2004(5).
[51] 朱滢,隋洁.社会认知神经科学——一个很有前途的交叉学科[J].心理与行为研究,2004(2).
[52] 刘金平,乐国安.文化心理学的三种研究取向[J].心理科学,2005(6).
[53] 钟年,彭凯平.文化心理学的兴起及其研究领域[J].中南民族大学学报(人文社会科学版),2005(6).
[54] 田浩.文化心理学论要[J].西北师大学报(社会科学版),2005(6).
[55] 汲慧丽.文化心理学的兴起背景和基本特征[J].河西学院学报,2006(6).
[56] 高立娜,田丽娜,高利民.社会认知神经科学视野下的自我研究述评[J].萍乡高等专科学校学报,2010(1).
[57] 吕庆燕,王有智,王振宏.个体主义与集体主义文化模式下的情绪差异性[J].兰州大学学报(社会科学版),2010(6).
[58] 孙聪.论中国社会心理学本土化运动的缘起[J].社会心理科学,2010(5).
[59] 刘将,葛鲁嘉.文化神经科学的进展与前瞻[J].心理研究,2010(6).
[60] 刘将,葛鲁嘉.文化对知觉及其神经机制的影响:来自文化神经科学的证据[J].山东师范大学学报(人文社会科学版),2011(5).
[61] 杨文博.文化启动的研究综述[J].文学界(理论版),2011(3).
[62] 韩世辉,张逸凡.自我概念心理表征的文化神经科学研究[J].心理科学进展,2012(5).
[63] 常雅慧.人情、面子、关系:中国人行动逻辑的建构[J].赤峰学院学报(汉文哲学社会科学版),2012(7).
[64] 李艺敏,赵娜.面子的心理学研究述评[J].河南大学学报(社会科学版),2013(2).
[65] 马广海.文化研究的社会心理学意义[J].山东大学学报(哲学社会科学版),1999(4).
[66] 连淑能.论中西思维方式[J].外语与外语教学,2002(2).

三、外文文献

[1] T. W. Adorno, Else Frenkel-Brunswik, Daniel J. Levinson, et al. The Authoritarian Personality [M]. New York: Harper, 1950.
[2] Anne Anastasi, Susana Urbana. Psychological Testing [M]. New York: Prentice Hall, 1997.

[3] Hannah Arendt. Eichmann in Jerusalem: A Report on the Banality of Evil [M]. Penguin Classics, 1994.

[4] Argyle, Michael. The Psychology of Happiness [M]. London: Methuen, 1986.

[5] Arthur Aron, Elaine Aron. The Heart of Social Psychology: A Backstage View of a Passionate Science [M]. Lexington Books, 1989.

[6] Aronson E., Gonzalez A. Desegregation, Jigsaw, and the Mexican-American Experience [M]. In P. A. Katz & D. A. Taylor (Eds.), eliminating racism. New York: Plenum, 1988.

[7] Augoustinos, Martha. Social Cognition: An Integrated Introduction [M]. New Delhi: Sage Publications, 2006.

[8] Albert Bandura, Richard H. Walters. Social Learning and Personality Development [M]. New York: Holt, Rinehart and Winston, 1963.

[9] Bass Ellen. The Courage to Heal [M]. New York: Harper & Row, 1988.

[10] Baumeister R. F. Breaking Hearts: The Two Sides of Unrequited Love [M]. New York: Guilford Press, 1992.

[11] Bazerman M. H. Judgment in Managerial Decision Making [M]. New York: John Wiley & Sons, 1998.

[12] Hollander, E. P. Principles and Methods of Social Psychology [M]. New York: Oxford University Press, 1967.

[13] Homans, George Caspar. Social Behavior: Its Elementary Forms [M]. New York: Harcourt, 1974.

[14] S. Penrod. Social Psychology [M]. NJ: Prentice-Hall, Inc., 1983.

[15] Adams, Jeffrey M., Jones, et al. The Conceptualization of Marital Commitment: An Integrative Analysis [J]. Journal of Personality and Social Psychology, 1997, 72 (5): 1177.

[16] Michael E Addis, James R. Mahalik. Men, masculinity, and the contexts of help seeking [J]. American Psychologist, 2003, 58: 5 – 14.

[17] Carl Martin Allwood, John Berry. Preface: Special Issue on the Indigenous Psychologies [J]. International Journal of Psychology, 2006, 41 (4): 241 – 242.

[18] Paul R. Amato. Emotional Arousal and Helping Behavior in a Real-life Emergency [J]. Journal of Applied Social Psychology, 1986, 16 (7): 633 – 641.

[19] Anderson C. A. Inoculation and counter-explanation: Debiasing techniques in the perseverance of social theories [J]. Social Cognition, 1982, 1: 126 – 139.

[20] Aro A. R., Absetz P. Guidance for professionals in health promotion: keeping it simple-but not too simple [J]. Psychology and Health, 2009, 24 (2): 125 – 129.

[21] Danny Axsom. Cognitive Dissonance and Behavior Change in Psychotherapy [J]. Journal of Experimental Social Psychology, 1989, 25 (3): 234 – 252.

[22] Bambra C., Fox D., Scott-Samuel A. Towards a Politics of Health [J]. Health Promotion

International,2005, 20 (2): 187 - 193.

[23] Bargh J. A., Chartrand T. L. The Unbearable Automaticity of Being [J]. American Psychologist, 1999,54 (7): 462.

[24] Baumeister R. F., Smart L., Boden J. M. Relation of Threatened Egotism to Violence and Aggression: The Dark Side of High Self-esteem [J]. Psychological Review, 1996,103 (1): 5.

[25] Bearman P. S., Brueckner h. Promising the Future: Virginity Pledges and First Intercourse [J]. American Journal of Sociology, 2001, 106 (4): 859.

[26] Davis K. E. Near and Dear: Friendship and Love Compared [J]. Psychology Today, 1985, 19(2): 22.

[27] Fincham F. D. Conflict in Marriage: Implications for Working with Couples [J]. Annual Review of Psychology, 1999, 50: 47 - 77.

[28] Harris, Judith Rich. Where is the Child's Environment? A group Socialization Theory of Development [J]. Psychological Review, 1995,102 (3): 458.

[29] Karney B. R., Bradbury T. N. The Longitudinal Course of Marital Quality and Stability: A Review of Theory, Method, and Research [J]. Psychological Bulletin, 1995, 118 (1): 3.

[30] Osbeck L. M. Transformation in Cognitive Science: Implications and Issue Posed [J]. Journal of Theoretical and Psychology, 2009, 29 (1):16 - 33.